임진년 아침이 밝아 오다

난중일기

난중일기

임진년 아침이 밝아 오다

초판 1쇄 발행 2004년 9월 6일
초판 20쇄 발행 2022년 5월 20일

지은이   이순신
엮어옮긴이 송찬섭
펴낸이   이영선

편집   이일규 김선정 김문정 김종훈 이민재 김영아 이현정 차소영
디자인   김회량 위수연
독자본부   김일신 정혜영 김연수 김민수 박정래 손미경 김동욱

펴낸곳 서해문집 | 출판등록 1989년 3월 16일(제406-2005-000047호)
주소 경기도 파주시 광인사길 217(파주출판도시)
전화 (031)955-7470 | 팩스 (031)955-7469
홈페이지 www.booksea.co.kr | 이메일 shmj21@hanmail.net

이 도서의 국립중앙도서관 출판예정도서목록(CIP)은 서지정보유통지원시스템 홈페이지(http://
seoji.nl.go.kr)와 국가자료공동목록시스템(http://www.nl.go.kr/kolisnet)에서 이용하실 수
있습니다.(CIP제어번호: CIP2005000742)

오래된 책방 07

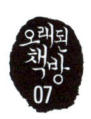

임진년 아침이 밝아 오다

난중일기

이순신 지음 • 송찬섭 엮어옮김

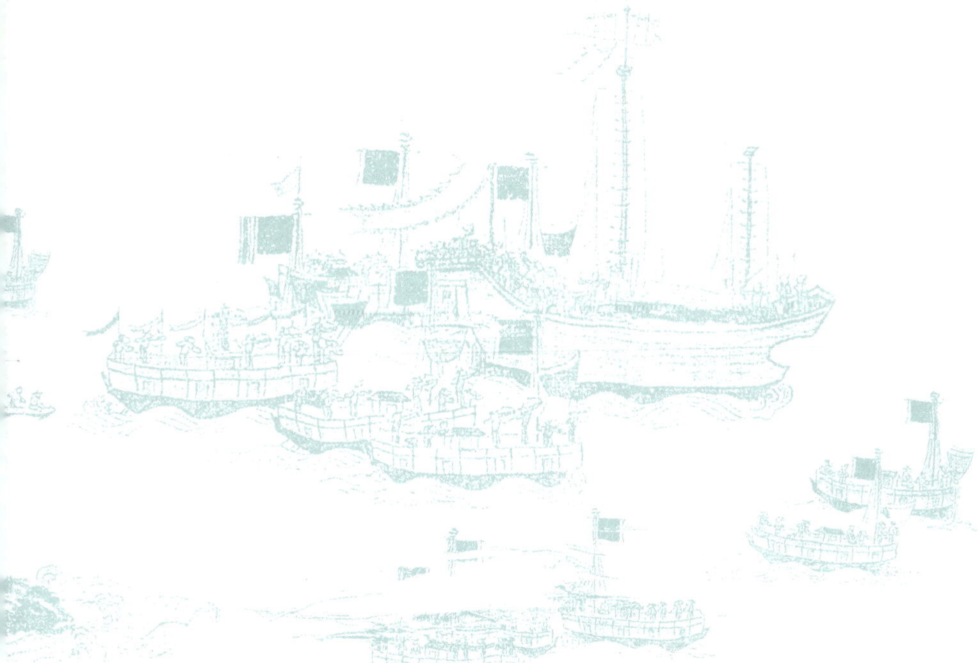

서해문집

글을 시작하기 전에

　10여 년 전 우리 고전을 일간신문을 통해 소개할 기회가 있어서 매주 한 번씩 10여 차례 소개한 일이 있었다. 덕분에 그간 제대로 읽지 않았던 책들을 열심히 읽었는데 그 가운데 『난중일기』에 대한 여운이 가장 크게 남았다. 가장 뛰어난 고전이라는 의미가 아니라 예전에 잘 몰랐던 이순신 장군의 인간적인 면모를 접할 수 있었기 때문이었다.

　그간 우리가 이순신에 대하여 가지고 있는 이미지는 '구국의 영웅' 그 자체였다. 이것은 1960년대 군사 정권이 영웅사관을 통하여 그들의 권력을 더 강화하려는 정치적 의도에 의한 것이었다. 이에 따라 이순신에 대한 책이 발간되고 각종 기념비와 동상, 기념관이 세워졌다. 그러나 이러한 일련의 작업들은 이순신을 제대로 알리기보다는 정권 강화, 유지를 위한 이용에 치중되었다. 때문에 우리가 이순신에 대해 받은 교육은 다소 왜곡되어 있었다.

　『난중일기』를 통해 만난 이순신은 '성웅聖雄 이순신'이 아닌 '인간 이순신'이었다. 그는 단순히 군사를 호령하고 함대를 이끌고 왜적을 쳐부순 무패의 장수가 아니었다. 이순신은 부하였던 이의 궁핍한 사정에 기꺼이 옷을 벗어 주고, 아들의 죽음에 오열하고, 부하가 다른 장수를 욕하는 것에 귀 기울이기도 하고, 오랜 싸움에 몸겨눕기도 하는 인간이었다.

　그런데 『난중일기』를 찾아 읽으면서, 뜻밖에 대중이 즐겨 읽을 수 있을 만큼

『난중일기』의 번역본이 충분하지 않다는 것을 알았다. 1960년대 이은상 씨가 중심이 되어 번역본을 간행하였고, 이를 답습한 책들도 여러 권 출판되었다. 이은상 씨의 번역본은 상당히 잘 된 것이다. 그러나 내용에 있어서 수정하거나 통일시켜야 할 부분도 있고, 무엇보다도 책의 중요성이나 자료적 성격을 제대로 활용하지 못했다는 아쉬움이 남는 책이기도 하다.

마침 일간신문에 『난중일기』를 소개하던 그때가 임란 400주년을 앞둔 시점이었기에, 『난중일기』를 새롭게 번역하고 주석도 자세히 달고 장계를 이용하여 일기를 보완하면 좀더 대중적인 책이 되지 않을까 하는 생각에 욕심을 내 보았다. 마음을 먹고 있어서인지 어렵지 않게 일기 초본을 그대로 간행한 『난중일기 친필초본』(1977년)을 구할 수 있었다. 새롭게 한 번 검토해 보자는 의욕으로, 더 많은 사람들과 『난중일기』를 또 그 속의 '이순신'을 느껴 보겠다는 염원으로 제법 열심히 작업을 했다. 그러나 마지막 매듭을 짓지 못한 채 발간 시점을 놓치고 『난중일기』는 그 뒤 오랫동안 스스로의 숙제로 남았다.

그러던 중 우연히 서해문집과 인연이 닿았다. 서해문집은 '오래된 책방'이라는 고전 번역 시리즈를 내고 있었는데 작업 방향이 나의 생각과 거의 비슷해서 쉽게 간행이 결정되었다. 더구나 이 시리즈 가운데 유성룡의 『징비록』이 있어서 임진왜란과 당시의 조선, 그리고 이순신을 이해하는 데 있어 두 책이 서로 보완이 될 만하다고 여겼다.

다시 『난중일기』 작업에 들어갔다. 외형적으로는 예전에 거의 끝낸 작업이라 새롭게 손질만 좀 하면 될 줄 알았는데, 막상 작업을 시작하니 다시 고치거나 보완할 부분이 많았다. 10여 년 전에 비해 필자 자신이 생각이 달라진 점도 있었다. 가령 당시에는 한문 용어는 될 수 있는 대로 풀어 써야 한다는 생각에 '격군', '사부' 등의 용어를 '곁꾼', '활꾼' 등으로 우리말로 고쳤었는데, 지금은 지나치다는 생각이 들었다. 역사적 어휘라는 점 등을 무시할 수 없었던 탓이다.

　작업과 관련하여 임진왜란에 관한 새로운 연구 성과들도 눈여겨볼 수 있었다. 그 가운데 박혜일 등이 쓴 『이순신의 일기』는 매우 신선한 작업이었다. 1935년 일제 시기 조선사편수회에서 처음으로 탈초하여 활자화하고 주를 단 『난중일기초』와, 이를 바탕으로 1960년대 이은상 씨가 한학자들을 모아 번역한 『난중일기』 이래, 아마도 처음으로 원본으로 돌아가서 비판과 고증을 한 책으로 평가할 수 있다. 이 책은 필자에게 다시 한 번 작업을 꼼꼼히 점검하게 한 계기가 되었으며 상당히 도움이 되었다.

　사실 이 작업이 필자에게는 대단히 힘에 벅찼음을 고백한다. 독자 여러분들이 이순신 장군과 당시 역사적 상황을 이해하는 데 이 책이 조금이라도 도움이 된다면 다행이겠다. 추후에도 잘못된 부분이 있거나 추가해야 할 부분이 있다면 보충해 나갈 것이다.

마지막으로 고전 간행의 중요성을 설파하며 미진한 작업을 마무리하도록 만든 서해문집 김홍식 사장님, 그리고 책이 나오기까지 노력을 아끼지 않았던 여러 분들께도 크게 감사드린다.

2004년 8월 송찬섭

『난중일기』와 이순신에 대하여

이순신을 가장 잘 알려 주는 책 『난중일기』

『난중일기』는 임진왜란 7년간 나라를 지킨 명장 이순신(1545~1598)이 진중에서 쓴 일기이다. 이순신은 임진왜란이 일어난 1592년부터 끝나던 해인 1598년까지의 일을 일기 속에 꼼꼼하면서도 간결하게 담아 냈다. 물론 이순신이 7년 내내 하루도 빠짐없이 일기를 쓴 것은 아니다. 쓰지 못한 경우도 있었다. 특히 한창 배를 타고 전쟁을 치르는 중이라든가, 1597년 체포되어 서울에 올라가서 심문을 받던 동안에는 꽤 오랫동안 일기를 쓰지 못했다. 그렇지만 적과 대치하여 있는 것만으로도 힘든 상황에서 바쁜 가운데 일기를 계속 쓰는 것은 보통 일이 아니다.

『난중일기』 친필 초고는 아산 종가(宗家)가 보존해 오던 것을 현재 국보 제78호로 지정하여 아산 현충사로 옮겨 와 보관하고 있다. 이것은 정조 19년(1795) 왕명으로 교서관에서 편집, 간행한 『이충무공전서』에 실렸다. 『난중일기』란 이름은 이때 편찬자에 의해 편의상 붙여져 오늘날에 이르고 있다. 그런데 친필 초고와 『이충무공전서』에 수록된 일기를 비교해 보면 상당히 차이가 있다. 그것은 베끼는 과정에서 글의 내용을 임의로 요약하거나 실수, 의도적 누락과 추가가 있었기 때문이다. 그러나 친필 초고 가운데도 보관의 불찰이었는지 찢어지거나 글자가 흐려지거나 한 부분이 상당히 있다.

그 뒤 1935년 일제 시기 조선사편수회에서 처음으로 많은 학자들을 동원하여 초서로 쓰여 있던 것을 탈초하여 활자화하고, 주를 달아서 『난중일기초·임진장초』를 간행하였다. 1960년대에 이은상 씨는 이 책에 근거하여 한학자들을 모아 번역에만 집중하여 『난중일기』를 처음 간행하였다.

『난중일기』는 임진왜란 7년 동안의 상황을 가장 구체적으로 알려 주는, 전란 전반을 살펴볼 수 있는 사료史料이다. 임진왜란 당시의 정치 · 경제 · 사회 · 군사상뿐 아니라 조선 수군 연구와 전략, 전술에 대한 기록이다. 중앙과 감영 · 수영 · 읍진을 잇는 통치 체계, 체찰사 · 순찰사 · 순변사 · 수사 · 만호 등의 군령 체계, 그 밖에 각종 어사 · 선전관 · 의금부도사 등 중앙 관리가 파견되어 통제하는 실상이 기록되어 있고, 이를 통해 당시 국방 운영 체계와 그러한 일을 책임진 유성룡, 이원익, 이수광, 유몽인, 윤두수, 남이공, 박홍로 등의 전쟁 중 활동도 볼 수 있다.

또한 전쟁을 승리로 이끈 일반 병사의 활동도 엿볼 수 있다. 당시 수군 자체가 천한 역이었듯이 병사들은 천민이 많았다. 거북선을 만들거나 활, 화살, 총포 등 군기를 만들던 장인들의 활동, 심지어 그가 고심하여 잠 못 이룰 때 거문고를 타고 피리를 불어 주며 위로하였던 부하들에 대해서도 이순신은 꼼꼼하게 기록해 두었던 것이다. 관직이나 신분에 관계없이 참여한 의병들도 있다. 『난중일기』에는 조선시대 천대받던 승려들이 만든 의병 부대 그리고 성응지 등여러 의병 부대가 나온다. 또 군량을 조달하거나 둔전을 경영하는 등 수영의 재정을 마련하는 방식도 상세하게 나타난다. 전쟁을 치르려면 재정이 필요하고 특히 백성들을 진정시키려면 그들이 먹고 살 수 있는 근거를 마련해 줘야 했던 것이다. 둔전은 이런 점에서 매우 필요하였다. 같은 이유로 바다에서 전복을 따고 생선을 잡는 일 등도 매우 중요하게 행해졌음을 알 수 있다.

무엇보다 『난중일기』는 이순신을 가장 잘 알려 주는 책이다. 짤막짤막한 문장을 통해, 때로는 서정적인 시구詩句를 통해 이순신 자신의 인간적 면모를 꾸밈없이 드러낸다. 7년간의 진중 생활 중에는 반복적인 일기도 많다. 그러나 그속에 그의 사상, 생애, 활동의 진면모가 있다.

이순신은 부하들과 함께 신중하게 싸움을 준비하고, 부모를 걱정하다 날이 새도록 잠 못 이루고, 매일같이 활쏘기 연습을 하고, 전쟁에 임하여 물러섬이 없다. 이순신은 꿈에 왕이 피난 가신 일에 대하여 이야기가 미치자 눈물을 흘리며 탄식하고, 아들을 보내놓고 걱정스럽다 못해 병이 나고, 홀로 어머님 생각에 눈물 흘리는 사람이다. 그러나 적에 맞서 싸울 때는 "병법에 이르기를 '죽으려 하면 살고 살려고 하면 죽는다.' 하였고 또 '한 사람이 길목을 지키면 천명도 두렵게 할 수 있다.'는 말이 있다. 이는 모두 오늘의 우리를 두고 이른 말이다. 너희 여러 장수들이 조금이라도 명령을 어긴다면 군율대로 시행해서 작은 일이라도 결코 용서하지 않겠다."라고 외치며 아군의 10배가 넘는 적에게 틈을 보이지 않았다.

『난중일기』 속에는 그러한 이순신의 여러 모습이 여실하게 담겨 있다.

"이순신은 무인 속에 있어서 이름과 칭찬이 드러나지 않다가, 신묘년에
서애 유성룡이 정승이 되어 그를 쓸 만한 인재라고 하여 정읍 현감에서
차례를 뛰어넘어 전라 좌수사를 제수하니, 드디어 중흥의 제일 명장이
되었다. 아아, 지금 세상엔들 어찌 또한 이와 같은 인물이 없겠는가. 다
만 인재를 알아 추천하는 자가 없을 뿐이다." ___ 이수광, 『지봉유설』

이순신|1545~1598|은 본관이 덕수德水이며 서울 건천동|을지로 4가와 충무로 4가 사
이|, 곤궁한 양반가에서 태어났다. 우리가 흔히 이순신과 연관지어 생각하는 아
산은 이순신 어머니의 고향으로, 이순신이 자란 곳이다.

이순신은 1576년 무과 시험에 합격하여, 함경도 동구비보 권관, 훈련원 봉
사, 충청병사 군관, 발포 수군만호, 함경도 건원보 권관, 함경도 조산보 만호,
함경도 녹둔도 둔전관 등 주로 함경도 등지에서 관직 생활을 하였다. 이곳은
여진족의 침략이 잦았는데 특히 녹둔도 둔전관으로 있을 때 기습해 온 여진족
을 맞아 적은 병력으로 선전하였지만 병사 이일이 그를 나쁘게 평가하여 결국
백의종군하였다. 1589년 한때 정읍 현감이 되어 지방관 생활도 하였으나 임진
왜란 직전, 재상 유성룡의 천거로 전라좌도 수군절도사에 임명되었다. 일기는
그 뒤부터 쓰기 시작하여 그가 죽기까지 썼는데 이 기간 동안 그는 전라좌도

수군절도사, 삼도수군통제사를 지내면서 중요한 해전을 치렀다.

　이순신은 눈물이 많은 사람이었다. 진중에서 그는 늘 어머니의 건강을 염려하며 소식을 기다렸다. 어머니로부터의 소식이 늦거나 아들이 아프다는 소식을 들으면 이순신은 종종 눈물을 흘리고 가슴 아파하며 잠도 이루지 못했다.

　1593년 5월 4일 일기에 이순신은 "오늘이 어머니 생신이지만 적을 토벌하는 일 때문에, 가서 오래 사시기를 축수하는 술잔을 올리지 못하니 평생의 한이다."라고 쓰고 있다. 또 모함으로 죽음 직전까지 이르렀다가 풀려나와 백의종군 길을 가던 중에 어머니 상을 당한, 1597년 4월 19일에는 이렇게 쓰고 있다. "일찍 길을 떠나며, 어머님의 영전에 인사를 올리고 울부짖었다. 어찌하리오, 어찌하리오? 천지에 나 같은 일이 또 어디 있을 것인가! 일찍 죽는 것만 같지 못하구나!"

　아들과 조카에 대해서도 항상 염려와 따뜻한 보살핌을 보냈다. 아들 열이 병에 걸리자 걱정으로 밤을 지새우고, 면이 적과 싸우다 죽자 그는 울부짖으며 슬퍼했다.

　이순신이 보살핀 것은 그의 가족만이 아니었다. 그의 군사나 동료, 궁핍한 백성들 또한 소홀히 하지 않았다. 1596년 1월 23일 일기를 보면, "아침에 옷 없는 군사 17명에게 옷을 주고는 여벌로 한 벌씩을 더 주었다. 하루 내내 바람이 험하게 불었다."라고 쓰여 있다. 백의종군 길에 올랐던 1597년 5월 13일 일기에는 "이중익이 군색한 말을 많이 하므로 옷을 벗어 주었다."라는 글도 있다.

그의 군사가 백성의 것을 훔쳐 먹었을 때는 엄하게 벌하고 대신 갚아 주기도 했다.

이순신은 늘 걱정이 많았다. 그는 오랜 진중 생활 중 때때로 부하들과 놀이를 하거나 술에 취하고, 바둑이나 장기를 두었다. 전쟁 중이라 바다 위 생활을 오래 하고, 육지에 내려오기가 무섭게 배를 만들고 군비를 정비하고 틈틈이 둔전까지 경영하는 동안 이순신은 병이 끊이지 않았다. 잠을 잘 못 자는 것은 물론이고, 배가 아프거나 구토, 설사, 식은땀이 온몸을 적시는 일 또한 한두 번이 아니었다. 때때로 잘 못 먹는 술에 흠뻑 취하여 고통을 겪는 모습은 눈물겨울 정도였다. 일기를 읽다 보면 이순신이 점을 치는 장면이 많은 것도 드러나는데, 그가 점을 많이 치는 것도 힘들고 고독한 가운데 스스로를 위로받고자 했던 것 같다. 이순신은 아들 면이 아프다는 소식에 점을 치고는 "군왕을 만나 보는 것 같다."거나 "밤에 등불을 얻은 것과 같다."라는 괘를 얻고는 좋아했다. 또 아내에 대해서도 "의심이 기쁨을 얻은 것과 같다."거나 "귀양 땅에서 친척을 만난 것 같다."는 괘를 얻고 좋아하였다. 그가 좋아하는 유성룡을 걱정하며 점을 치기도 하였다. 전쟁의 상황에 관해서도 마찬가지였다. 새벽에 어떤 사람이 화살을 멀리 쏘고 또 다른 어떤 사람이 갓을 발로 차서 부수는 꿈을 꾸고는, 점을 쳐서 화살을 멀리 쏘는 것은 적들이 멀리 도망하는 것이요, 갓을 발로 차서 부수는 것은 머리 위에 있는 갓이 발길에 걷어채는 것으로서 적의 괴수를 모조리 잡아 없앨 징조라고 풀이하며 스스로를 위안했던 것이다.

그 역시 사람인지라 다른 사람을 미워하기도 했다. 특히 뒷날 그를 모함하여 죽음 직전에까지 몰아넣은 원균에게 이순신은 곱지 않은 시선을 보냈다. 물론 일기를 보면 그가 원균을 나쁘게 본 데는 대개 그럴 만한 근거가 따르기는 한다. 일기에 따르면 여러 지휘관들이 원균의 잘못이나 흉을 여러 차례 보고하고 있다. 이순신은 그런 원균을 '可笑(가소롭다)'라고 표현하였다. 이 표현은 이순신이 몹시 못마땅할 때 쓰는 욕으로서 대부분 원균에게 쓰였다.

그럼에도 그가 영웅으로 불려진 데는 일을 함에 있어, 자기 몸을 보살피지 않고, 조금도 물러섬 없이, 그 본연의 임무에 최선을 다했기 때문이다. 그는 병으로 자리에 누워 신음하면서도 그가 관장한 고을의 공문이나 백성들의 소장을 처리했다. 시간을 미루지도, 일을 남에게 떠넘기지도 않았던 것이다.

이순신의 용맹과 전략은 타고난 것이 아니다. 그것은 철저한 준비에서 비롯된 것이다. 1592년 4월에 임란이 일어났는데, 그 직전인 2월에 그는 이미 만반의 준비를 하고 있었다. 방어용 성과 못 그리고 봉수대 등을 수리하였다. 전라좌도에 속한 여러 고을과 진을 일일이 순찰하면서 병선을 수리하지 않거나, 무기를 만들고 관리함에 있어 잘못이 있으면 책임자를 엄하게 처벌하였다.

뿐만 아니라 군사 훈련도 철저히 하였다. 특별히 날씨가 나쁠 때가 아니면 거의 매일 군관들에게 활쏘기를 연습시켰다. 그 자신도 공무를 마치면 수시로 활쏘기 연습을 하였다. 활쏘기는 해전에서 가장 중요한 싸움 방법 중 하나이기 때문이다.

또 이순신은 전쟁에서 화학 무기가 승패를 결정하는 데 큰 역할을 할 것임을 알고, 전쟁 전에도 또 전쟁 중에도 무기 개발에 힘썼다. 이순신이 일본의 조총을 본뜨고 승자총통을 개량하여 새로이 정철총통을 만들어 자랑스럽게 비변사에 올려 보내는 날의 일기는 사뭇 즐거움이 묻어난다.

이순신과 절대로 떼어 생각할 수 없는, 거북선 건조도 그러한 준비로부터 가능했다. 조선시대 우리나라의 전함은 그 성능이 대단했다. 사람들이 흔히 말하기를 "왜선 수십 척이 우리나라의 전선 한 척을 당하지 못한다." 했다. 전래로부터 내려오던 판옥선을 비롯한 조선의 배는 일본의 주력선보다 월등히 뛰어났다. 하지만 임진왜란 해전의 주역은 역시 거북선이다. 1591년 전라 좌수사가 되었을 때 이순신은 전쟁을 직감하고 새로운 배를 만드는 일에 힘썼다. 그 배는 판옥선과 같은 한선 위에 쇠로 된 뚜껑을 만들어 덮었으니, 형상이 거북이 엎드린 것 같았다. 배의 이름은 자연스레 거북선이 되었다. 거북 모양의 돌격용 전선은, 사실 조선 초『태종실록』에 처음 보인다. 그러나 전래의 거북선을 개량하여 철갑선으로 만들어 실용화한 것은 '이순신' 이다.

거북선이 적선 사이사이를 헤집고 다니며 포를 쏘면 왜적은 크게 당황하였다. 그러면 이순신은 판옥선을 비롯한 모든 배들을 일제히 출격시켜 큰 승리를 거두었다. 대체로 이 승리는 거북선에 의한 것이었다. 그간 무서울 것 없이 쳐들어왔던 적 수군을 경상도 남해안에 꽁꽁 묶어 두는 계기가 되었던 한산대첩 또한 거북선에 힘입은 바 크다.

이순신은 전술에 밝았고, 군사를 다스리는 방법을 잘 알았다. 전쟁을 수행하면서 여러 지휘관이나 부하들에 대한 평가도 매우 철저하였다. 이순신|방답 첨새을 비롯하여 정운, 어영담, 김인영, 나대용, 권준, 배홍립, 이언량 등은 그의 충실한 부하 지휘관이었다. 이순신은 그들의 활약을 칭찬했고 그들의 죽음에 몹시 슬퍼했다. 그러나 함부로 도망간 병사에 대해서는 가차 없이 처형하였으며 아군의 위급을 못 본 체하는 자에 대해서도 냉혹하게 벌했다.

1597년 통제사가 된 원균은 칠천량에서 대패했다. 1백여 척의 전함이 모두 깨어지고 바다 속에 가라앉아 남은 것이 없었다. 그래서 이후 다시 통제사가 된 이순신은 거의 초토화된 수군을 수습하여 한 척의 거북선도 없이 오직 전선 13척을 가지고 명량 싸움에 나섰다. 그때 적의 함대 수백 척을 보고 겁을 먹은 거제 현령 안위가 도망하려 하자 이순신은 뱃전에서 그를 불러 크게 꾸짖었다.

"안위야, 군법에 죽고 싶으냐? 군법에 죽고 싶으냐? 도망간다고 어디 가서 살 것이냐?"

결국 안위는 싸움에 앞장섰고, 대패할 것만 같았던 싸움은 승리로 끝났다.

그리고 그 이듬해 11월 임진왜란 최후의 해전, 노량 싸움 중에 이순신은 적의 유탄에 죽음을 맞는다.

일러두기

첫째 전체적으로 표현은 쉽게 쓰고 정확히 달도록 노력하였다. 한자는 인명, 지명 등 꼭 필요한 경우에만 넣었고 가능한 한 풀어쓰고자 하였다.

둘째 연도별, 월별 제목을 달아서 각 시기별로 이순신의 활동 가운데 중요한 내용을 강조하면서 이해를 돕고자 하였다.

셋째 일본·중국 인명이나 지명 표기에 있어 당시 이순신이 일기를 쓸 당시에 사용하던 표기와 발음에 기준하여 본문은 한자음으로 표기하였으나, 익숙지 않은 인명이나 지명의 경우 읽는 이의 편의를 위하여, 특히 그림이나 사진을 설명할 때 현재의 외래어 표기법에 따른 표기를 병용했다. 예를 들어 '나고야[名護屋]', '야나가와[柳川調信]' 등으로 썼다.

넷째 이순신 장군은 남해안 일대에서만 활동하였기 때문에 일기만 통해서는 당시 임진왜란 전체의 전개 상황을 이해하기 어려우므로 중요한 내용은 날짜별로 주를 추가하여 이순신의 활동과 관련하여 살펴보게끔 하였다. 또한 여기에 이순신의 중요 활동 내용도 함께 기재하였다.

다섯째 『난중일기』는 1592년에서 1598년까지 7년간에 걸쳐 쓰였으나 부분적으로 유실된 내용이 있다. 이러한 부분은 『이충무공전서』를 통해서 보충하였다. 그리고 가끔 중간에 몇 달씩 일기가 빠진 부분이 있다. 그 가운데 중요한 일이 있었던 기간에 대해서는 장계를 통해 보충하였다. 또한 1597년의 경우 4~10월간의 일기와 8~12월간의 일기가 두 권이 있어서 8~10월은 겹쳐 있다. 겹친 부분은 내용을 하나로 합쳐서 정리하였는데 대체로 후자를 따르면서 전자로 보완하였다. 원본에 손을 댔다는 부담은 있으나 하나의 날짜에 두 종류의 일기가 있다는 것은 독자의 입장에서는 오히려 불편할 듯하여 내용을 손상하지 않는 범위에서 정리하였다.

차례

1592년 왜적의 침략이 시작되다

이순신은 1591년 2월 유성룡의 천거로 전라좌도 수군절도사에 승진하였다. 그는 좌수영에 부임하여 군비 확충에 전력하였으며 이듬해 거북선을 완성하였다. 그러던 가운데 1592년 4월 마침내 우려했던 왜군의 침략이 시작되었다. 그는 5월에 옥포·합포·적진포에서, 6월에 당포·당항포에서, 7월에 한산도·안골포에서, 9월에 부산에서 연이은 싸움에서 적을 격파하였다. 이순신도 그 공으로 정2품까지 승직되었다.

초1일   맑다. 새벽에 아우 우신禹臣과 조카 봉菶과 아들 회薈가 와서 같이 이야기를 나누었다. 다만 어머니 곁을 떠나서 두 해째 남쪽에서 설을 쇠자니 슬픔이 북받쳐 온다. 전라 병사兵使의 군관 이경신李敬信이 병사의 편지와 설 선물과 장편전長片箭* 그리고 여러 가지 물건을 가져와 바쳤다.

초2일   맑다. 나라의 제삿날*이어서 관청에 나가지 않았다. 김인보金仁甫와 더불어 이야기를 나누었다.

초3일   맑다. 동헌에 나가 별방군別防軍*을 점검하고 각 관아와 진포의 공문을 처리하여 보냈다.

초4일   맑다. 동헌에 나가 공무를 보았다.

초5일   맑다. 그전처럼 뒷동헌에서 공무를 보았다.

초6일   맑다. 동헌에 나가 공무를 보았다.

초7일   아침에는 맑았는데 늦게서부터 눈과 비가 번갈아 내리더니 종일 계속되었다. 조카 봉이 아산으로 떠났다. 남원 유

장편전 장전은 긴 화살. 편전은 짧고 작은 화살을 말한다.
* 명종 비 인순왕후 심씨의 제삿날이다.
· 별방군 별도로 모은 군사.

생이 임금께 새해를 축하드리는 글을 가지고 가려고 들어왔다.

초8일 맑다. 객사 동헌에 나가 공무를 보았다.

초9일 맑다. 일찍 아침을 먹은 뒤에 객사 동헌으로 나가 임금님께 올릴 새해 축하의 글을 봉하여 보냈다.

초10일 하루 내내 비가 내렸다. 방답진防踏鎭 신임 첨사僉使 이순신李純信이 인사하러 왔다.

11일 하루 내내 가랑비가 내렸다. 늦게야 동헌에 나가 공무를 보았다. 이봉수李鳳壽가 선생원先生院에 쓸 돌 뜨는 데를 갔다 오더니 벌써 큰 돌 열일곱 덩어리에 구멍을 뚫었다고 보고하였다. 서문 밖에 방비를 위하여 파 놓은 못이 네 발把쯤 무너졌다. 심사립沈士立과 이야기를 나누었다.

12일 궂은비가 그치지 않았다. 식후에 객사 동헌에 나갔다. 본영과 각 진포의 진무鎭撫들이 활쏘기 시험을 하였다.

1591년 2월 15일
이순신이 전라 좌수사로 임명될 때 받은 사부유서. 사부유서란 임금이 현지 군사 책임자에게 병부와 함께 내려주는 명령서이다.

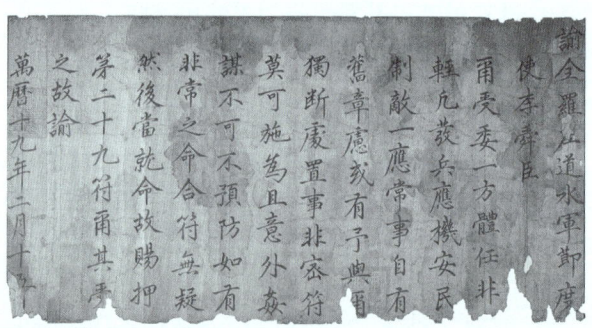

전라좌도 수군절도사 이순신에게 내리는 명령
경은 한 지역에 대하여 나의 위임을 받았으니 맡은 바 책임이 무겁다. 일반적으로 군대를 출동하여 사태에 적응하며 백성의 치안을 확보하고 적을 막아내는 데 있어 정상적인 사무는 과거로부터 내려오는 관례가 있지만 간혹 나와 경만이 단독으로 처리해야 할 사건에 대해서는 비밀 병부가 아니면 실시할 수 없으며 또 뜻밖에 야기되는 사태를 예방하지 않으면 안 될 것이다. 만일 비상 사태에 의한 명령이었을 때에는 비밀 병부와 맞추어 보아 의심이 없다고 인정된 뒤에야 명령을 수행해야 할 것이다. 그러므로 제29호의 비밀 병부를 찍어서 내리는 것이니 경은 이를 수령하라. 이상과 같이 명령한다.   만력 19년 2월 15일

13일　아침에 날이 흐렸다. 동헌에 나가 공무를 보았다.

14일　맑다. 동헌에 나가 공무를 마친 뒤에 활쏘기를 하였다.

15일　흐렸으나 비는 오지 않았다. 새벽에 망궐례*를 드렸다.

16일　맑다. 동헌에 나가 공무를 보았다. 각 고을 전현직 관리들과 여러 색리들이 인사차 왔다. 방답진의 병선 군관과 색리들이 병선을 고치지 않았기에 곤장을 때렸다. 우후虞候*, 가수假守*들이 또한 감독을 소홀히 하여 이 지경까지 이르렀으니 괘씸하기 짝이 없었다. 제 한 몸 살찌울 일만 하고 이와 같이 병선은 돌보지 않으니 앞일도 또한 짐작하겠다. 성 밑에 사는 병졸 박몽세朴夢世는 석수장이인데 선생원에 쓸 돌 뜨는 데로 가서는 동네 개를 잡아먹는 등 민폐를 끼쳤으므로 곤장 80대를 때렸다.

17일　맑았으나 마치 겨울처럼 추웠다. 아침에 순찰사와 남원 수령에게 편지를 보냈다. 저녁에 쇠사슬을 박을, 구멍 뚫린 돌을 실어 오는 일 때문에 배 네 척을 선생원으로 보냈다. 군관 김효성金孝誠이 거느리고 갔다.

18일　맑다. 동헌에 나가 공무를 보았다. 여도*에 있는 천자선天字船*이 돌아갔다. 무술 성적이 뛰어난 자를 뽑아, 장계*와 함께 대가代加*를 청하는 명단을 만들어 봉한 다음 이를 감영에 보냈다.

19일　맑다. 동헌에 나가 공무를 본 뒤에 각 부대를 점검했다.

20일　날씨는 맑았으나 바람이 세게 불었다. 동헌에 앉아서 공무를 보았다.

21일　맑다. 동헌에 나가 공무를 보았다. 감목관*이 와서 하룻밤을 머물렀다.

22일　맑다. 아침에 광양 현감이 와서 인사하였다.

망궐례 음력 초하루와 보름에 각지의 수령이 객사에, 임금이 있는 대궐을 뜻하는 '궐闕' 자가 새겨진 궐패를 모셔놓고 배례하던 의식.

우후 수사를 보좌하는 정4품의 관리.

가수 임시로 임명된 수령을 뜻하는데, 여기서는 방답진의 임시 첨사를 가리킨다.

천자선 천자문의 글자 순서에 따라 배 이름을 삼았다. 천자선은 1호선이다.

여도呂島 흥양현 : 전남 고흥군 점암면 여호리.

장계 지방 관원이 왕에게 보내는 보고서.

대가 조선시대에 품이 올라가는 것을 가자加資라 하는데 본인 대신에 아들이나 사위를 올리는 대가代加라 했다.

감목관 목장 일을 맡은 종6품의 관리.

23일   맑다. 둘째 형님|요신堯臣|의 제삿날이라 관청에 나가지 않았다. 사복시|司僕寺*에서 받아 와 기르던 말을 도로 올려 보냈다.

24일   맑다. 맏형|희신羲臣|의 제삿날이어서 관청에 나가지 않았다. 순찰사*의 답장을 받아 보았다. 그는 고부 군수 이숭고李崇古를 유임하게 해 달라고 장계를 올린 일로 물의를 빚어 사임하였다고 한다.

25일   맑다. 동헌에 나가 공무를 마친 뒤에 활쏘기를 했다.

26일   맑다. 동헌에 나가 공무를 마친 뒤에 홍양 현감|배흥립裵興立|, 순천 부사|권준權俊| 등과 더불어 이야기를 나누었다.

27일   맑다. 오후에 광양 현감이 왔다.

28일   맑다. 동헌에 나가 공무를 보았다.

29일   맑다. 동헌에 나가 공무를 보았다.

30일   흐렸으나 비는 오지 않았다. 따뜻하기가 초여름 같았다. 동헌에서 일을 마친 뒤에 활쏘기를 하였다.

사복시 왕의 말을 관리하는 관청.

순찰사 조선시대 재상으로서 왕명을 받아 군무軍務를 통찰한 사신. 정1품을 도체찰사, 종1품을 체찰사, 정2품을 도순찰사, 종2품을 순찰사라고 하여 직위에 따라 호칭이 달랐다.

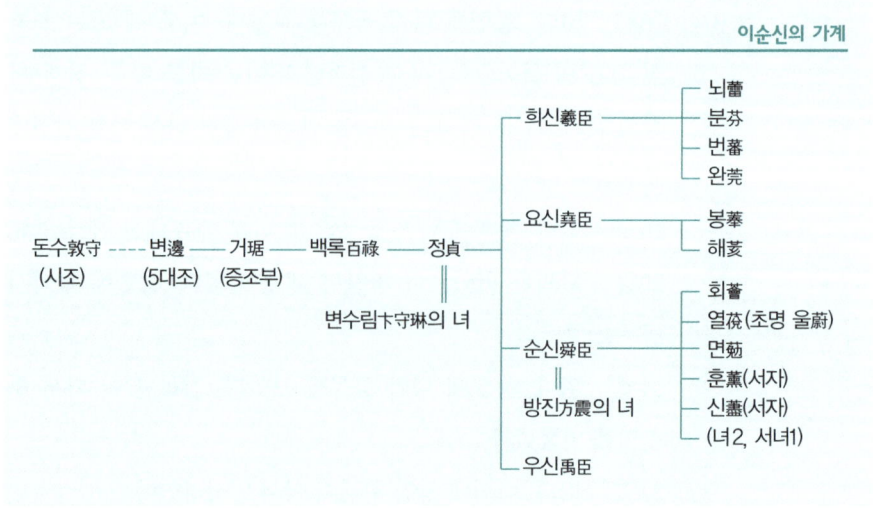

이순신의 가계

초1일　새벽에 망궐례를 드렸다. 안개비가 잠깐 뿌리다가 늦게서야 갰다. 선창에 나가서 쓸 만한 널빤지를 골랐다. 때마침 수장水場 안에 피라미 떼가 몰려들어 왔기에 그물을 쳐서 2천여 마리를 잡았다. 그 모습이 볼 만하였다. 그대로 배 위에 앉아서 우후虞候 이몽구李夢龜 • 와 더불어 술을 마시면서 함께 새 봄의 경치를 즐겼다.

초2일　맑다. 동헌에서 공무를 보았다. 쇠사슬을 걸어매는 데 쓸 크고 작은 돌 80여 개를 실어 왔다. 활 10순巡 • 을 쏘았다.

초3일　맑다. 새벽에 이몽구가 각 포를 조사하려고 배를 타고 나갔다. 공무를 마친 뒤 활을 쏘았다. 제주도 사람이 아들딸과 함께 여섯 식구를 데리고 도망쳐 나와서 순천 땅 금오도 • 에 배를 대었는데 방답진을 순찰하던 배가 이들을 잡았다고 보고해 왔다. 이들을 문초를 한 다음 순천부로 보내어 가두라고 공문을 써 보냈다. 저녁에 화대석 • 네 개를 실어 올렸다.

초4일　맑다. 동헌에 나가 일을 마친 뒤 북쪽 봉우리 봉화대

이몽구!?~1597기 별검 이신李紳의 아들. 임란이 일어나자 의병을 일으켜 이순신에게 가서 좌수영 본영의 우후로 천거받았다. 여러 해전을 통해 큰 공을 세우다가 1597년 6월 16일 영등포에서 전사했다.

순　한 사람이 화살 5대씩 쏘는 것을 1순이라고 한다.

금오도金鰲島　순천부 : 전남 여수시 남면 금오도.

화대석　등불을 설치하려고 돌로 만든 대.

봉화대　봉화를 올리던 곳으로 전국에 걸쳐 여러 개가 있었다. 사진은 경남 양산시 상북면 원적산에 있는 봉화대이다.

쌓은 곳으로 올라갔다. 축대 자리가 매우 좋아 절대로 무너질 것 같지 않았다. 이봉수李鳳壽*가 부지런히 일한 것을 짐작할 수 있었다. 하루 내내 살펴보다가 해 질 무렵에 내려와서 성 주위의 해자亥字*를 둘러보았다.

초5일 맑다. 동헌에 나가 일을 본 뒤 활 18순을 쏘았다.

초6일 맑았으나 하루 내내 바람이 세게 불었다. 동헌에 나가

이봉수?~? 호조참판 이동명李東明의 아들. 이순신의 휘하에서 나루터에 철쇄 비치, 망대 설치, 염초 제작 등 군비를 담당했다. 옥포 · 당포 · 석포 · 사량포 전투에서 공을 세웠다.

해자 성을 침범하지 못하도록 성 주위에 파 놓은 도랑.

여도진

창고
객사
아사

녹도진

발포진

사도진

내나로도

외나로도

공무를 보았다. 순찰사로부터 편지 두 통이 왔다.

초7일 맑았으나 바람이 세게 불었다. 동헌에 나가 일을 하였다. 발포 만호萬戶•가 부임하였다는 공문이 왔다.

초8일 날씨는 맑았으나 또 바람이 세게 불었다. 동헌에 나가 일을 하였다. 거북선에 쓸 돛베 29필을 받았다. 정오에 활쏘기를 하였다. 조이립趙而立과 변존서卞存緖가 시합을 겨루었는데 조이립이 졌다. 이몽구가 방답진을 순시하고 돌아와서는 보고하기를, 방답 첨사가 심혈을 기울여 방비하고 있다고 매우 칭찬하였다. 동헌 뜰에 화대 돌기둥을 세웠다.

초9일　맑다. 쇠사슬을 꿸 긴 나무를 베어 오도록 이원룡李元龍에게 군사를 인솔시켜 새벽에 두산도*로 보냈다.

초10일　안개비가 오면서 갰다 흐렸다 했다. 동헌에 나가 일했다. 김인문金仁聞이 감영에서 돌아왔다. 순찰사의 편지를 보니, 통역하는 자들이 뇌물을 많이 받고 명나라에 거짓으로 보고하여 군사를 청한 일이 있있다고 흔다. 그뿐 아니라 명나라에서는 우리가 왜국과 함께 딴 뜻이 있는가 의심했다고 한다. 그놈들의 흉악스러움은 뭐라 말할 수가 없다. 통역관들은 이미 잡아 가두었다고 한다. 어이가 없고 화가 나서 견딜 수가 없다.

11일　맑다. 아침밥을 먹은 뒤 배에 나가서 새로 뽑은 군사들을 검열했다.

두산도斗山島　순천부. 전남 여수시 돌산읍. 돌산도라고도 한다.

여수 좌수영 진남관. 이순신이 전라 좌수영 본영으로 사용하던 곳에 훗날 이시언이 건립한 객사이다.

12일 날이 맑고 바람도 잔잔했다. 아침밥을 먹은 뒤에 동헌에 나가 일을 하다가 해운대海雲臺로 가서 활쏘기를 했다. 침렵치沈獵雉*를 구경하였는데 무척 조용했다. 군관들이 모두 일어나 춤을 추고 조이립은 시를 읊었다. 저녁이 되서야 돌아왔다.

13일 우수사|전라 우수사 이억기李億祺|*가 보낸 군관이 왔기에 화살대 큰 것, 중간 것 100개와 쇠 50근을 보냈다.

14일 맑다. 아산의 어머니께 문안드리려고 나장* 두 명을 보냈다.

15일 비바람이 몹시 불었다. 동헌에 나가 공무를 보았다. 새로 쌓은 해자가 너무 많이 무너졌으므로 석수장이들에게 벌을 주고 나서 다시 쌓게 하였다.

16일 맑다. 동헌에 나가 일을 한 뒤에 활 6순을 쏘고 새로 교대한 군사와 전번에 번을 섰던 군사를 같이 검열하였다.

17일 맑다. 나라의 제삿날*이어서 일을 하지 않았다.

18일 날이 흐렸다.

19일 맑다. 순시를 떠나 백야곶* 감목관이 있는 곳에 이르렀다. 순천 부사|권준|가 그의 아우와 함께 미리 기다리고 있었다. 기생도 또한 왔다. 비 온 뒤라 산마다 꽃이 활짝 피었는데 그 경치가 빼어나서 이루 말로 다하기 어려웠다. 저물어서야 이목구미*로 와서 배를 타고 여도진*에 이르니 흥양 현감|배흥립|과 여도 권관權官*이 나와서 맞았다. 방비를 검열하였다. 흥양 현감은 내일 제사가 있어서 먼저 갔다.

20일 맑다. 아침에 여러 가지 방비 실태와 전선戰船을 점검했다. 전선은 모두 새로 만들었고 무기도 얼마쯤 구비되어 있었다. 늦게 떠나서 흥양현에 이르렀다. 좌우의 산마다 피어 있는

*무사들의 놀이인 듯하다.

이억기|1561~1597| 임란 전 순천 부사를 거쳐 전라우도 수군절도사가 되었다. 임란이 일어나자 이순신을 도와 옥포, 당포, 안골포, 절영도 등에서 공을 세웠다. 이순신이 무고로 투옥되자 그의 구명 운동에 앞장섰으며 1597년 정유재란 때 통제사 원균의 휘하에서 좌익군을 지휘하여 싸우다가 칠천량 싸움에서 전사했다.

나장 병조 소속의 중앙 서리. 의금부·형조·사헌부·사간원·오위도총부·전옥서·평시서 등에 배속되어 죄인을 문초할 때 매를 때리거나 귀양 가는 죄인을 압송하는 일을 맡았다.

*세종의 제삿날을 가리킨다.

백야곶白也串 흥양현 ; 전남 여수시 화양면 백도.

이목구미梨木龜尾 순천부 ; 전남 여수시 화양면.

여도진呂島鎭 흥양현 ; 전남 고흥군 점암면 여호리.

권관 변경의 작은 진에 둔 종9품 무관. 여기서는 여도 권관 황옥천黃玉千을 가리킨다.

꽃들과 들가의 향기 어린 풀이 마치 그림 같았다. 옛날에 영주瀛洲가 있다더니 역시 이같이 좋은 경치였던가?

21일　맑다. 공무를 마친 뒤에 주인인 흥양 현감이 자리를 배풀고 활쏘기를 하였다. 조방장助防將 정걸丁傑도 와서 인사를 하였고 황숙도黃叔度도 와서 함께 술을 마시고 취하였다. 배수립裵秀立도 와서 함께 술잔을 나누며 즐겼는데 술자리는 밤이 깊어서야 끝났다. 신홍헌申弘憲을 시켜서 전날의 사환使喚과 삼반三班 하인들에게 술을 나누어 먹이도록 하였다.

22일　아침에 일을 마친 뒤 녹도진으로 갔다. 황숙도도 동행하였다. 먼저 흥양현의 배 만드는 곳을 찾아갔다. 배와 여러 가지 물건들을 직접 점검하고 그 길로 녹도진으로 갔다. 곧장 새로 쌓은 봉두문峰頭門의 문루로 올라가 보니 경치가 군내에서 으뜸으로 아름다웠다. 만호만호鄭運가 애쓴 정성이 미치지 않은 곳이 없었다. 흥양 현감과 능성 현감 황숙도 그리고 만호와 함께 취하도록 마셨다. 아울러 대포 쏘는 것도 지켜보았다. 촛불을 밝히고도 한참을 있다가 자리를 파했다.

23일　흐리다. 늦게 배로 출발하였다. 발포진에 이르자 역풍이 세게 불어 배가 나아갈 수 없었다. 간신히 성 머리에 대었다. 배에서 내려서 말을 타고 갔다. 비가 몹시 쏟아져서 아랫사람, 윗사람 구분 없이 일행 모두가 꽃비에 흠뻑 젖었다. 발포진에 들어서니 이미 해가 저물었다.

24일　가랑비가 산을 덮어 바로 앞도 분간하기 어려웠다. 비를 무릅쓰고 길을 떠나 마북산 밑 사량에 이르렀다. 여기서 배를 타고 노질을 재촉하여 사도진에 이르니 흥양 현감이 벌써 와 있었다. 배를 점검하고 나니 날이 저물어 그곳에서 하룻밤을 지냈다.

25일 흐리다. 사도진의 여러 가지 전쟁 방비를 살펴 보았더니 결함이 많았다. 군관과 책임을 맡은 서리*들을 처벌하였다. 첨사는 잡아들이고 교수敎授*는 내보냈다. 방비가 다섯 진포 가운데에서 제일 못한데도 순찰사가 잘 되었다고 장계를 올렸다니……. 죄를 제대로 검사하지 못하니 쓴웃음이 나왔다. 역풍이 세게 불었기 때문에 배를 띄울 수 없어서 또 하룻밤을 머물렀다.

26일 아침 일찍 배를 띄워 개이도*에 이르니 여도의 배와 방답의 배가 마중 나와서 기다렸다. 날이 저물어서야 방답진에 이르렀다. 서로 인사를 한 다음 무기를 점검하였는데, 장편전 가운데 하나도 쓸 만한 것이 없어 참으로 걱정스러웠다. 다행히 배가 어느 정도 완비되어서 반가웠다.

27일 흐리다. 아침 점검을 마친 뒤에 북쪽 봉우리로 올라가 지형을 살펴보았다. 외톨이로 떨어진 섬이라 사방으로 적의 침입을 받을 터인데, 성과 해자가 몹시 엉성하여 참으로 걱정스러웠다. 첨사가 애는 썼으나 미처 시설을 갖추지 못하였으니 어찌할 것인가? 느지막이 배를 타고 경도*에 이르니 우신, 조이립과 군관, 우후들이 술을 들고 마중을 나왔다. 함께 즐기다가 해가 저문 뒤에야 본청으로 돌아왔다.

28일 날씨가 흐렸으나 비는 오지 않았다. 동헌에 나가 일을 마친 뒤에 활쏘기를 하였다.

29일 맑았으나 바람이 세게 불었다. 동헌에 나가 일을 보았다. 순찰사의 공문이 왔는데 중위장*을 순천 부사로 갈았다고 한다. 안타까운 일이다.

서리 관아의 말단 행정 실무에 종사하는 이속, 아전.

교수 큰 읍이나 신에 파견된 종6품의 유학 교관.

개이도介伊島 지금의 전남 여수시 화정면 다도 또는 추도로 추정된다.

경도京島 순천부 : 전남 여수시 경호동 대경도.

중위장中衛將 제승방략制勝方略에 따라 설치된 오위 가운데 하나.

3월, 거북선의 대포를 시험하다

초1일 망궐례를 드렸다. 아침밥을 먹은 뒤 별방군과 정규 병사를 함께 검열하였다. 교대를 마친 군사는 점검하고는 돌려보냈다. 일을 마친 뒤에 활 10순을 쏘았다.

초2일 날씨가 흐리고 바람이 불었다. 나라의 제삿날*이어서 관청에 나가지 않았다. 승군 1백 명이 돌을 주웠다.

초3일 비가 저녁 내 내렸다. 오늘은 명절*이지만 비가 이렇게 뿌리니 풀을 밟으러 나갈 수 없었다. 조이립, 우후, 군관들과 함께 이야기를 나누며 동헌에서 술을 마셨다.

초4일 맑다. 아침에 조이립을 떠나보냈다. 객사 대청마루에 나가 공무를 마친 뒤에 서문 밖 해자와 성벽을 더 올려 쌓는 곳을 둘러보았다. 승군들이 돌 줍는 일을 게을리 하므로 우두머리 승려를 잡아다가 매를 때렸다. 아산에 문안 갔던 나장이 돌아와, 어머니께서 평안하시다는 소식을 전했다. 매우 다행스럽다.

초5일 맑다. 동헌에 나가 일을 보았다. 군관들은 활을 쏘았다. 서울 갔던 진무陳撫가 날이 저물 무렵에 돌아왔다. 좌의정|유

*중종 비 장경왕후 윤씨의 제삿날이다.

*3월 3일은 답청절踏靑節로서 봄에 파랗게 난 풀을 밟고 거니는 날이다.

▶세검정 조선 수군들이 칼을 갈고 무기를 수리하던 곳으로 선소에 있다. 전남 여수시 시전동 선산마을. ⓒ 이재환.

◀풀뭇간 조선 수군들이 무기를 만들던 풀무간으로 근래에 복원한 것이다. 전남 여수시 시전동 선소마을. ⓒ 이재환.

성룡이 편지와 함께 『증손전수방략增損戰守方略』이라는 책을 보내
왔다. 수륙전水陸戰과 불로 공격하는 전술 등에 관한 것이 낱낱이
설명되어 있었다. 참으로 만고에 보기 드문 뛰어난 저술이다.

초6일   맑다. 아침밥을 먹은 뒤에 동헌에 나가 무기를 검열하
였다. 활, 갑옷, 투구, 화살통, 환도 등이 깨어지고 낡아서 볼품
없이 된 것이 많았다. 담당 색리와 활을 만드는 장인, 감고監考˙
등을 처벌하였다.

초7일   맑다. 동헌에 나가 일을 보고 활쏘기를 하였다.

초8일   하루 내내 비가 내렸다.

초9일   하루 내내 비가 내렸다. 동헌에 나가 공무를 보았다.

초10일   맑았으나 바람이 불었다. 동헌에 나가 일을 마친 뒤
에 활쏘기를 하였다.

11일   맑다.

12일   맑다. 아침밥을 먹은 뒤 배 있는 곳으로 나가 경강선京江
船˙을 점검하였다. 배를 타고 소포˙로 나가다가 때마침 동쪽에
서 바람이 몹시 불고 또 사공沙工도 없어 도로 돌아왔다. 곧장

감고 각 관청에서 재정
의 출납이나 물품을 보
살피며 잡무도 맡아 보
는 사람.
경강선 서울 한강을 근
거지로 운수, 상업, 군
사에 쓰이던 배.
소포召浦 순천부 : 전남
여수시 종화동 종포.

선소 굴강 선창에 배를 정박시킬 때 파도의 피해를 막기 위해 둥글게 돌담을 돌린 곳을 굴강이라 한다. 이순신은 1591년 이곳에서 거북선을 만들기 시작하여 1592년 포 시험까지 하였다 한다. 전남 여수시 시전동 선소마을. ⓒ 이재환.

동헌으로 와서 공무를 보고 활 10순을 쏘았다.

13일 아침에는 날이 흐렸다. 순찰사에게서 편지가 왔다.

14일 하루 내내 큰 비가 왔다. 아침 일찍 순찰사를 만나러 순천으로 갔다. 비가 몹시 쏟아져서 한 치 앞도 분간할 수 없었다. 간신히 선생원에 이르러 말을 먹이고 해농창평*에 다다랐다. 길에 물이 석 자나 괴었다. 겨우 순천부에 닿았다. 저녁에 순찰사와 만나 그간 쌓였던 이야기를 나누었다.

15일 날씨가 흐리더니 가랑비가 왔다. 저녁에야 갰다. 수루 위에 올라가 활을 쏘았다. 군관들이 편을 갈라 활쏘기를 했다.

16일 맑다. 순천 부사가 환선정喚仙亭*에서 술자리를 베풀었다. 아울러 활쏘기도 하였다.

해농창평海農倉坪 순천부: 전남 순천시 해룡면 해창리.

환선정 옛 위치는 지금의 전남 순천시 동외동. 그뒤 조곡동으로 옮겨서 세웠다.

도훈도 향교에서 교육을 맡아 보던 훈도 가운데 으뜸.

김완1546~1607 임진 왜란 때 사도 첨사로서 이순신 휘하에서 여러 싸움에 참가했다. 원균이 통제사를 맡았을 때는 조방장으로 활약했으나 패전하여 왜군에게 붙잡혀 왜국에까지 갔다가 도망하였다.

내나로도內羅老島 홍양현: 전남 고흥군 동일면.

외나로도 홍양현: 전남 고흥군 봉래면.

대평도大平島 홍양현: 전남 여수시 삼산면.

17일 맑다. 새벽에 순찰사에게 작별을 고하고 길을 떠나 선생원에 이르러 말을 먹인 뒤 본영으로 돌아왔다.

18일 맑다. 동헌에 나가 공무를 보았다.

19일 맑다. 동헌에 나가 공무를 보았다.

20일 비가 많이 쏟아졌다. 늦게야 동헌에 나가 일을 하다가 각 부서에 대하여 회계하였다. 순천 부사가 정해진 날짜에 관내를 조사하지 못하였기에 대장과 색리와 도훈도都訓導* 등을 처벌하였다. 사도 첨사[김완金浣]*에게도 모일 것을 약속하는 공문을 보냈다. 그러나 혼자서 수색하였다고 하는데 그것도 겨우 반나절 만에 내나로도*, 외나로도*, 대평도*, 소평도를 모두 다 조사하고 그날로 돌아왔다고 보고하니 너무도 거짓이 심하다. 이것을 조사하는 일 때문에 홍양 현감과 사도 첨사에게 공문을 보냈다. 몸이 몹시 불편하여 일찍 들어왔다.

21일 맑다. 심기가 편안하지 못하여 아침 내내 누워 앓다가 늦게야 동헌에 나가 일을 보았다.

22일 맑다. 성 북쪽 봉우리 밑에 도랑을 파는 일 때문에 우후와 군관 열 사람을 보냈다. 밥을 먹은 뒤 동헌에 나가 일을 보았다.

23일 아침에 흐렸다가 저녁에는 맑았다. 아침밥을 먹은 뒤 동헌에서 일을 하였다. 보성에서 보내와야 할 판자를 아직도 납부해 오지 않았기 때문에 다시 공문을 띄워 색리를 잡아들였다. 순천에서 잡아 보낸 소국진蘇國進에게 매 80대를 때렸다. 순찰사가 편지를 보내어 "발포 권관은 군사를 거느릴 만한 재목이 못 되니 알아서 조치하도록 하라." 하였다. 그래서 아직은 바꾸지 않고 그대로 방비를 맡게 하겠다고 답장을 보냈다.

24일 　나라의 제삿날*이어서 관청에 나가지 않았다. 우후가 순찰을 마치고 무사히 돌아왔다. 송희립이 순찰사와 도사都事*의 답장을 함께 가져왔다. 순찰사의 편지 가운데 "영남 관찰사 ㅣ 김수金睟ㅣ*가 편지를 보내어 '대마도주對馬島主의 공문에 이미 배 한 척을 내어 보냈는데 만일 귀국貴國에 다다르지 않았다면 틀림없이 바람에 파선破船한 것이리라.' 하였다니 그 말이 극히 음흉하다. 동래에서 서로 바라보이는 바다라 그럴 리가 만무한데 말을 이렇게 꾸며 내니 그 간사함이 헤아리기 어렵다." 하였다.

25일 　날씨는 맑았으나 큰 바람이 불었다. 동헌에 나가 일을 마친 뒤에 활 10순을 쏘았다. 경상도 병사兵使가 평산포*에 도착하지 않고 바로 남해로 갔다고 하였다. 나는 서로 만나 보지 못한 것이 유감스럽다는 내용의 답장을 보냈다. 새로 쌓은 성을 순시해 보니 남쪽이 아홉 발쯤이나 무너져 있었다.

26일 　맑다. 우후와 송희립이 남해로 갔다. 늦게 동헌에 나가 일을 마친 뒤에 활 15순을 쏘았다.

27일 　날씨가 맑고 바람조차 없었다. 아침을 일찍 먹은 뒤 배를 타고 소포에 갔다. 쇠사슬을 가로질러 걸어매는 것을 감독하며 하루 내내 기둥나무 세우는 것을 보았다. 그리고 거북선에서 대포 쏘는 것도 시험해 보았다.

28일 　맑다. 동헌에서 일을 하였다. 활 10순을 쏘았는데 5순은 모두 맞고, 2순은 네 번 맞고, 3순은 세 번 맞았다.

29일 　맑다. 나라의 제삿날*이어서 일을 하지 않았다. 아산으로 문안 보냈던 나장이 돌아왔다. 어머니께서 평안하시다는 소식을 들었다. 매우 다행한 일이다.

＊세종 비 소현왕후 심씨의 제삿날이다.

도사 각 도에 1인씩 파견되어 관찰사를 보좌하였다.

김수[1547～1615] 이황의 문인. 임란 때 경상우감사로 진주에 있다가 동래가 함락되자 거창으로 도망가면서 다만 각 고을에 격문을 돌려 백성들에게 적을 피하라고 통고하니 도내가 텅 비어 왜적을 방어할 수 없었다. 1592년 8월 한성판윤이 되었고 지중추부사, 우참찬을 거쳐 1596년 호조판서로서 전라도와 충청도에서 명군의 군량 확보에 힘썼다.

평산포平山浦 남해현: 경남 남해군 남면 평산리.

＊세조 비 정희왕후 윤씨의 제삿날이다.

초1일　흐리다. 새벽에 망궐례를 드렸다. 관청 일을 마친 뒤에 활 5순을 쏘았다. 별조방군別助防軍을 점검하였다.

초2일　맑다. 밥을 먹은 뒤 몸이 몹시 불편하더니 차츰 더 아팠다. 하루 내내 아픔이 계속되었고 또 밤새도록 신음하였다.

초3일　맑다. 기운이 떨어지고 어지러워 밤새도록 고통에 시달렸다.

초4일　맑다. 아침에야 비로소 통증이 조금 가라앉는 것 같았다.

초5일　맑더니 늦게 비가 조금 왔다. 동헌에 나가 일을 하였다.

초6일　맑다. 진해루鎭海樓●에 나가서 일을 마친 뒤에 군관들에게 활쏘기 훈련을 시켰다. 아우 우신과 전별餞別●하였다.

초7일　나라의 제삿날✳이어서 관청에 나가지 않았다. 오전 10시께 비변사에서 비밀 공문이 왔다. 경상 관찰사와 우병사가 장계를 올린 데 따른 공문이었다.

초8일　날이 흐렸지만 비는 오지 않았다. 아침에 어머니께 보내는 물건을 꾸렸다. 늦게 우신이 떠나갔다. 혼자 창가에 앉아 있으니 온갖 생각이 꼬리를 물고 지나갔다.

초9일　아침에 흐리더니 늦게는 맑았다. 동헌에 나가 일을 하였다. 방응원方應元이 방비 업무에 대한 공문서를 작성해 보냈다. 군관들이 활쏘기 훈련을 하였다. 광양 현감이 수색하는 일 때문에 배를 타고 왔다가 어두워져서야 돌아갔다.

초10일　맑다. 아침밥을 먹은 뒤 동헌에 나가 일을 하였다. 활 10순을 쏘았다.

11일　아침에 흐리더니 늦게는 맑았다. 일을 마친 뒤에 활쏘기를 하였다. 순찰사의 편지와 별록別錄|별도의 기록을 군관 남한

● **진해루**　전라 좌수영 내, 지금의 전남 여수시 군자동 진남관 터에 있었을 것으로 추정된다.

● **전별**　떠나는 사람을 위해 잔치를 베풀어 작별하는 것을 일컫는다.

✳ 중종 비 문정왕후 윤씨의 제삿날이다.

13일과 그 이튿날 부산에
서는 치열한 공방전이 있
었다. 변박이 그린 〈부산
진순절도〉: 왜선이 부산성
앞바다를 꽉 채우고 있다.
ⓒ 육군박물관.

南侧순찰사 군관이 가져왔다. 오늘 처음으로 돛베를 만들었다.

12일   맑다. 아침밥을 먹은 뒤 배를 타고 거북선에서 지자포地
字砲, 현자포玄字砲를 쏘아 보았다. 순찰사 군관 남공심南公審이
떠났다. 정오에 동헌으로 가서 활 10순을 쏘았다. 관청으로 올
라가면서 노대석路臺石이 놓인 것을 보았다.

지자포|지자총통| 천자
총통 다음으로 큰 총통.

현자포|현자총통| 지자
총통 다음으로 큰 총통.

노대석 노둣돌. 관청이
나 개인집 대문 앞에 놓
는 큰 돌로서 말을 타고
내릴 때 썼다.

15일 동래성에서 왜구와의 큰 싸움이 있었다. 변박이 그린 〈동래부순절도〉: 성곽 안 중심에 조복을 입고 순절하려는 송상현과 북문 밖에 달아나는 경상 좌병사 이각李표의 무리가 대조적이다. 이날 동래성이 함락되고, 송상현이 전사했다.
ⓒ 육군박물관.

13일 맑다. 동헌에 나가 일을 한 뒤에 활 15순을 쏘았다.

14일 맑다. 동헌에 나가 일을 한 뒤에 활 10순을 쏘았다.

15일 맑다. 나라의 제삿날*이어서 관청에 나가지 않았다. 순찰사에게 보내는 답장과 별도로 문서를 만들어서 곧바로 역졸로 하여금 말을 달려 전하도록 했다. 해 질 무렵 경상 우수사가

*성종 비 공혜왕후 한씨의 제삿날이다.

1592년 왜적의 침략이 시작되다 • **41**

통첩을 보냈는데, 왜선 90여 척이 와서 부산 앞 절영도에 정박했다고 하였다. 또 이와 동시에 경상 좌수사의 공문이 왔는데, 왜선 350여 척이 벌써 부산포 건너편에 도착했다고 하였다. 곧장 장계를 띄우고 순찰사와 병사, 우수사에게 공문을 보냈다. 경상 관찰사의 공문도 왔는데 역시 같은 내용이었다.

16일 밤 10시께 영남 우수사[원균]의 공문이 왔는데, 부산과 같은 큰 진이 벌써 함락되었다고 하였다. 분한 마음을 이길 길이 없었다. 즉시 장계를 올리고 3도[경상·전라·충청도]에도 공문을 보냈다.

17일＊ 날이 궂고 비가 오더니 늦게는 맑았다. 영남 우병사[김성일]가 공문을 보냈는데, 왜적이 부산을 함락시킨 뒤에 계속 머무르면서 물러가지 않는다고 하였다. 늦게 활 5순을 쏘았다. 번을 그대로 서는 수군과 번을 새로 드는 수군이 잇달아 방비처로 왔다.

18일＊ 아침엔 흐렸다. 아침 일찍 동헌에 나가 일을 하였다. 순찰사의 공문이 왔는데 "발포 권관은 이미 파직되어 떠났으니 임시로 맡을 장수로 곧 정해 보내라." 하였기에 나대용羅大用＊을

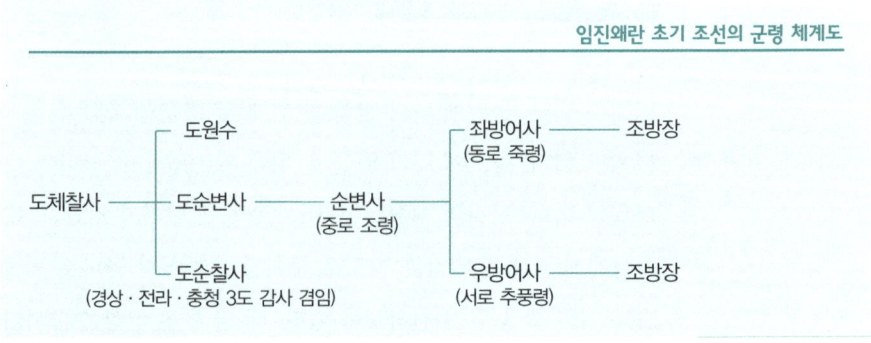

임진왜란 초기 조선의 군령 체계도

도체찰사 ─┬─ 도원수
          │
          ├─ 도순변사 ─── 순변사 ─┬─ 좌방어사 ─── 조방장
          │   (중로 조령) │ (동로 죽령)
          │   │
          └─ 도순찰사   └─ 우방어사 ─── 조방장
            (경상·전라·충청 3도 감사 겸임)   (서로 추풍령)

＊경상 좌수사 박홍朴泓의 장계에 따라 중앙에서는 이일李鎰을 순변사로, 신립申砬을 도순변사로, 좌의정 유성룡을 도체찰사로 임명하였다.

＊18일, 밀양성이 함락되었다.

나대용|1566~1612| 1591년 이순신의 막하로 들어가 거북선을 만드는 데 참여하고, 임진왜란 때 여러 해전에서 공을 세웠다. 정유재란 때 명량, 노량 해전에서도 공을 세웠다.

그날로 정해 보냈다. 오후 2시께 경상 우수사의 공문이 왔는데, 동래도 함락되었고 양산, 울산의 두 수령도 조방장으로서 성을 지키다가 모두 패배하였다고 하였다. 분한 마음을 이루 다 말할 수 없었다. 경상 좌병사와 경상 수사가 군사를 이끌고 동래 뒤쪽까지 이르렀다가 곧바로 되돌아왔다고 하니 더욱더 원통하였다. 저녁에 순천 군사를 거느린 병방兵房*이 석보창石堡倉*에 머무르고 있으면서 군사들을 거느리고 오지 않으므로 잡아다 가두었다.

19일*　맑다. 방비할 곳에 구덩이를 파도록 아침에 군관을 정해 보냈다. 나도 일찍 아침을 먹은 뒤에 동문 위로 나가서 방비할 곳의 일을 직접 독려하였다. 오후에 상격대上隔臺를 순시하였다. 군역을 하러 온 군사 7백 명이 검열을 받고 일을 하였다.

22일*　새벽에 망보는 일이 이상 없는지 조사하도록 군관들을 보냈다. 배응록裵應祿은 절갑도*로 가고 송일성宋日成은 금오도로 갔다. 그리고 이경복李景福, 송한련宋漢連, 김인문金仁問 등은 두산도의 적대목敵臺木을 실어 내라고 각각 군졸 50명씩을 붙여서 보냈다. 남은 군졸들은 방비할 곳에서 일을 시켰다.

(4월 23일~30일까지 일기가 빠져 있다.)

병방　지방의 군사 훈련, 경찰 업무, 군역 부과, 성곽 · 도로 · 봉수의 관리 등에 관한 일을 맡아 보았다.

석보창　전남 여수시 봉계동 석창.

＊19일. 김해성이 함락되었다.

＊22일로부터 이틀 후인 24일에 상주에서 순변사 이일李鎰이 패배하였다.

절갑도折甲島　흥양현 ; 전남 고흥군 금산면 거금리 거금도. 조선시대에는 절이도라고도 했다.

이순신, 경상도를 구원하고자 노력하다

4월 29일[*] 새벽 4시에 출전할 예정으로 경상우도 소속이며 본영과 이웃한 남해현의 미조항, 상주포, 곡포, 평산포 등 네 진이 이미 첩입疊 入되었으므로 그곳의 현령, 첨사, 만호 등에게 마땅히 군사와 병선을 정비하여 길목에 나와서 기다리라고, 새벽에 공문을 만들어서 일부러 본영의 진무인 순천 수군 이언호李彦浩를 달려 보냈다.

새벽 2시쯤 이언호가 급히 돌아와서 보고하기를 "남해현 성 안의 관청 건물과 여염집들은 거의 비어 있고, 집안에서 밥 짓는 연기도 나지 않으며, 창고의 문은 이미 열려 곡식은 흩어졌고, 무기고의 병기도 모두 없어졌습니다. 마침 무기고의 행랑채에 사람이 하나 있기에 그 사유를 물어보니 '적이 급박하게 닥쳐오자, 온 성 안의 사졸들이 소문만 듣고 도망했으며, 현령과 첨사도 따라 도망하여 간 곳을 알 수 없다.'고 대답했습니다. 돌아오다가 또 한 사람을 보았는데, 쌀 한 섬을 진 채 장전長箭을 가지고 남문 밖에서 달려나오다가 장전의 일부를 소인에게 주었습니다." 하였다.

그 장전을 살펴보니, '곡포'라고 새긴 것이 분명하며, 성을 비우고 도망했다는 말이 그럴듯했다. 부하들이 보고하는 말을 그대로 믿기 어려워서 군관 송한련에게 "이 말이 사실과 같다면 적에게 무기와 양식을 주는 격이 되어 본도[전라좌도]로 침입하여 오래 머물러 퇴각하지 않을 것이므로 그 창고와 무기고 등을 불살라 없애라."고 전령하여 급히 달려 보냈다.

30일 이순신은 전라도 수군의 진을 조직한 뒤 전라우도 수군이 도착하면 구원을 나가겠다는 장계를 올렸다.

[*] 26일 임금은 조정이 멀리서 직접 지휘할 수 없으니 도내 주장主將의 지휘에 맡긴다는 분부를 내렸고, 이에 이순신은 29일에 전라좌우도의 수군을 모은 다음 구원하러 나가겠다는 장계를 올렸다. 29일에 원균이 경상 우수영을 왜적에게 빼앗기고는 이순신에게 구원을 요청했다. 이에 앞서 26일, 탄금대에서 도순변사 신립申砬이 패배하고 전사하였다.

5월, 옥포에서 처음으로 적과 싸우다

초1일　수군들이 본영 앞바다에 모두 모였다. 날은 흐렸으나 비는 오지 않고 남풍만 세게 불었다. 진해루에 앉아서 방답 첨사, 흥양 현감, 녹도 만호 등을 불러들였다. 모두 격분하여 제 한 몸을 생각하지 않았다. 과연 의로운 자들이라 할 만하다.

초2일＊　맑다. 삼도 순변사 이일李鎰＊과 우수사 원균의 공문이 왔다. 군관 송한련이 남해에서 돌아와, 남해 현감|기효근奇孝謹|＊과 미조항＊ 첨사|김승룡金勝龍|, 상주포·곡포·평산포 만호|김축金軸| 등이 왜적에 대한 소문을 듣고는 벌써 달아났고, 무기 등 온갖 물자도 죄다 흩어져 남은 것이 없다고 했다. 참으로 놀랄 일이다. 12시경 배를 타고 바다로 나가서 진을 치고 여러 장수들과 함께 작전을 짰다. 모두 기꺼이 싸움터로 나갈 뜻을 가졌는데 낙안 군수|신호申浩|만 피하려는 뜻을 가진 듯했다. 한탄스러웠다. 군법이 있는데 설사 물러나 피하려 한들 될 일인가. 저녁에 방답의 첩입선疊入船＊ 세 척이 앞바다에 닿았다. 비변사의 명령이 내려왔다. 창평 현령이 부임하였다는 공식 서한을 바쳤다. 저녁의 군호軍號는 용호龍虎라 하고 복병伏兵은 수산水山이라고 했다.

초3일＊　가랑비가 아침 내내 왔다. 새벽에 경상 우수사의 답장이 왔다. 오후에 광양 현감|어영담|과 흥양 현감|배흥립|을 불러다가 함께 이야기하였더니 모두 분노를 터뜨렸다. 본도 우수사|이억기|가 수군을 끌고 오기로 함께 약속을 정하였는데, 방답 판옥선이 첩입군을 싣고 오는 것을 보고 우수사가 오는 줄 알고 좋아하였다. 그러나 군관을 보내어 알아보니 방답진의 배였다. 매우 실망하였다. 조금 뒤에 녹도 만호가 뵙겠다고 하였다. 불러들여 물었더니 "우수사는 오지 않고 왜적은 점점 서울 가까

＊초2일. 도원수 김명원이 한강 방어에 실패했다.

이일|1538~1601| 임진왜란 때 순변사로 왜군을 상주, 충주에서 맞아 싸웠으나 패하고, 그 뒤 임진강, 평양 등지를 방어하고 동변 방어사가 되었다가 이듬해 평안도 병마절도사로서 명나라 원병과 함께 평양을 되찾았다.

기효근|1542~1597| 임란이 일어나자 남해 현령으로 무기와 전선을 수리하고 경상 우수사 원균을 따라 사천에서 싸웠다. 정유재란 때 병으로 남해 현령을 사직했다. 고향으로 가는 길에 적병을 만나 어머니가 물에 빠져 자살하자, 뒤따라 물에 뛰어들어 목숨을 끊었다.

미조항彌助項 남해현; 경남 남해군 상동면 미조리.

첩입선 첩입 지역을 왕래하거나 그 지역과의 연락을 담당한 배.

＊초3일에 왜군이 서울을 점령했다.

조선 수군의 전선, 거북선과 판옥선

거북선에 대한 기록은『태종실록』에 처음 보이며, 이후 이순신에 의해 철갑선으로 개발, 창제되었다. 거북선은 최초의 돌격용 철갑선으로, 임진왜란 초반의 잇따른 해전에서 그 위력을 떨쳤다. (그림은 1795년 정조 대에 간행된『이충무공전서』에서 보여진 모습이다.)

판옥선은 조선 수군의 주력선이다. 밑바닥이 편평한 평저선으로 물 속에 덜 잠기므로 항해시 배의 움직임이 자유롭다. 그리고 아래층에 비전투원이 그 위층에 전투원이 구분하여 탔다. 때문에 비전투원이 적에게 노출되지 않는 장점이 있다. 병선은 선체의 선형이 전통적인 한선이다. (판옥선, 병선 그림은『각선도본』(규장각)에 나타난 모습이다.)

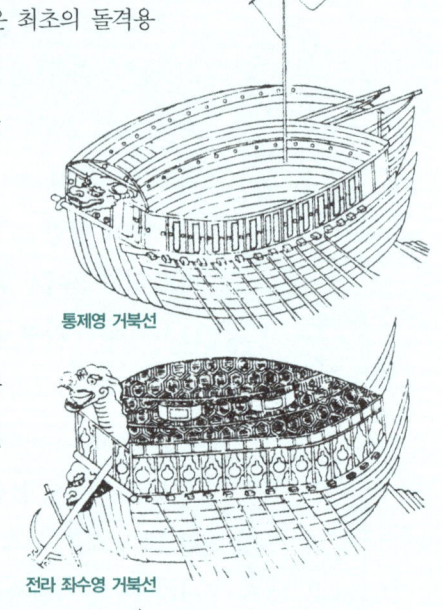

통제영 거북선

전라 좌수영 거북선

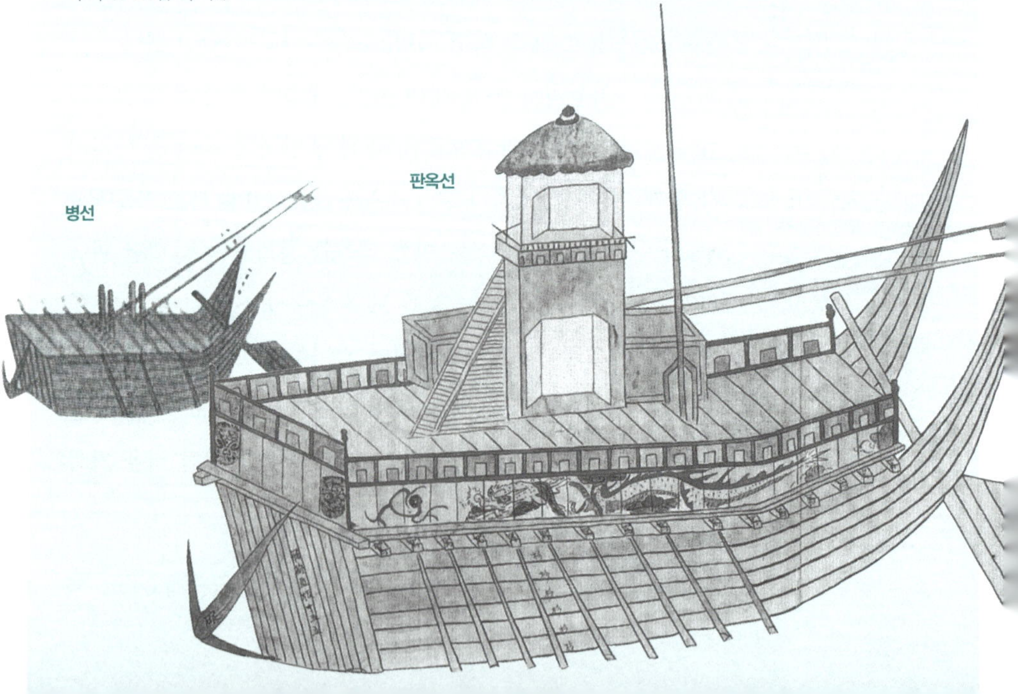

병선

판옥선

이 다가가니 분한 마음 이길 길 없거니와 만약 기회를 잃는다면 뒤늦게 후회해도 소용없습니다." 하는 것이었다. 이 때문에 곧 중위장 이순신을 불러 내일 새벽에 떠날 것을 약속하고 장계를 쓰고는 보냈다. 여도 수군 황옥천이 적의 소식을 듣고는 집으로 도망갔으므로 이를 잡아다가 목을 베어 내다 걸었다.

초4일* 맑다. 동이 트자 배를 출발시켜 바로 미조항 앞바다에 이르러 다시 약속하였다. 우척후右斥候|김완金完|, 우부장右部將|김득광|, 중부장中部將|어영담|, 후부장後部將|정운| 등은 오른편으로부터 개이도에 들어가서 수색하게 하고 나머지 대장선들은 평산포, 곡포, 상주포를 거쳐 미조항을 지나도록 하였다.

(5월 초5일~28일의 일기는 빠져 있다.)

29일* 맑다. 우수사가 오지 않으므로 혼자서 여러 장수들을 거느리고 새벽에 떠나 곧장 노량*에 이르렀다. 경상 우수사가 미리 만나기로 약속한 곳에 와서 함께 상의했다. 왜적이 배를 댄 곳을 물으니, 적은 지금 사천 선창에 있다고 하였다. 그래서 바로 그곳에 가 보니 왜인들은 벌써 뭍으로 올라가서 산봉우리 위에 진을 치고, 배는 그 봉우리 밑에 벌려 놓고, 재빠르고 튼튼한 태세로 항전했다. 나는 모든 장수들을 독려하며 일제히 달려들었다. 화살을 빗발치듯 퍼붓고 각종 총통을 마치 바람과 우레같이 어지러이 쏘아 대니 적들이 두려워 물러났다. 화살에 맞은 자가 몇백 명인지 알 수가 없고 왜적의 머리도 많이 베었다. 군관 나대용이 총에 맞았으며 나도 왼쪽 어깨 위에 탄환을 맞았다. 탄환이 등을 뚫고 나갔으나 중상은 아니었다. 사부射夫|활꾼|와 격군格軍|결꾼| 가운데도 탄환 맞은 사람이 많았다. 적선 13척을 불태우고 물러 나왔다.

* 초4일 판옥선 24척, 협선 15척, 포작 46척을 거느리고 소비포 앞바다에서 진을 치고 밤을 보냈다.|김인영의 장계|

* 29일 이순신은 군관인 전 만호 윤사공尹思恭을 유진장留陣將으로 정하고, 수군 조방장 정걸은 좌도의 각 진포에 지휘할 사람이 없으므로, 흥양현에서 갑작스러운 일에 대비하도록 하였다.

노량露梁 곤양군, 남해군 : 경남 하동군 금양면 노량리와 경남 남해군 설천면 노량리 사이.

옥포, 합포, 적진포 싸움

5월 초5일, 이순신은 새벽에 출발하여 전라, 경상 두 도에서 전번에 서로 모이기로 약속한 당포 앞바다에 이르렀으나 경상 우수사 원균이 약속한 곳에 오지 않았으므로 가볍고 빠른 배를 보내어 당포로 빨리 오라고 공문을 보냈다. 이튿날 아침 8시에 원균이 자기 경내인 한산도에서 단 한 척의 전선만을 타고 왔다. 적선의 수와 정박해 있는 곳과 또 접전 상황을 자세히 물어봤다.

경상도의 여러 장수 즉 남해 현령 기효근, 미조항 첨사 김승룡, 평산포 권관 김축 등이 판옥선 1호선을 함께 타고, 사량 만호 이여념李汝捻, 소비포 권관 이영남李英男* 등은 각기 협선挾船을 타고, 영등포 만호 이운룡 등은 판옥선 2호선에 나누어 타고서, 5일과 6일에 잇달아 도착하였다. 전라, 경상 두 도의 여러 장사들을 한곳에 모으고 두 번, 세 번 약속을 거듭한 뒤 거제도 송미포* 앞바다에 이르렀더니 날이 저물어서 밤을 지냈다.

그리고 초7일 새벽에 한꺼번에 출발하여 적의 배들이 머물고 있는 천성*, 가덕을 향하여 갔다. 정오쯤에 옥포* 앞바다에 이르니 척후장인 사도 첨사 김완, 여도 권관 김인영 등이 신호를 알리는 화살을 쏘아 일이 있음을 알려 왔다. 적선이 있는 줄을 알고 이순신은 다시금 여러 장수들에게 타이르기를 "망령되게 움직이지 말고 조용하고 무겁기를 산과 같이 하라." 하였다. 그 뒤 그 포구 앞바다에 줄을 지어 한꺼번에 들어갔더니, 왜선 50여 척이 옥포 선창에 정박해 있었다. 큰 배는 사면에 장막을 둘렀는데 그 장막에는 온갖 무늬가 그려져 있었다. 장막의 가장자리에 긴 대가 꽂혀 있었는데 붉고 흰 작은 기들이 어지러이 매

이영남!?~1598! 1592년 임진왜란 때 옥포 만호로서 원균을 도와 적을 방어하고, 이어 정유재란 때 가리포 첨절제사로서 조장을 겸임하여 통제사 이순신의 밑에서 진도 해전에 공을 세우고 노량 싸움에서 전사하였다.

송미포松未浦 거제현 : 경남 거제시 남부면 갈곶리.

천성天城 거제현 : 부산 강서구 가덕도 천성동.

옥포玉浦 거제현 : 경남 거제시 옥포동.

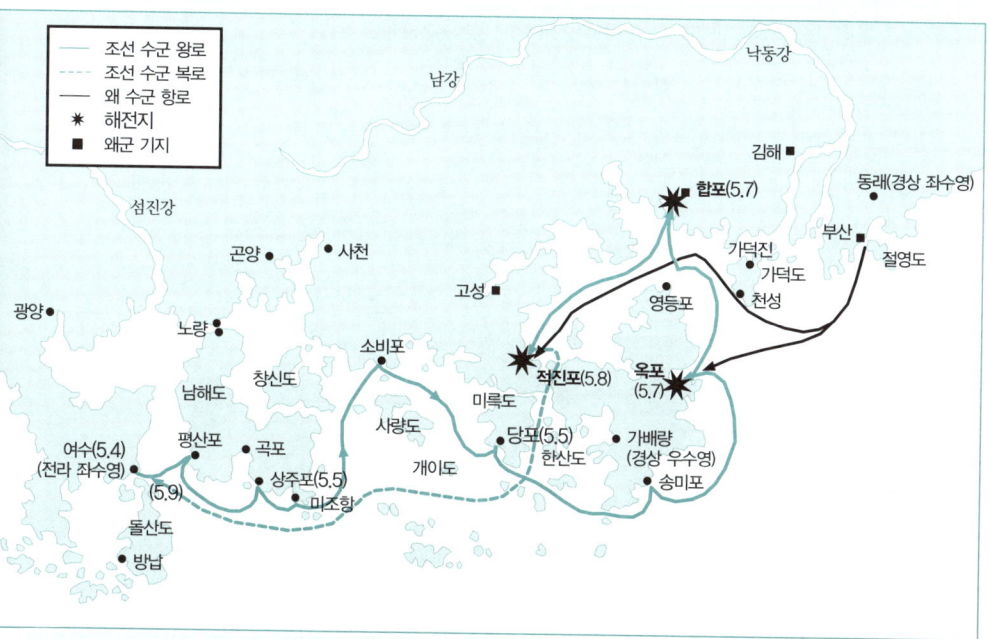

1592년 5월 4일~9일에 옥포, 합포, 적진포에서 있었던 제1차 해전.

달려 있었다. 깃발 모양은 여러 가지로서 모두 무늬 있는 비단이었는데 바람결을 따라 펄럭여서 눈이 어지러울 지경이었다.

왜적의 무리들이 포구로 들어가 분탕질을 치니 연기가 온 산에 가득 찼다. 이들은 우리 전함들을 돌아보고서는 허둥지둥 어쩔 줄을 모르다가 제각기 급히 배를 탔다. 그리고 아우성치면서 바삐 노를 저어 나왔는데, 바다 가운데로는 나오지 못하고 기슭을 따라 배를 저었다. 그 중 여섯 척이 앞장서서 달아났다.

여러 장수들은 한마음으로 분발하여 모두 죽을힘을 다했다. 배에 있는 관원과 군사들도 역시 그 뜻을 본받아 서로 격려하며 죽음을 각오하고 적을 동서로 에워싼 채 바람과 우레같이 대포를 쏘고 활을 쏘아 대었다. 적들도 탄환과 화살을 쏘다가 기운이 떨어지자 배 안에 있는 물건들을 정신없이 바다에 내던졌다. 화살에 맞은 자가 몇 명인지 알 수 없고 물에 떨어져서 헤엄치는 놈도 몇 명인지 몰랐다. 한꺼번에 무너지고 흩어져서 바위 언덕으로 기어오르며 서로 뒤처질까 겁을 내는 꼴들이었다.

좌부장인 낙안 군수 신호가 왜의 큰 배 한 척을 깨뜨리고 머리 하나를 베었는데, 배 안에 있는 칼, 갑옷, 의관 등이 모두 왜장의 물건인 듯하였다. 우부장 보성 군수 김득광은 왜의 큰 배 한 척을 쳐부수고 우리나라 포로 한 명을 구출했다. 전부장인 흥양 현감 배흥립은 왜의 큰 배 두 척, 중부장인 광양 현감 어영담은 왜의 중간 배 두 척과 작은 배 두 척, 중위장인 방답 첨사 이순신은 왜의 큰 배 한 척, 우부기전통장右部騎戰統將인 사도진 군관 이춘李春은 왜의 중간 배 한 척, 유군장遊軍將이며 발포 가장을 맡고 있는 군관 나대용은 왜의 큰 배 두 척, 후부장인 녹도 만호 정운은 왜의 중간 배 두 척, 좌척후장인 여도 권관 김인영은 왜의 중간 배 한 척을 쳐부수었다.

좌부기전통장左部騎戰統將인 순천 대장 유섭俞攝은 왜의 큰 배 한 척과 우리나라 포로 소녀 한 명을 구출했다. 한후장捍後將인 군관 최대성崔大成이 왜의 큰 배 한 척, 참퇴장인 군관 배응록裵應祿이 왜의 큰 배 한 척, 경상도 여러 장수들은 왜선 다섯 척과 우리나라 포로 한 명을 구출했다. 모두 합하여 왜선 26척을 총통으로 맞혀 깨뜨리고 불태우니, 온 바다에서 피어오른 불꽃과 연기가 하늘을 덮었다.

산으로 올라간 적의 무리들은 모두 숲 속으로 기어 들어가 겁을 냈다. 여러 전함에서 용맹한 사부射夫를 뽑아서 산에 오른 적을 쫓아가 잡도록 하려고 했다. 그러나 거제도는 산세가 험준하고 나무가 무성하여 발붙이기 어려울 뿐더러 이제 적의 소굴에 들어 있었다. 배에 사부가 없으면 혹시 뒤로 포위당할 염려도 있고 날도 저물어 가므로 뜻대

1차 출격의 중요 장수들

중위장 : 방답 첨사 이순신
좌부장 : 낙안 군수 신호
우부장 : 보성 군수 김득광
전부장 : 흥양 현감 배흥립
중부장 : 광양 현감 어영담
유군장 : 발포 가장 나대용
          (영군관 훈련봉사)
후부장 : 녹도 만호 정운
좌척후장 : 여도 권관 김인영
우척후장 : 사도 첨사 김완
한후장 : 영군관 최대성(급제)
참퇴장 : 영군관 배응록(급제)
돌격장 : 영군관 이언량
선봉장 : 우도의 장수로
          선정 예정
좌부기전통장 : 순천 대장 유섭
우부기전통장 : 진군관 이춘

옥포대첩 기념공원 조선이 왜적을 맞아 벌인 최초의 전투이자 승전인 옥포 해전을 기리는 의미로 설립되었다. 경남 거제시 옥포2동.

로 못하였다.

이어 영등포 앞바다로 물러 나와 군사들에게 나무를 하고 물도 긷게 하여 밤을 지내려고 하였다. 그런데 오후 4시경 멀지 않은 바다에 왜의 큰 배 다섯 척이 지나간다고 척후장이 보고해 왔다. 다시 여러 장수를 거느리고 쫓아갔다. 웅천현의 합포* 앞바다에 이르러 왜적들은 배를 버리고 육지로 올라갔다. 사도 첨사 김완이 왜의 큰 배 한 척, 방답 첨사 이순신이 왜의 큰 배 한척, 군관 변존서, 송희립, 김효성, 이설 李渫*이 힘을 합하여 활을 쏘아 왜의 큰 배 한 척을 남김없이 부수고 불태웠다. 그리고 밤을 타서 노를 재촉하여 창원 땅 남포 앞바다에 진을 치고 밤을 지냈다.

초8일, 이른 아침에 진해 땅 고리량에 왜선이 머물러 있다는 기별을 들었다. 곧 출발하여 안팎의 섬들을 협공하고 수색하면서 저도를 지나 고성 땅 적진포*에 이르렀다. 왜의 큰 배, 중간 배 모두 13척이 바다 어귀에 정박해 있는데 왜인들이 포구 안 여염집들을 분탕질한 뒤에 우리 군사들의 위세를 보고 겁내어 산으로 올라갔다.

합포合浦 웅천현; 경남 진해시 원포동 합개 마을.

이설?~1598 1579년 무과에 합격하고 임진왜란이 일어나자 의병을 일으켜 이순신의 휘하에서 나대용과 함께 거북선을 만들었다. 부산 해전에서 큰 공을 세우고 노량 해전에서 전사했다.

적진포赤珍浦 고성현; 경남 고성군 거류면 구당 마을.

낙안 군수는 그 부통部統인 순천 대장 유섭과 힘을 합쳐서 왜의 큰 배 한 척, 같은 부통장으로 그 고을에 사는 박영남朴永男과 김봉수金鳳壽 등이 힘을 합하여 왜의 큰 배 한 척, 보성 군수가 왜의 큰 배 한 척, 방답 첨사가 왜의 큰 배 한 척, 사도 첨사가 왜의 큰 배 한 척, 녹도 만호가 왜의 큰 배 한 척, 녹도 만호의 부통장으로, 귀양살이하는 전봉사 주몽룡朱夢龍*이 왜의 중간 배 한 척, 이순신李舜臣이 거느린 군관 이설, 송희립 등이 힘을 합하여 왜의 큰 배 두 척, 군관 이봉수가 왜의 큰 배 한 척, 군관 송한련이 왜의 중간 배 한 척을 모두 총포를 쏘아 맞혀 불태웠다.

그리고 나서 군사들에게 명령하여 아침밥을 먹고 쉬게 하였다. 그런데 적진포 근처에 사는 향화인(귀화한 재 이신동李信同이란 자가 우리 수군을 바라보고 산꼭대기에서 어린애를 업은 채 울부짖으면서 내려왔다. 작은 배를 보내어 그를 실어 왔다. 직접 왜적들이 한 짓을 물어보니 이렇게 대답했다.

"왜적들이 어제 이 포구에 와서는 여염집에서 빼앗은 재물을 소와 말을 이용해 배에 실었습니다. 초저녁에는 바다 가운데 배를 띄워 놓고는 소를 잡고 술을 마시며 노래하고 피리 불기를 날이 새도록 그치지 않았습니다. 가만히 그 곡조를 들어 보니 모두 저희 나라 곡조였습니다. 오늘 아침 일찍 반 정도는 배를 지키고 반 정도는 육지로 올라가 고성으로 향하였습니다. 소인의 늙은 어미와 처자는 적을 보고는 서로 흩어져서 간 곳을 모릅니다."

애처롭게 눈물을 흘리며 호소하므로 사정이 안타깝고 포로가 될 것이 염려스러워서 데리고 다니겠노라고 하였더니, 어머니와 아내를 찾아야 하므로 따를 수 없다고 하였다. 모든 장수와 군사들이 이 말을 듣고 더욱 분하게 여겨서 서로 돌아보았다. 그리고 기운을 북돋우고 한

주몽룡!?~?! 일찍이 무과에 급제한 뒤 선전관을 거쳐 금산 군수가 되었는데, 1592년 임진왜란이 일어나자 흩어지는 백성을 모아 병력을 강화하고 방어 태세를 갖추니 적병이 감히 접근하지 못하였다. 다시 곽재우, 강덕룡, 정기룡 등 경상도 의병장들과 힘을 합하여 여러 곳에서 많은 전과를 올려 삼룡장군으로 불렸다.

마음으로 힘을 합하여 곧 천성, 가덕, 부산 등지로 향하여 적의 배를 무찌르고자 생각하였다. 그러나 왜선이 정박하고 있는 곳들은 지세가 좁고 얕아서 판옥선과 같은 큰 배가 싸우기에는 매우 어렵고, 본도 우수사 이억기가 아직 달려오지 않은 터라 혼자 적 가운데 쳐들어가기에는 세력이 너무 미약하였다. 그래서 원균과 더불어 서로 계책을 짜서 별도로 기묘한 계획을 내어 국가의 치욕을 갚으려고 하였다. 그때 뜻밖에 본도의 도사 최철견의 첩정이 도착하여 비로소 임금께서 평안도로 옮겨 가셨다는 기별을 들었다. 놀라움과 분함이 극도에 달하여 하루 내내 서로 붙들고 오장이 찢어지듯 통곡하였다. 어쩔 수 없이 각자 배를 돌렸다.

초9일* 정오에 배를 모두 거느리고 무사히 본영에 돌아왔다. 이어 여러 장수에게 더욱 배들을 정비하고 바다 어귀에서 침범을 대비하라고 이르고 진을 해산하였다.

(옥포파왜병장玉浦破倭兵狀, 5월 10일)

* 그로부터 9일 뒤인 18일, 도원수 김명원이 임진강 방어에 실패했다.

이순신, 장계에 경상 우수사 원균을 언급하다

6월 초1일 새벽에 경상 우수사 원균이 이르기를 "어제 싸울 때 일부러 남겨둔 적선 두 척이 도망갔는지 안 갔는지를 탐지할 겸 화살에 맞아 죽은 왜놈의 목을 베러 가겠소."라고 하였다.

원균은 싸움에 패한 뒤로는 군사 없는 장수로서 지휘할 것

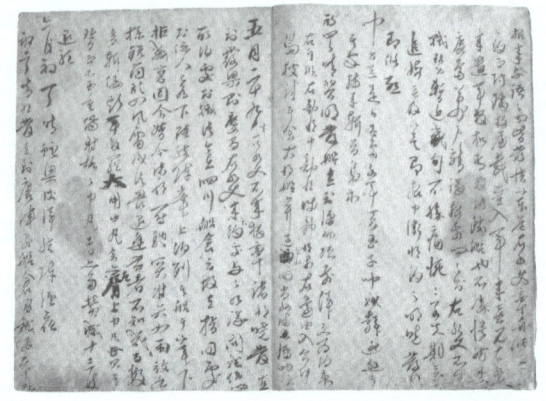

「임진일기」 당포 해전 부분.

이 아무것도 없기 때문에, 싸우는 곳마다 화살이나 탄환에 맞은 왜인들을 찾아내어 머리 베는 것을 맡아 하였다.

원균은 오전 8시쯤 다시 와서 이렇게 말했다.

"왜적들은 육지로 해서 멀리 도망갔고 남겨두었던 배만 불태웠소. 죽은 왜놈을 찾아내어 목을 벤 것이 셋이요, 나머지는 숲이 울창하여 끝까지 찾지 못하였소이다."

정오쯤에 배를 띄워 고성 땅 사량 앞바다까지 가서 군사를 쉬게 하고 위로하였다. 그곳에 진을 치고 밤을 지냈다.

(당포파왜병장唐浦破倭兵狀, 6월 14일)

초1일 맑다. 사량● 뒷바다에 진을 치고 밤을 지냈다.

초2일 맑다. 아침에 떠나 바로 당포● 앞 선창에 이르니 적선 20여 척이 줄을 서서 정박해 있었다. 우리 배가 둘러싸고는 서로 싸움을 벌였다.

적의 큰 배 한 척은 크기가 우리나라 판옥선만 하였다. 배 위에는 누각을 만들었는데 높이가 두 길이나 됨직하였다. 그 누각 위에는 왜장이 우뚝 앉아서 움직이지도 않았다. 편전과 크고 작은 승자총통勝字銃筒●을 비가 퍼붓듯 마구 쏘아 대었더니 왜장이 화살에 맞아 굴러 떨어졌다. 순간 모든 왜적이 놀라서 한꺼번에 흩어졌다. 여러 장병들이 일제히 모여들어 쏘아 대니 화살에 맞아 거꾸러지는 자가 얼마인지 모를 정도로 많았다. 남김없이 모조리 무찔렀다. 조금 뒤에 큰 왜선 20여 척이 부산으로부터 바다로 줄지어 들어오다가 우리 군사들을 바라보고는 도망쳐서 개도●로 들어갔다.

초3일 맑다. 아침에 다시 여러 장수들을 격려하여 개도를 협공하였다. 그러나 적은 벌써 달아나 버리고 사방 아무 데에도 남아 있는 놈이 없었다. 고성 등지로도 가 보고 싶었으나 우리 병력이 부족하기 때문에 울분을 참고 그냥 고성 땅 고둔포●에서 밤을 지냈다.

초4일 맑다. 우수사가 오기만을 고대하면서 정박하고 기다렸다. 정오에 우수사가 탄 배가 여러 장수를 거느리고 나타났다. 진중의 장병들 중 기뻐 뛰지 않는 자가 없었다. 병력을 합치고 새로이 약속을 하고는 착포량●에서 잤다.

초5일 아침에 떠나서 고성 당항포●에 이르니 왜선 한 척이

사량蛇梁 고성현; 경남 통영시 사량면 양지리.

당포唐浦 고성현; 경남 통영시 산양읍 삼덕리.

승자총통 소형 총통. 1575~1578까지 전라 좌수사와 경상 병사를 지냈던 김서金墀가 개발했다.

개도介島 고성현; 경남 통영시 산양읍 추도.

고둔포古屯浦 고성현; 경남 통영시 산양읍 풍화리.

착포량鑿浦梁 고성현; 경남 통영시 산양읍 당동리. 착량이라고도 한다.

당항포 고성현;경남 고성군 회화면 당항리. 지형이 닭의 목처럼 생겼으므로 닭목이라 했는데, 변하여 당목 또는 당항이라 불렀다 한다.

당포 싸움에서 패한 왜병

6월 4일 이른 아침에 당포 앞바다에 나가 진을 치고 작은 배로 하여
금 적선을 망보라 하였다. 10시쯤이었다. 당포에 사는 토병 강탁姜卓이
라는 사람이 피난하여 산으로 올라갔다가, 멀리서 우리를 보고 기뻐하
며 내려와서 이렇게 말했다.

"2일 당포에서 싸운 뒤에 왜인들이 죽은 왜인의 머리를 많이 베어
한군데 모아 불사르고 그 길로 육로로 향하는데, 길에서 우리나라 사
람을 만나도 죽일 생각도 못하고 슬피 울면서 그냥 지나쳤습니다. 그
날 당포 바깥 바다로 쫓겨 간 왜선은 오늘 거제로 향한다고 합니다."

(당포파왜병장唐浦破倭兵狀, 6월 14일)

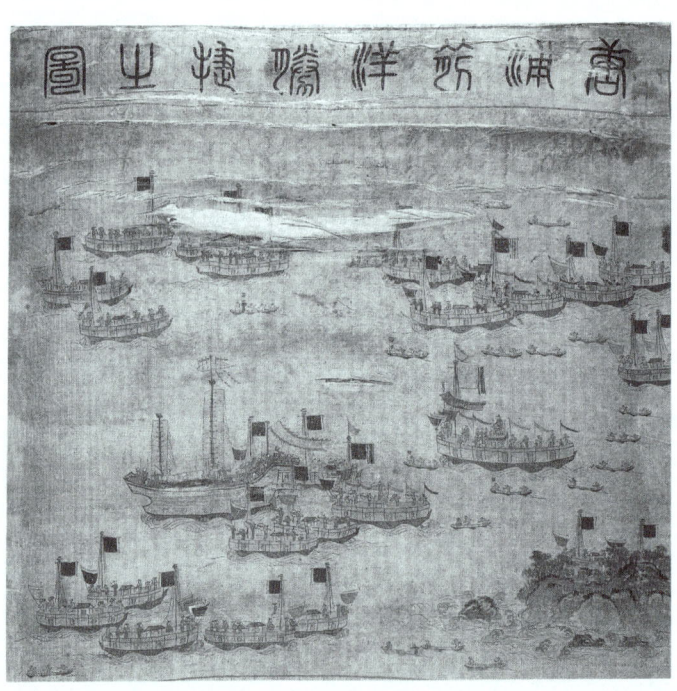

임진왜란 당시 당포 앞바
다에서 왜적과 싸워 승리
하던 모습. 1604년에 그려
진 필자 미상의 〈당포전양
승첩지도〉 부분도.
© 노규상.

착량묘 전란이 끝난 이듬해인 1599년 수군들과 이곳 주민들이 이순신을 기리고자 통영 운하가 바라보이는 착량착포랑 언덕에 초옥을 짓고 위패를 모셨다. 1974년부터 1985년까지 5차례에 걸쳐 개축했다.

버티고 서 있는데 우리나라 판옥선만큼 컸다. 배 위에는 누각이 우뚝하고 적의 장수가 그 위에 앉아 있었다. 그리고 중간 배가 12척이요, 작은 배가 20척이었다. 한꺼번에 무찔러 깨뜨리고자 비 오듯 화살을 쏘아 댔다. 화살에 맞아 죽은 자가 얼마인지 가히 알 수 없었다. 왜장 머리는 일곱을 베었고 살아남은 놈들은 육지로 올라가 달아났지만 그 수는 얼마 되지 않았다. 우리 군사의 기세를 크게 떨쳤다.

초6일   맑다. 직선을 살피면서 거기서 그대로 잤다.

초7일   맑다. 정오쯤에 영등포 앞바다에 이르렀다. 적선이 율포*에 있다는 말을 듣고 복병선으로 하여금 가 보게 하였더니, 적선 다섯 척이 우리 부대를 알아채고 남쪽 큰 바다로 달아났다. 우리 배 여러 척이 일제히 뒤쫓아갔다. 사도 첨사 김완이 배 한 척을 고스란히 잡고 우후도 배 한 척, 녹도 만호 정운鄭運*도 한 척을 잡았다. 목을 벤 왜적의 머리를 합하였더니 모두 36

율포栗浦 거제현: 경남 거제시 장목면 대금리.

정운1543~1592) 임진왜란 때 녹도 만호로 이순신 함대의 선봉이 되어 옥포, 당포, 한산 싸움에서 큰 공을 세웠으나 1592년 9월 부산포 싸움에서 전사하였다.

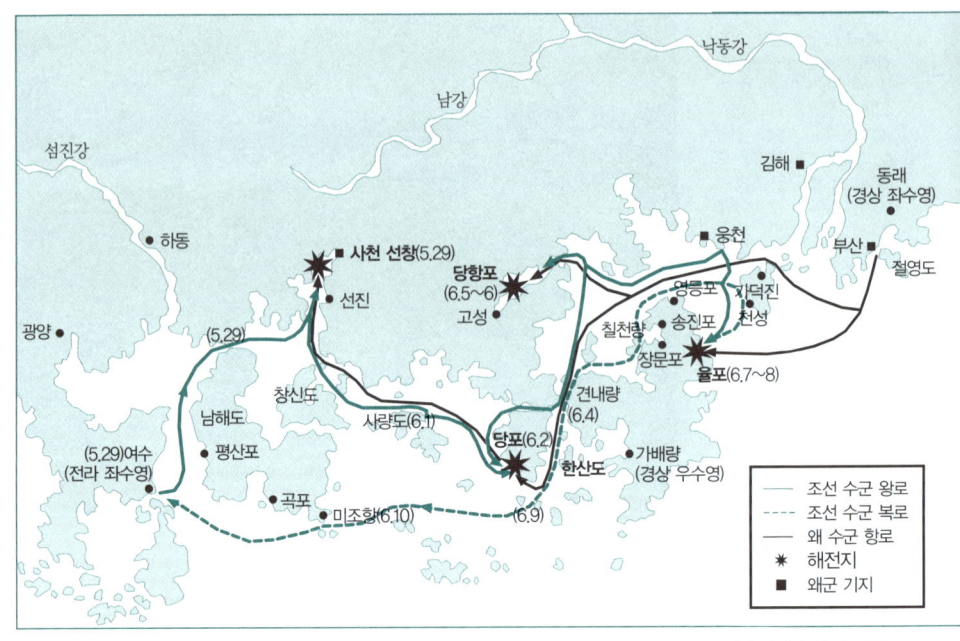

1592년 5월 29일~6월 10일에 사천, 당포, 당항포, 율포에서 있었던 제2차 해전.

개였다.

초8일   맑다. 우수사와 함께 일을 의논하면서 바다에 머물렀다.

초9일   맑다. 바로 천성, 가덕에 이르니 적선이 한 척도 없었
다. 두 번, 세 번 수색하고 나서 병력을 돌이켜 당포에서 밤을
지냈다.

초10일*   맑다. 새벽이 밝기 전에 배를 출발하여 미조항 앞바
다에 도착하였다. 우수사와 함께 잠시 이야기하였다.

(6월 11일~7월 31일의 일기는 빠져 있다.)

당항포 싸움

6월 초6일 방답 첨사 이순신이, 당항포에서 산으로 올라간 적들은 남겨두었던 배를 타고 틀림없이 새벽녘에 몰래 나올 것이라 했다. 그는 그가 통솔하는 배를 거느리고 새벽에 바다 어귀로 나가 기다렸다가 나오는 왜선을 모조리 잡아 놓고 얼른 보고하였다.

"오늘 새벽녘에 당항포 어귀에 도착해 기다리니, 과연 조금 있다가 왜선 한 척이 바다 어귀로 나왔습니다. 재빨리 돌격하였는데 그 배에 타고 있는 놈은 거의 1백여 명이나 되었습니다. 우리 편 배에서 먼저 현자총통을 쏘는 한편 장편전, 철환, 질여포蒺藜砲, 대발화大發火 등을 잇달아 쏘고 던졌습니다. 그러자 왜적들이 어찌할 줄 모르고 도망가려 하므로, 갈고리를 써서 배를 바다 가운데로 끌어내었더니 절반이 넘게 바닷물에 뛰어들어 죽었습니다.

그 가운데 나이가 대략 24, 5세쯤 되어 보이는, 풍채가 건강하고 의복이 화려한 왜장이 칼을 짚고 혼자 서서 지휘했는데, 남은 부하 여덟 명과 함께 대항하면서 끝내 무서워하지 않았습니다. 제가 그 왜장을 향해 힘껏 쏘아 맞히니 화살을 10여 대 맞은 뒤에야 소리를 지르며 바닷물로 떨어졌습니다. 곧 목을 베게 하고, 다른 왜적 여덟 명은 군관 김성옥金成玉 등이 힘을 모아 총과 활을 쏘아 죽이고 또 목을 베었습니다.

그날 아침 9시쯤, 적선을 불사를 때 경상 우수사 원균과 남해 현령 기효근 등이 뒤쫓아와서 물에 빠져 죽은 왜적들을 두루 찾아 건져 내어 머리를 벤 것이 50여 개나 되었습니다.

왜선의 뱃머리에는 특별히 서늘하게 양방凉房을 만들어 두었는데 방 안의 장막이 극히 화려했습니다. 옆에 문서를 가득 넣은 작은 궤가 있기에 집어서 보았더니 왜인 3천 4백여 명에 대한 분군기分軍記*였습니다. 각기 자기 이름 아래 서명하고 피를 발랐으니 필시 맹세하던 문서인 듯하였습니다. 분군기 여섯 축과 갑주, 창, 칼, 활, 총통, 표범가죽 안장 등 물건을 올려 보냅니다.”

직접 그 분군기를 살펴보니 이름을 쓰고 피를 바른 자취가 과연 보고한 말과 같았는데 그 흉악한 모습은 말로 하기 어려웠다. 왜인의 머리 아홉 가운데 장수의 머리는 방답 첨사 이순신이 따로 표를 하여 올려 보냈다.

왜인의 깃발에 물들인 빛이 각기 달랐다. 전날 옥포는 붉은 기, 오늘 사천은 흰 기, 당포는 누런 기, 당항포는 검은 기였는데, 그 까닭을 생각하면 반드시 각 부대를 분간하려고 그랬을 것이다. 그런 데다가 피를 바르고 맹세한 글이 또 이와 같으니 일찍부터 우리를 침범할 마음을 품고 준비하였던 상황을 더욱 짐작할 수 있겠다.

이날은 비가 내리고 구름이 끼어 바닷길을 분간하기 어려웠다. 당항포 앞바다에 옮겨 진을 치고 군사들을 쉬게 했다가 저녁 때 고성 땅 맞을우장丁乙于場 바다 가운데로 옮겼다.

초7일, 아침 일찍 배를 내어 웅천 땅 증도* 바다에 진을 쳤다. 천성과 가덕에 있는 적의 종적을 탐색하던 선장 진무 이전李筌과 토병 오수吳水 등이 왜인의 머리 두 개를 베어 가지고 10시쯤 급히 돌아와서는 “가덕 앞바다에서 한 배에 타고 있던 왜인 셋이 우리를 보고 달아나므

2차 출격의 중요 장수들

중위장 : 순천 부사 권준
좌부장 : 낙안 군수 신호
우부장 : 보성 군수 김득광
전부장 : 흥양 현감 배흥립
중부장 : 광양 현감 어영담
유군장 : 발포 가장 나대용
　　　　 (영군관 훈련봉사)
좌척후장 : 녹도 만호 정운
우척후장 : 사도 첨사 김완
한후장 : 영군관 가안책, 송성
참퇴장 : 전첨사 이응화
구선돌격장 : 영군관 이기남
좌별도장 : 우후 이몽구
우별도장 : 여도 권관 김인영
좌부기전통장 : 순천 대장 유섭
우부기전통장 : 진군관 이춘

분군기 각 요지에 분산하여 주둔시킨 군사들에 대한 기록.
증도甑島 창원군: 경남 마산시 구산면 시루섬.

당항포 국민관광지 내 송충당 당항포 해전을 기념하여 이순신의 영정을 모신 송충당 외에 20m 높이의 대첩기념탑 등이 있다.

로 있는 힘을 다하여 쫓아갔습니다. 다 쏘아 죽이고 머리 셋을 베었는데, 그 가운데 하나는 이름 모를 군관이 배를 타고 와서 위협하고 뺏어 갔습니다." 하였다.

각별히 술을 먹여 그들을 곧 천성 등지로 돌려보냈다.

그러고 나서 가덕, 천성 쪽으로 가다가 좌도 몰운대에서 양편으로 나누어 적의 무리를 수색하였으나 적들이 멀리 도망하고 아무 흔적도 없었다. 초저녁에 거제 온천량 송진포에 도착하여 밤을 지냈다.

초8일, 적의 지취를 찾아보려고 장원 땅 마산포, 안골포, 제포, 웅천 등지로 배를 보내 놓고, 창원 땅 증도 남포 앞바다로 나가 진을 쳤다. 저녁 때 망 보는 배가 돌아와, 그 어디에도 적의 자취는 없다 하므로 송진포로 다시 돌아왔다.

(당포파왜병장唐浦破倭兵狀, 6월 14일)

한산도, 안골포 싸움

7월 초4일, 이순신은 적이 다시 경상도에 나타난다는 보고에 따라 전라 우수사와 약속한 곳에 도착하였다. 초6일, 수군을 거느리고 일제히 출발하여 곤양과 남해의 경계인 노량에 이르렀다. 그곳에 경상 우수사가 부서진 곳을 수리한 전선 일곱 척을 거느리고 와서 머물러 있었다. 바다 가운데서 같이 모여 거듭 약속한 뒤, 진주 땅 창신도에 이르니 날이 저물어 밤을 지냈다. 초7일은 동풍이 크게 불어서 배를 움직이기 어려웠다. 고성 땅 당포에 이르자 날이 저물었다. 나무하고 물을 긷노라니 그 섬의 말먹이꾼 김천손金千孫이 우리 배를 발견하고는 급히 달려와서, 크고 작은 적선 70여 척이 오후 2시경에 영등포 앞바다에서 거제 고성 땅 견내량으로 들어가 정박해 있었다고 하므로 다시 여러 장수에게 엄하게 지시하였다.

초8일, 아침 일찍 적선이 머물러 있는 곳을 향하여 넓은 바다에 이르렀다. 적의 큰 배 한 척, 중간 배 한 척이 선봉에서 나와 우리 수군을 탐색하더니 도로 진을 친 곳으로 들어갔다. 뒤쫓아 들어가니 큰 배 36척, 중간 배 24척, 작은 배 13척이 진을 치고 정박해 있었다. 견내량의 지형이 좁고 암초가 많아서 판옥선은 배끼리 부딪치기 쉬우므로 싸움하기가 어려울 뿐 아니라, 적이 만일 형세가 불리하면 기슭을 타고 육지로 올라갈 것이라 생각되기에 한산도 한바다로 꾀어내어 통째로 잡아 버릴 전략을 세웠다. 한산도는 거제와 고성 사이에 있어서 사방에 헤엄쳐 나갈 길도 없다. 혹 육지로 오르더라도 굶어죽기 십상일 것이다.

먼저 판옥선 대여섯 척으로 적의 선봉을 쫓아가서 습격할 기세를 보였다. 그러자 여러 배의 왜적들이 일제히 돛을 달고 쫓아왔다. 우리

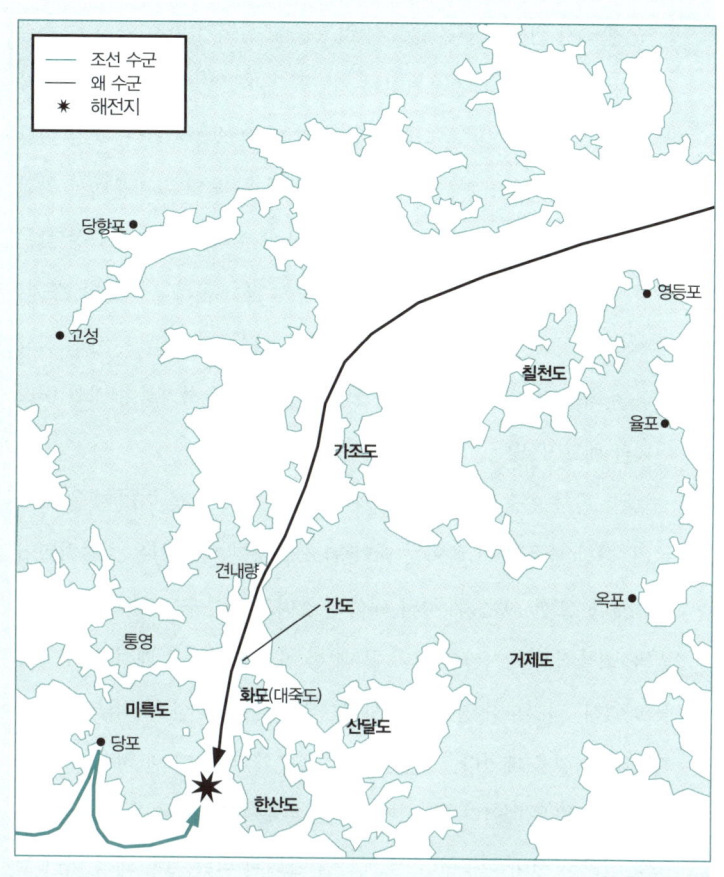

한산도 싸움 접전지 부근도.

배가 거짓으로 물러나며 돌아 나오니 적들도 줄곧 쫓아왔다. 바다 한 가운데 와서는 다시 여러 장수에게 명령하여 학의 날개처럼 진을 치고 일제히 진격하였다. 각각 지자·현자·승자총통 등을 쏘아서 먼저 두 세 척을 박살내니, 여러 배의 왜적들이 기가 꺾여 도망갔다. 여러 장 수, 군사, 관원들이 승리할 기세로 앞을 다투어 돌진하며 화살과 총알 을 퍼부으니 그 형세가 바람과 같고 우레와 같았다. 적의 배를 불사르 고 적군을 한꺼번에 거의 다 쳐부수었다.

순천 부사 권준이 몸을 돌보지 않고 뚫고 들어가 먼저 왜의 큰 충각선 한 척을 바다 가운데서 완전히 깨뜨렸다. 왜장을 비롯하여 왜적 열을 베고 포로로 잡혔던 우리나라 남자 한 명을 구출해 냈다. 광양 현감 어영담도 먼저 진격하여 왜의 큰 충각선 한 척을 바다 가운데서 완전히 격파했다. 그는 왜장을 쏘아 맞혀서 내 배로 묶어 왔는데 화살 맞은 상처가 깊어 말도 못할 정도여서 죄를 묻지 않고 곧바로 베었다. 또 다른 왜적의 목 열둘을 베고 우리나라 사람 하나를 구출했다. 사도 첨사 김완은 왜의 큰 배 한 척을 바다 가운데서 완전히 격파하여 적의 머리 여덟을 베고 또 많은 왜적들을 빠져 죽게 하였다.

방답 첨사 이순신도 왜의 큰 배 한 척을 잡고 왜적 머리 넷을 베었는데, 다만 활을 쏘아 죽이는 데만 힘쓰고 머리 베는 일은 소홀하였기 때문이다. 또한 그는 두 척의 왜선을 쫓아가 쳐부수고 한꺼번에 불태웠다. 좌돌격장 이기남이 왜의 큰 배 한 척을 격파하고 왜적 머리 일곱을 베었다. 좌별도장 영군관 윤사공, 가안책은 충각선 두 척을 잡고 왜적 머리 여섯을 베었다. 낙안 군사 신호는 왜의 큰 배 한 척을 잡고 왜적 머리 일곱을 베었다. 녹도 만호 정운은 큰 충각선 두 척을 총통으로 뚫고 여러 전선이 협공하여 그 배들을 불태워 버렸으며, 왜적 머리 셋을 베고, 포로로 잡혀 있던 우리나라 사람 두 명을 구출했다.

여도 권관 김인영은 왜의 큰 배 한 척을 격파하고 적의 머리를 베었다. 발포 만호 황정록은 충각선 한 척을 격파한 뒤 여러 배가 협공하여 불살라 없애고 왜적 머리 둘을 베었다. 우별도장 송응민은 왜적 머리 둘을, 흥양 통장 최천보는 왜적 머리 셋을, 참퇴장 이응화는 왜적 머리 하나를, 우돌격장 박이량이 왜적 머리 하나를 베었다. 내가 타고 있는 배는 왜적 머리 다섯을 베고, 유군일령장 손윤문은 왜의 작은 배 두 척을 깨부순 뒤 총을 놓고 산 위까지 쫓아갔으며, 오령장 최도전은 왜적

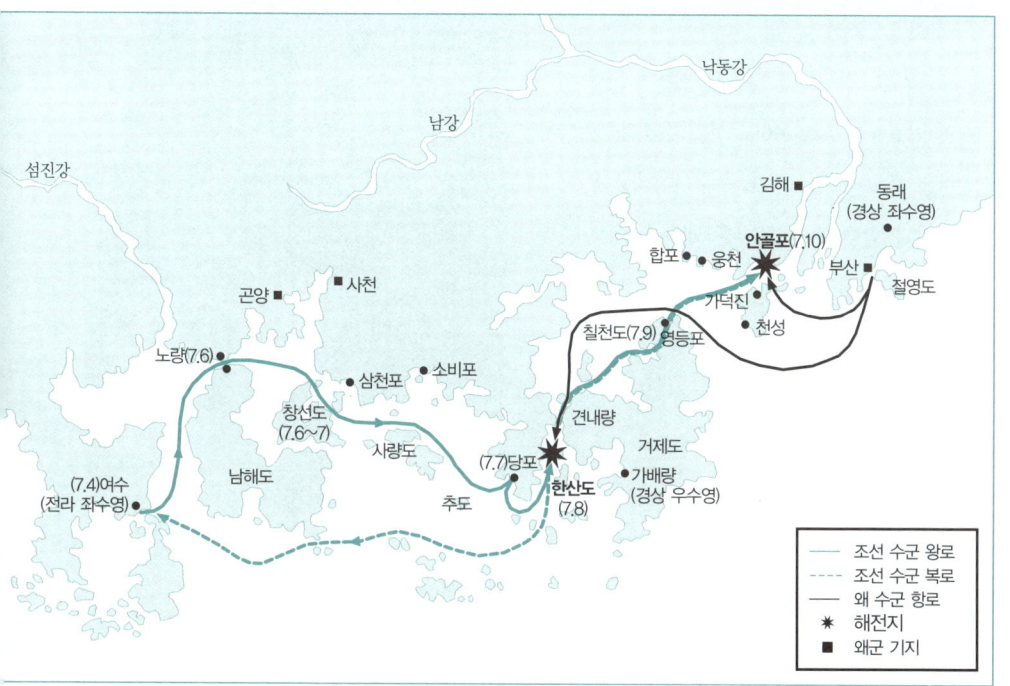

섬진강

낙동강

남강

김해 ■

동래
(경상 좌수영)

안골포(7.10)

곤양 ■   ■ 사천

합포 ● 웅천

부산

철영도

노량(7.6) ●

가덕진

칠천도(7.9) 영등포

● 천성

삼천포 ● ● 소비포

창선도
(7.6~7)

사량도

견내량

거제도

(7.7)당포

(7.4)여수
(전라 좌수영) ●

남해도

추도

한산도
(7.8)

● 가배량
(경상 우수영)

	조선 수군 왕로
	조선 수군 복로
	왜 수군 항로
✳	해전지
■	왜군 기지

1592년 7월 4일~7월 13일, 한산도, 안골포에서 일어났던 제3차 해전.

에게 잡혀 있던 우리나라 소년 세 명을 구출했다. 그 나머지 왜의 큰
배 20척과 중간 배 17척, 작은 배 다섯 척은 좌우도의 수십 장수가 힘
을 합하여 불태워 버렸으며, 화살을 맞고 물에 빠져 죽은 왜적은 그 수
를 이루 헤아릴 수 없었다. 왜놈 1백여 명은 형세가 다 되고 힘이 다 빠
져 도망할 수 없을 줄 알고 한산도에 배를 버리고 육지로 올라갔다. 나
머지 큰 배 한 척, 중간 배 일곱 척, 작은 배 여섯 척은 싸울 때 뒤에 떨
어져 있다가, 멀리서 배가 불타고 목 베여 죽는 꼴을 보고는 노를 재촉
하여 도망해 버렸다.

　하루 종일 싸우느라고 장수와 군사들이 녹초가 된 데다 날도 어두워
졌으므로 끝까지 추격하지 못하고 견내량 안바다에서 진을 치고 밤을

지냈다.

초9일, 가덕으로 향하려는데 탐색군이 안골포에 왜선 40여 척이 정박해 있다고 보고하므로, 본도 우수사, 경상 우수사와 함께 적을 토벌할 계책을 상의했다. 그러나 날이 이미 저물었고 또 역풍이 세게 불어서 나가 싸울 수 없기에 거제 온천도[칠천도]에서 밤을 지냈다.

초10일, 본도 우수사는 새벽에 배를 띄워 포구 바깥 바다 가덕 변두리에 진을 치고 있다가, 만약 우리가 싸움을 벌이면 복병을 남겨두고 달려오기로 약속되어 있었다. 내가 수군을 학의 날개처럼 벌리고 앞서 나가며 경상 우수사는 뒤따라오게 하였다. 안골포에 이르러 선창을 바라보니 왜의 큰 배 21척, 중간

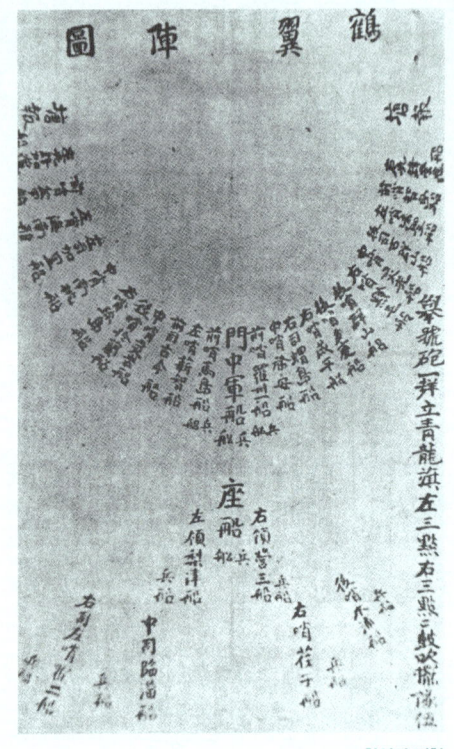

학익진 진형

배 15척, 작은 배 여섯 척이 정박해 있었다. 그 가운데 3층으로 방이 있는 큰 배 한 척, 2층으로 된 큰 배 두 척이 포구에서 밖을 향해 떠 있었다. 그 나머지 배들은 차례로 줄지어 정박해 있었다.

그런데 그 포구의 지세가 좁고 얕아서 조수가 나가면 뻘이 되므로 판옥선 같은 큰 배는 쉽게 출입할 수가 없었다. 때문에 몇 번이나 꾀어냈지만, 먼저 나왔던 배 59척이 한산도 바다 가운데서 남김없이 불태워졌고, 병사들은 베어 죽임을 당했기 때문에 형세가 궁해지면 육지로 올라갈 계획인지 험한 곳에 의지하여 배를 매고 나오지 않았다. 부득이 여러 장수들이 번갈아 드나들면서 천자·지자·현자총통 등과

장편전을 빗발같이 쏘았다. 본도 우수사까지 장수를 정하여 복병시켜 놓고 달려나와 합세하니 기세가 더욱 등등하였다. 방이 있는 큰 배와 2층 큰 배에 타고 있던 왜적들은 거의 다 죽거나 부상을 당하였다. 죽고 상한 왜인들을 낱낱이 끌어내어 작은 배로 실어내고, 다른 배의 왜인들도 작은 배에 옮겨 실어 모두 층각선 큰 배로 모여들었다.

하루 내내 거의 다 쳐부었으며, 그 가운데 살아남은 왜적들은 모두 육지로 달아나 버렸다. 그곳 백성 가운데 산골에 숨어 있는 자가 꽤 많았다. 만일 왜선을 모두 불태워 왜적을 도망할 곳 없는 막다른 골목의 도적이 되게 한다면 숨어 있는 우리 백성들이 살륙을 당할지도 모르므로 잠시 1리쯤 물러 나와 밤을 지냈다.

11일, 새벽에 다시 돌아와 왜선을 포위했는데 왜적들은 허둥지둥 닻줄을 끊고 밤을 타서 도망해 버린 뒤였다. 어제 싸움하던 곳을 탐색해 보니 죽은 왜병을 열두 곳에 모아 불태운 모양이었다. 타다 남은 뼈가 그대로 남아 있었고 손발들이 흩어져 있었다. 또 포구 안팎은 땅에

김해 죽도 왜성 부산시 강서구 죽림동 가락산에 있다. 가락산은 동서로 길게 뻗었는데, 그 동쪽 끝이 낙동강 서쪽 지류에 인접해 있어 선박을 정박시킬 수 있다.

감동포 왜성 부산시 북구 덕천동에 왜군들이 김해 죽도 왜성과 양산 왜성 간의 연락을 위해 쌓은 성. 구포성이라고도 불린다.

떨어진 피로 곳곳이 붉게 물들었고, 죽고 상한 왜적들이 이루 헤아릴 수 없을 만큼 많았다.

아침 10시쯤, 양산강과 김해 포구와 감동 포구를 모두 수색하였으나 적은 그림자도 없었다. 가덕 외면으로부터 동래 땅 몰운대까지 배를 늘여 세워 진을 치고 군대의 위세를 엄하게 보이도록 했다. 그러고는 적선의 많고 적음을 정탐하여 보고하도록 가덕 응봉, 김해 금단곶● 봉화대 등지로 정탐군을 보냈다. 밤 8시쯤에 금단곶으로 보냈던 정탐군 경상 우수영 수군 허수광許水光이 "봉화대로 올라가던 중에, 산봉우리 아래서 조그마한 암자를 발견했습니다. 늙은 중이 하나 있기에 데리고 갔습니다. 양산, 김해 두 강 구석 쪽과 또 그 두 고을 쪽을 내려다보니, 정박해 있는 적선의 수가 합해서 1백여 척쯤 되었습니다. 보기에도 그렇고 또 중에게 들으니, 날마다 50여 척씩 떼를 지어 이 강으로 들어왔는데 어제 안골포 접전에서 대포 쏘는 소리를 듣고서는 간밤에 거의 다 도망가고 이제 1백여 척만이 남았다고 하였습니다."라고 보고하였다. 무서워 도망가는 꼴을 가히 짐작하고도 남음이 있었다.

저물 무렵에 천성보에 가서 잠깐 머물렀다. 그럼으로써 적으로 하여금 우리가 그곳에 오래 머물 것처럼 믿게 하고는 밤을 타서 군대를 돌이켰다.

12일, 아침 10시쯤 한산도에 이르렀더니, 거기 상륙했던 왜적들이 굶어서 걸음을 걷지 못할 정도로 지친 채 해변에서 졸고 있었다. 거제도 군사와 백성들이 이미 머리 셋을 베었고, 그 나머지 4백여 명도 도망갈 길이 없는 새장 속의 새 같은 처지에 있었다.

나와 본도 우수사는 다른 도의 객지 군사로부터 배에 군량이 떨어졌다는 보고를 받았다. 그런 가운데 금산에 있던 적의 세력이 커져서 이미 전주에 이르렀다는 보고가 잇달아 왔다. 거제도에 상륙한 적들은

3차 출격의 중요 장수들

중위장 : 순천 부사 권준
좌부장 : 낙안 군수 신호
우부장 : 사도 첨사 김완
후부장 : 흥양 현감 배흥립
전부장 : 방답 첨사 이순신
중부장 : 광양 현감 어영담
유군장 : 발포 만호 황정록
좌척후장 : 녹도 만호 정운
우척후장 : 여도 권관 김인영
한후장 : 영군관 김대복, 배홍록
참퇴장 : 전 첨사 이응화
구선돌격장 : 영 군관 이기남
좌별도장 : 전 만호 윤사공
　　　　　 가안책
우별도장 : 전 만호 송응민
　　　　　 보인 이언량
좌부기전통장 : 순천 대장 유섭
우부기전통장 : 진군관 이춘

금단곶金丹串　김해부;
부산시 강서구 녹산동.

한산도 비각 7기의 송덕비가 비각 안에 있는데, 통제사나 이순신 후손들의 선정을 기리기 위해 거제도와 한산도 사람들이 세운 것이다. 경남 통영시 한산면 두억리 제승당 내에 위치.

거제의 군사와 백성들이 힘을 합하여 목을 베도록 하고, 그 죽인 수효를 공문으로 통지할 것을 경상 우수사에게 약속하였다.

13일[*] 본영으로 돌아왔다.

(견내량파왜병장見乃梁破倭兵狀, 7월 17일)

*그로부터 한참 뒤인 7월 말 의령, 현풍과 영산에서 홍의장군 곽재우가 승리를 거뒀다. 또 홍계남이 안성에서 승리를 거뒀다.

(8월 1일~23일의 일기는 빠져 있다.)*

24일   맑다. 객사 동헌에서 정 공公조방장 정결과 아침을 먹고
곧 침벽정浸碧亭으로 갔다. 우수사와 점심을 먹었는데 정 조방장
도 함께했다. 오후 4시쯤 배를 출발시켰다. 노질을 재촉해 노량
뒷바다에 닻을 내렸다. 자정에 다시 달빛을 타고 배를 움직여 사
천 모사랑포毛思郞浦에 이르렀다. 동쪽 하늘에 이미 서광이 비쳤
으나 새벽 안개가 사방에 끼어서 바로 앞도 분간하기 어려웠다.

25일   맑다. 오전 8시쯤 안개가 걷혔다. 삼천포 앞바다에 이
르렀을 때 평산포 만호가 공장公狀*을 바쳤다. 당포에 거의 이르
러 경상 우수사와 배를 연결해 묶고는 이야기를 나눴다. 오후 4
시쯤 당포에 정박하고 거기서 잤다. 자정께 잠깐 비가 내렸다.

26일   맑다. 견내량에 도착하여 배를 멈추고, 우수사와 함께
이야기를 나누었다. 순천 부사도 왔다. 저녁에 배를 옮겨 타고
는 거제 각호사角呼寺* 앞바다에 이르러 잤다.

27일   맑다. 경상 우수사와 의논하여 배를 옮겨 타고 거제 칠
내도*에 이르자 웅천 현감 이종인李宗仁이 와서 이야기를 나눴
다. 그는 왜의 머리 35개를 베었다고 했다. 저물 무렵 제포*, 서
원포*를 건너니 벌써 밤 10시가 되었다. 찬 서풍이 불어 나그네
마음이 평안하지 않았다. 밤에는 꿈자리도 몹시 어수선했다.

28일   맑다. 새벽녘에 앉아 꿈을 생각해 보았다. 밤에는 나쁜
꿈인 듯했으나 곰곰 생각하니 도리어 길한 것 같았다.

(이 뒤부터 12월까지의 일기는 빠져 있다.)

*8월 1일 김명원이 평
양에서 패배했다. 의병
장 조헌趙憲과 승장 영
규英圭가 청주를 되찾
았으나, 8일 금산에서
왜군과 혈투를 벌이다
가 모두 전사하였다.

공장   수령이나 찰방이
감사, 병사, 수사를 공
식으로 만날 때에 내던,
관직명을 적은 편지.

각호사   거제시 사등면
지석리 금호사로 추정
된다.

칠내도漆乃島   거제현:
경남 거제시 하청면 칠
천도.

제포薺浦   웅천현: 경남
진해시 웅천동.

서원포西院浦   웅천현:
경남 진해시 원포동.

부산 앞바다 싸움

8월 28일, 경상도 육군 탐색군이 와서 말하기를 "고성, 진해, 창원 병영 등지에 진치고 있는 왜적이 이달 24, 5일 밤중에 전부 도망했다고 합니다. 그것은 분명히 산에 올라 망보던 적들이 우리 수군을 보고, 위세에 놀라 배가 정박하고 있는 곳으로 도망한 것입니다." 하였다. 이 날 이른 아침에 출발하여 곧장 양산 김해 두 강으로 향하는데, 구곡포 仇谷浦 포작[어부, 어민] 정말석이라는 사람이 왔다. 그가 포로 되었다가 사흘째 되는 날에 김해강에서 도망해 와서 말하기를 "김해강에 정박해 있는 적선이 며칠 동안에 떼를 지어 몰운대 바깥 바다로 급히 노를 저어 나가는 것으로 보아 도망가려는 의도가 뚜렷하여 소인은 밤을 타서 도망해 돌아왔습니다." 했다. 그래서 가덕도 북쪽 서편 기슭에 배를 감추고 숨었다. 방답 첨사 이순신과 광양 현감 어영담은 가덕도 바깥 쪽에 숨어 있게 하고, 적의 배를 탐색하고 오라고 양산으로 사람을 정해 보냈다. 오후 4시쯤 탐색군이 돌아와, 하루 내내 망을 보았는데 다만 왜의 작은 배 네 척이 두 강 앞바다로 나와서 바로 몰운대를 지나갔다고 하므로 그대로 천성 선창으로 가서 밤을 지냈다.

29일*, 닭이 울자 출발하여 날이 밝을 무렵에 두 강 앞바다에 도착하였다. 동래 땅 장림포 앞바다에서 왜적 30여 명이 큰 배 네 척과 작

*29일 심유경과 소서 행장이 평양에서 화의를 교섭했다.
8월 29일~9월 2일 연안에서 이정암의 의병 부대가 크게 승리했다.

몰운대 16세기까지는 몰운대라는 섬이었으나, 그 후 다대포와 연결된 낙동강 하구 지역. 안개와 구름이 끼어 종종 보이지 않기에 '몰운대沒雲臺'라 불린다.

은 배 두 척에 갈라 타고 양산으로부터 나오다가, 우리 군사를 만나자 배를 버리고 육지로 올라갔다. 경상 우수사가 거느린 수군들이 그들을 맡아 불태워 깨뜨렸다. 좌별도장인 우후 이몽구도 큰 배 한 척을 쳐부수고 왜적의 머리 하나를 벤 뒤, 군사를 좌우로 나누어 두 강으로 들어가려 했으나, 강 어귀의 지세가 좁아서 판옥의 큰 배는 싸움을 할 수 없겠다 싶어 어두워질 무렵에 가덕 북쪽으로 돌아와 밤을 지냈다. 원균, 이억기 등과 함께 밤새껏 의논하였다.

9월 초1일, 닭이 울자 출발하여 아침 8시쯤 몰운대를 지나자, 갑자기 동풍이 일고 파도가 넘놀아 간신히 배를 지탱하였다. 화준구미花樽仇未에 이르러 왜의 큰 배 다섯 척을 만나고, 다대포 앞바다에 이르자 왜의 큰 배 여덟 척, 서평포 앞바다에 이르러서 왜의 큰 배 아홉 척을 만났다. 절영도에 이르니 왜의 큰 배 두 척이 모두 기슭에 줄지어 정박하고 있었다. 이어 3도 수사가 거느린 여러 장수와 조방장 정걸 등이 힘을 합하여 남김없이 두들겨 부쉈다. 배에 가득 실린 왜의 물건과 무기도 끌어내지 못하게 하고 모두 불살라 버렸다. 왜적들이 우리 기세를 바라보고 산으로 도망가서 머리를 베지는 못하였다. 절영도 안팎을

다대포 객사 처음 지은 연대는 정확하게 알 수 없으나, 조선 순조 대에 다시 지은 것을 복원했다. 부산시 사하구 다대동.

살살이 뒤져 봤으나 적의 자취는 없었다.

작은 배를 부산 앞바다로 보내어 적선을 살펴보게 하였다. 그랬더니 약 5백여 척이 선창 동쪽 산기슭 언덕 아래에 줄지어 정박하고 있고, 왜의 선봉 큰 배 네 척이 멀리 초량목으로 마중 나올 거라 했다. 곧 이억기 등과 의논하기를, 우리 군사의 위세를 가지고 지금 치지 않고 그대로 돌아간다면, 적이 우리를 깔보는 마음이 생길 것이 자명하다고 했다. 싸움을 독려하는 깃발을 휘두르며 진군하였다.

우부장 녹도 만호 정운, 거북선 돌격장 군관 이언량, 전부장 방답 첨사 이순신, 중위장 순천 부사 권준, 좌부장 낙안 군수 신호 등이 앞서 나아가 적의 선봉 큰 배 네 척을 두드려 부수고 불살랐다. 그러자 적의 무리들이 헤엄쳐 육지로 올라갔다. 뒤따르던 우리 편 여러 배들은 이때를 타서 기를 휘날리고 북을 치면서 장사진長蛇陣으로 돌진하였다.

진성 동쪽에 있는 산에서 한 5리쯤 되는 언덕 밑까지 세 군데에 걸쳐 배가 큰 것, 중간 것, 작은 것을 아울러 대략 470여 척이 정박해 있었다. 적들은 우리 위세를 바라보고 두려워서 감히 나오지 못하더니, 우리가 곧장 앞으로 쳐들어가자 배 안, 성 안, 산 위 굴속에 있다가 총과 활을 모두 챙겨서 산으로 올라갔다. 그러고는 여섯 군데로 나뉘어 진을 치고 우리를 내려다보며 총과 화살을 빗발같이 쏘아 댔다. 편전은 우리나라 것과 같고, 때로 큰 철환을 쏘기도 했는데 크기가 모과만 했다. 또 때로는 돌덩이를 던졌는데 크기가 주발덩이만 하였다. 여러 개가 우리 배를 맞추자, 여러 장수들이 더더욱 격분하여 죽기를 무릅쓰고 다투어 뚫고 들어갔다. 천자포, 지자포와 그 외 여러 종류의 화살, 철환 등을 일제히 쏘며 하루 내내 싸움을 벌였더니 적의 기세가 크게 꺾였다.

적선 1백여 척을 3도의 여러 장수가 힘을 합하여 두드려 부쉈다. 화

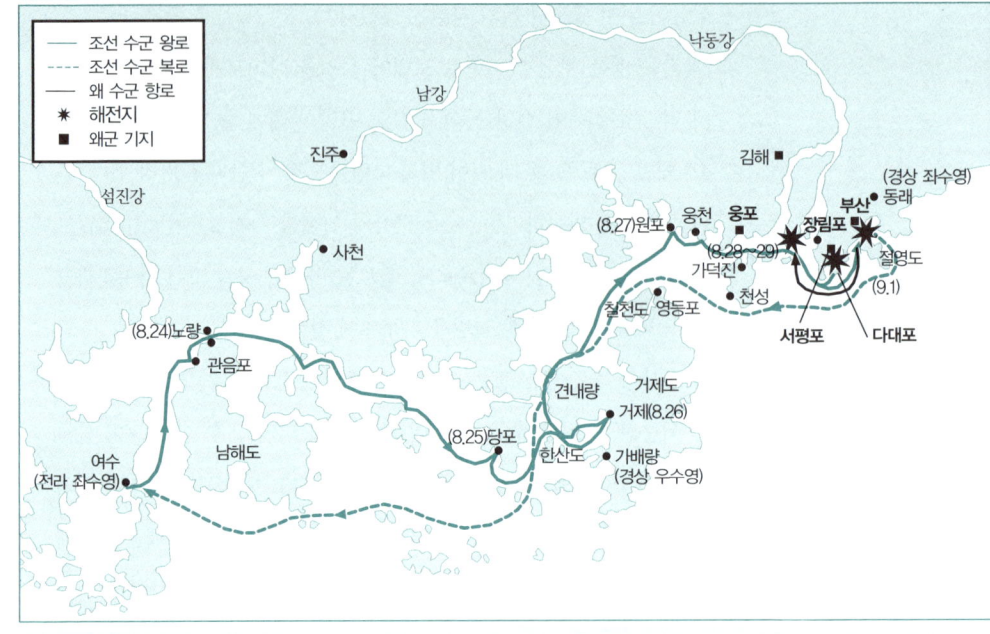

낙동강

남강

진주

섬진강

김해 ■

(경상 좌수영)
동래

사천

웅천 웅포
(8.27)원포 ● ■ 부산
장림포 ■
(8.28~29)
가덕진 절영도
(9.1)
칠천도 영등포
전성

서평포 다대포

(8.24)노량

관음포

거제도

견내량 거제(8.26)

(8.25)당포
한산도 가배량
(경상 우수영)

여수
(전라 좌수영)

남해도

1592년 8월 24일~9월 2일에 부산에서 있었던 제4차 해전.

살을 맞아 죽은 왜적과 토굴 속에 끌고 들어간 자의 수가 얼마인지 알
수 없었다. 배를 깨부수기에 바빠 머리는 베지 못했던 까닭이다.

여러 전선에서 용사들을 뽑아서 육지로 올려 보내 모조리 섬멸시키
려 하였다. 그러나 성 안팎 6, 7군데에 진을 치고 있는 왜적들 중에는
말을 타고 용맹을 보이는 자가 많았다. 그런데 말도 없고 지원부대도
없이 경솔하게 상륙하는 것은 좋은 계책이 못 되었다. 더구나 날도 저
물어서 적의 소굴에 계속 머물러 있다가는 혹시 앞뒤로 공격을 받을
염려도 있었다. 어쩔 수 없이 여러 장수들을 거느리고 배를 돌렸다. 자
정에 가덕도로 되돌아와 밤을 지냈다.

양산과 김해에 정박하여 있는 왜선이 차츰 제 나라로 돌아간다는
말을 들었다. 요사이 몇 달 이래로 자기들의 세력이 날로 외로워짐을

알고 모두 부산성 안으로 모여들었다. 관사는 전부 헐어 버리고 흙을 쌓아서 집을 만들었는데 이미 그 수가 1백여 호나 되었다. 성 바깥 동쪽과 서쪽 산기슭에 여염집이 즐비하게 연달아 있는 것도 거의 3백 호였는데 이것이 다 왜인들이 지은 집이었다. 그 가운데 큰 집은 층계와 벽이 마치 절간과 같으니 그 하는 짓을 생각하면 매우 분하였다.

초2일* 싸우고 난 다음 날이다. 또 한 번 쳐들어가서 적들의 소굴을 불지르고, 배들을 전부 깨부술까 하였다. 그러나 위로 올라간 적들이 여러 곳에 꽉 들어 차 있는데, 그들이 돌아갈 길을 끊는다면 막다른 골목에 몰린 도적이 되어 버릴 게 걱정되었다. 부득이 수륙에서 함께 쳐야 섬멸할 수 있을 터였다. 한편 풍랑이 심한 탓에 전선이 서로 부딪쳐서 부숴진 곳이 많았다. 전선을 수리하고 군량을 넉넉히 준비한 다음에, 또 육전이 또 크게 벌어지는 날을 준비하기로 하였다. 경상 감사 등과 수륙으로 함께 진격하여 남김없이 쳐부수기로 약속했다. 진을 해산하고 본영으로 돌아왔다.

그동안 네 차례 출전하고 열 번 싸워서 모두 다 이겼다. 그러나 장수와 사졸들의 공로를 따진다면 이번 부산 싸움에 비길 것이 아니다. 전날의 싸움에서는 적선의 수가 아무리 많아도 70여 척에 불과하였는데, 이번에는 왜적의 소굴에 4백여 척의 배가 정박해 있었다. 그 속으로 돌진하여 조금도 두려워하지 않고 하루 내내 공격하여 적선 1백여 척을 깨뜨려 적으로 하여금 겁내어 떨게 하였다. 비록 목을 벤 것은 없었으나 힘껏 싸운 공로는 먼젓번보다 훨씬 더하였다. 전례에 따라 공로를 참작하여 등급을 마련하였다.

그 가운데서도 순천 감목관 조정趙玎은 혼자 힘으로 배를 준비하고 종과 말먹이꾼들을 거느리고 자원하여 왜적을 많이 쏘아 죽이고 왜의

*이로부터 8일 후인 9월 11일 경상도 성주에서 김면의 의병 부대가 왜군을 격파했다. 9월 16일에는 함경도 경성에서 정문부의 의병 부대가 왜군을 격파했다. 그 뒤 10월 초6일에 진주에서 목사 김시민 등이 왜군을 무찌르고 성을 지켰다. 10월 30일에 함경도 길주, 장평에서 정문부의 의병 부대가 왜군을 격파했다. 11월에는 경상도 상주에서 정기룡 부대가 왜군을 격파했다. 성주에서는 김면의 의병 부대가 7~14일에 걸쳐 왜군을 격파했다. 10일 길주에서 정문부의 의병 부대가 왜군을 격파했다.

물건도 많이 빼앗아 왔다. 이를 중위장 권준이 두 번, 세 번 보고해 왔고 내가 본 바도 그와 같았다.

녹도 만호 정운은 변란이 생긴 뒤로 나라를 위한 마음이 솟구쳐서 적과 함께 같이 죽기로 맹세하고 세 번 싸움에 매번 앞장섰다. 부산 싸움에서도 죽음을 무릅쓰고 돌진하다가 적이 쏜 총알에 이마를 뚫려 전사하였다. 지극히 슬프고 가슴 아팠다. 여러 장수 중에서 따로 차사원差事員을 정하여 각별히 정운의 초상 치르는 일을 맡아 보살피도록 하였다. 곧 그를 대신할 만한, 특별히 무략 있는 사람을 속히 제수하여 내려보내기를 조정에 재촉하였으며, 그 틈을 메우기 위해 군관 전 만호 윤사공을 가장假將으로 하였다.

(부산파왜병장釜山破倭兵狀, 9월 17일)

1593년 삼도수군통제사가 되어

이순신은 1593년에 들어 다시 부산과 웅천의 적 수군을 궤멸시키고, 남해안 일대의 적군을 완전히 소탕하였다. 7월에는 한산도로 진을 옮겨 본영으로 삼고 전쟁 물자를 준비하였다. 이러한 공에 힘입어 이순신은 8월 최초로 삼도수군통제사의 직책을 겸하게 되었다. 한산도는 그 뒤 1597년 파직될 때까지 그의 활동의 중심지였다.

(1월 한 달간의 일기는 빠져 있다.)

초1일   하루 내내 비가 내렸다. 발포 만호, 여도 권관, 순천 부사가 한자리에 모였다. 발포 진무인 최이崔巳가 또다시 군법을 어긴 죄에 대하여 형벌을 내렸다.

초2일   늦게 날이 갰다. 녹도 가장, 사도 첨사, 흥양 현감 등의 배가 들어왔다. 낙안 군수도 왔다.

초3일   맑다. 여러 장수가 거의 모였는데, 보성 군수는 아직 오지 않았다. 동쪽 상방上房에 나가 앉아 순천 부사, 낙안 현감, 광양 현감과 더불어 한참 동안 토론하였다. 경상도에서 옮겨 온 귀화인 김호걸金浩乞과 나장 김수남金水南이 군적 장부에 있는 격군 80여 명이 도망갔다고 보고는 하면서도, 뇌물을 많이 받고 붙잡아 오지 않았었다. 이 때문에 군관 이봉수, 정사립 등을 몰

장계를 통해 본 이순신의 1593년 1월

1월 22일, 지난해 12월 28일 보내신 "적이 돌아가는 길을 차단하라."는 분부를 오늘 받았음을 아뢰는 장계를 올렸다. 26일*, 각 진포의 화약을 다섯 번의 출전을 통해 모두 써 버렸기에 군관 이봉수가 염초는 만들었으나 유황이 부족하므로 1백여 근을 내려 달라고 장계를 올렸다. 같은 날 의병승 삼혜三惠, 의능義能, 성휘性暉, 신해信海, 지원智元을 보내어 중요한 지역을 지키게 하였다는 장계를 올렸다. 또한 피난민들에게 여수 앞바다의 돌산도에 들어가 살면서 농사를 짓도록 허락하여 달라는 장계도 올렸다.

30일, 왕의 분부에 따라 좌수영에 속한 수군들이 모두 모여 적이 돌아가는 길을 막겠다고 약속한 것을 실행하고자 했으나 바람이 순조롭지 못하여 출발하지 못했다.

*이튿날인 27일 벽제관 부근에서 이여송이 왜군에게 패했다.

1593년 1월 초8일, 이여송과 김명원 등이 조·명 연합군을 결성하여 평양성을 탈환했다. 〈평양성탈환도〉 부분도. ⓒ 국립중앙박물관.

래 보내어 70여 명을 찾아 붙잡아서 각 배에 나누어 태웠다. 김호걸, 김수남에게는 바로 형벌을 내렸다. 오후 8시경부터 비바람이 세차게 불어서 여러 배를 어렵게 지켜 냈다.

초4일 늦게 날이 갰다. 성의 동쪽 가장자리가 아홉 발쯤 무너졌다. 객사 동헌에 나가 공무를 보았다. 오후 6시경부터 빗발이 세게 일었는데 밤새도록 그치지 않았고 바람까지 극성을 부렸다. 여러 배를 겨우 지켰다.

초5일 경칩驚蟄*이라 둑제纛祭*를 지냈다. 비가 퍼붓듯이 내리더니 늦게야 비로소 개었다. 아침을 먹고 가운데 대청에 나갔다. 보성 군수가 밤새워 육지를 거쳐 달려왔다. 뜰에 붙잡아 늦게 온 죄를 따졌더니, 순찰사, 도사 등이 명나라 군사 접대 사무를 맡아 강진, 해남 등 관청에 갔기 때문이라 진술하였다. 그러나 이 또한 공적인 일이므로, 대신 대장과 도훈도, 담당 서리 등을 나무랐다. 밤에 서울서 온 벗 이언형李彦亨을 송별하는 술자리를 베풀었다.

초6일 아침에 흐리더니 늦게서 갰다. 새벽 2시경에 첫 나팔을 불고 날이 밝을 무렵에 둘째, 셋째 나팔을 불어, 배를 풀고 돛을 달았다. 정오에 잠시 역풍이 불어서 해가 질 무렵에야 사량진에 노착하여 하룻밤을 머물렀다.

초7일 맑다. 새벽에 떠나 바로 견내량에 이르렀다. 우수사 원균이 먼저 나와 있기에 함께 이야기를 나누었다. 기숙흠이 보러 왔다. 이영남, 이여념도 왔다.

초8일 맑다. 아침에 영남 우수사|원균|가 내 배에 왔다. 그는 전라 우수사|이억기|가 늦게 온다고 몹시 나무라며, 지금 바로 떠나겠다고 했다. 내가 애써 달래어 기다리게 하고, 오늘 해가 지기

경칩 24절기 가운데 세 번째를 이르는 말로, 겨울잠을 자던 벌레들이 깨어 꿈틀거리기 시작하는 때라는 뜻이 있다.

둑제 군대의 행렬 앞에 세우는 대장기에 지내는 군기제軍旗祭. 경칩과 상강에 지낸다.

웅천 왜성 경남 진해시 남산 꼭대기에서 능선을 따라 산기슭으로 뻗쳐 쌓은 산성. 임진왜란 때 왜군들이 우리나라 남해안에 축조한 18개의 성 가운데 하나로 소서행장이 진을 치고 왜군의 제2기지로 활용했다 한다.

전까지 도착할 것이라고 말하였다. 과연 한낮쯤 돛을 나부끼면서 들어왔다. 이를 보고 기뻐 뛰지 않는 자가 없었다. 그러나 도착하는 것을 보니 그가 거느린 배가 채 40척이 되지 않았다. 오후 4시경에 출발하여 초저녁에 온천도[칠천도]에 이르렀다. 본영에 편지를 보냈다.

초9일 첫 나팔을 불고 둘째 나팔을 불었다. 다시 날씨를 보니 비가 올 낌새가 너무도 분명하여 떠나지 않았다. 종일 큰 비가 내려서, 그대로 머물러 출항하지 않았다.

초10일 아침엔 흐리더니 늦게 날이 맑아졌다. 오전 6시에 배를 띄워 바로 웅천현 웅포*로 나아갔다. 적의 배가 여전히 줄지어 정박해 있었다. 두 번이나 꾀어냈으나, 우리 군대에 지레 겁을 먹고는 나올 듯하다가도 들어가 버리므로 끝내 잡아 없애지

웅포熊浦 웅천현; 경남 창원군 웅천면 남문리.

못하였다. 매우 분하였다! 밤 10시경에 영등포 뒤의 소진포*로
돌아와 배를 대고 밤을 지냈다. 이튿날인 11일 아침 순천 탐색
선이 돌아갈 예정이어서 본영에 보낼 편지를 썼다.

11일　흐리다. 군사들을 쉬게 하고 그대로 머물렀다.

12일*　아침에 흐리더니 늦게 맑았다. 새벽에 3도 군사가 한
꺼번에 출발하여 바로 웅천현 웅포에 이르렀다. 적의 무리는 어
제와 같았다. 배로 들어갔다 나왔다 하면서 꾀었으나 적은 끝내
바다에 나오지 않았다. 두 번이나 웅포까지 쫓아갔으나 그래도
잡아 무찌르지 못하였으니 어찌할꼬? 분하고 분하였다!

밤에 도사가 우후에게 통지를 보냈는데, 명나라 장수가 준 군수
품을 나눈다고 했다. 초저녁에 칠천도에 다달았는데, 세찬 빗줄
기가 밤새 그치지 않았다.

소진포蘇秦浦　거제현;
경남 거제군 장목면 송
진포리.

*12일 행주산성에서
권율이 왜군을 크게 물
리쳤다.

13일 비가 장대같이 내리다가 오후 8시쯤 되어 그쳤다. 의논할 일이 있어서 순천 부사, 광양 현감, 방답 첨사를 불러 이야기를 나누었다. 정담수鄭聃壽가 보러 왔다. 활을 만드는 기술자 대방大邦과 옥지玉只 등이 되돌아갔다.

14일 맑다. 증조부 제삿날이다. 아침 일찍 본영 탐색선이 왔다. 아침을 먹고 나서 3도 수사들이 모여 작전을 정하고자 하였는데, 경상 우수사가 병으로 오지 못하고, 전라도 좌우수영의 여러 장수만 모여서 작전을 정하였다. 그런데 전라 우수영의 우후가 술주정하며 마음대로 지껄여 대었다. 그 짓이 입에 담을 바가 되지 못하니 어찌 모두 이야기할 수 있겠는가? 어란포 만호 정담수, 남도포|전라도 진되 만호 강응표姜應彪도 마찬가지였다. 큰 적을 무찌르려 작전을 약속하는 이때에 술을 지나치게 마셔서 이 지경에 이르니, 그 사람됨이야 더 할 말이 없다. 분통을 이길 길이 없었다! 저녁 때 회의를 끝내고 진을 친 곳에 왔다. 가덕진 첨사 전응린田應麟이 보러 왔다.

15일 아침에는 맑고 저녁에는 비가 내렸다. 낮 동안은 날씨가 따뜻하고 바람도 잔잔했다. 과녁을 걸어 놓고 활을 쏘았다. 순천 부사, 광양 현감이 왔다. 사량 만호 이여념, 소비포 권관 이영남, 영등포 만호 우치적禹致績도 왔다. 순찰사로부터 공문이 왔는데 명나라가 또 수군을 보내니 미리 알고 대처하라 하였다. 또 순찰사 진영에 있는 서리의 고목告目* 가운데, 명나라 군대가 2월 초하루에 서울에 들어와 왜적을 모두 무찔렀다고 하였다. 해가 질 무렵에 원균이 왔기에 만나 보았다.

16일 맑다. 늦은 아침에 큰 바람이 불었다. 영의정 정철이 사은사謝恩使*로 북경北京에 간다고 하였다. 따라서 노비단자路費單子*

고목 관청의 하급 서리가 상관에게 공적인 일을 알리거나 문안할 때 올리는 간단한 문서.

사은사 명나라가 조선에 은혜를 베풀었을 때 이에 보답하기 위해 수시로 보냈던 사절.

노비단자 여행에 필요한 물품과 비용을 기록하여 보낸 문서.

84

를 정원명鄭元明에게 보내어 사신 행차 때에 전하도록 하였다. 오후에 우수사가 와서 밥을 같이 먹은 다음 돌아갔다. 순천 부사와 방답 첨사도 또한 보러 왔다. 밤 10시쯤 신환愼環과 김대복金大福이 왕의 전서, 교서 두 통과 부찰사副察使●의 공문을 가지고 왔다. 그들로부터 명나라 군사가 바로 송도에 들어가 이달 초엿새에 서울의 적을 무너뜨렸다는 사실을 들었다.

17일 흐렸으나 비는 오지 않았다. 하루 내내 동풍이 불었다. 이영남, 허정은許廷誾, 정담수, 강응표 등이 와서 만나 보았다. 오후에는 우수사를 만나러 갔다. 신임 진도 군수 성언길成彦吉도 만났다. 우수사와 같이 경상 우수사의 배에 갔다. 들으니 선전관●이 왕의 교지를 가지고 온다고 한다. 저녁에 돌아오는 길에 선전관이 왔다는 소리를 들었다. 서둘러 노를 저어 돌아오는 참에 선전관 깃발을 보고는 곧 배로 맞아들였다. 임금의 교지를 받들어 보니 "적이 돌아가는 길목에 빨리 나아가 도망가는 적을 막아 무찌르라."는 내용이었다. 삼가 교지를 받았다는 회신●을 바로 써서 보내니, 이미 밤 2시쯤 되었다.

18일 맑다. 아침 일찍 부대를 움직여 웅천에 이르렀다. 적의 형세는 마찬가지였다. 사도 첨사를 복병장으로 정하여 여도 만호, 녹도 가장, 좌우별도장, 좌우돌격장, 광양 2선, 흥양 대장, 방답 2선 등을 거느리고 송도에 매복하게 하였다. 그러고 나서 여러 배를 시켜 유인하게 하였더니, 적의 배 10여 척이 뒤쫓아 나왔다. 경상도 복병선 다섯 척이 날쌔게 출발하여 적의 배를 쫓을 때, 다른 복병선들이 돌진해 들어가 적을 둘러싸고 마구 쏘아 댔다. 왜적이 헤아릴 수 없이 많이 죽었다. 한 놈의 머리를 베고 났더니●, 적의 기세가 크게 꺾여 마침내

부찰사 중앙에서 파견한 임시직 고관으로 도체찰사 다음가는 벼슬.

선전관 국왕을 가까이 모시는 무반으로 서반승지西班承旨로 불리기도 하였다.

＊회신의 내용은 이와 같다. 지난 1월 29일 적을 무찌르라고 보낸 분부를 오늘 칠천량 앞바다에서 받고나서 거기에 타고 있던 1백여 명의 왜적을 거의 다 쏘아 죽였다. 그런데 그 가운데 금빛 투구에 붉은 갑옷을 입은 자가 크게 외치면서 노를 재촉하다가 화살을 맞고 곧 배 안에 엎어졌다. 그 배는 완전히 잡을 수 있을 듯했으나 이미 깊숙한 곳까지 들어갔으므로 끝까지 쫓아가지 않고 임치 통선統船이 곁에서 싸움을 도와서 물에 빠진 왜의 머리 하나를 베었다.|1월 17일자 장계|

＊이날 별도장이며 좌수영 군관인 주부 이설과 좌돌격 구선장 이언량 등이 적선 세 척을 끝까지 쫓아가서 거기에 타고 있던 1백여 명의 왜적을 거의 다 쏘아 죽였다. 그런데 그 가운데 금빛 투구에 붉은 갑옷을 입은 자가 크게 외치면서 노를 재촉하다가 화살을 맞고 곧 배 안에 엎어졌다. 그 배는 완전히 잡을 수 있을 듯했으나 이미 깊숙한 곳까지 들어갔으므로 끝까지 쫓아가지 않고 임치 통선統船이 곁에서 싸움을 도와서 물에 빠진 왜의 머리 하나를 베었다.|1월 18일자 장계|

뒤따라 나오지 못하였다. 날이 저물기 전에 여러 배를 거느리고 원포院浦|서원포|에 이르러 물을 길었다. 어둠을 틈타 영등포 뒷바다로 돌아왔다. 사화랑•에 진을 치고 밤을 지냈다.

19일   맑다. 서풍이 세게 불어서 배를 띄우지 못하고 그대로 머물러 출항하지 않았다. 남해 현감에게 붓과 먹을 보냈더니 저녁에 현감이 와서 고맙다고 인사하였다. 고여우高汝友, 이효가李孝可도 보러 왔다. 계속 사화랑에 머물렀다.

20일   맑다. 새벽에 배를 출발시켰는데, 이때 동풍이 약간 불었다. 적과 서로 마주치자 갑자기 큰 바람이 불어닥쳤다. 배들끼리 서로 부딪쳐 파손되어서 배를 제대로 통제할 수 없었다. 즉시 호각을 불고 초요기招搖旗를

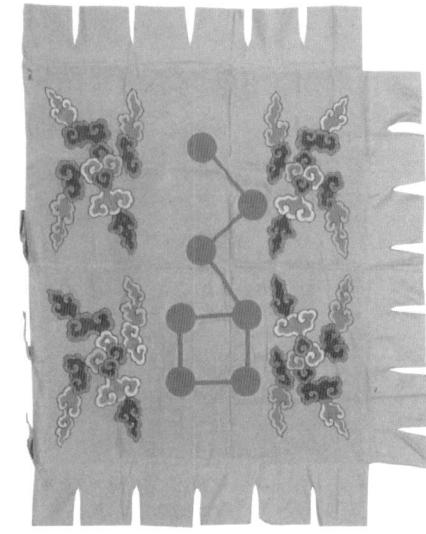

초요기 군대 깃발의 한 가지로, 대장이 장수들을 부르고 지휘하고 호령하는 기. '초요'는 북두칠성 옆의 별 이름이다. ⓒ 궁중유물전시관.

세워 싸움을 그치게 하였다. 다행히 모두가 크게 손실을 입지는 않았다. 그러나 흥양 한 척, 방답 한 척, 순천 한 척, 본영 한 척이 부딪쳐 크게 파손되었다.

해가 질 무렵 소진포에 이르러서 물을 긷고 밤을 지냈다. 사슴 떼가 이리저리로 달아났는데, 순천 부사가 한 마리를 잡아 보내 왔다.

21일   흐리고 센 바람이 불었다. 이영남과 이여념이 보러 왔고 우수사 원균, 순천 부사, 광양 현감도 보러 왔다. 저녁에 비가 내리다가 한밤중에 비가 그쳤다.

22일   새벽에 구름이 쫙 끼고 동풍이 세게 불어왔다. 그러나

사화랑少火郎 경남 진해시 남양동 또는 거제시 장목면 황포로 추정된다.

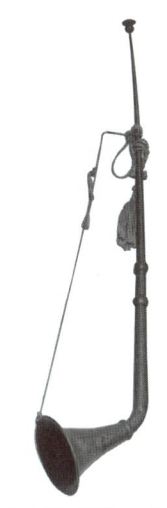

호각(곡나팔) 길이 218.2cm. 구리로 만들었는데, 나팔의 입은 퍼졌으며 네 마디로 되어 있다. 목이 구부러져서 이 같은 이름이 붙었다. 통영 충렬사에 소장되어 있는 필사품 중 하나.

✱승병 대장 삼혜와 의능을 가리킨다.

이분?~1619 이순신의 맏형 이희신의 셋째 아들. 임란 때 성천으로 피난하여 성천 부사 정구鄭逑에게 가르침을 받았다. 1597년 이순신에게 와서 군중 문서를 맡아 보며 명나라 장수를 접대하는 일을 했다.

최천보?~1594 임진왜란 때 흥양 현감으로 흥양 전선을 거느리고 참전하여 한산 해전에서 크게 이겼다.

적을 치는 일이 시급했으므로 출항하였다. 사화랑에 이르러 바람이 그치기를 기다렸다. 바람이 조금 약해진 것 같아서 길을 재촉하여 웅천에 다달았다. 두 승장✱과 의병장 성응지成應祉를 제포로 보내어 곧 상륙하는 체하게 하였다. 또 우도 여러 장수의 배 가운데 튼튼하지 못한 것을 뽑아서 동쪽에 보내어 또한 곧 상륙하는 체하게 하였다. 그러자 왜적들이 감을 잡지 못해 갈팡질팡하였다. 이때에 배를 모아 일시에 뚫고 들어가니, 적의 세력이 흩어지고 힘이 약해져 거의 섬멸하였다.

그러나 발포 2선, 가리포 2선이 명령도 없이 뛰어들었다가 얕은 곳에서 (좌초에) 걸려 적들에게 공격당하고 말았다. 분하고 분하여 가슴이 찢어질 것 같았다. 얼마 뒤 진도 지휘선이 적에게 포위되어 거의 구할 수 없는 지경에 이르렀으나, 우후가 바로 들어가 구해 내었다. 경상 좌위장과 우부장은 그 모습을 보고서도 못 본 체하고 끝내 도와주지 않았다. 괘씸하여 말하기조차 싫다. 분하고 분하도다! 이 때문에 경상도 수사 원균을 꾸짖었지만 통탄스럽다. 오늘의 분함을 어찌 다 말할 수 있으랴! 모두가 경상도 수사 때문이다.

돛을 달고 소진포에 돌아와서 묵었다. 아산에서 뇌蕾와 분芬✱이 웅천 싸움터로 편지를 보내왔다. 어머니의 편지도 왔다.

23일　날이 흐렸으나 비는 오지 않았다. 아침에 우수사가 보러 왔다. 아침밥을 먹고 나니 원 수사원균가 왔다. 순천 부사, 광양 현감, 가덕 첨사, 방답 첨사도 왔다. 이른 아침에는 소비포 만호, 영등포 만호, 와량 만호 등이 와서 만나 보았다. 원 수사는 너무도 음흉하여 말로는 무어라 표현할 수가 없다. 최천보崔天寶✱가 경기도 양화에서 내려와 명나라 군사의 소식을 자세히 알려 주었다. 아울러 조도어사調度御史*의 편지와 공문을 전하고 밤에 되돌아갔다.

24일　맑다. 새벽에 아산과 온양에 보낼 편지와 집에 보낼 편지를 함께 써서 보냈다. 아침에 출항하여 영등포 앞바다에 이르렀는데 빗발이 세게 몰아쳤다. 도저히 바로 나아갈 수 없어 배를 돌려 칠천량으로 돌아왔다. 비가 그치니 우수사 이억기, 순천 부사, 가리포 첨사, 진도 군수 성언길과 더불어 배를 띄우고 조용히 이야기를 나누었다. 초저녁에 배 만드는 기구를 들이는 일 때문에 패자牌子*를 흥양 현감에게도 써 보냈다. 군량 90되로 자염雌鹽을 바꾸어 보냈다.

25일　맑다. 바람의 흐름이 순조롭지 못하여 그냥 칠천량에 머물렀다.

26일　큰 바람이 불었다. 하루 내내 머물렀다.

27일　맑았으나 큰 바람이 불었다. 우수사 이억기와 이야기를 나누었다.

28일　맑고 바람도 없었다. 새벽에 출항하여 가덕진에 이르렀다. 웅천의 적들은 기가 죽어 나와서 맞서 싸울 생각이 없는 듯하였다. 우리 배가 김해강 아래쪽 독사리항*으로 바로 향하였는데, 우부장이 적이 있다고 알려 왔다. 곧 여러 배가 돛을 달고 나아가 작은 섬을 에워쌌다. 그런데 경상 수사의 군관과 가덕 첨사의 탐색선 두 척이 섬 사이를 들락날락하였다. 그 하는 꼴이 황당하여 잡아다가 경상 수사에게 보냈다. 그랬더니 수사가 크게 화를 내었다. 그 본래 뜻이 군관으로 하여금 고기잡이 하는 사람들의 머리를 베어 오는 데 있었기 때문이다. 초저녁에 아들 염苒이 왔다. 사화랑에서 묵었다.

조도어사　중앙에서 파견되어 온 관리.

패자　조선시대에 지위가 높은 사람이 지위가 낮은 사람에게 권한을 위임하는 문서.

독사리항禿沙伊項　김해부: 부산시 강서구 녹산동.

29일 흐리다. 혹시 바람이 심할까 걱정되어 배를 칠천량으로 옮겼다. 우수사 이억기가 보러 왔다. 이어 순천 부사, 광양 현감이 왔다. 경상 수사도 보러 왔다.

30일* 하루 내내 비가 내렸다. 배를 덮는 누추한 뜸* 밑에 웅크리고 앉아 있었다.

3월, 웅천을 둘러싼 싸움은 계속되고

초1일 잠깐 맑더니 저녁에 비가 왔다. 방답 첨사가 왔으나 순천 부사는 병이 나서 오지 못하였다.

초2일 비가 하루 내내 내렸다. 누추한 뜸 밑에 웅크리고 있었다. 온갖 생각이 마음에 떠올라 생각하면 생각할수록 번잡하고 어지러웠다. 이응화를 불러 한참 동안 이야기를 나누다가 순천 부사가 탄 배에 보내어 병세를 알아보게 하였다. 이영남과 이여념이 와서 원균의 비리를 전하였다. 깊이 탄식할 따름이다. 이영남이 조그만 일본도日本刀를 놓고 갔다. 이영남에게 들으니 강진 사람 둘이 살아 돌아왔는데, 고성에 붙들려 가서 문초를 받고 왔다고 한다.

초3일 아침에 비가 왔다. 오늘이 답청절이건만 흉악한 적들이 물러나지 않았으니 군사를 거느리고 바다를 떠다니는구나. 명나라 군사가 서울에 들어왔는지 소식을 듣지 못하였다. 말할 수 없이 걱정스럽다. 하루 내내 비만 내렸다.

초4일 날이 개기 시작하였다. 우수사 이억기가 와서 하루 내내 이야기를 나누었다. 원균도 왔다. 순천 부사 권준이 병으로 매우 아프다고 한다. 명나라 장수 이여송李如松*이 함경도로 들

*30일 상주에서 황진黃眞이 왜군을 격파했다.

뜸 짚, 띠, 부들 따위로 거적처럼 엮어 만든 것으로 비, 바람, 볕을 막는 데 쓴다.

이여송?~1598 명나라 제독으로 1592년 12월 군사 4만 3천을 거느리고 압록강을 건너왔다. 1593년 1월 8일 평양성을 되찾는 데 큰 공을 세웠으나 그 뒤 벽제관에서 패배를 당했다. 뒤에 명나라로 돌아가 요동 제독이 되었다.

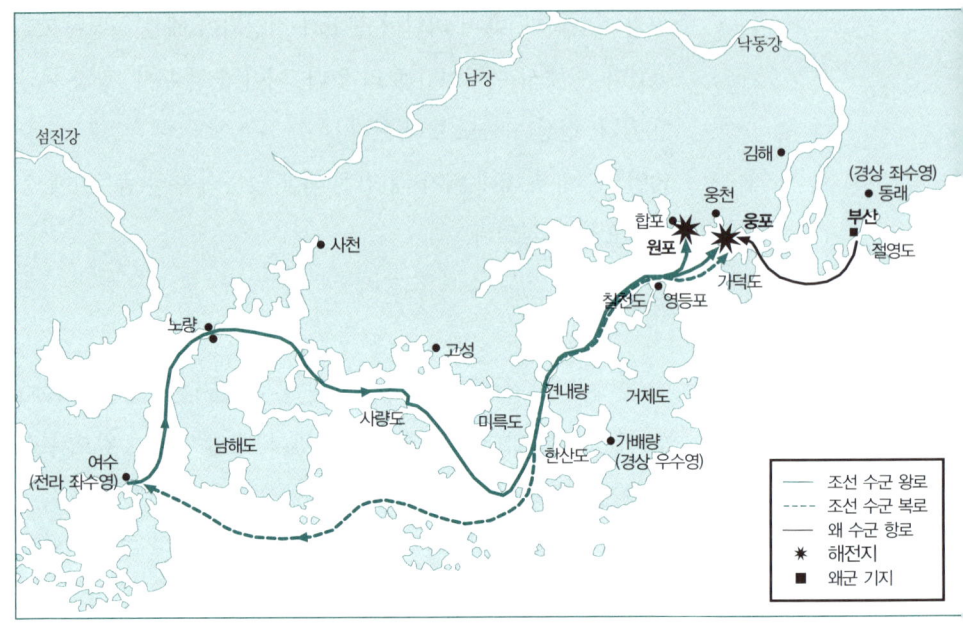

어간 왜적이 설한령*을 넘었다는 말을 듣고 개성에 이르렀다가
다시 평안도로 돌아갔다는 기별이 왔다. 걱정스러워서 견딜 수
가 없다.

초5일　맑다. 새벽에 출항하여 웅천에 이르렀다. 적의 무리가
육지로 황급히 도망쳐 산의 요충지에 진을 쳤다. 관군들이 탄환
과 화살을 비 오듯 퍼부었더니 맞아 죽은 자가 매우 많았다. 사
천 여인 한 사람이 붙잡혀 갔으나 도로 뺏어 왔다. 칠천량에서
묵었다.

초7일　맑다. 우수사와 이야기를 나누었다. 초저녁에 떠나 거
을망포*에 이르니 날이 이미 새었다.

초8일　맑다. 한산도에 되돌아왔다. 아침을 먹고 나니 광양 현

설한령雪寒嶺　함남 양
거수리에서 평북 강계
에 이르는 도道 경계
선. 낭림산맥상에 있다.

거을망포巨乙望浦　거
제현: 경남 통영군 통남
면. 걸망포라고도 한다.

90

감, 낙안 현감, 방답 첨사가 왔다. 방답 첨사, 광양 현감은 술과 안주를 많이 준비하여 왔다. 우수사도 왔다. 어란포 만호도 쇠고기로 만든 음식 두어 가지를 보내왔다. 저녁에 비가 계속 내렸다.

초9일　궂은비가 하루 내내 내렸다. 원식元堭이 와서 만나고 돌아갔다.

초10일　맑다. 아침을 먹은 뒤 사량으로 향하였다. 낙안 사람이 왕이 머물러 있는 곳[행재소]에 와서 "명나라 군사가 벌써 송경[개성]에 다다랐는데, 날마다 비가 내려 길이 질어서 행군하기가 어렵답니다. 날이 개면 서울에 들어오겠다고 약속했답니다."라고 전하였다고 한다. 이 말을 들으니 기쁘기 이를 데 없었다. 사량 첨사 이홍명李弘明이 보러 왔다.

11일　맑다. 아침을 먹은 뒤 수사 원균과 이억기가 같이 와서 이야기를 나누고 술도 마셨다. 원균이 매우 취하여 동헌으로 돌아갔다. 본영의 탐색선이 왔다. 돼지 세 마리를 잡아왔다.

12일　맑다. 아침에 각 관청의 공문을 처리하여 보냈다. 본영 병방兵房 이응춘도 빗기[斜出]*를 마감하고 갔다. 염과 나대용, 덕민, 김인문도 본영으로 돌아갔다. 밥을 먹은 뒤 원균이 거처하는 방에서 바둑을 두었다. 광양 현감이 술을 마련하여 왔다. 자정 무렵에 비가 내렸다.

13일　비가 많이 오다가 아침 늦게 갰다. 수사 이억기, 첨사 이홍명과 함께 바둑을 두었다.

14일　맑다. 배 여러 척을 내어 배 만들 나무를 실어 왔다.

15일　맑다. 우수사가 이곳에 왔다. 여러 장수가 관덕정에서 활쏘기를 하였다. 우리 장수들이 이긴 것이 66번이었다. 우수사

빗기　관아에서 백성에게 명령서를 주는 일.

가 떡과 술을 만들어 가지고 왔다.

저녁엔 비가 많이 내렸다. 비는 밤새도록 퍼부었다.

16일　늦게 날이 갰다. 여러 장수들이 또 활쏘기를 하였다. 내가 거느린 장수들이 이긴 것이 30여 번이었다. 원균 또한 왔는데 크게 취해 돌아갔다. 낙안 군수가 아침에 왔기에 고부로 가는 편지를 들려 보냈다.

17일　맑다. 하루 내내 바람이 미친 듯 불었다. 우수사와 활쏘기를 하였다. 그의 활 솜씨가 제대로 갖추어지지 않아서 가소로웠다. 신경황申景潢이 와서 임금의 밀지를 전하는 선전관이 본영에 왔다고 했다. 곧 돌려보냈다.

18일　맑다. 하루 내내 바람이 미친 듯이 불었다. 아무도 감히 다니지 못하였다. 소비포 만호와 아침을 먹었다. 우수사와 장기를 두어 이겼다. 남해 현감 기효근도 왔다. 저녁에 돼지 한 마리를 잡아 왔다. 밤 10시쯤 비가 내렸다.

19일　하루 내내 비가 왔다. 우수사와 이야기를 나누었다.

20일　맑다. 우수사와 같이 이야기를 나누었다. 오후에 선전관이 임금의 교지를 가지고 온다는 소식을 들었다.

21일　맑다.

22일　맑다.*

(이후 4월까지 일기가 빠져 있다.)

5월, 다시 경상도로 출격하다

초1일　맑다. 새벽에 대궐 쪽을 향하여 예를 드렸다.

초2일　맑다. 선전관 이춘영李春榮*이 임금의 교지를 가지고 왔

＊초본에는 '맑다'는 말이 없다.

이춘영(1563~1606) 성혼成渾의 문인으로 1591년 검열로 재직 중 정철이 파직당할 때 연루되어 귀양 갔다. 1592년에 풀려나 복직되었다. 임진왜란이 격심해지자 소모관으로 충청도, 전라도를 순행하였고 이어 중국에 구원을 청하는 글을 기초하기도 했다.

왜인 포로 송고로와 요사여문을 심문하다

3월 22일, 본도와 경상도의 복병선 대장이 힘을 합하여 왜적 두 명을 산 채로 사로잡고는 "왜적이 우리 배를 탐색하려고 당포 앞바다 쪽으로 오는 것을 뒤쫓아 잡았습니다." 하고 보고했다.

정해년(1587)에 왜적에게 포로가 되었다가 풀려나와 일본어를 잘 아는 본영의 진무 공태원孔太元을 시켜서 그들이 하는 일과 탐망하는 방법에 대하여 하루 내내 포로들을 심문하였다.

왜인 송고로宋古老는 나이 27세로서 문자를 조금 알고 요사여문要沙汝文은 나이 44세였다. 두 사람이 다 말하기를 이와 같았다.

"왜국 이조문伊助門 사람으로서 이달 18일 함께 작은 배를 타고 바다에 나가 고기를 낚고 있던 가운데 바람을 만나 떠돌다가 잡혀 왔습니다. 그런고로 다른 일에 대해서는 상세히 알지 못하거니와 본국의 약속이 '2년이나 되도록 다른 나라에 머물러 있으면서 많은 사람이 죽었으니 일이 되든 안 되든 간에 3월 안으로 들어오라.' 하였는데 위로 올라간 왜인들이 아직 내려오지 않아서 내려오기를 기다려 돌아갈 계획입니다."

간사스럽고 서싯발을 되풀이하는 놈의 말이라 믿을 수 없었다. 다시 바른대로 말하라고 엄하게 형벌을 내리며 캐물었으나 다시는 말을 하지 않았다. 그 뜻이 매우 흉악하므로 팔다리를 찢고 목을 베었다.

(토적장討賊狀, 4월 6일)

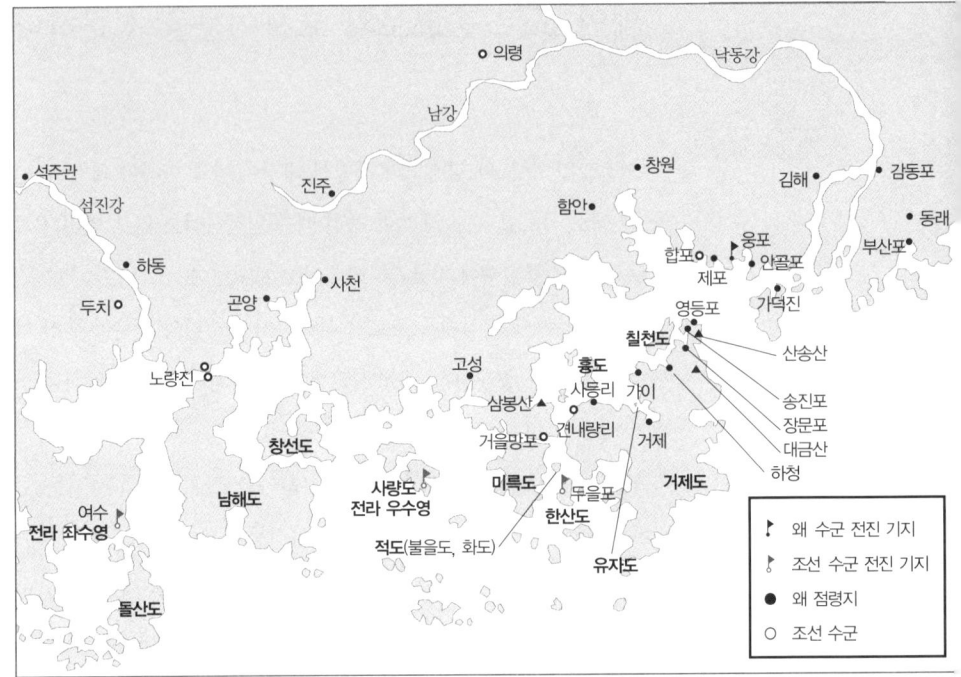

지도 내 지명:

의령 · 낙동강 · 남강 · 석주관 · 진주 · 창원 · 김해 · 감동포 · 섬진강 · 함안 · 동래 · 하동 · 웅포 · 부산포 · 합포 · 안골포 · 두치 · 곤양 · 사천 · 제포 · 영등포 · 가덕진 · 칠천도 · 산송산 · 노량진 · 고성 · 흉도 · 송진포 · 창선도 · 삼봉산 · 사등리 · 가이 · 장문포 · 거을망포 · 견내량리 · 대금산 · 남해도 · 거제 · 하청 · 사량도 · 미륵도 · 거제도 · 전라 우수영 · 여수 · 두을포 · 전라 좌수영 · 적도(불을도, 화도) · 한산도 · 돌산도 · 유자도

범례:
왜 수군 전진 기지
조선 수군 전진 기지
● 왜 점령지
○ 조선 수군

1593년 5월 이후 왜와 조선 수군의 견내량 대치 상황.

다. 그 내용은 도망하는 적을 막아서 무찌르라는 것이었다. 이
날 보성 군수, 발포 만호 두 장수가 와서 모였다. 다른 여러 장
수는 약속을 정하는 것을 미루었으므로 모이지 않았다.

초3일   맑다. 우수사가 수군을 거느리고 오기로 했는데, 수군
이 많이 뒤쳐져서 유감이었다. 이춘영이 돌아가고 이순일李純一
이 왔다.

초4일   맑다. 오늘이 어머니 생신이지만 적을 토벌하는 일 때
문에, 가서 오래 사시기를 축수하는 술잔을 올리지 못하니 평생
의 한이다. 우수사, 군관과 진해루에서 활을 쏘았다. 순천 부사
도 모여서 군사 일을 약속하였다.

초5일　맑다. 선전관 이순일이 경상도에서 돌아왔기에 아침을 대접하였다. 명나라에서 나에게 '은청금자광록대부銀靑金紫光祿大夫'라는 작위를 주었다고 하나 아마 잘못 전해진 소문일 게다. 해가 질 무렵 우수사, 순천 부사, 광양 현감, 낙안 군수 등과 같이 앉아 술을 마시며 이야기를 나누었다. 또 군관에게 편을 갈라 활을 쏘게 하였다.

초6일　아침에 신정愼定과 조카 봉菶이 아산 해암에서 왔다. 늦게 큰 비가 장대같이 내리더니 하루 내내 그치지 않았다. 천거川渠*에 물이 불어나기 시작하더니 곧 가득 찼다. 농민의 바람을 만족시키니 매우 다행스러웠다. 저녁 내내 신정과 이야기를 나누었다.

초7일　흐렸으나 비는 오지 않았다. 우수사와 같이 아침을 먹었다. 진해루에 나가 앉아 관청 일을 하고 나서 배에 올랐다. 떠날 때 즈음 발포에서 도망갔던 수군에게 군법을 집행하였다. 병역에 관한 일을 제대로 하지 않았으므로 순천 이방에게도 군법을 시행하려 하다가 그만두었다. 미조항에 다다르니 동풍이 거세게 불어서 파도가 산과 같이 일었다. 간신히 도착하여 하룻밤을 묵었다.

초8일　흐렸으나 비는 오지 않았다. 꼭두새벽에 출발하여 사량 바다 가운데 이르니 만호가 나왔다. 우수사는 어디에 있느냐고 물으니, 지금 창신도에 있는데 군사들이 모이지 않아 배를 타지 못했다고 했다. 바로 당포에 다다르니 마침 이영남이 와서 만났는데 수사가 망령 부리는 일이 많다고 상세히 말하였다. 여기서 묵었다.

초9일　흐리다. 아침에 떠나 거을망포에 다다랐다. 바람이 순

천거　논에 물을 대기 위해 만든 내.

조롭지 못하였다. 우수사, 가리포 첨사와 같이 앉아 이야기를 나누었다. 저녁에 원균이 배 두 척을 거느리고 와서 모였다.

초10일* 흐렸으나 비는 오지 않았다. 아침에 배를 출발하여 견내량에 다다랐다. 저녁에 좌소정坐小頂 위에 올라가 흥양현의 부대를 점검하였는데 뒤떨어진 장수들은 처벌을 하였다. 우수사, 가리포 첨사도 모여서 같이 이야기를 나누었는데 갑자기 선전관 고세충高世忠이 임금의 교지를 가지고 왔다. 부산에서 돌아가는 적을 토벌하라는 내용이었다. 부체찰사의 군관 민종의閔宗義가 공문을 가지고 왔다. 저녁에 경상 우후 이의득李義得, 이영남이 보러 왔기에 앉아서 이야기를 나누다가 밤이 깊어서야 파하고 돌아갔다. 봉사奉事* 윤제현尹齊賢이 본영에 도착하였다는 편지가 왔다. 즉시 답장을 보내 잠시 본영에 머무르도록 하였다.

11일 맑다. 선전관이 돌아갔다. 늦게 우수사가 진을 친 곳에 갔더니 이홍명과 가리포 첨사가 와 있어서 바둑을 두었다. 순천 부사도 도착하였고 광양 현감도 잇달아 왔다. 가리포 첨사가 술과 고기를 내놓았다. 얼마 지나서 영등포로 적을 탐색하러 나갔던 사람들이 돌아와 보고하기를 "가덕 바깥 바다에 무려 200여 척의 적선이 머무르며 드나들고 있고, 웅천은 전날과 마찬가지입니다." 하였다. 선전관이 돌아갈 때 서장書狀을 보냈다. 도원수, 체찰사에게 3도의 공사를 한 장으로 만들어 보고하는 임무를 맡은 3도 사람을 같이 보냈다. 남해 현감도 보러 왔다.

12일 맑다. 본영의 탐색선이 들어왔는데 이 편에 순찰사 공문과 명나라 시랑侍郎의 패문牌文이 왔다. 사복시의 말 다섯 필을 올려 보내라는 공문도 도착하였다. 이를 위해 병방兵房 진무鎭撫

* 초10일 이순신은 웅천의 적을 공격하고자 하니 충청도 수군이 계속 후원하도록 해 달라고 청하는 장계를 올렸다.

봉사 여러 관청의 종8품 관직.

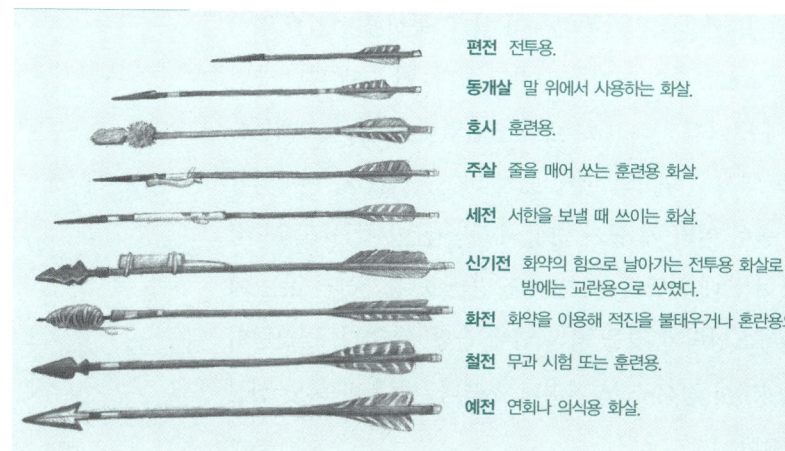

편전 전투용.

동개살 말 위에서 사용하는 화살.

호시 훈련용.

주살 줄을 매어 쓰는 훈련용 화살.

세전 서한을 보낼 때 쓰이는 화살.

신기전 화약의 힘으로 날아가는 전투용 화살로 밤에는 교란용으로 쓰였다.

화전 화약을 이용해 적진을 불태우거나 혼란용으로 쓰였다.

철전 무과 시험 또는 훈련용.

예전 연회나 의식용 화살.

각궁과 화살 조선시대에 소의 뿔로 만든 활을 각궁이라 한다. ⓒ 전쟁기념관.

정철총통 이순신이 조총을 본떠서 승자총통을 개량한 소형 화기.

흑각궁 소나 양의 뿔로 만든 활.

를 보냈다.

늦게 경상 수사가 왔다. 선전관 성문개成文漑도 왔다. 피난 중에 계신 왕의 사정을 자세히 전하였다. 통곡하고 통곡할 일이로다! 새로 만든 정철총통正鐵銃筒●을 비변사에 보냈다. 흑각궁黑角弓●과 화살도 주어 보냈는데 선전관 성문개가 순변사 이일의 사위라 했기 때문이다. 저녁에 이영남, 윤동구尹東耈가 왔고 고성 현령 조응도趙應道도 보러 왔다. 새벽에 좌도, 우도의 탐색군을 영등 등지로 보냈다.

13일　맑다. 밥을 먹고 나서 작은 봉우리 위에 과녁을 치고 순천 부사, 광양 현감, 방답 첨사, 사도 첨사와 우후, 발포 만호와 더불어 편을 갈라 겨루었다. 해가 질 무렵 배로 내려왔다. 밤에 들으니 영남 우수사에게 선전관 도언량都彦良이 왔다고 하였다. 밤에 달빛이 배에 가득한데 혼자 앉아 뒤척뒤척하였다. 온갖 시름이 가슴을 쳐서 자리에 들었으나 잘 수 없었다. 닭이 울 즈음에야 얕은 잠이 들었다.

14일* 맑다. 선전관 박진종朴振宗이 왔다. 동시에 선전관 영산령寧山令 예윤禮胤도 왕의 교지를 가지고 왔다. 이 편에 피난 중인 왕의 사정과 명나라 군대가 하는 짓을 들었다. 애통하고 애통하였다! 나도 역시 우수사의 배에 옮겨 타고 선전관과 이야기를 나누었다. 술이 여러 배 돌자 경상 수사 원균이 왔는데 술주정이 심하기 이를 데 없었다. 배 안의 장병들 중 분개하지 않는 이가 없었다. 그 망령된 짓을 차마 입에 올릴 수 없다. 영산령이 취하여 넘어져서 정신을 못 차리니 우습다. 밤에 바로 두 선전관이 돌아갔다.

15일 맑다. 아침에 낙안 군수가 보러 왔다. 조금 지나서 윤동구가 그의 대장[원균]이 올린 장계의 초본을 가지고 왔다. 그가 속임수 쓰는 꼴은 이루 말할 수가 없다. 순천 부사, 광양 현감이 보러 왔다. 늦은 아침에 조카 해, 아들 울과 봉사 윤제현이 같이 도착하였다. 점심 나절에 과녁 걸어 놓은 곳에 가서 순천 부사, 광양 현감, 사도 첨사, 방답 첨사 등이 승부를 겨루었다. 나도 활을 쏘았다. 저녁엔 배 위로 돌아와서 윤 봉사와 세세한 이야기를 나누었다.

16일 맑다. 아침에 적량 만호 고여우, 감목관 이효가, 이응화, 강응표 등이 보러 왔다. 각 관청의 공문과 소장을 처리해 주었다. 조카 해와 회가 돌아갔다.

마음이 매우 불편하여 드러누워 끙끙 앓았다. 명나라 장수가 증도에서 머뭇거리는 게 다른 생각이 있는 듯하다고 들었기 때문이다. 나라를 위해 매우 걱정스러웠다. 일마다 이러하니 더욱 탄식이 나오고 눈물이 흘렀다.

점심 때 윤 봉사가 전해 온 바에 따르면, 관동* 숙모가 양주 천

*14일 이순신은 충청 수군이 계속 후원 오도록 해 달라는 장계를 다시 올렸다. 더불어 배를 정비하여 적을 무찌르라고 명령한 분부를 받았음을 아뢰는 장계도 올렸다.

관동館洞 서울시 종로구 연건동.

천*으로 피난했다가 돌아가셨다고 한다. 통곡하여 마지않았다. 무엇 때문에 세상일이 이렇게 가혹한가! 장사는 누가 맡아 치렀는지? 대진大進은 이미 먼저 세상을 떠났다고 하니 더욱 슬펐다.

17일 맑다. 새벽에 바람이 매우 사나웠다. 아침에 순천 부사, 광양 현감, 보성 군수, 발포 만호와 이응화가 보러 왔다. 변존서가 병 때문에 돌아갔다. 영남 우수사가 군관을 보내 진주에서 온 급한 보고서를 가지고 왔는데 이여송 제독이 지금 충주에 있다는 내용이었다. 적의 무리는 사방에 흩어져 불태우고 분탕질하고 있으니 분하고 분하였다. 하루 내내 큰 바람이 불어 마음도 어지러웠다. 고성 현령이 군관을 보내 문안하고 술과 쇠고기 꼬치와 꿀통을 보내왔다고 한다. 상중이라 받아 두기가 미안하였다. 그렇다고 정성으로 보낸 것을 되돌려보내는 것도 도리가 아닌 까닭에 군관들에게 나누어 주었다. 몸이 몹시 불편하여 일찍 배 안에 있는 방으로 들어갔다.

18일 맑다. 아침 일찍 몸이 몹시 불편하여 온백원[위장약]* 네 알을 먹었다. 아침을 먹고 나니 우수사와 가리포 첨사가 보러 왔다. 조금 있다가 설사를 하고 나니 편안해진 듯했다. 종 목년木年이 해포*에서 왔다. 이 편에 들으니 어머니께서 평안하시다고 하였다. 바로 답장을 써서 미역 다섯 다발과 함께 집으로 돌려보냈다. 접반사接伴使*에게 적의 형세에 관한 3도의 공사公事를 한 장으로 만들어 보냈다. 전주 부윤[권율]의 공문을 보니 이제 그가 병마절제사까지 겸하게 되었다고 한다. 그러나 도장이 찍히지 않았으니 그 까닭을 모르겠다. 방답 첨사가 보러 왔다. 대금산*, 영등의 척후병들이 와서 "왜적이 드나들고 있지만, 그리 대단한 계책은 없는 듯합니다." 하고 보고하였다. 협선 두 척을

천천泉川 양주목: 경기도 양주군 회천면.

온백원 배 속의 적취를 치료하는 데 쓰는 약. 천오, 오수유, 길경, 시호, 창포, 자원, 황련, 건강, 육계, 촉초, 직복령, 파두상, 조협, 후박, 인삼 등을 가루를 내 졸인 물로 작게 알약을 만들어서 한 번에 3~7알씩 생강 달인 물과 함께 먹는다.

접반사 명나라 장군을 접대하는 관원.

해포蟹浦 아산현: 충남 아산시 인주면 해암리.

대금산大金山 거제현: 경남 거제군에 있는 산.

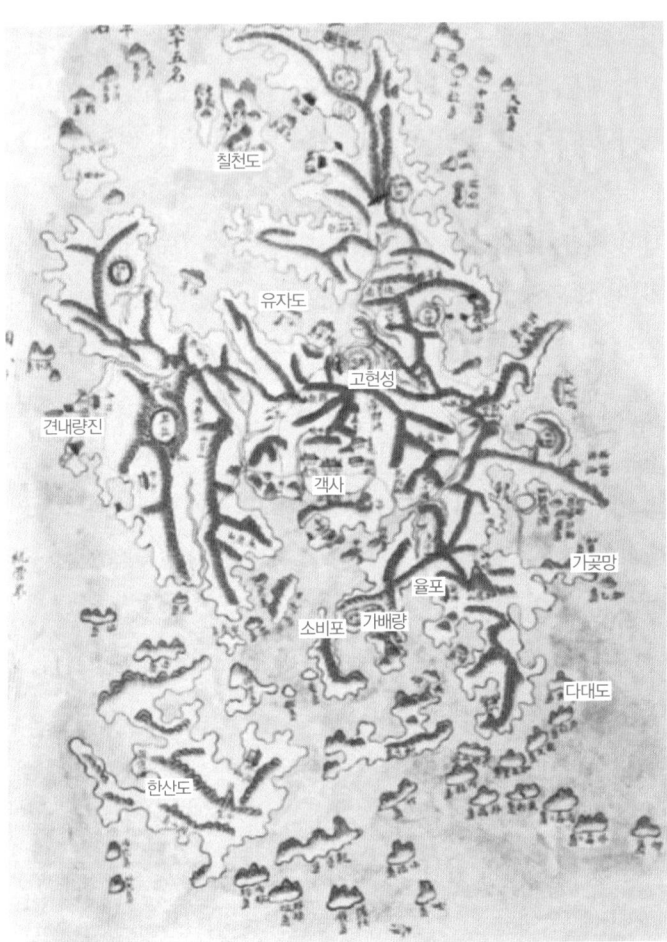

칠천도

유자도

고현성

견내량진

객사

가곶망

율포

소비포 가배량

다대도

한산도

새로 만드는 데 못이 없다고 한다.

19일 맑다. 윤 봉사와 같이 아침을 먹었다. 여러 장수가 애써 권하여 몸도 불편한데 억지로 고기를 먹게 되니 매우 마음이 슬펐다. 순찰사 공문에 "명나라 장수 유원외劉員外가 보낸 공문에 의하면 부산 바다 어귀를 거점으로 하여 이미 길을 막았다." 하였다. 곧바로 공문을 받았다고 보고하고 또 공사公事에 관한 공문도 만들어 보냈다. 보성 사람이 전달 임무를 띠고 가지고 갔다. 순천 부사가 쇠고기 등 먹을 것 일곱 가지를 보내왔다. 방답 첨사와 이홍명이 보러 왔으며 기숙흠도 보러왔다. 영등 척후병이 와서 별다른 움직임이 없다고 보고했다.

20일　맑다. 새벽에 대금산 척후병이 와서 보고했는데 영등 척후병과 같았다. 늦게 순천 부사가 왔으며 소비포 권관도 왔다. 오후에 척후병이 와서 "왜선은 그림자도 보이지 않습니다." 하고 보고하였다. 그래서 본영의 군관들에게 왜적 물건을 실어 오라고 지시하는 편지를 써서 흥양 사람에게 가져가도록 하였다.

21일　새벽에 배를 띄워 거제 유자도 앞바다에 도착하였다. 대금산 척후병이 와서 적이 드나드는 것이 전과 같다고 보고하였다. 우수사와 밤늦게까지 이야기를 나누었는데 이홍명도 왔다. 미시未時오후 1시에서 3시에 비가 와서 농사에 대한 희망이 조금 살아났다. 이영남이 보러 왔다. 원 수사가 거짓 내용으로 공문을 돌려 대군을 동요하게 하였다. 진중에서도 속임을 쓰는 것이 이럴 정도이니 그 흉악스러움이란 이루 말할 수가 없다. 밤새 미친 듯 바람이 불고 비가 왔다. 꼭두새벽에 거제 선창船滄에 도착하니 곧 22일이 되었다.

22일　비가 계속 내려서 사람들의 바람을 흡족하게 채웠다. 아침 늦게 나대용이 본영에서 이르러 송 시랑侍郞*의 공문과, 차원差員*이 본도 도사, 행상호군*, 선전관 한 사람과 같이 온다는 기별을 가지고 왔다. 송 시랑의 차원은 우리 배를 살펴보는 일로 왔다고 한다. 곧 우후에게 맞아들이도록 하고 오후에 칠천량으로 옮겨 배를 대었다. 접대 절차를 물어보려 나대용을 내보냈더니, 저녁에 방답 첨사가 와서 명나라 사람 접대하는 일에 대하

＊명나라 병부 우시랑 송응창을 가리킨다. 그는 경략經略의 임무를 맡았다.

차원　함께 파견된 수행원.

행상호군　'행'은 낮은 직책으로 높은 품계를 맡은 것을 뜻하며 '상호군'은 오위에 속한 정3품 벼슬로 조선 후기에는 유명무실해졌다.

여 설명하였다. 영남 우수사의 군관 김준계金遵繼가 와서 자기 대장의 뜻를 전하였다. 빗발이 하루 내내 그치지 않았다. 흥양 군관 이호李琥가 죽었다는 보고를 받았다.

23일 새벽에 흐렸으나 비는 오지 않았다. 늦게 비가 오락가락하였다. 우수사가 왔으며 이홍명이 왔다. 영남 우병사의 군관이 와서 적의 사정에 대하여 전하였다. 본도 병사의 편지와 공문이 도착하였는데 창원의 적을 토벌하려 하였으나 적의 기세가 대단하여 쉽게 나아가지 못한다고 했다. 저녁에 아들 회薈가 와서 명나라 관리가 본영에서 배를 타고 올 것이라 전하였다. 어두워질 무렵 경상 수사가 와서 명나라 관리들 접대하는 일에 대하여 의논하였다.

24일 비가 오락가락하였다. 아침에 거제 앞 칠천량 바다 어귀로 진을 옮겼다. 나대용이 사량 뒷바다에서 명나라 관리를 발견하고 먼저 와서, 명나라 관리와 통사通譯官 표헌表憲과 선전관 육광흠陸光欽이 온다고 전하였다. 오후 2시쯤 명나라 관리 양보楊甫가 진 앞에 도착하였다. 우별도장 이설을 마중 보내어 배까지 데려왔더니 매우 기뻐하였다. 내 배에 오르도록 청하고 황제의 은혜에 여러 번 고맙다고 인사하였다. 마주 앉기를 권하였으나 굳이 사양하고 앉지 않아서 서서 오랫동안 이야기하였다. 그는 우리 전함의 위용이 대단하다고 매우 칭찬하였다. 예물을 주었더니 처음에는 굳이 사양하는 듯하더니 받고는 매우 즐거워하면서 거듭거듭 고맙다고 하였다. 선전관은 표신標信을 보이고 의자에 앉아 조용히 이야기를 나누었다. 아들 회가 밤에 본영으로 돌아갔다.

25일 맑다. 명나라 관리와 선전관이 술이 깊이 취하여 덜 깬 듯하였다. 아침에 통사 표헌을 다시 오라고 하여 명나라 장수가 하려던 말이 무엇인지 물었다. 그랬더니 그의 속뜻은 알 수 없으나, 다만 왜적을 쫓아 보내려는 것뿐이라 하였다. 보고에 따르면, 송 시랑이 우리 수군의 허실을 알아보려고 그가 거느리는 부하 가운데 정탐의 일을 맡은 양보를 보냈는데 수군의 위세가 이렇게 대단하니 기쁘기 그지없다고 하였다. 늦게 본영으로 돌아갔으므로 증명서를 발급하기도 하였다. 한낮에 진영을 거제현 유자도 앞바다로 옮겼다. 우수사와 한참 동안 군사 일을 논의하였다. 광양 현감이 오고 최천보와 이홍명이 와서 바둑을 두다가 헤어졌다. 저녁에 조붕趙鵬이 보러 왔기에 이야기를 나누다가 보냈다. 초저녁이 지나 경상도에서 온 명나라 사람 두 명, 우도 감영의 영리營吏 한 명, 접반사 군관 한 명이 진영 문에 도착하였으나, 밤이 깊어 들어오지 못하였다.

26일 비가 계속 내렸다. 아침에 명나라 사람을 만나 보니, 절강의 포수炮手 왕경득王敬得이라고 하였다. 글자를 조금 아는 것 같아 한참 동안 서로 이야기를 나누었으나 알아들을 수 없어서 매우 답답하였다. 순천 부사가 노루 고기를 차려 내놓았다. 광양 현감도 왔기에 우수사와 함께 이야기를 나누었다. 가리포 첨사는 초청하였으나 오지 않았다. 빗발이 저녁 내내 그치지 않더니 밤새 억수같이 내렸다. 밤 10시쯤부터는 바람이 크게 불어서 배들이 가만 있지 못하였다. 처음에 우수사 배와 서로 부딪쳐서 간신히 구해 내었다. 또 발포 만호가 탄 배가 부딪쳐 거의 깨질 뻔하다가 겨우 면하였다. 송한련이 탄 협선은 발포 배에 부딪쳐 여러 곳이 상하였다고 한다. 늦은 아침에 경상 수사가 보러 왔다가 돌아갔다. 순변사 이빈李濱이 공문을 보냈는데 지나친 말이 많아서 쓴웃음이 나왔다.

27일 비바람 때문에 배가 부딪치기 때문에 진영을 유자도로 옮겼다. 협선 세 척이 간 곳이 없더니 늦게야 들어왔다. 순천 부사, 광양 현감이 와서 노루 고기를 차렸다. 경상 우병사(최경회崔慶會)[*]의 답장이 왔는데 송 경략이 보낸 불화살을 원균이 혼자 쓴다고 한다. 그 계략이 우습기 짝이 없다. 전라 병사(선거이宣居怡)[*]의 공문도 도착하였다. 창원의 왜적을 오늘 토벌하려 하였으나, 날이 개지 않아 출동하지 못했다고 한다.

28일 비가 하루 내내 내렸다. 순천 부사와 이홍명이 와서 이야기를 나누었다. 광양 사람이 장계를 가지고 돌아왔다. 독운어사(督運御史)[*] 임발영(任發英)[*]을 몹시 비난하여 조사, 처벌하라는 것과 수군의 일족에 대하여 징발하는 일도 그전과 같이 하라는 명령이었다. 비변사 공문이 도착하였는데 광양 현감을 유임시킨다고 하였다. 관보를 가지고 왔기에 보았더니 저절로 분통이 터졌다. 용호장(龍虎將)[*] 성응지(成應祉)가 배를 갈아탈 수 있도록 명령서를 주어 본영으로 내보냈다.

29일 비가 계속 내렸다. 방답 첨사와 영등 만호 우치적이 보러 왔다. 공문을 작성하여 접반사, 도원수, 순변사, 순찰사, 병사, 방어사 등에게 보냈다. 밤 10시쯤 변유헌(卞有憲), 이수(李銖) 등이 왔다.

30일 비가 하루 내내 계속 내렸다. 오후 4시쯤 잠시 갰다가 다시 비가 내렸다. 아침에 윤 봉사, 변유헌에게 적의 정세에 대하여 물어보았다. 이홍명이 보러 왔다. 원균이 송 경략이 보낸 불화살을 자기만 쓰려고 하였으나 병사 편에 공문을 보내 나누어 보내라 하니까, 공문의 내용을 매우 못마땅해하면서 이치에 맞지도 않는 말을 많이 했다고 한다. 명나라 관리가 보낸 불화

최경회[1532~1593] 임진왜란이 일어나자 형 경운, 경장과 함께 의병을 모집했다. 이때가 고경명이 이미 전사한 뒤여서 그의 휘하 병력을 규합하고 의병장이 되었다. 의병을 규합. 금산·무주에서 전주·남원으로 향하는 왜군을 장수에서 막아 싸웠고, 금산에서 퇴각하는 적을 추격하여 크게 격파했다. 이 공로로 경상우병사로 임명되었다. 1593년 진주성에서 전사하였다.

선거이[1550~1598] 1592년 전라도 병마절도사에 부원수를 겸하고 행주·운봉 싸움에서 권율과 함께 왜군을 무찔렀다. 그 뒤 7도 병마사를 겸했고 이순신의 수군 함대에 종군하여 호남으로 진출하려는 왜적을 크게 무찔렀다. 1598년 울산 싸움에서 명나라 군대와 힘을 합하여 2만 병력을 이끌고 싸우다가 전사했다.

독운어사 사람이나 물자를 징발하기 위하여 중앙으로부터 파견한 관원.

임발영[?~?] 임진왜란 때 종묘서령으로서 묘주를 모시고 왕을 의주까지 따라다녔다. 의주에서 무과에 급제하여 안주 목사가 되고, 이듬해 독운어사로서 군량 수송에 공을 세웠다.

용호장 의병장에 대한 칭호.

살 1천 5백 30개를 나누지 않고 혼자서 모두 쓰려고 하다니 그 잔꾀가 아주 심하여 말로 다 하기 어려울 정도다. 저녁에 조붕이 와서 이야기를 나누었다. 남해 현령 기효근이 배를 우리 배 곁에 대었는데, 그 배에 어린 처녀를 싣고 남이 알까 봐 두려워했다. 우습다! 나라가 위급한 이때 배에 예쁜 색시를 싣기까지 하니 그 마음 씀씀이가 꼴이 아니다. 그러나 그 대장이라는 원균부터가 이러하니 어찌 하겠는가? 윤 봉사가 일이 있어 본영으로 돌아갔다가 군량미 14석을 싣고 왔다.

6월, 한산도로 진을 옮기다

초1일　아침에 탐색선이 들어왔다. 어머니 편지도 왔는데 평안하시다니 매우 다행스럽다. 아들의 편지와 조카 봉의 편지도 함께 왔다. 명나라 관원 양보가 왜인의 물건을 보고 기뻐 어쩔 줄 모르더니, 말 안장 하나를 가지고 갔다고 한다. 순천 부사, 광양 현감이 보러 왔다. 탐색선이 왜인의 물건을 가지고 왔다. 충청 수사 정걸이 왔다. 나대용, 김인문, 방응원과 조카 봉도 왔는데 어머님이 평안하시다고 한다. 매우 다행스러웠다. 충청 수사와 조용히 이야기를 나누다가 저녁 밥까지 대접하였다. 황정욱黃廷彧, 이영李瑛이 강가에 나가 함께 이야기를 나누었다고 하니 개탄스러울 뿐이었다. 오늘은 맑았다.

초2일　맑다. 아침에 본영 공문을 처리하여 보냈다. 온양의 강용수姜龍壽가 진영에 도착하여 명함을 들여보내고는 먼저 경상 본영으로 갔다. 군관 송두남宋斗男, 이경조李景祚, 정사립鄭思立 등이 판옥선을 끌고 본영으로 돌아갔다. 아침을 먹은 뒤 순찰사의 군관이 공문을 가지고 왔다. 적의 형세를 알아보려고 하여 우수사와 상의하여 대답하여 보냈다. 강용수도 왔기에 양식 다섯 말을 주어 보냈다. 이때 원견元牪이 같이 왔다고 한다. 정걸도 또한 우리 배에 와서 함께 이야기를 나누었다. 가리포 첨사 구사직具思稷도 한참 동안 같이 이야기를 나누었다. 저녁에 송아지를 잡아 나눠 먹었다.

초3일 새벽에 맑다가 늦게 큰 비가 왔다. 지휘선을 연기로 그을리려고* 좌별선으로 옮겨 탔다. 활쏘기를 하려는 참에 빗발이 크게 일었다. 온 배에 비가 새지 않은 데가 없어 앉을 만한 마른 자리가 없었다. 한숨이 나왔다. 평산포 만호, 소비포 권관, 방답 첨사가 함께 보러 왔다. 늦게 순찰사ㅣ권율ㅣ, 순변사ㅣ이빈ㅣ, 병사ㅣ선거이ㅣ, 방어사ㅣ이복남ㅣ의 답장이 왔는데 어려운 사정이 많았다. 각 도의 군사*가 많아야 5천을 넘지 못하고, 군량도 거의 다 떨어졌다 한다. 적은 날이 갈수록 더 흉악해지는데, 일마다 이 모양이니 어떻게 해야 할 것인가? 초저녁에 지휘선으로 돌아가서 잠을 자러 방으로 들어갔다. 밤새도록 비가 내렸다.

초4일 비가 하루 내내 내리더니 밤새도록 계속되었다. 아침을 먹기 전에 순천 부사가 왔다. 밥을 먹은 뒤 충청 수사 정걸과 이홍명, 광양 현감이 왔다. 하루 내내 군사 일에 대하여 이야기를 나누었다.

초5일 비가 하루 내내 내렸다. 마치 퍼붓는 듯하여 사람들이 머리조차 내밀기가 어려웠다. 오후에 우수사가 왔다가 저물어서 돌아갔다. 저물 무렵부터 바람이 불더니 매우 험악해져서 배들을 겨우 지켰다. 이홍명이 왔다가 저녁밥을 먹고 나서 돌아갔다. 경상 수사가 웅천의 적이 감동포로 들어갈지도 모른다면서

*배의 수명 연장을 위한 것으로 보인다.
*원문에 '군마'라고 되어 있으나 군사로 봐야 할 듯하다.

공문을 보내 토벌하자고 하였다. 그 흉악한 계책이 우습기 짝이 없다.

초6일　날이 개다가 비가 오다가 하였다. 순천 부사가 보러 왔다. 보성 군수[김득광]가 교체되었는데 김의검金義儉이 그 자리에 임명되었다 한다. 충청 수사가 배에 와서 이야기를 나누었다. 이홍명이 왔다. 방답 첨사 또한 왔다가 바로 돌아갔다. 저녁에 본영에서 탐색을 다니는 자가 왔는데 어머님이 평안하시다고 한다. 또한 그는 홍양에서 온 말이 낙안에 도착하더니 쓰러져 죽었다고 말을 전했다. 그저 놀라울 따름이다.

초7일　흐렸으나 비는 오지 않았다. 순천 부사, 광양 현감이 왔다. 우수사, 충청 수사도 왔다. 이승명李勝明도 왔다. 하루 내내 이야기를 나누었다. 본도 우수영 우후가 저녁에 보러 왔는데 서울의 사정을 일일이 전하였다. 괘씸하고 한탄스럽기 짝이 없다.

초8일　잠시 맑더니 바람이 순조롭지 못하였다. 아침에 경상 수사의 우후가 군관을 보내어 싱싱한 전복을 바치기에 그 값으로 구슬 30개를 보냈다. 나대용이 병 때문에 본영으로 돌아갔다. 병선 진무 유충서柳忠恕도 병이 들어 교체되어 육지로 내려갔다. 광양 현감이 오고 소비포 권관이 왔다. 광양 현감이 쇠고기를 가져와서 같이 먹었다. 탐색선이 들어왔다. 각 고을의 담당 서리 11명을 처벌하였다. 옥과현의 향소[유향소]에서 지난해부터 군사를 동원하는 일이 부실하여 도망간 사람이 거의 1백여 명이나 되었다. 그런데도 매번 거짓말을 하기에 이날 목을 베어 매달았다. 모진 바람이 그치지 않고 마음도 어지러웠다.

초9일　맑다. 수십 일 동안 지긋지긋하던 비가 비로소 그쳤으니 진영의 모든 장병 중 기뻐하지 않는 자가 없었다. 순천 부사,

광양 현감이 와서 노루를 바쳤다. 마음이 편하지 못하여 하루 내내 배에 누워 있었다. 접반관이 공문을 잘 받았다는 서류를 보냈다. 이여송 제독이 충주로 되돌아왔다. 이 지방의 의병장 성응지가 돌아올 때 본영 군량미 50석을 실어 왔다.

초10일   맑다. 우수사와 가리포 첨사가 이곳에 왔다. 군사의 계책을 자세히 논의하였다. 순천 부사도 왔다. 삿자리 20장을 짰다. 저녁에 영등포 척후병이 와서 "웅천의 적선 네 척이 본토로 돌아갔고, 또 김해 바다 어귀에 있던 적선 1백 50여 척이 나와서 19척은 저희 나라로 돌아가고, 그 나머지는 부산으로 향하였습니다." 하고 보고하였다. 새벽 2시쯤에 경상 수사 원균의 공문이 왔는데, 내일 새벽에 진군하여 싸움을 벌이자는 것이었다. 그 음흉한 꾀와 시기심은 이루 말할 길이 없다. 그래서 이날 밤에는 대답하지 않았다. 네 고을 군량에 대한 공문을 만들어 보냈다.

11일   비가 오락가락하였다. 아침에 왜적을 토벌할 일에 대하여 공문을 작성하여 경상 수사에게 보내었다. 그는 술에 취하여 정신이 없다고 핑계하면서 회답하지 않았다. 한낮에 충청 수사의 배로 가려고 했는데 충청 수사가 먼저 내 배에 온 바람에 앉아서 잠시 이야기를 나누다가 헤어졌다. 그 길로 우수사의 배로 가니 가리포 첨사, 진도 만호, 해남 현감 등이 수사와 술자리를 같이하고 있었다. 나도 두어 잔 마시고 돌아오니 탐색을 다녀온 자가 와서 고목告目을 바치고 갔다.

12일   비가 오락가락하였다. 아침에 흰 머리털 여남은 오라기를 뽑았다. 흰 머리카락이 있다고 하여 어찌 싫어할 일이겠냐만 위로 늙으신 어머니가 계시기 때문에 뽑은 것이다. 하루 내내

혼자 앉아 있었다. 사량 만호가 다녀갔다. 밤 10시쯤 변존서와 김양간金良幹이 들어왔다. 행궁行宮 기별을 들으니 동궁|왕세자 광해군|이 편찮다고 한다. 걱정스럽기 짝이 없다. 유 정승|유성룡|과 지사 윤우신尹又新의 편지도 왔다. 종 갓동㺚同과 철매哲每가 병으로 죽었다 하니 참 가엾다. 해당海撞이란 중도 찾아왔다. 밤에 원균의 군관이 와서 명나라 병사 다섯이 들어왔다고 전했다.

13일　맑다. 늦게 잠깐 비가 오다가 그쳤다. 명나라 사람 왕경王敬과 이요李堯가 와서 우리 수군의 형세를 살펴보았다. 이 제독이 진격하여 토벌에 나서지 않아서 명나라 조정으로부터 문책을 받았다고 한다. 조용히 이야기를 듣고 있자니 개탄스러운 바가 많았다. 저녁에 진영을 거제 세포*로 옮겨 머물렀다.

14일　비가 오락가락하였다. 아침을 먹는데 낙안 군수가 보러 왔기에 가리포 첨사를 청해다가 함께 아침을 먹었다. 순천 부사, 광양 현감도 왔다. 광양 현감이 노루 고기를 내놓았다. 전운사轉運使* 박충간朴忠侃*의 공문과 편지가 왔다. 경상 좌수사의 공문과 경상 우수사의 공문도 왔다. 저물 무렵에 비바람이 크게 일다가 곧 그쳤다.

15일*　비가 오락가락하였다. 우수사와 충청 수사, 순천 부사, 낙안 군수, 방답 첨사를 오라 하여 함께 햇과일을 먹었다. 이들은 해가 저물어 돌아갔다.

16일　잠깐 비가 왔다. 늦게 낙안 군수를 통하여 진해의 고목告目을 얻어 보았다. 함안에 있는 각 도 대장들은, 왜놈들이 양산 황산동에 진을 쳤다는 소문을 듣고 모두 진양과 의령으로 물러나서 지키고 있다는 내용이었다. 놀랄 수밖에 없었다. 순천 부사, 광양 현감, 낙안 군수가 왔다. 초저녁 무렵 영등 정찰군 광

세포細浦 거제현; 경남 거제시 사등면 성포리.

전운사 세곡의 운반을 주관한 전운서의 관원으로, 전운어사라고도 했다.

박충간?~1601| 임진왜란 때 수검사로 여러 성의 수축을 담당하여 왜적에 대비했으나 왜병과 싸우다 도망한 죄로 파면되었다. 이듬해 분호조판서에서 다시 파면되었다가 뒤에 영남·호남 지방에서 군량미의 조달을 담당하였다.

*15일, 창원에 있던 왜적이 함안으로 쳐들어가고 함안의 조선군은 의령으로 물러났다.

양 사람이 와서 김해, 부산에 있는 적선 무려 5백여 척이 안골포, 웅포, 제포 등지로 들어왔다고 보고하였다. 그대로 다 믿을 수는 없었다. 그러나 적의 무리가 세력을 모아서 다른 곳으로 옮겨 가 침범할 우려도 없지 않으므로 우수사[이억기]와 정 수사[정걸]에게 통지하였다. 밤 10시쯤 대금산 척후병의 보고도 꼭 같았다. 한밤중에 송희립宋希立*을 경상 우수사에게 보내어 의논하였더니 내일 새벽에 군사를 거느리고 오겠다고 하였다. 적의 꾀는 헤아리기가 매우 힘들었다.

17일   비가 오다 개다 하였다. 아침 일찍 원 수사와 우수사, 정 수사가 와서 의논하였다. 함안에 있던 각 도의 장수들이 진주로 물러가 지킨다는 말이 과연 사실이었다. 밥을 먹은 뒤 우수사 이억기의 배로 가서 자리를 고쳐 앉고 여기서 하루 내내 이야기를 나누었다. 조붕이 창원에서 돌아와 적의 형세를 전하였는데 기세가 대단하다고 하였다.

18일   비가 오다 개다 하였다. 아침에 탐색선이 들어왔는데 닷새 만이었다. 매우 잘못되었기에 곤장을 쳐서 보냈다. 오후에 경상 우수사의 배에 가서 같이 군사에 관하여 이야기를 나누었다. 한 잔씩 거듭거듭 마시다가 몹시 취하여 돌아왔다. 부안과 용인이 와서 그의 어머니가 갇혔다가 풀려나왔다고 전하였다.

19일   비가 오락가락하였다. 바람이 그치지 않고 세게 불어 진영을 거제 오양역* 앞으로 옮겼다. 그러나 바람 때문에 배가 안정되지 못하여 진영을 다시 고성 역포*로 옮겼다. 봉菶과 유헌有憲 두 조카를 본영으로 보내어 어머니의 안부를 알아오도록 하였다. 왜인의 물건과 명나라 장수가 보낸 물건, 기름 등속을 함께 본영에 실어 보냈다. 각 도에 공문을 발송하였다.

송희립[1553~1623] 임진왜란이 일어나자 지도 만호로서 형 대립과 함께 의병을 모아 이순신의 휘하에 종군했다. 노량 해전에서 쓰러진 이순신을 대신해서 북을 치며 독전하였다.

오양역烏楊驛 거제현: 경남 거제시 사등면 오양리.

역포亦浦 고성현:경남 통영시 용남면.

20일 흐리고 바람조차 세게 불었다. 조상의 제삿날이라 하루 내내 혼자 앉아 있었다. 저녁에 방답 만호, 순천 부사, 광양 현 감이 보러 왔고 조붕과 그 조카 조응도趙應道가 보러 왔다. 선박 재료를 운반해 온 뒤 그대로 역포에 머물렀다. 밤에 바람 이 잠잠해졌다.

21일 맑다. 새벽에 진영을 한산도 망하응포*로 옮겼다. 점심 때 원연元埏|원균의 아위이 왔다. 우수사도 맞이하여 함께 앉아 술 잔을 여러 순배 돌리고 나서 헤어졌다. 아침에 아들 회가 들어 와 어머니가 평안하시다고 전하였다. 매우 다행스럽다.

22일 맑다. 배를 만들기 위하여 자귀로 나무를 깎기 시작하였 다. 목수 2백 14명이 일을 하였다. 본영 72명, 방답 35명, 사도 25명, 녹도 15명, 발포 12명, 여도 15명, 순천 10명, 낙안 5명, 흥양과 보성 각 10명이었다.* 방답은 처음에는 15명만 보냈기 때문에 군관과 담당 서리를 처벌하였다. 그 하는 짓이 아주 간 교하였다. 제2호 지휘선에 있는 급수군|물을 나르는 병졸| 손걸孫乞을 본영으로 돌려보냈더니, 못된 짓을 많이 하고 다니다가 갇혔다 고 한다. 그래서 붙잡아 오도록 하였더니 이미 들어와서 인사를 하였다. 제 마음대로 드나든 죄를 처벌하고, 그와 함께 우후 군 관 유경남柳景男도 처벌하였다. 오후에 가리포 첨사가 오고, 적량 만호 고여우와 이효가도 왔다. 저녁에 소비포 권관 이영남이 보 러 왔다. 초저녁에 영등포 척후병이 왔는데, 별달리 보고할 내 용이 없고 다만 적의 배 두 척이 온천도에 들어와 정탐을 하고 돌아갔다고 보고하였다.

23일* 맑다. 아침 일찍 목수 등을 점검하였더니 한 명도 빠진 자가 없었다. 새 배의 밑판을 다 만들었다.

망하응포望何應浦 거 제현: 경남 통영시 한산 면 하포리.

*합하면 214명이 아닌 209명이다. 원문의 오 류인 듯하다.

*23일 웅천, 제포의 왜 적선이 거제 땅 영등포, 송진포, 하청, 가리 등 지로 옮겨 갔다.

24일 아침을 먹고 나서 큰 비가 왔다. 바람이 미친 듯이 불어대더니 저녁 내내 그치지 않았다. 저녁에 영등포 척후병이 와서 "적의 배 5백여 척이 23일 한밤중에 소진포로 모여들었는데 그 선봉이 칠천량에 이르렀습니다." 하고 보고하였다. 초저녁에 또 대금산 척후병과 영등포 척후병이 와서 보고하였는데 또한 마찬가지였다.

25일 큰 비가 하루 내내 내렸다. 아침을 먹은 뒤 우수사와 같이 앉아 적을 토벌할 방법을 의논하였다. 가리포 첨사도 오고 경상 수사도 도착하여 의논하였다. 소식을 들으니 진양성[진주성]이 포위당했는데 아무도 감히 진격하지 못한다고 한다. 날마다 비가 내려서 적들이 물에 막혀 악독한 짓을 못하는 것을 보면 하늘이 호남을 돕는 것이었다. 다행 중 다행이었다. 낙안 군량 1백 30석 9말을 나누어 주었다. 또 순천 군량 2백 석은 받아서 찧는다고 한다. 비가 내려서 적을 방해하였다.

26일 큰 비가 내리고 남풍이 세게 불었다. 아침 나절에 매복

진주성 동문 1592년 제1차 진주성 싸움에서는 4,000도 안되는 군사로 김시민이 대첩을 이룩했으나 1593년 싸움에서는 7만 민관군이 순절하는 비운을 겪었다. 진주성 동문은 왜변루, 망미루, 영남 포정사라고도 한다.

해 있던 배가 나와서 사태를 보고하기를, 적의 중간 배와 작은 배 각 한 척이 오양역 앞에 도착하였다고 하였다. 호각을 불어 닻을 들게 하고 모두 적도에 이르러 진을 쳤다. 순천 군량 1백 50석 9말을 받아 의능宜能|의병승|의 배에 실었다. 저녁에 김붕만金鵬萬이 진양에서 적의 형세를 탐지하여 왔다.

"적의 무리가 많이 몰려들어 진주성 동문 밖에 모여 진을 쳤는데 날마다 큰 비가 내려 물에 막혀서 독을 품고 싸우고 있습니다. 그러나 큰 물이 적진을 휩쓸려고 하여 적이 밖으로 양식과 구원병을 받을 길이 없습니다. 그러므로 우리 대군이 힘을 합쳐 공격하면 한꺼번에 모두 쳐부술 수 있습니다."

적은 이미 양식이 떨어졌으니, 아군은 편히 앉아서 지친 적을 대하는 셈이어서 그 형세가 백번 싸워도 모두 이길 수 있을 것이다. 하늘도 이렇게 도와주니 뱃길로 몰려드는 적 5, 6백 척을 합하더라도 우리 군대를 당할 수 없을 것이다.

27일   비가 오다 개다 하였다. 한낮에 적선 두 척이 견내량에 나타났다고 한다. 진을 이끌고 나가 보니 이미 도망갔으므로 불을도 바깥에 진을 쳤다. 아침에 순천 부사, 광양 현감을 불러와서 군사 문제를 토의하였다. 충청 수사가 그의 군관을 시켜 홍양의 군량이 떨어졌으니 석 섬만 꾸어 달라고 하기에 꾸어 주었다. 강진 배가 적선과 싸웠다고 한다.

28일   비가 오락가락하였다. 어젯밤에 강진의 탐색선이 적과 싸운다고 하므로 진을 이끌고 출발하였다. 견내량에 도착하였더니 적의 무리가 우리 군사를 바라보고 놀라서 달아났다. 파도도 높고 바람도 거세어서 돌아올 수가 없어 그대로 머물러 밤을 지냈다. 새벽 2시쯤에 불을도*에 돌아왔는데 바로 명종의 제삿

불을도弗乙島   거제현: 경남 거제시 둔덕면 술역리 방화도.

날이기 때문이다. 종 봉손奉孫과 애수愛守 등이 들어왔는데 고향 소식을 자세히 들으니 매우 다행스러웠다. 원 수사와 우수사가 같이 와서 군사 일을 의논하였다.

29일   맑다. 서풍이 잠깐 불어오더니 날이 개어 밝게 빛났다. 순천 부사와 광양 현감이 보러 왔으며 어란 만호와 소비포 권관 등도 왔다. 종 봉손 등이 아산으로 돌아갔는데, 홍洪, 이李 두 선비와 선각先覺 윤명문尹明聞에게 편지를 써서 보냈다.

[진주성이 함락되었다. 황명보黃明甫•, 최경회, 서예원徐禮元, 김천일金千鎰•, 이종인, 김준민金俊民 등이 전사했다고 한다.]✱

진주성이 왜군에게 점령되자 촉석루에서 뛰어내려 자살하는 김천일. 『동국신속 삼강행실도』.

7월, 진주성이 함락되다니

초1일   맑다. 인종의 제삿날이다. 밤기운이 매우 서늘하여 자리에 누웠어도 잠을 이루지 못하였다. 나라를 걱정하는 마음이 잠시도 풀리지 않았다. 혼자 배를 덮는 뜸 밑에 앉으니 가슴속의 생각이 만 갈래나 되었다. 선전관이 내려왔다는 전갈을 받았는데 초저녁에 왕의 유지有旨를 가지고 왔다.

초2일   맑다. 느지막하게 우수사가 내 배에 와서 함께 선전관을 접대했다. 점심을 먹은 뒤 돌아갔다. 저물 무렵에 김득룡金得龍이 진주성의 형세가 불리하다고 전했다. 놀라움과 걱정스러움을 이길 길이 없었다. 그러나 절대 그럴 리가 없다. 이는 반드시

황명보│1550~1593│ 황진黃進의 자字가 '명보'. 황진은 1591년 통신사로 일본에 다녀왔으며 임란이 일어나자 의병을 일으켜 진안에서 왜군을 물리쳤다. 1593년 충청 병사가 되었으나 진주성 싸움에서 전사했다.

김천일│1537~1593│ 관직을 버리고 고향에 돌아와서 제자들을 가르치던 중 임란을 맞아 의병을 일으켰다. 1593년 진주에서 전사했다.

✱이 글은 뒷날 여백에 작은 글씨로 덧붙였다. 그만큼 충격적이었던 것 같다.

미친 사람이 잘못 전한 것일 게다. 초저녁에 원연과 원식 등이 와서 군중에 있었던 일을 멋대로 이야기했다. 우습기 짝이 없다.

초3일　맑다. 적의 배 몇 척이 견내량을 넘어왔다. 다른 한편으로는 육지에서도 나타났다. 분통이 터졌다. 배를 타고 바다에 나가서 쫓으니 도망쳐 달아났다. 되돌아와서 머물렀다.

초4일　맑다. 흉악한 적의 무리 수만여 명이 위세를 내보이면서 쭉 늘어서 있다. 분하기 짝이 없다. 저녁에 진영을 한산도 거을망포로 물러나 거기서 밤을 지냈다.

초5일　맑다. 새벽에 망보는 군졸이 내 앞으로 와서, 견내량에 적선 10여 척이 넘어왔다고 보고하였다. 모든 배를 한꺼번에 출동시켜 견내량에 이르렀더니 적의 배가 부리나케 도망하였다. 거제 땅 적도에는 말만 있고 사람이 없으므로 말을 싣고 왔다. 늦게 변존서가 본영으로 갔다. 또 광양으로부터 진주성이 함락되었다는 치보(급한 보고)가 왔다! 저녁에 거을망포로 돌아와서 진

진주성 안으로 쳐들어오는 가등청정의 육군 부대. 『회본조선군기繪本朝鮮軍記』.

을 치고 밤을 보냈다.

초6일 맑다. 아침에 방답 만호가 보러 왔으며 소비포 권관도 왔다. 한산도에서 새로 만든 배를 중위장이 여러 장수를 인솔하여 가서 끌어왔다. 공방工房 곽언수郭彦壽가 행조行朝*에서 왔다. 도승지 심희수沈喜壽와 윤자신尹自新*, 좌의정 윤두수尹斗壽*의 답장도 왔다. 윤기헌尹耆獻도 안부를 보내왔다. 여러 기별도 함께 왔는데 읽어 보니 탄식할 만한 일들이 많이 있다. 흥양에서 군량을 싣고 왔다.

초7일 맑다. 아침에 순천 부사, 가리포 첨사, 광양 현감이 와서 만나서 군사 일을 논할 때, 각각 가볍고 날쌘 배 15척을 뽑아 견내량으로 정탐을 보냈다. 위장衛將*이 거느리고 가니 적의 흔적도 없더라고 하였다. 거제에서 포로가 되었던 사람 한 명을 찾아왔는데 적의 행적을 자세히 물었더니, 흉악한 적들이 우리 군사의 위세를 보고 도망가려 했다고 하였다. 또 진주가 함락되었으니 전라도까지 넘어갈 것이라고 했다는 것이다. 이 말은 거짓말이다. 우수사가 배에 왔기에 같이 이야기를 나누었다.

초8일 맑다. 남해로 왕래하는 조붕에게서 왜적이 광양으로 쳐들어온다는 소문을 듣고 광양 사람들이 벌써 관청과 창고를 불질렀다는 말을 들었다. 해괴하기 짝이 없다. 곧바로 순천 부사, 광양 현감을 보내려다가 뜬소문을 믿을 수가 없어서 그만두었다. 대신 사도 군관인 김붕만을 보내 알아보도록 했다.

초9일 맑다. 남해 현령이 다시 와서 광양, 순천이 이미 분탕질당했다고 전하였다. 그래서 광양 현감, 순천 부사와 송희립, 김득룡, 정사립 등을 보냈다. 이설은 어제 먼저 보냈다. 어쨌든 이 소식을 들으니 뼛속까지 사무쳐 말을 할 수가 없었다. 우수

행조 행재소. 임시로 왕이 계신 곳을 일컫는다.

윤자신1529~1601 임란 당시 우승지로서 왕을 호종하고, 1594년 지돈영부사, 형조 참판을 역임하고 이듬해 지의금부사, 원접사를 지내고 1597년 한성부판윤, 공조판서를 지냈다.

윤두수1533~1601 임란이 일어나자 왕을 따라 개성에 이르러 어영대장이 되고, 우의정을 거쳐 평양에서 좌의정에 올랐다. 1594년 세자를 시종하고 남하하여 삼도체찰사가 되었으나 10월 파직되었다. 이듬해 판중추부사로 왕비를 시종했다.

* 중위장을 가리킨다. 당시 순천 부사 권준이 맡은 듯하다.

사, 경상 수사와 함께 일에 대하여 의논하였다. 오늘 밤 달빛이 맑고 밝아서 티끌 하나 일지 않네. 물과 하늘이 한 빛이 되어 서늘한 바람이 선듯 불어 온다. 뱃머리에 홀로 앉아 있으니 온갖 근심이 가슴을 치는구나.

밤 12시가 넘자 본영의 탐색선이 들어와서 적의 소식을 전하였다. 광양의 적들은 진짜 왜적이 아니고 영남의 피난민이 왜적처럼 차리고 광양으로 뛰어들어 민간의 집들을 분탕질하였다는 것이었다. 그나마 진짜 왜적이 아니라서 다행스러운 일이다. 진주성에 관한 소문도 또한 거짓말이라고 한다. 진주의 일은 절대로 그럴 리가 없다. 벌써 닭이 울었다.

초10일　맑다. 늦게 두치*에서 김붕만이 와서 광양의 일에 대하여 말하는데, 왜적 1백여 명이 도탄*에서 넘어와 이미 광양을 침범하였는데 그 하는 짓을 보면 총 한 번 쏜 일이 없다고 하였다. 그러나 왜놈이 총 한 방 쏘지 않았을 리가 없다. 경상 우수사와 본도 우수사가 오고 원연도 왔다. 저물 무렵에 오수가 거제 가참도*에서 왔다. 그는 적의 배가 주위에서 보이지 않는다고 하였다. 또 포로가 도망쳐 와서 말하기를, 수없이 많은 적들이 창원 등지로 가더라고 하였다. 그러나 남의 말을 다 믿을 수는 없다. 초저녁에 진영을 한산도 끝에 있는 세포로 옮겼다.

11일　맑다. 아침에 이상록李詳祿이 명령을 어기고 먼저 떠난 여러 장수에게 명령을 전하기 위하여 나갔다. 그리고 돌아와서, 적의 배 10여 척이 견내량에서 내려온다고 보고하였다. 닻을 올리고 바다에 나갔더니 적의 배 대여섯 척이 이미 진 앞에까지 이르렀다. 쫓아 나갔더니 달아나 버리고 말았다. 오후 4시쯤에 다시 거을망포에 돌아와서 먹을 물을 길어 왔다. 사도 첨사가

두치豆峙　광양현: 지금의 전남 광양시 다압면 섬진리 또는 경남 하동군 하동읍 두곡리.

도탄陶灘　경남 합천군 가회면 도탄리로 추정된다.

가참도加參島　거제현: 경남 거제시 사등면 가조도.

돌아와서 두치에 적이 건너왔다는 것은 잘못 전해진 것이고, 광양 사람들이 왜적의 옷을 입고 장난을 친 것이라고 하였다. 순천과 낙안이 이미 분탕질을 당하였다고 하니 분하기 짝이 없다. 저녁에 오수성吳壽成이 광양에서 돌아와 말하였다.

"광양의 적에 관한 일은 모두 진주와 그 고을 사람들이 흉계를 내었습니다. 고을 창고에는 아무것도 없고 마을은 텅 비어 하루 내내 돌아보아도 한 사람도 볼 수가 없습니다. 순천이 가장 심하고 낙안이 그 다음입니다."

달빛을 타고 우수사의 배에 이르렀더니 원균과 직장直長 원연 등이 먼저 와 있었다. 군사 일에 대하여 의논하고 헤어졌다.

12일   맑다. 아침을 먹기도 전에 울과 송두남, 오수성이 돌아 갔다. 늦게 가리포 첨사와 낙안 군수를 청하여 와서 의논하였다. 점심을 같이 먹고 돌아갔다. 가리포의 군량을 담당하는 진무가 와서, 사량 앞바다에 머무는데, 우리 옷으로 변장한 왜놈이 우리나라 작은 배를 타고 들어와 총을 쏘며 노략질해 가려고 하였다고 하였다. 곧 진마다 가벼운 배 세 척씩, 모두 아홉 척으

임진왜란 당시 왜적들이 조선 부녀자를 위협하고 죽이는 모습. 『동국신속 심강행실도』.

로 하여금 달려가 잡아 오도록 명령하여 보냈다. 다시 세 척씩을 정하여 착량에 보내어 요새를 지키고 오라고 하였다. 보고서가 왔는데 역시 광양에서 일어난 일은 헛소문이라고 하였다.

13일   맑다. 늦게 본영의 탐색선이 들어왔다. 광양, 두치 등의 지역에는 적의 그림자도 없다고 한다. 흥양 현감이 들어오고 우수사도 왔다. 순천의 거북선 격군을 맡은 경상도 사람인 종 태수太守가 도망치다가 붙잡혀 처형당하였다. 늦게 가리포 첨사가 보러 왔다. 흥양 현감이 들어와서 두치의 일이 헛소문이라는 것과 장흥 부사 유희선柳希先이 겁을 집어먹은 일들을 전하였다. 또 그 고을 산성의 창고 곡식을 남기지 않고 나누어 주었다고 하였다. 해포에 콩 40석을 함께 보냈다고 한다. 또 행주에서 크게 이겼다고 떠들어 댔다.* 초저녁에 우수사가 초청하였기에 그의 배로 갔더니, 가리포 첨사가 여러 가지 음식을 차려 놓았다. 새벽 2시경에 헤어졌다.

* 1593년 2월의 행주대첩을 가리킨다.

한산도 제승당 이충무공 유적 전경
이순신은 삼도수군통제사를 제수받은 뒤 이곳에 통제영을 설치하고 지금의 제승당 자리에 운주당을 세웠다.

14일 맑았으나 늦게 비가 조금 내렸다. 진영을 한산도 두을포°
로 옮겼다. 비가 먼지를 적실 정도로 왔다. 몸이 매우 불편하여
하루 내내 신음하였다. 순천 부사가 들어와서, 장흥 부사가 순
천부의 일에 대하여 거짓으로 전달한 것은 어떻게 말할 수도 없
을 정도라고 하였다. 같이 점심을 먹고 그대로 머물렀다.

15일 아주 맑다. 늦게 사량의 탐색선을 타고 온 여도 만호 김인
영과 순천 지휘선을 타고 다니는 김대복이 들어왔다.

가을 기운이 바다에 들어 나그네의 가슴이 어지럽다. 혼자 배의
뜸 밑에 앉아 있으니 마음이 몹시 산란하다. 달빛이 뱃머리에
들고 정신이 맑아지네. 누워서도 잠을 이루지 못하는데, 어느덧

두을포乙浦 고성현:
경남 통영군 한산면 의
항.

닭이 우는구나.

16일　맑다가 늦게 구름이 끼기 시작하더니 저녁이 되자 소나기가 쏟아져서 농사에 대한 바람에 기쁨을 더했다. 몸이 몹시 불편하였다.

17일　비가 계속 내렸다. 몸이 몹시 불편하였다. 광양 현감이 왔다.

18일　맑다. 몸이 불편하여 앉았다 누웠다 하였다. 정사립 등이 돌아왔다. 우수사가 보러 왔다. 신경황이 두치에서 와서 적의 소식이 거짓이라고 전하였다.

19일　맑다. 이경복이 병사 앞으로 가는 편지를 가지고 떠났다. 순천 부사와 이영남이 와서, 진주, 하동, 사천, 고성 등지에 있던 적이 모두 도망갔다고 전하였다. 저녁에 광양 현감이 진주에서 전사한 장병들의 명부를 보내왔다. 보고 있노라니 가슴이 아파 견딜 수가 없었다.

20일　맑다. 탐색선이 본영으로 들어왔다. 병사의 편지와 공문 그리고 명나라 장수의 보고서가 왔다. 그 보고서의 내용이 참으로 괴상하다. 두치의 적이 명나라 군사에 쫓겨 도망갔다고 하니 그 거짓됨을 말할 수가 없다. 큰 나라 장수가 이와 같으니 다른 사람들이야 어찌 따질 것인가? 한탄스럽다. 충청 수사와 순천 부사, 방답 첨사, 광양 현감, 발포 만호와 남해 현령도 보러 왔다. 이해李荄와 윤소인尹素人이 본영으로 돌아갔다.

21일　맑다. 경상 수사와 우수사, 정 수사가 함께 도착했다. 같이 적을 토벌할 일을 의논했는데 원 수사의 하는 말이 매우 흉악스럽고 속임이 있었다. 이와 같이 사리 분별이 없으니 일을 같이 한다고 해도 뒷걱정이 없을까? 그 아우 연도 뒤에 와서 군량을 얻어 가지고 갔다. 저녁에 홍양 현감도 왔다가 어두울 무렵에 돌아갔다. 초저녁에 오수 등이 거제에서 망을 보고 돌아와서, 영등포에 적의 배들이 아직 머무르면서 횡포를 부린다고 보고했다.

22일　맑다. 적에게 사로잡혔다가 도망쳐 온 사람을 실어 오는 일 때문에 적에게 나갔다. 울蔚이 들어왔는데 어머님이 평안하시고 염苒도 차도가 있다고 자세하게 말하였다.

23일　맑다. 울이 돌아갔다. 정 수사를 청하여 점심을 같이했다. 울이 되돌아갔다.

24일　맑다. 순천 부사, 광양 현감, 홍양 현감이 왔다. 저녁에 방답 첨사와 이응화李應華가 보러 왔다. 초저녁에 오수가 돌아와서 적이 물러갔으나 장문포*의 적들은 그대로 있다고 전하였다. 아들 울이 본영에 들어갔다고 한다.

25일　맑다. 우수사가 와서 이야기를 나누었다. 조붕도 와서, 체찰사 관문이 경상 수사에게 도달하였는데 문책하는 내용이 많이 들어 있다고 하였다.

26일　맑다. 순천 부사, 광양 현감, 방답 첨사가 왔다. 우수사도 와서 같이 이야기를 나누었다. 가리포 첨사도 왔다.

27일　맑다. 본영에서 우수영 우후가 와서 우도의 일을 전했는데 놀랄 만한 일이 많았다. 체찰사 앞으로 보내는 편지와 공문을 썼다. 경상 우수영의 서리가 체찰사 앞으로 보내는 공문 초안을 가지고 와서 보고하였다.

28일　맑다. 아침에 체찰사 앞으로 보내는 편지를 썼다. 경상 우수사와 충청 수사, 본도 우수사가 함께 도착하여 약속을 하였다. 원 수사가 흉악하게 속임수를 쓰는 것이 매우 꼴사나웠다. 정여

장문포場門浦　거제현: 경남 거제시 장목면 장목리.

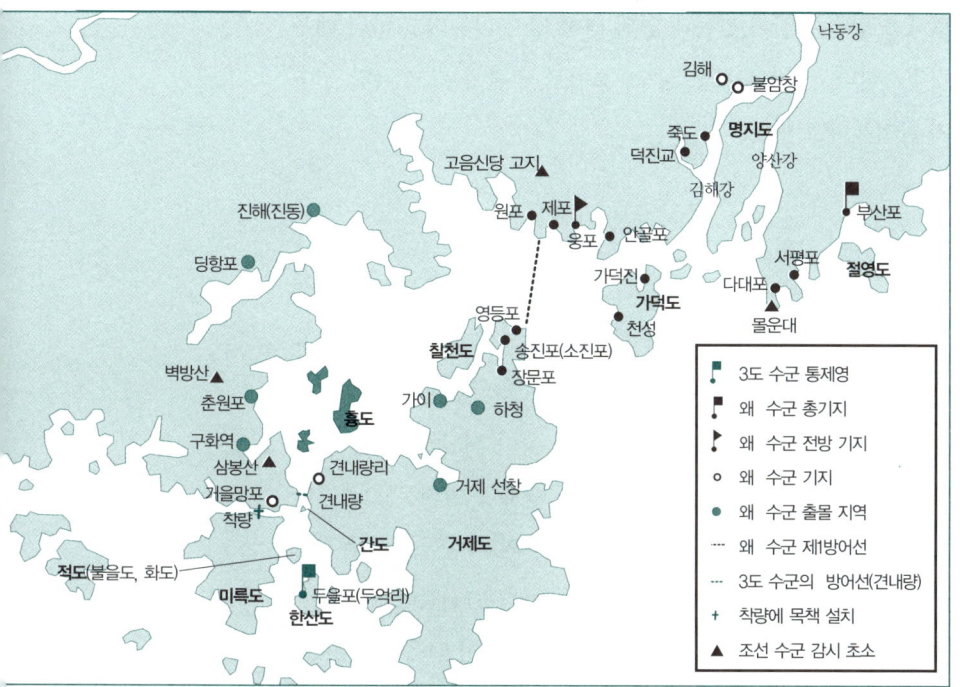

고음신당 고지
원포 제포
옹포
안골포
가덕진
가덕도
천성
낙동강
김해 불암창
죽도 명지도
덕진교
양산강
김해강
부산포
서평포
절영도
다대포
몰운대
진해(진동)
딩항포
영등포
칠천도
송진포(소진포)
장문포
가이
하청
벽방산
춘원포
흥도
구회역
삼봉산
거을망포
착량
견내량리
견내량
거제 선창
간도
거제도
적도(불을도, 화도)
미륵도
두을포(두억리)
한산도

	3도 수군 통제영
	왜 수군 총기지
	왜 수군 전방 기지
	왜 수군 기지
	왜 수군 출몰 지역
	왜 수군 제1방어선
	3도 수군의 방어선(견내량)
	착량에 목책 설치
	조선 수군 감시 초소

1593년 7월 이후 왜와 조선 수군의 대치 상황.

홍정汝興이 공문과 편지를 가지고 체찰사 앞으로 갔다. 순천 부사, 광양 현감이 왔다가 곧 돌아갔다. 사도 첨사가 매복을 섰을 때 사로잡은 포작鮑作● 10명이 왜인복 차림을 하고 있었다. 하는 짓이 뭔가 이유가 있을 것 같아서 다그쳐 물었더니 경상 수사가 시킨 것이라고 하였다. 발바닥을 10여 대씩 때리고는 놓아주었다.

29일　맑다. 새벽에 꿈에서 아들을 얻었다. 이는 포로로 잡혀 갔던 사람을 얻을 것이라고 풀이할 수 있다. 순천 부사, 광양 현감, 사도 첨사, 흥양 현감, 방답 첨사를 불러와서 이야기를 나누었다. 흥양 현감은 학질을 앓아서 곧 돌아가고, 나머지는 조용히 앉아 있었다. 방답 첨사는 매복 때문에 돌아갔다. 본영에서

포작 포작선을 타고 전복과 고기잡이를 하며 각종 진상 해산물을 봉진하는 어민.

탐색을 맡은 사람이 왔는데 염의 병이 낫지 않는다고 하니 매우 걱정스럽다. 저녁에 보성 군수, 소비포 권관이 왔고 낙안 군수가 들어왔다고 한다.

8월, 아들 염의 병을 걱정하며

초1일　맑다. 새벽에 꿈에서 큰 대궐에 이르렀는데 마치 서울인 듯했다. 신기한 일들이 많았다. 꿈에 영의정이 와서 인사를 하기에 나도 답례를 하였다. 이야기가 왕이 피난 가신 일에 미치자 눈물을 흘리고 탄식하였다. 적의 형세는 벌써 사그라졌다고 말하며 서로 실정을 의논할 즈음 좌우의 사람들이 구름같이 모여드는데 꿈이 깼다. 아침에 우후[이몽구]가 왔다 갔다.

초2일　맑다. 아침을 먹은 뒤 마음이 답답하여 닻을 올리고 포구에 나갔다. 정 수사도 따라 나왔다. 순천 부사, 광양 현감이 보러 왔고 소비포 권관도 왔다. 저녁에 진영으로 되돌아왔다. 이홍명이 와서 같이 저녁을 먹었다. 저물 무렵에 우수사가 배에 왔다. 방답 첨사 이순신이 집에 가서 부모님을 간절히 뵙기를 원한다고 했으나, 장수들은 아직 나가지 못한다고 답하였다. 또 원 수사가 망령된 말을 하였는데 나에 대해서도 좋지 못한 말을 많이 하였다고 한다. 모두가 망령된 짓인데 무슨 상관이 있겠는가. 아침부터 아들 염의 병이 어떠한지도 모른 데다가 적에 대한 소탕도 늦어져서 마음이 무거워 밖으로 나가 마음을 풀고자 하였다. 탐색선이 들어왔는데, 염이 아픈 곳에 종기가 생겨 침으로 찢으니 나쁜 피가 흘러나왔다고 한다. 며칠만 늦었어도 치료하기 어려울 뻔했다고 한다. 놀랍기 그지없다. 이제는 조금 살아날 길이 있다고 하니 다행하다고 할 수밖에 없다. 의사 정종鄭宗의 은공이 참으로 크다.

초3일 맑다. 이경복, 양응원과 본영의 서리 강기경姜起敬 등이 들어와서 염의 종기를 침으로 찢던 일을 전하는데 놀라움을 금할 수가 없었다. 만약에 며칠만 늦었어도 목숨을 구할 수 없었다는 것이다.

초4일 맑다. 순천 부사, 광양 현감이 와서 나를 만나고 돌아갔다. 저녁에 도원수의 군관인 이완李緩이 3도의 적들의 형세에 관한 치보장馳報狀*을 보내지 않았다고 하여 군관과 색리를 잡으러 진영에 왔다고 한다. 쓴웃음이 나왔다.

초5일 맑다. 조붕, 이홍명이 왔다. 우수사가 왔으며 우후도 또한 왔다가 밤이 깊어 돌아갔다. 소비포 권관도 밤에 돌아갔다. 이완이 취하여 내 배에 머물렀다. 쇠고기를 얻어서 각 배에 나누어 주었다. 밤에 아산에서 이예李禮가 왔다.

초6일 맑다. 아침에 이완이 송한련, 여여충呂汝忠 등과 함께 도원수에게 갔다. 밥을 먹은 뒤 순천 부사, 보성 군수, 광양 현감, 발포 만호, 이응화 등이 보러 왔다. 저녁에 원 수사가 왔다. 이억기, 정 수사도 왔다. 일을 의논하는 가운데 원 수사가 하는 말은 앞뒤가 맞지 않았다. 가소롭기 짝이 없다. 날이 저물 무렵에 잠시 비가 왔다가 그쳤다.

초7일 아침에 맑았다가 저녁에는 비가 왔다. 농사를 생각하니 매우 흡족하였다. 가리포 첨사가 오고 소비포 권관과 이효가도 보러 왔다. 당포 만호가 자기의 작은 배를 찾아가겠다고 왔기에 사량 만호에게 내주라고 지시하였다. 가리포 첨사는 나와 점심을 같이 먹은 뒤에 갔다. 저녁에 경상 수사의 군관인 박치

치보장 급히 알리는 보고서.

공朴致公이 와서 적의 배가 물러갔다고 전하였다. 그러나 원 수사 와 그의 군관은 평소에도 헛소리를 잘 하니 믿을 수가 없다.

초8일　맑다. 아침을 먹은 뒤 순천 부사, 광양 현감, 방답 첨사, 흥양 현감 등을 불러 매복에 관한 일 등을 같이 의논하였다. 충청 수사의 배 두 척이 들어왔는데 한 척은 쓸모가 없다고 한다. 김덕인金德仁이 그 도[충청도]의 군관으로서 왔다. 본도 순찰사의 아병[병사] 두 명이 공문을 가져왔다. 적의 형세를 탐색하려고 우수사가 유포에 가서 원 수사를 만난다고 하니 우습다.

초9일　맑다. 아침에 아들 회가 들어와서 어머님이 평안하시다고 하고 또 염의 병세가 나아지고 있다고 말해 주었다. 기쁘고 다행한 일이다. 점심을 먹은 뒤 우수사의 배에 갔더니 충청 수사도 도착하였다. 경상 수사는 매복병을 같이 보내기로 약속해 놓고도 먼저 보냈다고 한다. 해괴한 일이다.

초10일　맑다. 아침에 방답 탐색선이 들어왔는데 왕의 분부와 비변사의 공문과 감사의 공문도 가져왔다. 해남 현감과 이 첨사가 오고 순천 부사, 광양 현감도 왔다. 우수사가 청하였으므로 그 배에 갔더니 해남 현감이 술자리를 차렸다. 몸이 불편하여 겨우 앉아서 이야기하다가 돌아왔다.

11일　늦게 소나기가 크게 내렸다. 바람도 사납게 불었다. 오후에 비가 그쳤으나 바람은 멎지 않았다. 몸이 매우 불편하여 하루 내내 누웠다 앉았다 하였다. 여도 만호에게 격군을 체포하는 일로 사흘의 기한을 주어 다녀오라고 일러 보냈다.

12일　몸이 몹시 불편하여 누워서 하루 내내 끙끙 앓았다. 식은땀이 때도 없이 흘러서 옷을 적셔 억지로 일어나 앉았다. 늦게 비가 오다가 개다가 하였다. 순천 부사가 보러 왔다. 우수사도 보러 왔고 이 첨사도 왔다. 하루 내내 장기를 두었다. 몸이 매우 불편하였다. 가리포 첨사도 왔다. 본영 탐색선이 들어왔는데 어머님이 평안하시다고 한다.

13일 본영에서 온 공문을 처리하여 보냈다. 몸이 매우 불편하여 혼자 배의 뜸 아래 앉아 있으니 가슴속에 품은 생각이 만 갈래로 일어났다. 이경복에게 장계를 가지고 가도록 하였다. 경庚의 어미에게 노자를 문서로 보내 주었다. 송두남이 군량미 3백 석과 콩 3백 석을 실어 왔다.

14일 맑다. 방답 첨사가 명절 제사 음식을 갖추어 왔다. 우수사, 충청 수사, 순천 부사도 와서 같이 먹었다.

15일 맑다. 오늘은 추석이다. 우수사|이억기|, 충청 수사|정걸|와 순천 부사|권준|, 광양 현감, 낙안 군수, 방답 첨사, 사도 만호, 흥양 현감, 녹도 만호, 이응화, 이홍명 등 좌우도의 장수들이 모두 모여 이야기를 나누었다. 저녁에 희가 본영으로 갔다.

16일 맑다. 광양 현감이 명절 음식을 갖추어 왔다. 우수사, 충청 수사, 순천 부사, 방답 첨사도 왔다. 가리포 첨사, 이응화도 왔다. 아침에 제만춘諸萬春*이 어제 왜국에서 도망쳐 왔다고 들었다.

17일 맑다. 지휘선을 연기로 그슬르려고 좌별도선左別都船에 옮겨 탔다. 늦게 우수사의 배에 갔더니 충청 수사도 또한 왔다. 제만춘을 불러와서 문초하니 분통 터지는 말이 많았다. 하루 내내 이야기를 나누다가 헤어졌다. 오후 2시가 넘어서 다시 지휘선으로 옮겨 탔다. 달빛이 대낮 같고 물결이 비단결 같아서 가슴속 생각을 억누를 수가 없었다. 새로 만든 배를 바다에 띄웠다. [제만춘을 불러와서 문초하니 분통 터지는 말이 많았다.]*

제만춘?~? 원균의 군교에서 훈련봉사가 되었으며, 원균의 군관으로 있다가 임진왜란 때 왜군에 잡혀 왜국까지 끌려갔다가 살아 돌아왔다. 이순신의 장계에 의해 사형을 면하고 이순신의 휘하에서 군관이 되었다.

＊마지막에 작은 글씨로 다시 덧붙인 것으로 보아 그만큼 화가 났던 것 같아 보인다.

18일 맑다. 우수사, 충청 수사와 같이 이야기를 나누었다. 순천 부사, 광양 현감도 와서 만났다. 조붕이 와서 말하기를, 박치공이 장계를 가지고 조정으로 갔다고 한다.

19일 맑다. 아침을 먹은 뒤 원 수사에게 가서 내 배로 옮겨 타도록 청하였다. 우수사, 정 수사도 왔다. 원연과도 같이 이야기를 나누었다. 원 수사가 말하는 가운데 음흉한 일이 많았다. 그의 속임과 거짓됨은 이루 말할 수가 없었다. 원균의 형제가 돌아간 뒤 천천히 노를 저어 진영에 이르렀다. 우수사, 정 수사와 같이 앉아 세세한 이야기를 나누었다.

20일 아침을 먹은 뒤 순천 부사, 광양 현감, 흥양 현감이 왔다. 이응화도 왔다. 송희립이 순찰사 앞으로 문안을 가는데 제만춘을 문초한 공문을 가지고 갔다. 방답 첨사, 사도 첨사에게 돌산도 근처에는 유리해 들어온 자들이 무리를 이루어 재물을 약탈하는 일이 있으니 좌우로 부대를 나누어 잡아오도록 하였다. 저녁에 적량 만호 고여우가 왔다가 밤이 깊어 돌아갔다.

21일 맑다.

22일 맑다.

23일 맑다. 윤간尹侃, 이뇌李蕾와 해荄가 와서 어머니께서 편안하시다고 전하였다. 또 울이 학질을 앓는다고 전했다.

24일 맑다. 이해가 돌아갔다.

25일 맑다. 꿈에 왜적이 나타났다. 새벽에 각 도의 대장에게 알려 바깥 바다에 나가 진을 치도록 하였다. 날이 저물어 한산도 안바다로 돌아왔다.

26일 비가 오다 개다 하였다. 원 수사가 왔다. 얼마 있지 않아서 우수사, 정 수사도 모였다. 순천 부사, 광양 현감, 가리포 첨

사가 곧 돌아갔다. 흥양 현감이 와서 명절 음식을 대접하는데, 원균이 술을 마시자고 하여 조금 주었더니, 잔뜩 취하여 흉측한 말을 마구 지껄였다. 매우 해괴하였다. 낙안 군수가 풍신수길豊臣秀吉이 명나라 황제에게 올린 글의 초안과 명나라 사람이 군에 도착하여 기록한 글을 보내왔다. 분한 마음을 이기지 못하였다.

27일 맑다.

28일 맑다. 원 수사가 와서 흉악하고 속이는 말을 마구 하였다. 지극히 해괴하였다.

29일 맑다. 우신과 아들 울, 변존서가 한꺼번에 왔다.

30일 맑다. 원 수사가 또 와서 영등포에 빨리 가자고 독촉하였다. 흉악하다고 할 수밖에 없다. 그가 거느린 배 25척은 모두 내보내고 다만 일고여덟 척을 가지고 이런 말을 하니 그 마음 씀씀이와 일하는 것이 모두 이와 같았다.

9월, 왕께 수군의 폐단을 보고하고 총통을 올려 보내다

초1일 맑다. 원 수사가 왔다. 공문을 작성하여 도원수와 순변 사에게 보냈다. 아우 우신, 변존서, 이뇌 등이 돌아갔다. 우수 사, 충청 수사와 함께 이야기를 나누었다.

초2일 맑다. 장계의 초안을 썼다. 경상 우후 이의득과 이여념 등이 보러 왔다. 또 병사 선거이가 곤양에 이르렀는데 공을 세 운 일이 있다고 한다. 또 남해 현령|기효근|이 도체찰사에게서 공 손하지 못하다고 꾸중을 들었다고 하니 우습다. 기효근의 못된 꼴은 이미 알던 바이다.

초3일 맑다. 아침에 조카 봉이 진영에 들어와서 어머님이 평 안하시다고 전하였다. 또 본영의 일을 들었다. 장계로 보고할 내 용에 대하여 초안을 작성하여 내려보냈다. 순찰사|이정암李廷馣|￮ 관문關文도 도착하였는데 "무릇 군사들의 친척에 대해 일체 징 발하지 말라."고 했다. 이는 새로 부임하여 사정을 잘 알지 못하 고 하는 말이다.

초4일 맑다. 폐단을 보고하는 장계와, 총통을 올려 보내는 문 서와, 제만춘의 공초를 받은 내용을 올려 보내는 것 등 세 통을 봉하여 이경복이 가져갔다. 정승 유성룡과 참판 윤자신, 지사 윤우신, 도승지 심희수, 지사 이일, 안습지, 윤기헌에게 편지를 쓰고 또 전복을 정표로서 보냈다. 봉과 윤간이 돌아갔다.

초5일 맑다. 아침밥을 먹은 뒤 정 수사의 배 바로 곁에 배를 대고 하루 내내 이야기를 나누었다. 광양 현감, 흥양 현감과 우 후가 와서 만나고 돌아갔다.

초6일 맑다. 새벽에 배 만들 나무를 실어 오려고 배 여러 척을 내보냈다. 아침을 먹은 뒤 우수사의 배로 건너가서 하루 내내 이

이정암|1541~1600| 임 진왜란 때 임금을 쫓아 갔는데 개성에 이르러 동생 정형과 함께 남아 서 수비했다. 그러나 개 성이 함락되자 의병을 모집하여 활약했다. 그 공으로 황해도 초토사 에 임명되어 연안에서 포위된 왜군 3천여 명을 대파하고 경기도 관찰 사 겸 순찰사를 거쳐 병 조 참판에 올랐다. 이듬 해 전라 관찰사가 되었 다가, 1596년 충청도 관 찰사로서 이몽학의 난 을 평정했다. 1597년 정 유재란이 일어나자 황 해도 초토사로서 연안 을 수비하였다.

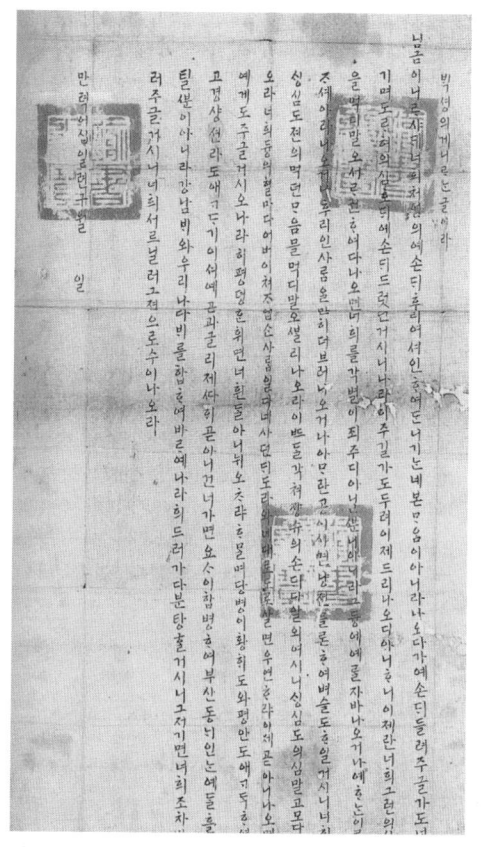

야기를 나눴는데, 원균의 흉악한 일을 들었다. 또 정담수가 근거 없는 말을 날조했다는 이야기도 들었다. 가소로웠다. 바둑을 즐기고 돌아왔다. 배 여러 척이, 파손된 배에 쓸 나무를 끌어 왔다.

초7일   맑다. 아침에 나무를 받았다. 아침에 방답 첨사가 보러 왔다. 순찰사에게 폐단을 진술하는 공문과 또 군대를 다시 배치하는 공문을 만들어 보냈다. 하루 내내 마음이 평안하지 않아 혼자 앉아 있었다. 저녁에 탐색선이 오기를 몹시 기다렸으나 오지 않았다. 저물 무렵에는 가슴속이 답답하고 열이 나서 창문을 닫지 않고 잤더니 바깥 바람을 쐰 탓에 머리가 몹시 아팠다. 걱정스럽다.

초8일   맑다. 바람이 요란하다. 새벽에 송희립 등을 당포 근처 산으로 보내어 사슴을 잡아 오게 했다. 우수사와 충청 수사가 왔다.

초9일   맑다. 아침밥을 먹은 뒤에 산마루에 올라가서 활을 3순씩 쏘았다. 우수사, 정 수사와 여러 장수가 모였으나 광양 현감은 병 때문에 참석하지 못하였다. 저녁에 비가 왔다.

초10일   맑다. 공문을 처리하여 탐색선 편에 보냈다. 늦게 우수사 배에 가서 나 있는 곳으로 오도록 청하여 방답 첨사와 함께 술을 마시고 돌아왔다. 체찰사의 비밀 공문이 들어왔다. 보성 군수도 왔다가 돌아갔다.

11일 맑다. 정 수사가 술을 마련해 가지고 왔다. 우수사도 오고 낙안 군수, 방답 첨사도 자리를 같이했다. 흥양 현감이 휴가를 얻어 돌아갔다. 서몽남徐夢男도 휴가를 주어 함께 내보냈다.

12일 맑다. 아침을 먹은 뒤 소비포 권관과 유충신柳忠信,* 만호 김인영을 불러 술을 대접했다. 발포 만호가 돌아왔다.

13일 맑다. 새벽에 종 한경漢京, 돌쇠[乭世], 해돌[年石], 자모종自慕終 등이 돌아왔다. 저녁에 종 금이金伊, 해돌, 돌쇠 등이 돌아갔다. 양정언梁廷彦도 같이 돌아갔다. 저녁에 비바람이 크게 일어 밤새도록 그치지 않았다. 어떻게들 돌아갔는지 모르겠다.

14일 하루 내내 비가 내리고 큰 바람이 불었다. 혼자 배의 뜸 아래 앉으니 가슴속 생각이 만 갈래로 떠올랐다. 순천 부사가 돌아왔다.

15일 맑다.

(이후 12월까지의 일기가 빠져 있다.)

유충신?~? 무과에 합격하여 매도 만호, 군기시 주부로 있다가 임진왜란이 일어나자 이순신 휘하에 들어가 공을 세웠다.

11, 12월 이순신, 군병·군량·군기를 도모하다

윤11월 초3일*에 견내량 복병장이 사로잡은 왜군으로부터 알아낸 왜적의 정세를 아뢰는 장계를 올렸다. 파직된 전 광양 현감 어영담을 조방장으로 임명해 주기를 바라는 장계를 올렸다. 쇠를 바치라는 공문을 내리고 겸하여 유황을 내려주기를 청하는 장계를 올렸다. 종사관[전 부사 정경달]을 문신으로 임명해 주기를 청하는 장계를 올렸다. 연해안의 병사와 양곡과 병기들을 모두 수군에 속하게 해 주기를 요청하는 장계를 올렸다. 홍양 도양장, 강진 고이도, 해남 황원 목장, 돌산도 등에 둔전을 설치하기를 요청하는 장계를 올렸다.

윤11월 14일 왜군의 조총을 올려 보내는 데 대한 장계를 올렸다. 윤11월 17일 휴식을 하고 교대하기 위하여 각자의 수영으로 돌아가게 하였다는 장계를 올렸다. 윤11월 21일 수군에 속한 고을에는 육군을 배정하지 말도록 청하는 장계를 올렸다.

12월 25일 군사의 친척들은 징발하지 말라는 명령을 받았음을 동궁께 아뢰는 장달을 올렸다.*

12월 29일 진중에서 무사들에게 과거 보는 일을 청하는 장계를 올렸다. 연해안 군병과 군량과 무기 등을 다른 곳으로 옮기지 말도록 명령해 주기를 청하는 장계를 올렸다.

조총 임진왜란 때 조선을 쳐들어온 왜군의 주 무기였다. ⓒ 전쟁기념관.

*앞서 10월에 의주로 피난했던 왕과 대신들이 서울로 돌아왔다.

*12월 12일 이순신은 본영으로 돌아왔다. 그리고 그로부터 10여 일 후인 23일 왜선 3척이 고성 춘원포, 소소포, 당항포에 들어왔다.

임진왜란 때 사용된 화학 무기와 갑주

❶천자총통은 조선 태종 때 처음 만들어졌으며, 함께 개발된 ❷지자, ❸현자, 황자 총통 중 제일 크다. ❹승자총통 전체 길이 약 57cm 정도로 작은 총통으로 이동과 휴대가 간편하다. ❺호준포는 명나라에서 온 화기로, 철로 만든 다리 두 개를 부착한 모습이 호랑이 같다 하여 '호준포' 라 한다. ❻대완구는 대포의 일종으로, 이 속에 화약이나 돌로 만든 둥근 포탄을 넣어 쏘았다. ❼비격진천뢰는 무쇠 작렬탄으로, 내부에 화약을 장전하고 대완구에 넣어 쏘았다. ❽화차는 이동식 발사 무기로, 중신기전中神機箭 100발을 발사할 수 있는 신기전기 화차와 세전細箭 200발을 쏠 수 있는 총통기 화차가 있다. 행주대첩 등에서 사용하여 그 위력을 발휘했다. ❾두석린 갑주는 두석l놋쇠l과 비늘을 이어 붙여 만들고, ❿두정 갑주는 안쪽에 얇은 철판 조각을 대고 두정l놋쇠못l으로 박아 만든 갑옷과 투구이다.

❶ : ⓒ 육군박물관. ❷❹❺❻ : ⓒ 국립중앙박물관.
❸ : ⓒ 국립진주박물관. ❼❽❾❿ : ⓒ 전쟁기념관.

1594년 명·일 간에 강화가 진행되다

3월에 당항포 등 싸움에서 이겼다. 명나라 수군이 구원을 구실로 들어왔으나 싸움에는 소극적이었다. 이 같은 명나라의 태도에 항의하는 편지를 보내기도 하였다. 10월에는 육군의 곽재우, 김덕령 등과 함께 공격하여 거제 장문포의 왜군을 격파하였다. 그럼으로써 서해안으로 진출하려는 왜군의 전진을 막아 이들의 작전에 큰 차질을 가져오게 하였다.

1월, 가서 나라의 치욕을 크게 씻어라

초1일 비가 퍼붓듯이 내렸다. 어머님을 모시고 한 살을 더 먹게 되었으니 난리 중에나마 다행한 일이다. 군사 훈련과 전쟁 준비 일로 늦게 본영으로 돌아왔다. 빗발이 그치지 않았다. 신愼 사과司果●에게 가서 안부를 물었다.

초2일 비는 그쳤으나 흐렸다. 나라의 제삿날*이어서 관청에 나가지 않았다. 신 사과를 청하여 이야기를 나누었다. 첨지 배경남裹慶男도 왔다.

초3일 맑다. 동헌에 나가 공문을 처리하여 보냈다. 해가 질 무렵 관아에 들어가 조카들과 이야기를 나누었다.

초4일 맑다. 동헌에 나가 공문을 처리하여 보냈다. 저녁에 신 사과, 배 첨지와 이야기를 나누었다. 남홍점南鴻漸이 본영에 도착하였기에, 그 가족이 어디로 도망하여 숨어 있는지를 물었다.

초5일* 비가 계속 내렸다. 신 사과가 와서 이야기를 나누었다.

초6일 비 오다. 동헌에 나가 남평현의 도병방에게 형벌을 내

● 사과 조선시대 군사 조직인 오위五衛에 소속된 정6품 벼슬.

* 명종의 비 인순왕후 심씨의 제삿날이다.

* 초5일 왜선이 거제, 고성, 영등포 등지에 돌아다닌다는 원균과 매복장 등의 보고에 따라 이에 대비하려 한다는 장계를 올렸다. 또한 군사들의 친척들은 징발하지 말라는 명령을 취소해 주기를 거듭 요청하는 장달狀達을 올렸다.

1월 이순신, 통제영에서 장계를 쓰다

도총섭 유정惟政●, 총섭 처영處英● 등이 호남과 영남 지방의 승장에게 부역을 면해 준다거나 천한 신분을 면해 준다는 등의 위조 공문을 만들어 주면서 군량을 배정하는 등의 일에 대하여 그 위조 공문을 올려 보내니 처치해 주기를 요청하는 장계를 올렸다.

강진에 사는 전 부산 첨사 배경남이 수군에 속하여 목숨을 바치겠다고 하므로 그를 빈 자리에 보충 임명해 주기를 요청하는 장계를 올렸다.

순찰사 이정암이 수군과 육군을 교환하여 방비시키자고 장계를 올린 일에 대하여 다시 자세히 살펴 조처하기를 청하는 장계를 올렸다.

방비해야 할 수군을 교대하지 못하여 수를 채우지 못한 수령을 군법에 의하여 처벌하자는 장계를 올렸다.

(이상 이순신이 1월 중에 올린 장계이나 날짜는 정확치 않다.)

유정(1544~1610) 성은 임任 씨이고 호는 사명당이다. 임진왜란이 일어나자 의병을 모집하여 서산대사 휴정의 휘하에서 활약하였고 많은 전공을 세웠다. 전쟁이 끝난 뒤인 1604년에 국서를 받들고 일본에 가서 덕천가강을 만나 강화를 맺고 포로 3,500명을 데리고 돌아왔다. ⓒ 동화사 성보박물관.

처영(?~?) 서산대사 휴정의 제자. 임진왜란 때 호남에서 1천의 의병승을 일으켜 전라도 순변사 권율의 군사를 따라 평양, 개성에서 공을 세웠으며 1594년 도원수 권율의 명으로 의령에서 군사를 이끌고 남원 교룡산성을 쌓았다.

렸다. 밤늦게까지 공문을 처리하여 보냈다.

초7일　비 오다. 동헌에 앉아 공문을 처리하여 보냈다. 저녁에 남의길南宜吉이 들어왔기에 마주 앉아서 이야기를 나누었다. 밤이 늦어서야 헤어졌다.

초8일　맑다. 동헌 방에 앉아서 배 첨지, 남의길과 하루 내내 이야기를 나누었다. 늦게 공무를 보았다. 남원현 도병방에게 형벌을 내렸다.

초9일　맑다. 아침에 남의길과 이야기를 나누었다.

초10일✱　맑다. 아침에 남의길을 불러서 이야기를 나누었는데, 피난 다닐 때 어렵고 고생스러웠던 일을 낱낱이 말하였다. 개탄스러움을 거둘 수가 없었다.

11일　흐렸으나 비는 오지 않았다. 아침에 어머니를 뵈러 배를 탔다. 바람을 따라 바로 고음천*에 도착하였다. 남의길, 윤사행尹士行, 조카 분芬도 같이 갔다. 어머니를 뵈러 들어갔더니 아직

✱초10일 흥양 감목관에 대한 백성의 원성이 심하기 때문에 둔전을 맡기면 폐단이 심할 것이니 그를 바꾸어 달라고 요청하는 장계를 올렸다.

고음천古音川　순천부; 전남 여수시 웅천동.

이순신의 어머니 변씨[1515~1597]의 처소 1592년부터 5년간 고음천 정대수 댁에 기거했다. 현재 이 집에는 사람이 살고 있으며, 집 주변에 이순신 어머니가 살았음을 알리는 비석 등이 있다.ⓒ 이재환.

주무시고 계셨다. 큰 소리로 부르니 놀라 깨어서 일어나셨는데, 기운이 가물가물하시고 살아 계실 날이 얼마 남지 않으신 듯했다. 하릴없이 눈물만 흘러내렸다. 그러나 말씀하시는 것은 조금도 어긋남이 없으셨다. 왜적을 물리칠 일이 급하여 오래 머무르지 못했다. 밤에 손수약孫守約의 처가 죽었다는 소식을 들었다.

12일　맑다. 아침을 먹은 뒤 어머니께 돌아가겠다는 말씀을 드렸더니 "잘 가서 나라의 욕됨을 속히 씻어라." 하고 말씀하시며 몇 번이고 거듭 타이르셨다. 헤어지는 데 대하여서는 조금도 슬픔을 나타내지 않으셨다. 선창에 되돌아오니 몸이 불편하여 바로 뒷방으로 들어갔다.

13일　맑았으나 큰 바람이 불었다. 몸이 매우 불편하여 자리에 누워서 땀을 흘렸다. 종 팽수彭壽, 평세平世 등이 보러 왔다.

14일　흐리고 큰 바람이 불었다. 아침에 조카 뇌가 편지를 보내왔다. "아산 산소에서 차례를 모실 때 모여든 무리가 무려 2백여 명이었는데, 산을 둘러싸고 음식을 구걸하러 올라왔다가 물러갔습니다." 하였다. 놀라운 일이다. 늦게 동헌에 나가 장계를 작성하였다. 의승장 의능의 천인 신분을 면제하는 공문도 아울러 봉하여 올렸다.

15일　맑다. 이른 아침 남의길과 조카들과 한자리에 마주 앉았다가 동헌에 나갔다. 남의길이 영광으로 돌아가려 하였다. 종 진辰을 찾아내려 공문을 만들었다. 동궁의 명령이 내려왔는데, 군사를 거느리고 적을 토벌하라는 독려였다.

16일*　맑다. 아침에 남의길을 불러와서 이별의 술자리를 마련했는데 나도 몹시 취하였다. 늦게 동헌에 나갔다. 황득중黃得中이 들어왔는데, 문학文學* 유몽인柳夢寅*이 암행어사가 되어 홍양

* 16일 연해안 고을에서 수군과 육군이 서로 징발해 가는 폐단을 금지시켜 주기를 정하는 장계를 올렸다.

문학 세자시강원의 정5품 관직으로 경서를 강의하였다.

유몽인|1559～1623| 성혼의 문인이나 스승과 사이가 좋지 않았다. 1594년 암행어사를 지냈으며 설화문학의 대가인 동시에 글씨에도 뛰어났다. 『어우야담』을 저술했다.

현에 들어와서 여러 가지 문서를 압수하였다고 했다. 어두울 무렵에 방답 첨사와 배 첨지가 와서 이야기를 나누었다.

17일* 새벽에 눈이 오다가 늦게 비가 왔다. 아침 일찍 배에 올랐다. 우신과 조카들과 아들들을 떠나보내고 분莽과 울蔚만을 거느리고 배를 탔다. 장계를 보냈다. 오후 4시경 와두°에 도착하였는데 역풍이 불고 썰물 때라 배를 운행할 수 없어서 닻을 내리고 잠시 쉬었다. 오후 6시께 다시 닻을 올리고 노량에 도착하였다. 여도 만호[김인영金仁英]°, 순천 부사[권준], 이함李瑊, 우후[이몽귀]도 도착하여 하룻밤을 머물렀다.

18일 맑다. 새벽에 출발하였는데 역풍이 크게 일었다. 창선도°에 도착하니 갑자기 바람이 순조롭게 불었다. 돛을 올리고 사량에 도착하였는데 다시 역풍이 불고 비가 크게 쏟아졌다. 사량 만호와 수사[원균]의 군관 전윤田允이 보러 왔다. 전윤이 말하기를 "수군을 거창에서 모집해 왔는데, 이 편에 들으니 원수[권율]가 방해하려 했다고 합니다." 하였다. 우습구나, 예로부터 남의 공을 시기함이 이러하니 한탄한들 어쩔 것인가! 여기서 하룻밤을 묵었다.

19일 흐리다가 늦게 갰다. 바람이 세게 불더니 해가 질 무렵에는 더욱 심해졌다. 아침에 출발하여 당포 앞바다에 도달하였다. 여기서 바람을 타고 반쯤 돛을 올렸더니 순식간에 한산도에 도착하였다. 활터 정자에 올라앉아 여러 장수와 이야기를 나누었다. 저녁엔 원 수사도 왔다. 소비포 만호로부터 경상도 여러 배들의 사부와 격군들이 거의 굶어죽을 지경이라는 말을 들었다. 참담하여 차마 듣고 있을 수가 없었다. 또 원 수사와 공연수孔連水, 이극함李克諴이 서로 좋아하던 여자들을 모두 다 사사로이

*17일 이순신은 전라 좌도에 할당된 배를 새로이 만들었는데 사부와 격군을 채울 수가 없어서 그 가운데 일부만을 이끌고 한산도 통제영으로 간다는 장계를 올렸다.

와두瓦頭 경남 남해군 고현면 언머리 또는 관음포로 추정된다.

김인영?~? 임진왜란 때 여도 만호로서 옥포·당포·한산 싸움에 참여하고, 이래 당항포 싸움에서 척후장으로 큰 공을 세웠으나 문벌이 낮고 중앙에 정실이 없어 훈련원 부정이라는 낮은 벼슬에 올랐다. 이에 이순신이 그의 공적을 참작해 달라는 장계까지 올렸다. 1597년에 이순신의 막하로서 명량 싸움에 참전했다.

창선도昌善島 경남 남해군 창선면 창선도.

관계하였다고 한다.

20일 맑았으나 바람이 세게 불어 살이 에이는 듯 추웠다. 각 배에 옷도 제대로 못 갖춰 입은 사람들이 목을 움츠리고 추워서 신음하니 차마 들을 수가 없었다. 낙안 군수, 우후가 보러 왔다. 늦게 소비포 만호, 웅천 현감[이운룡李雲龍], 진해 현감[정항]이 왔다. 진해 현감은 명령을 어기고 빨리 오지 않아서 문책할 작정이었으므로 만나 보지 않았다. 바람이 조금 약해지는 듯했지만, 순천 부사가 들어올 일이 매우 걱정이 되었다. 군량 또한 도착하지 않으니 이 또한 걱정이 되었다. 병으로 죽은 사람을 거두어 장사 지내는 일을 맡길 사람으로 녹도 만호를 정하여 보냈다.

21일 맑다. 아침에 본영의 격군 7백 42명에게 술을 먹였다. 광양 현감이 들어왔다. 저녁에 녹도 만호가 와서, 병으로 죽은 시체 2백 14구를 거두어 묻었다고 보고하였다. 적에게 붙잡혔다가 도망쳐 나온 사람 둘이 원 수사의 진영에서 와서 적의 정세를 자세히 말하였다고 하나 믿을 수가 없었다.

22일 맑다. 날씨가 따뜻하고 바람이 없었다. 활터의 정자에 올라가서, 진해 현감에게 교서에 절하는 예를 하게 하고 하루 내내 활쏘기를 하였다. 녹도 만호가 병으로 죽은 시체 2백 17구를 모아서 묻었다고 한다.

23일 맑다. 낙안 군수가 돌아가겠다는 보고를 하고 나갔다. 홍양현의 전선 두 척이 들어왔다. 최천보崔天寶, 유황柳滉, 유충신柳忠信, 정양丁良 등이 들어오고 늦게 순천 부사가 들어왔다.

24일 맑고 따뜻하였다. 아침에 산에서 일하려고 송득일宋得馹이 목수 41명을 거느리고 갔다. 경상 원 수사

가 군관을 보내어, 좌도의 적 3백여 명을 베어 죽였다고 보고하였다. 기쁘기 짝이 없었다. 평의지平義智ㅣ대마도주 종의지ㅣ는 지금 웅천현에 있다고 하는데 확실하지 않다. 유황을 불러 암행어사가 붙잡아 간 사람들에 대해서 물었더니, 문서가 제멋대로 꾸며졌다고 한다. 놀랍고 놀라울 뿐이다. 또 격군의 일에 대하여 들으니, 흥양현에 있는 이서들의 간악함이 말할 수 없는 정도였다. 명령을 내려 모집한 군사 1백 44명을 붙잡아 오도록 하고, 현감을 재촉하여 명령을 내보내도록 하였다.

25일 흐리다가 늦게 개었다. 송두남宋斗南, 이상록李尙祿 등이 새로 만든 배를 끌어와서 정박시키려고, 사부와 격군 1백 32명을 거느리고 갔다. 아침에 우우후ㅣ이정충李廷忠ㅣ가 이곳에 와서 같이 아침밥을 먹었다. 늦게 활쏘기를 하였다. 우우후와 여도 만호가 활쏘기 시합을 하여, 여도 만호가 7분을 이겼다. 나는 10순을 쏘았고, 다른 사람은 모두 20순을 쏘았다. 저녁에 종 허산許山이 술병을 훔치다가 붙잡혀 왔기에 곤장을 쳤다.

26일 맑다. 아침에 활터 정자에 갔다. 순천 부사가 약속한 날짜에 늦었기에 죄를 주고 그대로 공문을 처리하였다. 활을 10순 쏘았다. 오후에 왜군에 붙잡혔다 도망쳐 나왔다는 진주 여인 한 명, 고성 여인 한 명, 서울 사람 두 명이 왔는데, 서울 사람은 정창연鄭昌衍, 김명원金命元*의 종이라고 하였다. 또 왜놈 하나가 스스로 항복하여 왔다는 보고가 들어왔다.

27일 맑다. 새벽에 배 만들 재목을 끌어오기 위하여 우후가 나갔다. 새벽에 변유헌, 이경복이 들어왔다는 보고가 있었다. 아침에 충청 수사의 답장이 왔다. 어머니의 편지와 아우 우신의 편지도 왔는데, 어머니께서 평안하시다고 한다. 다행이다.

김명원|1534~1602| 임진왜란이 일어나자 순검사가 되고 이어 팔도 도원수로 한강과 임진강 방어를 맡았으나 성공하지 못했다. 정유재란 때는 병조판서로 유도대장을 겸임하였다.

그런데 동문 밖 해운대 근처에서 명화적明火賊*이 나타나고, 미평*에도 명화적이 들었다고 한다. 매우 놀라웠다. 늦게 미조항 첨사, 순천 부사가 같이 도착하였다. 아침에 소지所志*와 여러 가지 사무를 처리하여 보냈다. 사로잡았던 왜인이 스스로 항복하였기에 그를 문초하였다. 원 수사의 군관인 양밀梁密이 제주 판관의 편지와 말 안장 그리고 해산물, 귤, 유자를 가지고 왔기에 바로 어머니께 보냈다. 저녁에 녹도 수군이 복병한 곳에 왜적 다섯 명이 날뛰며 총을 쏘므로, 활을 쏘아 한 놈을 잡아 머리를 베었다. 그 나머지는 화살이 쏟아지자 도망갔다. 저물 무렵에 소비포 만호가 왔다. 우후가 배를 만들 재목을 싣고 왔다.

28일 맑다. 아침에 우후가 보러 왔다. 종사관에게 보낼 절목節目을 강진의 병영兵營 서리에게 주어 가져가게 하였다. 늦게 원식元堪이 서울로 올라가겠다고 왔기에 술을 대접하여 보냈다. 아침에 우후가 보고하는 가운데 "명나라 제독 유정劉綎이 군사를 돌려, 이달 25, 26일 사이에 돌아갈 것입니다." 하였다. 또 위무사慰撫使*로 파견된 홍문관 교리校理* 권협權悏이 도내를 돌아본 다음에 수군 진영에도 들어온다고 하였다. 또 도적 이산겸李山謙을 잡아 가두고 아산, 온양 등에서 날뛰는 큰 적 90여 명을 붙잡아 죽였다고 한다. 또 호익장虎翼將 김덕령이 가까운 시일 내에 들어온다고 한다. 저물 무렵에 비가 오기 시작하더니 밤새도록 부슬부슬 내렸다. 배를 만들기 시작하였다.

29일 비가 하루 내내 내리더니 밤새도록 그치지 않았다. 새벽에 각 배에는 아무 탈이 없다는 보고가 들어왔다. 몸이 불편하여 저녁에 누워 신음하였다. 세찬 바람에 파도가 일어서 배가 안정되지 못하여 마음속으로 매우 걱정이 되었다. 미조항 첨사

명화적 조선시대 주로 횃불을 들고 약탈을 자행한 강도 집단. 단순 강도와는 달리 수십 명이 대오隊伍를 조직하고, 우두머리가 있었다.

미평未坪 순천부; 전남 여수시 미평동.

소지 관부에 올리는 소장. 청원서 · 진정서.

위무사 민심을 위로하는 임무를 맡은 관리.

교리 조선시대 집현전 · 홍문관 · 승문원 · 교서관 등에 둔 5품 벼슬로 주로 문필에 관한 일을 맡아 보았다.

가 배를 꾸미는 일 때문에 돌아간다고 보고하였다.

30일 흐리고 큰 바람이 불었다. 늦게 개더니 바람도 조금 잦
아들었다. 순천 부사와 우후사, 강진 현감이 왔다. 미조항 첨사
가 돌아간다고 보고하기에 평산포에서 도망친 병사 세 명을 끌
어와서 딸려 보냈다. 나는 몸이 매우 불편하여 하루 내내 땀이
흘렀다. 군관들과 여러 장수들은 활쏘기를 하였다.

2월, 거제로 모여드는 적을 무찔러라

초1일 맑다. 늦게 활터 정자에 올라가, 공문을 처리하여 보냈
다. 청주에 사는 겸사복兼司僕 이상李祥이 왕의 분부를 가지고 왔
다. 그 내용은 "경상 감사 한효순韓孝純이 급히 보고한 가운데
좌도의 적이 거제로 모여들어 장차 전라도를 침범하려고 꾀한
다 하였으니, 그대는 3도의 수군을 합하여 왜적을 모두 무찌르
도록 하라."는 것이었다. 오후에 우우후를 초대하여 활쏘기를
하였다. 초저녁에 사도 첨사가 배 세 척을 이끌고 진영에 도착
하였다. 이경복, 노윤발盧潤發, 윤백년尹百年이 도망가는 군사를
싣고 육지로 빠져나가는 배 여덟 척을 붙잡아 왔다. 저녁에 가
랑비가 내리더니 조금 있다가 그쳤다.

초2일 맑다. 아침에 도망하는 군사를 실어 내던 자들을 처벌
하였다. 사량 첨사가 와서 낙안 군수 신호申浩가 파면되었다고
전하였다. 늦게 활터에 올라갔다. 동궁께 올린 달본達本의 회답
이 내려왔다. 각 고을과 진포의 공문을 처리하여 보냈다. 활을
10순 쏘았다. 바람 모양이 예사롭지 않았다. 사량 첨사가 약속
한 날짜 안에 오지 못하였으므로 벌을 주었다.

초3일　맑다. 새벽에 꿈을 꾸었는데 한쪽 눈이 먼 말을 보았다. 무슨 징조인지 알 수가 없다. 밥을 먹은 뒤 활터에 올라가 활쏘기를 하였다. 세찬 바람이 크게 일었다. 우조방장[어영담]이 도착하였는데 그 편에 난을 일으킨 자들의 소식을 들었다. 염려스러우면서도 분통이 터졌다. 우우후가 여러 가지 물건을 여러 장수에게 나눠 주었다. 원식, 원전이 와서 서울로 올라간다고 하였다. 원식이 남해 현령에게 쇠붙이를 바치고 면천공문免賤公文* 한 장을 대신 받아 갔다. 저물녘에 막사로 내려왔다.

정탁[1562~1605]　임진왜란 때 좌찬성으로 왕을 따라 의주까지 갔다. 뒷날 이순신이 잡혀 왔을 때 그를 변호했다.

초4일　맑다. 큰 바람이 불었다. 아침을 먹은 뒤 순천 부사와 우조방장을 불러서 이야기를 나누었다. 늦게 본영의 전함과 거북선이 들어왔다. 조카 봉과 이설, 이언량李彥良*, 이상록 등이 강돌천姜乭千이라는 자와 함께 왔는데 그는 동궁의 명령문을 가지고 왔다. 그 편에 찬성贊成* 정탁鄭琢의 편지도 왔다. 각 고을과 진포의 공문을 처리하여 보냈다. 순천으로부터 온 보고에는 "무군사無軍司* 관문에 의하면, 순찰사 공문에 진중에서 과거를 보자고 동궁께 장달狀達을 올린 것은 아주 잘못된 것이니 벌을 주어야 한다는 내용이 있습니다." 하였다. 우습기 짝이 없다. 조카 봉이 어머님이 평안하시다고 전해 주었다. 매우 기쁘고 다행스러웠다.

초5일　맑다. 새벽에 꿈을 꾸었는데 좋은 말을 타고 바위가 겹겹이 쌓여 있는 큰 고개를 바로 내려갔다. 봉우리가 빼어나게 아름답고 구불구불 동서로 뻗어 있었다. 봉우리 위의 평평한 곳

면천공문　천인의 신분을 면하게 해 주는 공문.

이언량[?~?]　임진왜란 때 이순신 휘하에서 거북선을 만들었고 계속된 전투에 큰 공을 세웠다. 1598년 노량 해전에서 명나라 도독 진린의 배가 왜선에 포위되자 구해 내려다가 적탄에 맞아 전사했다.

찬성　의정부의 차관에 해당하는 종1품 관직.

무군사　임진왜란 중인 1593년 윤11월에 생긴 왕세자의 행영行營. 광해군 분조가 해체되면서 분비변사가 이 이름으로 고쳐진 것이다. 일본과의 강화 회담이 본격화되고 명군이 조선에서 철수하는 상황에서 명군의 요청에 의해 설치되었다.

화친 논의 1593년 5월 중엽 명나라는 이미 일본에 강화 사절단을 파견했다. 그림은 〈히젠 나고야성[肥田名護屋城]〉 병풍도 중 부분도로, 선창에서부터 길게 이어진 행렬이 풍신수길을 만나러 가는 명나라 사절단이다. ⓒ 나고야성 박물관.

군기시 병조의 속아문으로 병기·기치·갑옷·집물 등을 만드는 일을 관장하였다.

화피 벗나무 껍질로서 활을 만드는 데 쓰인다. 15세기 명나라 사신으로 왔던 동월은 「조선부」에서 화피로 만든 활은 명나라 활보다 크기는 작지만 힘이 세다고 했다.

에 자리를 잡으려고 하는 순간에 잠에서 깨었다. 무슨 징조인지 모르겠다. 또 꿈에 미인 하나가 홀로 앉아 손짓을 했는데, 나는 소매를 뿌리치고 응하지 않았다. 우스웠다. 아침에 군기시軍器寺•에서 받아 온 흑각黑角 1백 장을 수를 헤아려 수결手決[서명]하였고, 화피樺皮• 89장에 대해서도 수결하였다. 발포 만호, 우우후가 보러 왔기에 같이 밥을 먹었다. 늦게 활터 정자에 올라 순창, 광주의 담당 서리의 죄를 벌하였다. 우조방장[어영담]과 우우후, 여도 등이 활을 쏘았다. 원수[권율]의 답장이 도달하였는데, 명나라 심 유격沈遊擊[심유경]이 이미 화친을 결정하였다고 한다. 그러나 왜적의 간교한 꾀를 미리 알기 어려우니, 이미 술책에 빠져들었을 것만 또 이렇게 빠져드니 한탄스럽다. 저녁에 날씨가 찌는 듯 더워서 마치 초여름 같았다. 밤이 되면서 비가 내리기 시작하였다.

초6일　비가 계속 내렸다. 오후에 맑게 갰다. 순천 부사, 조방장과 웅천 현감, 사도 만호가 보러 왔다. 저물 무렵에 흥양 현감 김방제金邦濟가 노란색의 유자 30개를 가지고 왔는데 금방 딴 것 같이 싱싱했다.

초7일　맑다. 서풍이 세게 불었다. 아침에 우조방장이 와서 부지휘선을 타고 싶다고 하였다. 어머님과 홍군우洪君遇, 이숙도李叔道, 강인중姜仁仲 등에게 문안을 드리는 편지를 써서, 조카 분이 가는 길에 부치도록 했다. 봉과 분이 떠났다. 봉은 나주로, 분은 온양으로 갔다. 마음이 평안하지 않았다. 각 배의 소지所志 2백여 장을 처리하여 돌려주었다. 고성 현령[조응도]이 급하게 달려와서, 적선 50여 척이 춘원포*에 이르렀다고 보고하였다. 삼천포 권관과 가배량 권관 제만춘이 와서 서울의 소식을 전하였다. 이경복으로 하여금 격군을 잡아오도록 내보냈다. 군대를 다시 편성하고, 격군을 각 배에 옮겨 실었다. 방답 첨사에게 도망한 자를 붙잡아 오라는 명령을 전하였다. 낙안 군사의 편지가 왔는데, 새 군수 김준계金遵繼가 내려왔다고 한다. 그래서 그에게도 명령을 전하여 도망자를 잡아 오도록 하였다. 보성 소속의 배두 척이 들어왔다. 소비포 만호가 보러 왔다.

초8일　맑았으나 동풍이 세게 불어서 날씨가 몹시 찼다. 봉과 분의 뱃길이 몹시 걱정스러워 밤새 안절부절못했다. 아침에 순천 부사가 와서, 고성 소소포*에 적선 50여 척이 드나든다고 하였다. 곧바로 제만춘을 불러 그곳의 지형이 어떠한가를 물었다. 늦게 활터 정자에 올라 공문을 처리하여 보냈다. 경상 우병사 군관이 편지를 가지고 와서, 병사의 방에서 일하는 심부름꾼을

춘원포春院浦　고성현; 경남 통영시 광도면 안정리.

소소포召所浦　고성현; 경남 고성군 마암면 두호리.

천인 신분에서 면하게 해 달라고 하였다. 진주에 피난한 전 좌랑 이유함李惟諴이 와서 이야기를 나누다가 저녁에 돌아갔다. 바다 위에 뜬 달이 맑아서 누웠으나 잠이 오지 않았다. 순천 부사와 우조방장이 와서 이야기를 나누다가 10시쯤에야 헤어졌다. 변존서가 당포에 가서 꿩 일곱 마리를 잡아 왔다.

초9일 맑다. 새벽에 우후가 배 두세 척을 거느리고, 소비포 뒤쪽으로 가서 띠풀*을 베었다. 아침에 고성 현령이 왔는데 돼지고기도 가지고 왔다. 그에게 당항포에 적의 배가 드나드는 상황이 어떠한가를 물었다. 또 백성들이 굶주려 서로 잡아먹는 비참한 지경인데, 앞으로 이들을 어떻게 살릴 것인가를 물었다. 늦게 활터에 올라 활을 10여 순 쏘았다. 이유함이 또 왔다가 돌아가겠다고 하기에 "당신의 자字가 무엇이오?" 하고 물었더니 '여실汝實'이라고 하였다. 순천 부사와 우조방장, 우우후, 사도 만호, 여도 만호, 녹도 만호, 강진 현감, 사천 현감, 하동 현감, 소비포 만호 등도 왔다. 저물 무렵에 보성 군수가 들어왔다. 무군사의 공문을 가지고 왔는데, 시위侍衛를 맡은 군사들이 사용할 긴 창 수십 자루를 만들어 보내라는 것이었다.

동궁의 추고推考[심문]에 대한 답장을 보냈다.

초10일 가랑비가 내리고 세찬 바람이 하루 내내 그치지 않았다. 오후에 조방장과 순천 부사가 와서 저녁 내내 적을 토벌할 방도에 대하여 의논하였다.

11일 맑다. 아침에 미조항 첨사가 보러 왔다. 술 석 잔을 권하고 보냈다. 종사관에게 공문 세 건을 처리하여 보냈다. 밥을 먹은 뒤 활터 정자에 올라갔더니 경상 수사가 찾아왔다. 우조방장도 도착하여 같이 취하였다. 저물 무렵에 활을 3순 쏘았다.

띠풀 우리나라 전국 산야지 초원에 자생하는 식물로 높이 30~80cm이고 식용, 약용으로 쓰인다. 여기서는 전선의 완충 역할을 하는 데 사용하지 않았을까 한다.

12일　맑다. 이른 아침 본영 탐색선이 들어오는 편에 조카 분의 편지도 왔다. 그 내용은 선전관 송경령宋慶苓이 수군을 둘러보기 위해 들어온다는 것이었다. 오전 10시쯤 거제 땅 적도에 있는 진으로 옮겼다. 오후 2시쯤 선전관이 진에 도착하였다. 유서諭書* 두 통과 밀지密旨 한 통, 모두 세 통을 받았다. 유서 가운데 한 통은 "명나라 군사 10만 명과 은 3백만 냥이 온다."는 것이고 또 하나는 "흉악한 왜적이 노리는 목표가 호남에 있으므로 온 마음을 다해 막고 형세를 보아 무찌르라."는 것이었다. 밀지는 "바다 위에서 해를 넘기며 나라를 위해 수고하니, 내가 항상 잊지 않노라. 공을 세운 장병인데 큰 상을 받지 못한 사람을 보고하라."는 것이었다. 또 선전관에게 서울의 여러 소식을 묻고 역적에 관한 이야기도 들었다. 영의정|유성룡|의 편지도 가지고 왔다. 위에서 밤낮으로 애쓰신다는 소식을 들으니, 고마움과 그리움이 끝이 없다.

13일　맑고 따뜻하였다. 아침에 영의정에게 편지를 썼다. 밥을 먹은 뒤 선전관을 불러 다시 이야기를 나누다가 늦게 서로 헤어졌다. 하루 내내 배에 머물렀다. 오후 4시쯤 소비포 만호, 사량 만호, 영등포 만호가 왔다. 오후 6시쯤 나팔을 불어서 배를 띄우고는 다시 한산도로 향하였다. 이때 고성 땅 삼봉*에서 경상 군관 제홍록諸弘祿*이 와서 "적선 아홉 척이 춘원포에 들어와 머무르고 있으므로 들어가서 공격할 만합니다." 하였다. 그래서 즉시 나대용을 원 수사에게 보내 상의하게 하였다. 그에게 전하기를 "작은 이익을 얻으려고 들어가서 치면, 큰 이익을 거두지 못합니다. 잠시 늦추었다가 다시 적선이 많이 나오면 기회를 보아 완전히 무찌르도록 서로 작정합시다." 하였다. 미조항 첨사와

유서 국왕이 군사권을 가진 관원에게 내렸던 명령서.

삼봉三峯 고성현; 경남 고성군 삼산면 삼봉리.

제홍록1558~1597] 임진왜란이 일어나자 의병을 일으켜서 활동하였다. 그 뒤 원균의 군관이었다가 1594년 이순신의 휘하에서 왜군의 정세를 탐색하였다. 1597년 왜군에게 포위된 진주를 도우러 가던 도중에 적을 만나 전사하였다.

순천 부사, 조방장이 왔다가 밤이 깊어서 돌아갔다. 박영남朴永男, 송덕일宋德馹*이 돌아갔다.

14일　맑고 따뜻하며 바람마저 부드러웠다. 경상도 남해, 하동, 사천, 고성 등지는 송희립, 변존서, 유황, 노윤발 등을, 전라우도는 변유헌, 나대용 등을 부대 점검하도록 내보냈다. 저물 무렵에 방답 첨사와 배 첨지가 군영에 도착하였는데 군량 20석을 실어 왔다. 정종鄭宗, 배춘복裵春福도 왔다. 장언춘張彦春의 천인 신분을 면제하는 공문을 만들어 주었다. 흥양 현감이 들어왔다.

15일　맑다. 새벽에 거북선 두 척과 보성 배 한 척을 멍에에 쓸 나무를 베는 곳으로 보냈더니 저녁 8시쯤 싣고 왔다. 아침을 먹은 뒤 활터 정자에 올라가서 좌조방장이 늦게 온 죄를 문책하였다. 흥양의 배를 조사해 봤더니 허술한 일이 많았다. 또 순천 부사, 우조방장과 우우후, 발포 만호, 여도 만호, 강진 현감이 함께 와서 활쏘기를 하였다. 해가 저물 무렵에 순찰사 공문이 왔는데 "조도어사調度御史 박홍로朴弘老*의 장계 가운데, 순천, 광양 두치에 매복하여 보초 서는 일에 대한 내용이 들어 있었는데, 수군과 수령을 함께 이동시키는 것은 마땅하지 않다."는 회답이 내려왔다. 공문도 도착하였다.

16일　맑다. 아침에 흥양 현감과 순천 부사가 왔다. 흥양 현감이 암행어사 밀계密啓* 초본을 가지고 왔다. 임실, 무장, 영암, 낙안의 수령을 파면하고, 순천 부사는 탐관오리의 으뜸으로 거론하고, 기타 담양, 진원*, 나주목, 장성, 창평 등의 수령은 나쁜 짓을 덮어 두고 상을 준다는 내용이었다. 임금을 속이는 것이 이렇게 갈 데까지 갔다. 나랏일이 이 모양이니 나라가 평정될 리가 없다. 천장만 올려다볼 뿐이다. 또 그 가운데 '수군을 친

*이름 한자가 '德一'로도 쓰인다.

박홍로1552~1624 왜란 중인 1593년 전라도 어사가 되어 군량 조달에 힘썼다. 1595년 우승지를 거쳐 충청도 관찰사를 지내다 이듬해 병으로 사직했다. 1597년 전라도 관찰사로 다시임명되고 첨지중추부사, 대사성, 도승지 병조참판, 다음 해 평안도관찰사를 지냈다.

밀계 비밀리에 올리는 보고서.

진원珍原 진원현: 전남 장성군 진원면 진원리. 본래 현이었으나 정유재란의 피해로 자립이 어려워 1600년 주민들의 청원에 의하여 현이 폐지되고 장성현에 병합되었다.

척 가운데서 뽑는 일과 장정 넷 가운데서 장정 둘을 전장에 내
보내는 일'을 논하고 있는데 이를 심하게 비난하고 있었다. 암
행어사 유몽인은 국가의 위급한 난리를 생각하지 않고 눈앞의
일을 꾸며 갈 것에만 힘써서, 남쪽의 헛된 소리에만 귀 기울인
것이다. 나라를 그르치는 교활하고 간사한 말이 진회秦檜*가 무
목武穆*을 대하는 것과 다를 바가 없다. 나라 때문에 겪는 아픔
이 더욱 심하다.

늦게 활터 정자에 올랐다. 순천 부사, 흥양 현감, 우방장, 우우
후, 사도 만호, 발포 만호, 여도 만호, 녹도 만호, 강진 현감, 광
양 현감 등과 활을 12순 쏘았다. 순천 감목관이 진에 이르렀다
가 돌아갔다. 우수사가 당포에 도착하였다고 한다.

17일   맑다. 따뜻하기가 초여름 같았다. 아침에 지휘선에 연기
를 그슬르는 일 때문에 활터 정자에 올라가서 여러 곳의 공문을
처리하여 보냈다. 오전 10시쯤 우수사가 들어왔다. 군령을 내어
행수 군관行首軍官* 정홍수鄭弘壽, 도훈도都訓導에게 군령으로 곤장
90대를 때렸다. 이홍명과 임희진任希璡의 손자도 왔다. 대나무로
총통을 만들어 와서 시험 삼아 쏘아 보았는데 소리가 났으나 별
로 소용이 없어서 우스웠다. 우수사가 거느린 배가 겨우 20척뿐
이어서 더욱 한탄스럽다. 순천 부사와 우방장이 와서 활을 5순
쏘았다.

18일   맑다. 아침에 배 첨지가 오고 가리포 첨사 이응표가 왔
다. 밥을 먹은 뒤에 활터에 올랐다. 해남 현감 위대기魏大器*를
전령을 어긴 죄로 처벌하였다. 전라우도 여러 장수의 인사를 받
고 나서 활을 여러 순 쏘았다. 오후에 우수사가 왔다. 마침 원
수사와 술을 많이 마신 뒤끝이어서 이야기를 나누지 못하였다.

진회(1090~1155) 중국
남송 고종 때 사람으로
금이 쳐들어왔을 때 항
복을 주장했다. 대표적
인 간신으로 꼽힌다.

무목(1103~1141) 남송
의 장군 악비岳飛의 호.
악비는 금이 침략했을
때 항복을 거부하다가
진회에게 죽음을 당했
다.

행수 군관 행수는 동일
한 계열의 우두머리를
가리킨다.

위대기(?~?) 임진왜란
이 일어나자 이순신의
조전장으로 전공을 세
웠다. 왜병이 금산에서
웅치를 넘어 전주로 들
어오려 할 때 이치에서
동복 현감 황진, 장교
공시억 등과 함께 광주
목사 권율을 도와 호남
지역 수호에 공을 세웠
다. 1594년 해남 현감을
역임했다. 1597년 정유
재란 때는 고향에서 군
사를 일으켜 전공을 세
우고 훈련원정, 수군절
도사가 되었다.

152

초저녁에 가랑비가 내리더니 밤새 계속되었다.

19일 가랑비가 하루 내내 내렸으나 날은 찌는 것 같았다. 활터 정자에 올라 혼자 잠시 앉아 있었더니 우조방장과 순천 부사가 오고 이홍명도 또한 왔다. 얼마 지나지 않아서 손충갑孫忠甲이 왔다고 보고하였다. 불러들여 왜적 토벌하던 일을 물어보니 감개하여 어쩔 줄 몰랐다. 하루 내내 이야기를 나누다가 저물 무렵에 숙소로 내려왔다. 변존서가 본영으로 갔다.

20일 가랑비가 걷히지 않더니 아침 10시쯤 되자 매우 맑았다. 몸이 불편하여 하루 내내 나가지 않았다. 우조방장과 배 첨지가 와서 이야기를 나누었다. 울이 우수사 배로 가더니 잔뜩 취하여 돌아왔다.

21일 맑고 따뜻하였다. 몸이 불편하여 하루 내내 끙끙 앓았다. 순천 부사와 우조방장 어영담魚泳潭*이 와서, 견내량에 가서 매복한 곳을 살펴보았다고 보고하였다. 청주 의병장 이봉李逢이 순변사가 있는 곳으로부터 와서 육지의 일을 자세히 말하였다. 우수사는 청주 목사의 인척*이다. 저물 무렵에 돌아간다고 보고하였다. 오후 6시쯤 벽방碧方 망대에서, 고성 구화역* 앞바다에 왜선 여덟 척이 정박하고 있다고 보고하였다. 그래서 배를 풀어 3도에 진격하자는 약속을 전하게 하고, 제홍록이 보고하러 오기를 기다렸다.

22일 새벽녘에 제홍록이 와서, 왜선 10척이 구화역에 도착하고, 여섯 척이 춘원포에 도착하였다고 하였으나, 날이 이미 새어 미처 쫓아가 쳐부수지 못하였다. 다시 정찰하라고 명령하여 돌려보냈다.*

(2월 23일~27일 일기가 빠져 있다.)

어영담!?~?: 담력과 지략이 뛰어나 과거를 거치지 않고 여도 만호에 발탁되고 무과에 급제한 뒤 여러 진관의 막하로 있으면서 해로를 익혔다. 임진왜란 때 흥양 현감으로, 이순신 막하로 옥포 싸움에서 공을 세웠다. 1594년 4월 한산도 진중에서 사망하여 이순신이 매우 애통해 하였다.
*원문에 '부夫' 자만 있어서 확실한 관계를 알 수 없고 인척인 듯하다.

구화역仇化驛 고성현; 경남 통영군 광도면 노산리.

*그 뒤 25일 충청도 수사가 기한이 지난 지 한 달이 되어도 아직 진에 도착하지 않았으므로어서 진에 도착하도록 재촉해 주기를 청하는 장계를 올렸다. 또한 전선이나 수군을 보내지 않고 지체하는 여러 장수들을 처벌해 주기를 청하는 장계도 올렸다.

28일 맑다. 아침에 활터에 올라갔다. 종사관[정경달丁景達]®과 더
불어 종일 이야기를 나누었다. 장흥 부사가 들어왔다. 우수사의
죄를 판결하였다.

29일 맑다. 종사관과 같이 아침을 먹었다. 또 이별주를 마시
며 하루 내내 이야기를 나누었다. 장흥 부사도 자리를 같이하였
다. 벽방에서 망대를 지키는 장수 제한국이 급하게 달려와서,
왜선 16척이 소소포에 들어왔다고 보고하였다. 각 도 수군 진영
에 전령을 보내 이를 알렸다.

3월, 당항포에 웅크린 적선을 불태우다

초1일 맑다. 망궐례를 드리고 나서 활터 정자에 앉았다. 거기
서 검모포® 만호를 심문하였는데, 만호에게 곤장을 때리고 도훈
도를 처형하였다. 종사관이 돌아왔다. 초저녁 배를 출발시키려
고 하는데, 제한국이 급히 달려와서, 왜적의 배가 이미 모두 도
망하였다고 보고하여 출발하려던 것을 멈추었다. 초경[저녁 8시경]
에 장흥 2호선에 불이 나서 모두 타 버렸다.

초2일 맑다. 아침에 방답 첨사, 순천 부사, 우조방장이 왔다.
늦게 활터에 올라가서 좌·우조방장, 순천 부사, 방답 첨사와
같이 활쏘기를 하였다. 저녁 때 장흥 부사가 와서 이야기를 나
누었는데, 초저녁에 강진에서 장작을 쌓아 놓은 곳에 불이 나서
모두 타 버렸다고 한다.

초3일 맑다. 아침에 왕에게 보낼 전문箋文을 올려 보내고, 그
대로 활터 정자에 앉았다. 경상 우후 이의득李義得이 와서 "수군
을 많이 잡아 오지 못하였다고 하여, 수사[원균]에게 곤장을 맞았

정경달?~? 임진왜란
때 선산 부사로서 금오
산 아래서 왜군과 싸워
승리를 거두었다. 김성
일의 제청으로 의병도
대장이 되어 죽령 아래
진을 치고 활약하였다.
그러다가 신병으로 장
흥 고을에 내려갔다가
1594년 이순신의 요청
으로 통제사 종사관이
되었다. 특히 군량 확보
와 둔전 관리에 큰 역할
을 했다.

검모포黔毛浦 부안현;
전북 부안군 보안면 구
진.

는데, 또 발바닥까지 치려 하였습니다." 하였다. 참으로 놀라운 일이다. 늦게 순천 부사, 우조방장, 좌조방장, 방답 첨사, 가리포 첨사, 좌·우우후 등이 활쏘기를 하였다.

오후 6시쯤 벽방의 망대에서 급히 보고하기를, 왜선 여섯 척이 오리량*, 당항포 등지에 들어와 흩어져서 정박하고 있다고 하였다. 그래서 즉시 명령을 전하여 수군을 모두 모이게 했다. 큰 부대는 흉도* 앞바다에 진을 쳤고, 정예선 30척은 우조방장 어영담으로 하여금 인솔하게 했다. 적을 무찌르려고 초저녁에 배를 띄워, 지도*에 이르러 밤을 지내고 새벽 2시경에 출발했다.

초4일 맑다. 새벽 2시쯤 출발하여 진해 앞바다에 다다랐다. 왜선 여섯 척을 추격하여 붙잡아서 불태웠다. 저도*에서 두 척

오리량五里梁 창원부:
경남 창원시 구산동.

흉도胸島 거제현: 경남
거제군 사등면.

지도紙島 창원부: 경남
통영시 용담면 지도.

저도猪島 창원부: 경남
창원시 구산동 저도.

1594년 3월 4일~5월에 있었던 당항포, 진해 싸움.

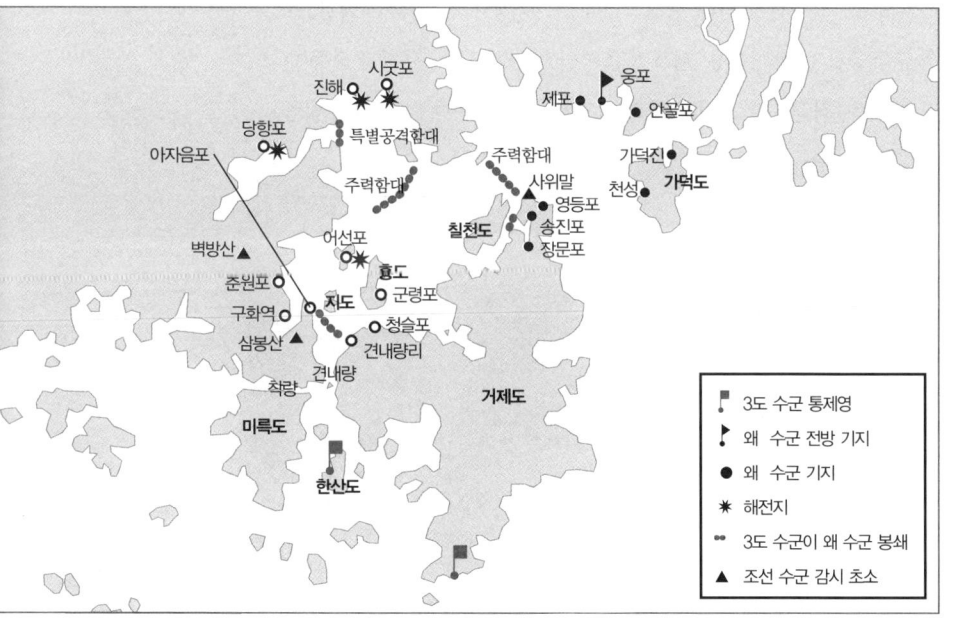

이순신, 당항포 싸움을 준비하다

3월 4일 새벽에 전선 20여 척을 견내량에서 불의의 사태에 대비하게 하고 또 3도의 정예선을 가려내었다.

전라좌도에서는 좌척후장 사도 첨사 김완, 일령장 노천기, 이령장 조장우, 좌별도장 전 첨사 배경남, 판관 이설, 좌위좌부장 녹도 만호 송여종, 보주 통장 최도전, 우척후장 여도 만호 김인영, 일령장 윤붕, 거북선 돌격장 주부 이언량, 전라우도에서는 응양 별도장 우후 이정충, 좌응양장 어란 만호 정담수, 우응양장 남도포 만호 강응표, 조전 통장 배윤, 전부장 해남 현감 위대기, 중부장 진도 군수 김만수, 좌부장 금갑 만호 이정표, 통장 곽호신, 우위중부장 강진 현감 유해, 좌부장 목포 만호 전희광, 우부장 주부 김남준, 경상우도에서는 미조항 첨사 김승룡, 좌유격장 남해 현령 기효근, 선봉장 사천 현감 기직남, 우척후장 웅천 현감 이운룡, 좌돌격장 평산포 만호 김축, 유격장 하동 현감 성천유, 좌선봉장 소비포 권관 이영남, 중위우부장 당포 만호 하종해 등 31명의 장수를 선발하고, 수군 조방장 어영담을 장으로 정하여 당항포와 오리량 등지의 적선이 정박한 곳으로 몰래 급히 보냈다.(당항포파왜병장唐項浦破倭兵將, 3월 10일)

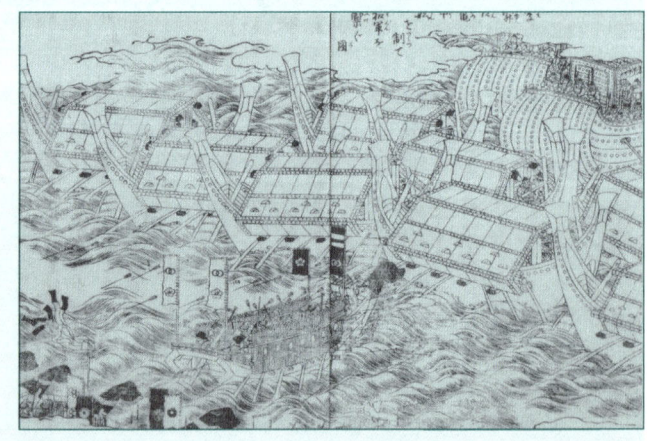

을 불태웠다. 소소강*에 14척이 들어왔다고 하므로, 조방장과 원 수사에게 진격하여 토벌하라고 명령하였다. 고성 땅 아자음 포*에서 진을 치고 밤을 보냈다.

초5일　맑다. 새벽에 겸사복을 당항포에 보내어 적선을 얼마나 쳐부수고 불태웠는지 살폈다. 그랬더니 우조방장 어영담이 급히 보고하기를 "적의 무리가 우리 군사의 위세를 두려워하여 밤을 타서 도망하여, 빈 배 17척을 남김없이 불태워 버렸습니다."고 하였다. 경상 수사가 보고한 내용도 이와 같았다. 우수사가 보러 왔을 무렵 빗발이 세게 일고 바람도 매우 심하게 불어서 곧바로 자기 배로 돌아갔다.

아침에 순변사에게서도 토벌할 것을 재촉하는 공문이 왔다. 우조방장과 순천 부사, 방답 첨사, 배 첨사도 왔다. 같이 이야기하는 사이에 원 수사가 배에 도착하고 여러 장수들이 각자 돌아갔다. 밤에는 광양에서 새로 만든 배가 들어왔다.

초6일　맑다. 새벽에 망대에서, 적선 40여 척이 거제 땅 청슬*로 건너온다고 전하였다. 당항포 왜선 21척을 모조리 불태운 일에 대한 긴급 보고가 왔다. 늦게 고성 땅 아자음포에서 배를 출발하였다. 순풍에 돛을 달고 거제로 향하는데 역풍이 불어닥쳤다. 간신히 흥도에 도착하였더니 남해 현령이 급히 보고를 보내왔는데, 명나라 군사 두 사람과 왜놈 여덟이 패문을 가지고 들어왔기에, 명나라 군사와 공문을 보낸다고 하였다. 패문을 받아다가 살펴보았더니, 명나라 도사부都司府 담종인譚宗仁이 적을 치지 말라고 하였다. 나는 심기가 매우 괴로워져서 앉고 눕기조차 불편하였다. 저녁에 우수사와 명나라 병사를 면접하라고 보냈다.

초7일　맑다. 몸이 매우 괴로워 뒤척이는 것조차 어려웠다. 공문을 아래 사람을 시켜 만들도록 하였더니 글 꼴이 말이 아니었다. 원 수사에게 손의갑孫義甲을 시켜 지어 보내도록 하였으나 역시 매우 마음에 들지 않았다. 할 수 없이 병을 무릅쓰고 일어나 내가 글을 짓고 정사립에게 쓰게 하여 보냈다. 오후 2시쯤 출발하여 밤 10시쯤 한산도 진중에 이르렀다.

초8일　맑다. 병세에 별 차도가 없고 기운은 더 축나서 하루 내내 끙끙거렸다.✱

초9일　맑다. 기운이 조금 나은 듯하여 따뜻한 방으로 옮겨 누웠다. 다른 증세는 없었다.

초10일✱　맑다. 병세가 점차 나아졌다. 그러나 열기가 올라와서 찬 것만 마시고 싶었다. 저녁에 비가 오기 시작하여 밤새 그치지 않았다.

11일　큰 비가 하루 내내 내리다가 저물 무렵에 개었다. 병세가 크게 나아지고 열도 가라앉았다. 정말 다행이다.

12일　맑았으나 큰 바람이 불었다. 몸이 매우 괴로웠다. 영의정에게 편지를 쓰고 계본啓本●도 깨끗이 써서 끝냈다.

13일　맑다. 아침에 계본을 봉하여 보냈다. 몸은 점차 나아지는 듯하였으나 기력은 몹시 약해졌다. 회薈●와 송두남을 내보냈다. 오후에 원 수사가 와서 자기의 잘못을 털어놓았다. 그래서 장계를 다시 가져오게 하여 원사진元士震, 이응원李應元 등이 가짜 왜적을 목 베어 바친 대목을 고쳐 보냈다.

14일　비가 계속 내렸다. 기운이 나아지는 듯했으나 머리가 무겁고 개운하지 않았다. 저녁에 광양 현감, 강진 현감, 배 첨사가 같이 갔다. 충청 수사가 벌써 신장新場에 도착하였다고 한다. 하

✱ 『충무공가승』에 의하면, 이 무렵 이순신은 전염병에 걸려 10여 일간 고생했다고 한다.

✱ 초10일 이순신은 의병장 성응지와 승장 수인, 의능 등 여러 의병장에게 상 주기를 청하는 장계를 올렸다. 전공을 세운 여도 만호 김인영에게 상 주기를 청하는 장계를 올렸다. 군량이 부족하니 조처해 주기를 청하는 장계를 올렸다. 웅천 등지의 왜군의 정세를 진술하는 장계를 올렸다. 당항포 등지의 왜선을 진해 읍전포, 고성 어선포, 진해 시곶포 등지에서 쳐부쉈다는 장계를 올렸다.

계본 임금에게 큰일을 아뢸 때 올리던 문서 양식을 이르는 말.

이회(1567~?) 이순신의 맏아들. 임진왜란 때 아버지를 따라 노량 싸움에서 공을 세웠다.

루 내내 평안하지 않았다.

15일　빗발은 그쳤으나 바람이 세게 일었다. 미조항 첨사가 돌아간다고 보고하였다. 하루 내내 끙끙 앓았다.

16일　맑다. 몸이 몹시 괴로웠다. 우수사가 보러 왔다. 충청 수사가 전함 아홉 척을 거느리고 진영에 도착하였다.

17일　맑다. 기운이 썩 나아지지 않았다. 변유헌이 본영으로 돌아갔다. 순천 부사도 돌아갔다. 해남 현감이 새 현감과 교대하려고 나갔다. 황득중 등이 매복하려고 거제도에 들어갔다. 탐색선이 들어왔다.

18일　맑다. 몸이 몹시 불편하였다. 남해 현감 기효근, 소비포 만호, 적량 만호, 보성 군수가 보러 왔다. 기효근은 볍씨를 파종하는 일 때문에 현으로 돌아갔다. 보성 군수가 무슨 말인가를 하려다가 말하지 못한 채 돌아갔다. 낙안의 유위장留衛將과 향소鄕所*를 잡아 가두었다.

19일　맑다. 몸이 불편하여 하루 내내 끙끙 앓았다.

20일　맑다. 몸이 불편하였다.

21일　맑다. 몸이 불편하였다. 녹명관錄名官*으로 여도 만호, 남도 만호, 소비포 권관 등을 임명하였다.

22일　맑다. 기운이 조금 나아진 듯하였다. 원수의 공문이 돌아왔는데 명나라 지휘指揮 담종인의 자문咨文*과 왜장의 서계書契*를 조 파총把摠이 가지고 갔다고 하였다.

23일　맑다. 몸이 여전히 불편하였다. 방답 첨사, 홍양 현감, 조방장이 보러 왔다. 견내량 만호가 미역 53다발을 따 왔다. 발포 만호도 보러 왔다.

24일　맑다. 몸이 조금 나아지는 듯하였다. 미역 60다발을 따

향소　향청의 소임을 맡은 사람.

녹명관　과거의 사무를 보는 직책.

자문　조선시대 중국과의 사이에 외교적인 교섭이나 통보, 조회할 일이 있을 때에 조선 국왕과 중국의 육부 관아 사이에서 주고받던 공식 외교 문서.

서계　조선시대 일본과 내왕한 공식 외교 문서. 일본의 막부 장군에게는 국왕의 이름으로 국서國書를 작성했고, 그 밖에 대마도주나 막부의 관리들에게는 예조 참판 또는 참의·좌랑 등 상대방의 직위에 따라 그에 상응한 직명으로 작성하였다.

왔다. 정사립이 왜놈의 목을 베어 왔다.

25일　맑다. 흥양 현감, 보성 군수가 나갔다. 사로잡혔던 아이가 왜의 진중에서 명나라 장수의 패문을 가지고 왔기에 흥양 현감에게 보냈다. 늦게 활터 정자에 올라갔다가 몸이 몹시 불편하여 일찍 숙소로 내려왔다. 저녁에 아우 우신과 회와 변존서, 신경황이 왔는데 어머님이 평안하시다는 이야기를 자세히 전했다. 다만 산소가 모두 들불에 타 버려 아무도 끄지 못했다고 하니 슬프기가 이를 데 없다.

26일　맑고 여름같이 따뜻하였다. 조방장과 방답 첨사가 보러 왔다. 발포 만호는 휴가를 얻어 돌아갔다. 늦게 마량 첨사, 사량 만호, 사도 첨사, 소비포 만호가 함께 보러 왔다. 경상 우후, 영등포 만호도 왔다가 창신도로 돌아간다고 보고하였다.

27일　흐렸으나 비는 오지 않았다. 우수사가 보러 왔다. 몸이 조금 나아졌다. 초저녁에 비가 왔다. 저녁에 조카 봉이 몸이 불편하다고 하였다.

28일　비가 하루 내내 내렸다. 조카 봉의 병세가 매우 무겁다고 하니 매우 걱정스럽다.

29일　맑다. 탐색선이 들어왔는데 어머님이 평안하시다고 한다. 웅천 현감, 하동 현감, 소비포 만호 등이 보러 왔다. 장흥 부사, 방답 첨사도 보러 왔다. 저녁에 우신과 봉이 같이 돌아갔는데, 봉이 몹시 아픈 상태였기 때문에 걱정으로 밤을 새웠다. 저물녘에 방충서方忠恕와 조서방趙西房*의 사위 김함金城이 왔다.

30일　맑다. 밥을 먹은 뒤 활터 정자에 올라, 충청 군관 도훈도와 낙안 유위장, 도병방 등의 죄를 판결하였다. 늦게 삼가 현감 고상안高尙顔*이 보러 왔다. 저녁에 숙소로 내려왔다.

*書房의 오자인 듯하다.
고상안(1553~1623) 1576년에 문과에 올라 함창 현감, 풍기 군수 등을 지냈다. 40세 되던 해에 임진왜란이 일어나 왜적이 침입하자 향리인 상주, 함창에서 의병 대장으로 추대되어 큰 공을 세웠다. 현존하는 '농가월령가'의 저자라고도 일컬어진다.

160

초1일　맑다. 일식日蝕이 일어날 때인데 일어나지 않았다. 장흥 부사, 진도 군수, 녹도 만호가 여제厲祭●를 지내러 돌아간다고 보고하였다. 충청 수사가 보러 왔다.

초2일＊　맑다. 아침을 먹은 뒤 활터에 올라갔다. 삼가 현감과 충청 수사와 같이 하루 내내 이야기를 나누었다. 조카 봉이 들어왔다.

초3일　맑다. 여제를 지냈다. 3도에서 싸움에 나선 군사에게 술 1천 80통을 먹였다. 우수사와 충청 수사가 이들과 같이 앉아 권하였다. 저물 무렵에야 내려왔다.

초4일　흐리다가 저물 무렵에 비가 내렸다. 아침에 원수 군관 송홍득未弘得, 변홍달卜弘達이 새로 급제한 홍패紅牌를 가지고 왔다. 경상 우병사 군관인 공주 사람 박창령朴昌齡의 아들 의영義英이 와서, 자기 대장의 안부를 전하였다. 밥을 먹고 나니 삼가 현감이 왔다. 늦게 활터 정자에 올랐다. 장흥 부사가 술과 음식을 가져와서 하루 내내 조용히 이야기를 나누었다.

여제　유행병으로 죽은 귀신을 위로하는 제사. 봄에는 청명, 가을에는 7월 보름, 겨울에는 10월 초하루에 지낸다.

＊초2일 충청도의 한산, 임천, 홍주, 서산, 남포, 태안, 보령, 해미 등 약속 날짜를 어긴 여러 장수들을 처벌하도록 청하는 장계를 올렸다.

홍패 과거에 급제한 자에게 발급한 증명서. 문과·무과의 전시 급제자에게만 주었는데, 홍색의 종이에 성명과 갑과·을과·병과의 구분 등을 기입하였다.

초5일 흐리다. 새벽에 최천보가 세상을 떴다.

초6일 맑다. 별시別試•를 열었다. 시관試官•인 나와 우수사, 충청 수사와 참시관參試官•인 장흥 부사황세득黃世得•, 고성 현감조응되, 삼가 현감고상안, 웅천 현감이운룡이 시험 감독을 하였다.

초7일 맑다. 일찍 모여 시험을 보았다.

초8일 맑다. 몸이 불편하였다. 저녁 때 시험장에 올라갔다.

초9일 맑다. 아침에 시험을 끝내고 결과를 알리는 방榜을 내다 붙였다. 큰 비가 왔다. 조방장 어영담이 세상을 떠났다. 이 슬픔을 어찌 말로 할 수 있으랴!

초10일 흐리다. 순찰과 백성의 위무를 맡은 순무어사巡撫御史•가 진영에 도착한다는 통지가 왔다.

11일✱ 맑다. 순무어사가 들어온다고 하기에 마중나갈 배를 내보냈다.

별시 천간天干으로 '병丙' 자가 든 해. 또는 나라에 경사가 있을 때에 부정기적으로 행했던 과거 시험.

시관 각종 과거에서 책임을 맡았던 관원.

참시관 시관을 보좌하는 역할로 문신 수령이 맡았다.

황세득!?~1598I 장흥 부사로 있다가 임란이 일어나자 이순신 휘하에서 활동했으며 1598년 명나라와 연합 작전을 펼 때 전사했다.

순무어사 지방에서 사건이 일어났을 때 사건을 진정시키고 백성들을 위로하기 위해 중앙에서 파견한 관리.

✱11일 수군을 대상으로 무과 특별 시험을 본 일에 대하여 장계를 올렸다.

12일　맑다. 순무어사 서성徐渻이 내 배에 와서 이야기를 나누었다. 우수사와 경상 수사, 충청 수사도 함께 왔다. 술이 세 차례 돌아가니 원 수사가 크게 취해 술주정을 하면서 이치에 닿지 않는 말을 마구 하니 순무어사가 매우 괴이하게 여겼다. (원 수사) 하는 짓이 매우 흉악하였다. 삼가 현감이 돌아갔다.

13일　맑다. 순무어사가 전투하는 것을 보고 싶어 하기에, 죽도 바다 가운데로 나가서 훈련하였다. 선전관 원사표元士彪, 금오랑金吾郞의금부 도사 김제남金悌男이 충청 수사를 붙잡아 가려고 왔다.

14일　맑다. 아침에 김제남과 세세한 이야기를 나누었다. 늦게 순무어사의 배로 가서 군사 기밀에 대하여 자세히 논의하였다. 얼마 있다가 우수사가 오고 이정충李廷忠도 불러왔다. 순천 부사, 방답 첨사 그리고 사도 만호도 같이 왔다. 매우 취해서 헤어진 뒤 내 배로 돌아왔다. 저녁에 충청 수사의 배에 가서 이별주를 나누었다.

15일 맑다. 금오랑[김제남]과 같이 아침을 먹었다. 늦게 충청 수
사와 선전관, 우수사가 모두 왔다. 충청 수사 구사직과 작별하였
다. 저녁에 이경사李景思가 그의 형 헌憲의 편지를 가지고 왔다.

16일 맑다. 아침을 먹은 뒤 활터 정자에 올라, 쌓인 공문을 처
리하여 보냈다. 경상 수사의 군관 고경운高景雲, 도훈도 그리고
대변색待變色*, 영리營吏*를 붙잡아 왔다. 지휘에 따르지 않고 적
의 변란이 긴급하게 들어왔을 때 급히 보고하지 않은 죄로 곤장
을 때렸다. 저녁에 송두남이 서울에서 내려왔는데 장계에 따라
낱낱이 명령받은 대로 시행하였다.

17일 맑다. 늦게 활터 정자에 올라 공문을 처리하여 보냈다.
우수사가 보러 왔다. 거제 현령이 급히 달려와서 "왜선 1백여
척이 본토에서 처음으로 나와서 절영도*를 향해 나아가고 있습
니다." 하고 보고하였다. 저녁 때 거제에서 왜놈에게 포로로 잡
혀갔던 남녀 16명이 도망쳐 왔다.

18일 맑다. 새벽에 도망쳐 온 사람에게 적의 정세를 상세하게
물었더니, 평의지平義智는 웅천 땅 입암에 있고, 평행장平行長은
웅포에 있다고 하였다. 충청도의 신임 수사와 순천 부사 그리고
우우후가 왔다. 늦게 거제 현령도 왔다. 저녁에 비가 오더니 밤
새도록 내렸다.

19일 비가 계속 내렸다. 원수부元帥府에서 첨지 김경로金敬老*
가 왔다. 함께 적을 토벌하는 작전 등을 논의하고 나서 같은 배
에서 잤다.

20일* 하루 내내 가랑비가 내리고 개지 않았다. 우수사와 충
청 수사, 장흥 부사, 마량 첨사 등이 왔다. 바둑을 두고 군사 일

대변색 사변에 대비하
는 책임을 진 서리. 여
기서 '색'은 직책을 뜻
하는 말이다.

영리 감영, 군영, 수영
에 속하여 있던 서리.

절영도折影島 동래부;
부산시 영도구 영도. 절
영도絶影島를 가리킨
다.

김경로?~1597기 남원 출
신으로 1597년에 조방
장이 되어 전주에 있다
가 남원이 급하다는 말
을 듣고 남원 교룡산성
에 들어가서 병마사 이
복남과 함께 왜군과 싸
우다가 전사하였다.

*20일 왜적에게 사로
잡혔다가 돌아온 김응
지 등이 장문포, 영등
포, 웅천 등지의 왜군의
정세에 대하여 아뢴 것
을 장계로 올렸다. 봄철
이 되어 농사일이 급하
므로 수군 소속의 여러
수령들이 각각 대장을
시켜 말미를 보냈다는
장계를 올렸다. 방비군
을 보내지 않은 수령들
의 처벌을 청하는 장계
를 올렸다.

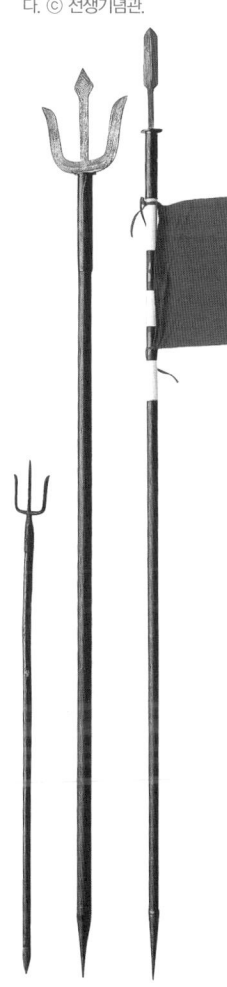

조선시대의 창 긴 장대를 이용하여 상대방을 공격하는 무기였다. 창은 재래무기로 임진왜란에서는 화학 무기나 궁시류에 비해 활용도가 적었다. 순서대로 삼지창, 당파, 기창이다. ⓒ 전쟁기념관.

중기 관청의 재정 관계를 정리한 문서.

을 논의하였다.

21일　비가 오다가 개다가 하였다. 혼자 배 뜸집 아래 앉아 있었으나 저녁 때까지 한 사람도 찾아오지 않았다. 방답 첨사가 충청 수사의 중기重記*를 수정하는 일 때문에 보고하고 돌아갔다. 저녁에 김성숙金惺叔과 곤양 현감 이광악李光岳이 보러 왔다. 저녁에 홍양 현감이 들어왔다. 본영 탐색선도 도착하였는데 어머니께서 평안하시다고 한다. 매우 다행스러웠다.

22일　맑다. 바람이 가을처럼 상쾌하였다. 김 첨지가 돌아가는데 장계를 봉하고, 조총과 동궁께 올리는 긴 창을 봉하여 올렸다. 장흥 부사가 오고 저녁에는 홍양 현감도 왔다.

23일　맑다. 아침에 순천 부사와 홍양 현감이 왔다. 늦게 곤양 현감 이광악이 술을 가져오고 장흥 부사도 왔다. 임치도 첨사도 같이 왔다. 곤양 현감이 흠뻑 취하여 이따금 미친 소리를 내뱉으니 어처구니없다. 나도 잠깐 취하였다.

24일　맑다. 아침에 서울에 편지를 썼다. 늦게 영암 군수와 마량 첨사가 보러 왔다. 순천 부사가 돌아가겠다고 보고하였다. 여러 가지 장계를 봉해 보냈다. 경상 우수사에게 순찰사 종사관이 들어온다고 한다.

25일　맑다. 새벽부터 몸이 몹시 불편하여 하루 내내 고통스러웠다. 아침에 보성 군수가 보러 왔다. 밤새 앓았다.

26일　맑다. 병세가 매우 심해져서 거의 정신을 차릴 수가 없었다. 곤양 현감이 돌아간다고 보고하였다.

27일　맑다. 아픔이 잠시 덜해졌다. 숙소로 내려갔다.

28일　맑다. 아픔이 훨씬 덜했다. 경상 수사와 좌랑 이유함이 보러 왔다. 울이 들어왔다.

29일   맑다. 몸이 가뿐해졌다. 우도에서는 3도 군사들에게 술을 먹였다.

5월, 바다에 떠 있는 수많은 우리 배를 바라보며

초1일   맑다. 아침을 먹은 뒤 활터 정자 방에 오르니 매우 시원하였다. 하루 내내 땀이 줄줄 흘렀으나 기분은 상쾌하였다. 아침에 아들 면葂과 집안 계집종 넷, 관의 계집종 넷이 병을 간호하기 위하여 들어왔다. 덕德만 남겨두고 나머지는 내일 돌려보내라고 일렀다.

초2일   맑다. 새벽에 회薈와 계집종이 어머니 생신에 상 차릴 일로 돌아갔다. 우수사와 흥양 현감, 사도 만호, 소근 첨사가 보러 왔다. 기운이 점차 나아졌다.

초3일   맑다. 아침에 흥양 현감이 휴가를 얻어 돌아갔다. 늦게 발포 만호가 보러 오고 장흥 부사도 왔다. 군량을 계산하여 마련하였다. 공명고신空名告身* 3백여 장과 왕의 분부 두 통이 내려왔다.

초4일   흐리다. 세찬 바람이 불고 큰 비가 왔다. 종일 그치지 않더니 밤새 더 심해졌다. 경상 우수사의 군관이 와서, 왜적 세 명이 중간 배를 타고 추도*까지 왔다가 서로 마주쳐서 잡아 왔다고 보고하였다. 심문한 뒤 압송해 오라고 일러 보냈다. 저녁에 공태원孔太元에게 물으니, 왜놈들이 바람을 따라 배를 띄워 저희 본토로 가다가 바다 한가운데에서 태풍을 만나 배를 제대로 부리지 못하고 표류하여 이 섬에 다다랐다고 하였다. 그러나 간

공명고신 벼슬아치로 임명된 사람에게 주는 사령장으로 성명을 적지 않은 것.

추도楸島 고성현; 경남 거제시 사등면 싸리섬으로 추정된다.

166

교한 놈들의 말이라 믿을 수가 없다. 이설, 이상록이 돌아가고 본영 탐색선이 들어왔다.

초5일　비바람이 크게 일어났다. 지붕이 세 겹이나 걷혀 조각 조각 부숴져서 높이 날아가 버렸다. 빗발이 삼대같이 내리쳐도 몸을 가리지 못하니 어처구니없었다. 사도 첨사가 와서 문안하고 갔다. 오후 2시쯤 세찬 비바람이 잠시 그쳤다. 발포 만호가 떡을 만들어 보냈다. 탐색선이 들어와서 어머님께서 평안하시다는 것을 알았다. 매우 다행스럽다.

초6일　흐리다가 늦게 개었다. 사도 만호, 보성 군수, 낙안 군수, 여도 만호, 소근 첨사 등이 보러 왔다. 오후에 원 수사가 사로잡은 왜놈 셋을 데리고 왔다. 문초하였더니 이리저리 거짓말을 하였다. 즉시 원 수사에게 목을 베게 하고 보고하도록 하였다. 우수사도 왔다. 술 세 순배를 돌린 다음 끝내고 돌아갔다.

초7일　맑다. 기운이 나아진 듯하였다. 침을 16곳이나 맞았다.

초8일　맑다. 원수의 군관 변응각邊應慤이 원수의 관문, 장계 초본 그리고 왕의 유지有旨*를 가지고 왔다. 수군을 거제로 진격시켜 적이 겁을 먹고 도망가도록 하라는 것이었다. 경상 우수사와 전라 우수사를 불러 의논하여 계획을 세웠다. 충청 수사가 들어왔다. 밤에 큰 비가 왔다.

초9일　비가 계속 내렸다. 하루 내내 빈 정자에 혼자 앉아 있었더니 온갖 생각이 가슴을 치고 머릿속이 매우 어지러웠다. 무슨 말을 할 수 있을 것인가! 가슴이 막혀 취한 듯, 꿈꾸는 듯, 바보가 된 듯, 미친 듯하였다.

초10일　비가 계속 내렸다. 새벽에 일어나서 창문을 열고 멀리 바라보았더니 수많은 우리 배가 온 바다에 깔려 있었다. 적이

유지　조선시대 승정원의 담당 승지를 통하여 명령을 받는 이에게 전달되는 왕의 명령서.

비록 쳐들어오더라도 쳐부술 수 있을 것이다. 늦게 우우후와 충청 수사가 와서 장기를 겨루었다. 원수 군관 변응각도 함께 점심을 먹었다. 보성 군수가 저녁에 도착하였다. 빗발이 하루 내내 걷히지 않았다. 아들 회가 바다로 나간 것이 걱정스러웠다. 소비포 권관이 약을 보내왔다.

11일 비가 저녁 때까지 계속 내렸다. 3월부터 밀려 있었던 공문을 하나하나 처리하여 내려보냈다. 저녁에 낙안 군수가 와서 이야기를 나누었다. 큰 비가 주룩주룩 내리더니 밤낮으로 그치지 않았다.

12일 큰 비가 하루 내내 내리다가 저녁에야 조금 그쳤다. 우수사가 보러 왔다.

종정도 그림판과 윷목 버슬의 이름을 품계와 종별에 따라 써 놓은 그림판과 윷목을 가지고 윷놀이하듯 말을 써서 내기한다. ⓒ 경기도박물관.

13일 맑다. 검모포 만호가 보고하기를 "경상 우수사에 속한 포작들이 격군을 싣고 도망하다가 붙들렸는데, 포작들은 원 수사가 있는 곳에 숨어 있습니다" 하였다. 사복司僕*들을 보내어 붙잡으려 하였더니 원 수사가 크게 화를 내면서 사복들을 결박하였다고 한다. 그래서 노윤발을 보내어 풀어주게 하였다. 밤 10시쯤부터 비가 내렸다.

14일 비가 하루 내내 내렸다. 충청 수사, 낙안 군수, 임치 첨사, 목포 만호 등이 보러 왔다. 본영 서리를 시켜 종정도從政圖를 그렸다.

사복 사복시에 속한 사령 또는 군사를 가리키는 듯하다. 본래 사복시는 조선시대의 왕실의 목장에 관한 일을 관장하기 위해 설치되었던 관서이다.

15일 비가 하루 내내 내렸다. 본영 서리를 시켜 종정도를 그렸다.

16일 날씨가 흐리더니 가랑비가 내렸다. 저녁에 큰 비가 와서 밤새 지붕이 새어 마르지 않았다. 각 배의 사람들이 거처하는데 고생스러울까 매우 걱정이 되었다. 곤양 현감이 편지를 보내면서 아울러 유정惟精유정惟政의 오재이 적진을 오가면서 문답한 초안을 가지고 왔다. 그 내용을 보니 분통이 터져 견디기 어려웠다.

17일 비가 마치 물을 퍼붓듯이 내렸다. 바다에 안개가 낀 데다가 어두워서 바로 앞도 분간하기 어려웠다. 밤새도록 비가 그치지 않았다.

18일 비가 하루 내내 내렸다. 미조항 첨사가 보러 왔다. 저녁에 상주포 권관이 보러 오고 저녁에 보성 군수가 돌아갔다.

19일 맑다. 장마가 잠깐 그쳐서 기분이 매우 상쾌하였다. 회, 면 그리고 계집종들이 돌아갈 때 바람이 순조롭지 못하였다. 송희립이 회와 같이 착량에 갔다.
노루를 잡으려 할 때 비바람이 크게 일고 안개가 자욱히 끼었다. 초저녁에 돌아왔으나 날씨는 아직 활짝 개지 않았다.

20일 비와 세찬 바람이 조금 멈추었다. 웅천 현감과 소비포 권관이 보러 왔다. 하루 내내 혼자 앉아 있었더니 온갖 생각이 가슴을 쳤다. 전라 감사＊가 일부러 나라를 저버리는 것 같아서 매우 유감스럽다.

21일 비가 계속 내렸다. 웅천 현감과 소비포 권관이 와서 종정놀이를 하였다. 거제 장문포에서 사로잡혔던 변사안卞師顔이라는 자가 탈출해 와서 말하기를, 적의 세력이 그리 대단하지 않다고 하였다. 큰 바람이 밤낮으로 불었다.

＊홍세공洪世恭인 듯하다. 홍세공은 1593년에서 1594년 6월까지 전라 감사를 맡았다.

22일　비가 오고 거센 바람이 불었다. 29일이 장모님의 제삿날이 다가오기에 아들 회와 면을 보내고 계집종들도 보냈다. 순찰사에게 편지를 써 보내고 순변사에게도 편지를 써서 보냈다. 격군을 붙잡아 오라고 황득중黃得中, 박주하朴注河, 오수吳水 등을 보냈다.

23일　비 오다. 웅천 현감과 소비포 권관이 왔다. 늦게 해남 현감이 와서 술과 안주를 바치길래 충청 수사를 초청하였다. 밤 10시쯤 헤어졌다.

24일　잠시 맑더니 밤에 비가 내렸다. 웅천 현감과 소비포 권관이 와서 종정도놀이를 하였다. 해남 현감도 왔다. 오후에 우수사와 충청 수사가 와서 하루 내내 이야기를 나누었다. 구사직에 대한 장계를 가져갔던 진무鎭撫가 들어왔다. 조카 해가 들어왔다.

25일　비가 계속 내렸다. 충청 수사가 와서 이야기를 나누다가 돌아갔다. 소비포 권관이 왔다가 밤이 깊어서야 돌아갔다. 빗발이 조금도 그치지 않으니 싸움하는 군사들의 걱정이 어떠할까! 조카 해가 돌아갔다.

26일　비가 오다 개다 하였다. 거처하는 청사의 서쪽 벽이 갈라져서 작은 창으로 바람이 들어오게 하였더니 맑은 바람이 아주 좋았다. 과녁판을 정자 앞에 옮겨 설치하였다. 이인원李仁元과 토병土兵 23명을 본영으로 보내어 보리를 거둬들이도록 일러 보냈다.

27일　날이 개다 비가 오다 하였다. 사도 만호와 충청 수사, 발포 만호, 여도 만호, 녹도 만호와 활쏘기를 하였다. 소비포 권관이 몸져 누웠다고 한다.

28일　잠시 개었다. 사도 만호, 여도 만호가 와서 활쏘기를 하자고 하여 우수사와 충청 수사를 초청하였다. 활쏘기를 하면서 하루 내내 술 마시고 이야기를 나누다가 헤어졌다. 광양 4호선의 부정을 조사하였다.

29일　아침에는 비가 오다가 늦게 개었다. 장모님의 제삿날이어서 관청에 나가지 않았다. 저녁에 진도 군수[김만수金萬壽]*가 돌아간다고 보고하였다. 웅천 현감과 거제 군수, 적량 만호 등이 와서 나를 만난 뒤 돌아갔다. 저물 무렵에 정사립이, 남해 사람이 배를 가지고 와서 순천 격군을 싣고 나간다고 보고하기에 잡아다가 가두었다.

30일　흐렸으나 비는 오지 않았다. 아침에 적들과 도망가자고 꾄 광양 1호선 군사와 경상도 포작 세 명을 처벌하였다. 경상 우후가 보러 오고 충청 수사도 왔다.

6월, 명나라 수군이 오다

초1일　맑다. 아침에 배 첨사와 같이 밥을 먹었다. 충청 수사가 와서 이야기를 나누었다. 늦게 활쏘기를 하였다.

초2일　맑다. 아침에 배 첨사와 같이 밥을 먹었다. 충청 수사도 왔다. 늦게 우수사 진영에 갔더니 강진 현감이 술을 내놓았다. 활쏘기를 여러 순 하였는데 원 수사도 왔다. 나는 몸이 불편하여 일찍 돌아와 누워서 충청 수사와 배문길裵門吉이 장기를 두는 것을 구경하였다.

초3일　초복이다. 아침에는 맑더니 오후에 소나기가 세차게 쏟아지기 시작하여 밤이 지나도록 그치지 않았다. 바닷물도 변하여 흐려졌을 정도니 근래에 드문 일이었다. 충청 수사와 배

김만수[1553~1607] 동생 천수, 백수, 구수 등과 함께 황해도 봉산에서 의병을 일으켜 적과 싸웠다. 1593년 진도 군수로 임명되어 이순신과 함께 활동했다.

수군조련도 진형을 이루어 훈련하는 조선 수군의 모습을 담고 있다. ⓒ 국립중앙박물관.

첨사가 와서 바둑을 두었다.

초4일 맑다. 충청 수사, 미조항 첨사 그리고 웅천 현감이 보러 왔다. 종정도놀이를 하게 하였다. 저녁에 겸사복이 왕의 분부를 가지고 왔다. 그 글 가운데 "수군 여러 장수와 경상도의 장수가 서로 화목하지 못하니, 이제부터 예전의 나쁜 습관을 모두 바꾸라."는 말씀이 있었다. 통탄스럽기 짝이 없었다. 이는 원균元均•이 취하여 망발을 부렸기 때문이었다.

초5일 맑다. 충청 수사가 와서 이야기를 나누었다. 사도 첨사, 여도 만호, 녹도 만호가 함께 와서 활쏘기를 하였다. 밤 10시경 급창及唱• 금산金山과 처자妻子 세 명이 모두 전염병으로 죽었다. 3년 동안 눈앞에 두고 부리던 자가 하루저녁에 죽어 버리니 참담하기 이를 데 없었다. 무 밭을 갈았다. 송희립, 낙안 현

원균(1540~1597) 경상 우도 수군절도사로서 임진왜란이 일어나자 전함과 무기를 바다에 가라앉히고 1만여 수군을 해산시킨 다음 전함 세 척으로 도망다녔다. 옥포 만호 이운룡이 항의하자 도망을 단념하고 이순신에게 구원을 청하여 합류했다. 이듬해 수군통제사에 이순신이 임명되자 불패하게 여기고 이순신의 명령을 따르지 않아 충청도 병사로 좌천되었다. 1597년 통제사가 되었으나 칠천도 싸움에서 패하고 왜병에게 죽임을 당했다. 그의 동생 원연, 원식, 원전도 수군에 참여했다.

급창 관아에 딸린 노복의 하나.

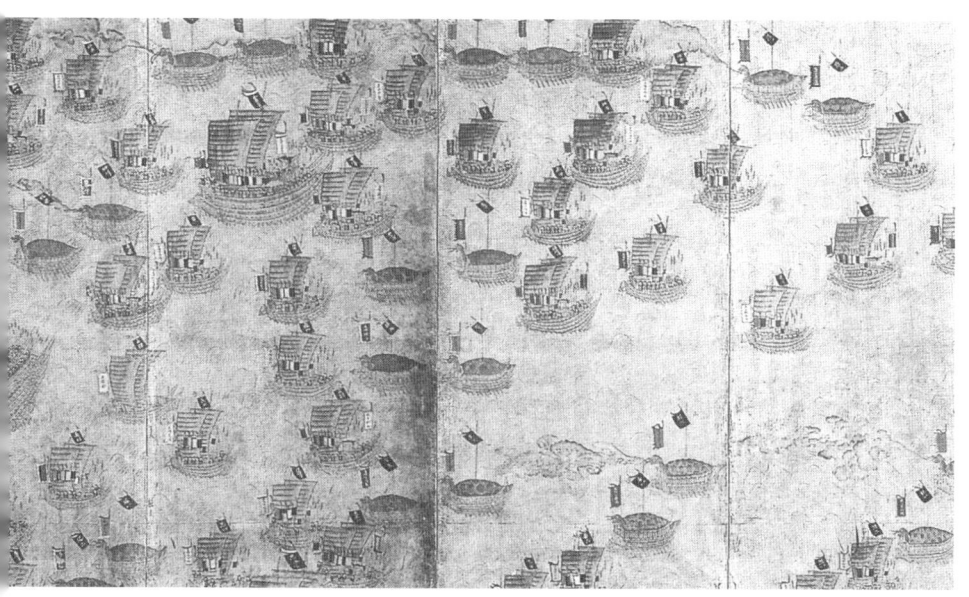

감, 홍양 현감, 보성 군수를 군량을 독촉하도록 내보냈다.

초6일　맑다. 충청 수사, 여도 만호와 활을 15순 쏘았다. 경상 우우후가 보러 왔다. 소나기가 왔다.

초7일　맑다. 충청 수사와 배 첨사가 와서 이야기를 나누었다. 남해 군관과 아전 등의 죄를 판결하였다. 송덕일이 돌아와서 왕의 분부가 들어온다고 전하였다. 무씨 두 되 다섯 홉을 심었다.

초8일　맑다. 찌는 듯 더웠다. 우우후가 왔기에 충청 수사와 같이 활을 20순 쏘았다. 저녁에 종 한경漢京이 들어와서 어머님이 평안하시다고 알려 주었다. 매우 기뻤다. 미조항 첨사가 돌아간다고 보고하였다. 회령포 만호가 진영에 도착했다. 군공이 있는 자에게 벼슬을 내리는 교지도 왔다.

초9일　맑다. 충청 수사와 우우후가 와서 활쏘기를 하였다. 우수사가 와서 같이 이야기를 나누었다. 밤이 깊어 해海가 부는 피리 소리와 영수永壽가 타는 거문고 소리를 들으면서 조용히 이야기를 나누다가 헤어졌다.

초10일　맑다. 찌는 듯이 더웠다. 활을 5순 쏘았다.

11일　맑다. 무덥기가 쇠라도 녹일 것 같았다. 아침에 울이 본영으로 갔다. 헤어질 때 마음이 아득하기만 하였다. 혼자 빈 동헌에 앉아 있노라니 마음을 걷잡을 길이 없었다. 오후 늦게 바람이 매우 세차게 불어대니 걱정이 앞서 마음이 더욱 무겁기만 하였다. 충청 수사가 왔기에 활쏘기를 하다가 같이 저녁을 먹었다. 달빛 아래 같이 이야기를 나누는데 옥피리 소리가 처량하게 들려왔다. 오랫동안 앉아 있다가 헤어졌다.

12일　바람이 세게 불었으나 비는 오지 않았다. 가뭄이 매우 심하여 농사가 더욱 걱정스럽다. 밤에 본영 배에서 일하는 격군 일곱 명이 도망갔다.

13일　바람이 아주 사납고 더운 열기가 찌는 듯하였다.

14일　더위와 가뭄이 매우 심하였다. 섬 전체가 찌는 듯하였다. 농사가 매우 걱정스러웠다. 충청 수사와 사도 첨사, 여도 만호, 녹도 만호와 활을 20순 쏘았다. 충청 수사가 매우 잘 맞혔다. 경상 수사가 활 잘 쏘는 군관들을 거느리고 우수사에게 갔다가 크게 지고 돌아갔다.

15일　맑다. 오후에 비가 뿌렸다. 신경황이 들어왔는데 영의정의 편지를 가지고 왔다. 나라를 걱정하는 사람으로 영의정보다 더한 분이 없을 것이다. 지사 윤우신尹又新이 세상을 떠났다는 소식을 들었다. 슬프기 그지없다. 순천 부사, 보성 군수의 보고서 가운데 "명나라 총병관 장홍유張泓儒가 호선虎船을 타고 1백 명을 거느리고 바닷길을 거쳐 이미 진도 벽파정碧波亭*에 도착하였다.”고 하였다. 날짜를 계산해 보니 오늘내일 사이에 도착할 것이지만, 바람이 순조롭지 못하여 마음대로 배를 움직이지 못한 지가 벌써 닷새째다. 밤에 소나기가 흡족하게 오는 것을 보니, 하늘이 백성을 가엾게 여긴 것이 아니겠는가! 아들의 편지가 도착하였는데 잘 돌아갔다고 한다. 그런데 아내의 편지에는 면이 더위를 심하게 앓는다고 한다. 몹시 걱정스럽다.

16일　아침에 비가 계속 내리다가 저녁에 갰다. 충청 수사와 활을 쏘았다.

17일　맑다. 늦게 우수사, 충청 수사가 와서 조용히 이야기를 나누었다. 탐색선이 들어왔는데 어머님이 평안하시다고 한다. 그러나 면의 고통이 심하다 하니 매우 걱정스럽다.

18일　맑다. 아침에 원수의 군관 조추년趙秋年이 전령을 가지고 왔는데, 원수가 광양현 두치에 도착하였다고 한다. 들건대 광양 현감이 수군을 옮겨다가 복병을 정할 때 사사로이 일을 처리하였다 하여, 군관을 보내어 그 까닭을 물으려 한다는 것이었다. 놀랍고 놀라웠다. 원수가 서출 처남인 조대항曹大恒의 말만 듣고 사사로이 일을 처리하는 것이 이렇게도 심하다니, 마음이 매우 아팠다. 경상 우수사가 초청하였으나 가지 않았다.

19일　맑다. 원수의 군관과 배응록이 원수에게 돌아갔다. 변존서, 윤사공尹思恭, 하천수河千壽 등이 들어왔다. 충청 수사가 보러 왔다가 그 어머니의 병환 때문에 곧 사처로 돌아갔다.

20일　맑다. 충청 수사가 보러 와서 함께 활쏘기를 하였다. 박치공朴致恭이 와서 서울로 올라간다고 하였다. 마량 첨사도 왔다. 저녁에 영등포 만호가 자기 진포에서 물러나 있었기 때문에 이를 처벌하였다. 탐색선에 탔던 이인원이 들어왔다.

21일 맑다. 충청 수사가 와서 활쏘기를 하였다. 마량 첨사가 보러 왔는데, 명나라 장수가 뱃길로 이미 벽파정에 도착하였다는 것은 잘못 전해진 것이라고 한다.

22일 맑다. 할머니 제삿날이어서 관청에 나가지 않았다. 복더위가 훨씬 더 심하여 큰 섬 전체가 찌는 듯하여 사람들이 그 고통을 견디기 어려웠다. 저녁에 몸이 매우 불편하여 밥을 두 끼나 먹지 않았다. 초저녁에 소나기가 왔다.

23일 맑다. 늦게 소나기가 왔다. 순천 부사, 충청 수사, 우우후, 가리포 첨사가 함께 보러 왔다. 우후가 군량을 독촉하려고 나갔다. 견내량에서 생포한 왜놈에게 적의 정세와 형편을 신문하고는 무엇을 잘 하는지를 물었더니 "화약 굽는 일과 총 쏘는 일을 모두 잘합니다." 하였다.

24일 맑다. 순천 부사와 충청 수사가 와서 활을 20순 쏘았다.

25일 맑다. 충청 수사와 활을 10순 쏘았다. 이여념도 와서 쏘았다. 종사관의 배리陪吏*가 편지를 가지고 들어왔는데, 이를 보니 조도어사의 말이 놀랍고 놀라울 뿐이다. 부채를 봉해 진상하였다.

26일 맑다. 충청 수사, 순천 부사, 사도 첨사, 여도 만호, 고성 현령 등이 활쏘기를 하였다. 아침 일찍 김양간에게 단옷날의 진상물을 봉해 보내도록 했다. 마량 만호, 영등포 만호가 여기까지 왔다가 바로 돌아갔다.

27일 맑다. 활을 15순 쏘았다.

28일 맑다. 더위가 찌는 듯하였다. 나라의 제삿날*이어서 하루 내내 혼자 앉아 있었다. 진무성陳武晟이 벽방* 망대望臺를 조사

배리 관리를 수행하는 서리.

＊명종의 제삿날이다.

벽방碧方 고성현: 경남 통영시 광도면 벽방산.

하고 와서는 적선이 없다고 보고하였다.

29일   맑다. 순천 부사와 술과 음식을 가져왔다. 충청 수사와
우수사가 같이 도착하여 활쏘기를 하였다. 윤동구의 아버지가
보러 왔다. 울이 들어왔는데 어머니가 평안하시다고 한다.

7월, 유성룡을 걱정하는 마음

초1일   맑다. 배응록이 원수가 있는 처소에서 왔다. 원수가 자
기가 한 말을 뉘우치면서 보냈다고 하니 우스웠다. 인종의 제삿
날이어서 하루 내내 혼자 앉아 있었다. 저녁에 충청 수사가 여
기에 와서 서로 이야기를 나누었다.

초2일   맑다. 늦더위가 찌는 듯하였다. 순천 도청都廳*과 색리,
광양 색리들의 죄를 다스렸다. 전라좌도 사부들의 활쏘기를 시

도청 수령을 도와 고을
사무를 총괄하는 서리.

험하여 적으로부터 빼앗은 물건을 나누어 주었다. 늦게 순천 부사, 충청 수사와 활쏘기를 하였다. 배 첨지가 휴가를 받아 돌아갔다. 노윤발에게 흥양 군관 이심李深과 병선색兵船色●, 괄군색括軍色● 등을 붙잡아 오라고 전령을 주어 내보냈다.

초3일　맑다. 충청 수사, 순천 부사와 활쏘기를 하였다. 웅천 현감 이용운李龍雲이 휴가를 받아 미조항으로 돌아갔다. 음란한 계집을 처벌하고, 각 배에서 여러 차례 식량을 훔친 자에 대하여 형을 집행하였다. 저녁에 나가서 새로 지은 수루를 보았다.

초4일　맑다. 아침에 충청 수사가 와서 같이 아침을 먹었다. 뒤에 마량 첨사, 소비포 권관도 와서 같이 점심을 먹었다. 적 다섯 명과 도망한 군사 한 명을 함께 처형하도록 명령하였다. 충청 수사와 활 10순을 쏘았다. 옥과●의 계원유사繼援有司● 조응복曺應福에게 참봉 임명장을 보냈다.

초5일　맑다. 새벽에 탐색선이 들어와서 어머니께서 평안하시다는 것을 알았다. 매우 다행한 일이다. 심약審藥●이 내려왔는데 매우 어리석고 한심스러웠다. 우수사, 충청 수사가 함께 왔다. 여도 만호가 술을 내놓아 같이 마시고는 활 10여 순을 쏘았다. 잔뜩 취하여 수루에 올라갔다. 밤이 깊어서 헤어졌다.

초6일　하루 내내 궂은비가 내렸다. 몸이 좋지 않아 관청에 나가지 않았다. 최귀석崔貴石이 도둑 세 명을 잡아 왔다. 또 박춘양朴春陽 등을 보내 그 도둑 떼의 괴수를 붙잡아 왔는데 왼쪽 귀가 잘려 나가고 없었다. 아침에 격군을 잘 정비하지 못하였다는 죄로 정원명 등을 잡아 가두었다. 저녁에 보성 군수가 들어왔는데 그 편에 들으니 어머니께서 평안하시다고 한다. 밤이 이슥하여 소나기가 세차게 내렸다. 빗발이 삼대 같아서 새지 않는 곳이

병선색 배에 관한 사무를 담당하는 서리.

괄군색 군사를 수색하고 보충하는 일을 맡은 서리.

옥과 전남 곡성군 옥과면 옥과리.

계원유사 군량 등 지원을 담당하는 일을 맡은 자.

심약 궁중에 바치는 약재를 감시하기 위해 각 도에 파견된 종9품 벼슬. 여기서는 이 일을 맡은 신경황을 가리킨다.

없었다. 촛불을 밝히고 혼자 앉아 있으니 온갖 근심이 가슴을 친다. 이영남이 보러 왔다.

초7일   저녁에 비가 뿌렸다. 충청 수사는 그 어머니 병이 중하다는 소식을 전하고 오지 못했다. 우수사가 순천 부사, 사도 만호, 가리포 첨사, 발포 만호, 녹도 만호와 같이 활쏘기를 하였다. 이영남이 배를 끌고 오려고 곤양에 간다고 보고하였다. 적에게 사로잡혔던 고성의 보인保人*을 문초하였다. 보성 군수가 왔다.

초8일   날씨가 흐렸으나 비는 오지 않았다. 하루 내내 큰 바람이 불었다. 몸이 피곤하여 여러 장수를 만나 보지 않았다. 각 관청과 진포의 공문을 처리하여 보냈다. 오후에 충청 수사를 찾아가서 만났다. 저녁에 고성 현감이 사로잡혔다가 도망쳐 온 사람을 직접 문초하였다. 광양 현감 송전宋銓이 그의 대장인 병사兵使의 편지를 가지고 왔다. 낙안 군수와 충청 우후가 온다고 하였다.

초9일   큰 바람이 불었다. 아침에 충청 우후가 왕의 교서를 받들어 절하였다. 늦게 순천, 낙안, 보성의 군관과 색리가 격군에 대한 일을 근실하게 하지 않은 잘못에 대하여 처벌하고, 아울러 늦게 온 죄를 문책하였다. 가리포 만호, 임치 첨사, 소근포 만호, 마량 첨사 그리고 고성 현령이 함께 왔다. 낙안에서 보낸 군량 벼 2백 섬을 받아들였다.

초10일   맑다. 저녁에 비가 조금 왔다. 아침에 낙안의 벼를 찧고 광양의 벼 1백 섬을 되질하였다. 신홍헌申弘憲이 들어왔다. 늦게 송전과 군관이 활 15순을 쏘았다. 아침에 들으니 면의 병이 다시 심해져서 피를 토하는 증세까지 있다고 한다. 그래서 울과 심약 신경황, 정사립, 배응록 등을 같이 보냈다.

보인 병역에 직접 복무하지 않고 쌀이나 포를 바치는 남자.

11일 궂은비가 내리고 바람이 세게 불었는데 하루 내내 그치지 않았다. 울이 가는 길이 힘들지 않을까 매우 걱정스러웠다. 또 면의 병이 어떤 상태인지도 궁금하였다. 장계의 초고를 직접 썼다. 경상 순무사서셍의 공문이 왔는데, 원 수사가 몹시 불만스러운 말을 많이 한다는 내용이었다. 오후에 군관들에게 활쏘기를 하게 하였다. 봉학奉鶴도 같이 쏘았다. 윤언침尹彦忱이 점호를 받으러 왔기에 점심을 먹여 돌려보냈다. 저녁에 비바람이 크게 일더니 밤새 계속되었다. 충청 수사가 보러 왔다.

12일 맑다. 아침에 소근포 첨사가 찾아와 화살 54개를 만들어 바쳤다. 공문을 처리하여 나누어 주었다. 충청 수사와 순천 부사, 사도 만호, 발포 만호, 충청 우후가 같이 와서 활쏘기를 하였다. 저녁에 탐색선이 들어왔는데 어머니께서 평안하시다는 소식을 들었다. 그러나 면의 병이 중하다고 하니 걱정스럽기 짝이 없다. 순변사에게 유 정승유성룡이 세상을 떠났다는 부음이 왔다고 한다.* 이는 필시 유 정승을 질투하는 자가 말을 만들어 그를 훼손하려는 것이리라. 분한 마음을 이길 길이 없다. 저녁에 마음이 매우 어지러웠다. 혼자 빈 동헌에 앉아 있으니 마음을 걷잡을 길이 없고 걱정이 더욱 심해져서 밤 깊도록 잠들지 못하였다. 유 정승이 만약 돌아가셨다면 나랏일을 어떻게 할까, 어떻게 할까!

13일 비가 계속 내렸다. 혼자 앉아서 아들 면의 병세를 걱정하다가 글자를 짚어 점을 쳐 보았더니, 군왕을 만나 보는 것 같다는 괘를 얻었다. 아주 좋았다. 다시 짚으니, 밤에 등불을 얻는 격이라고 한다. 두 괘가 모두 좋아서 조금 마음이 놓였다. 또 유 정승에 대하여 점을 쳤더니, 바다가 배를 얻는 것과 같다는 괘

*실제로 유성룡은 1607년에 죽었다.

180

를 얻었다. 다시 점쳐 보았더니, 의심하다가 기쁨을 얻는 것과 같다는 괘를 얻었다. 매우 좋았다. 저녁 내 비가 내렸다. 혼자 앉아 있노라니 외로운 심정이 이길 길이 없었다. 늦게 송전宋銓 |광양 현감|이 돌아갈 때 소금 한 섬을 주어 보냈다. 오후에 마량 첨사와 순천 부사가 보러 왔다가 밤을 타서 돌아갔다. 비가 갤 것인지를 점쳤더니, 뱀이 독을 내뿜는 것 같다는 괘를 얻었다. 큰 비가 올 듯하여 농사가 매우 걱정스러웠다. 밤에 비가 퍼붓듯이 내렸다. 초저녁에 발포 탐색선이 편지를 가지고 돌아갔다.

14일　비가 계속 내렸다. 어젯밤부터 빗발이 삼대같이 내렸다. 지붕이 새어 마르지 않아서 밤을 지내기가 어려웠다. 점이 꼭 맞았으니 절묘하다. 충청 수사와 순천 부사를 불러다가 장기를 두게 하고 그것을 구경하면서 하루를 보냈다. 그러나 근심이 마음 한가운데 있으니 어떻게 조금이라도 편할 수 있을 것인가.

선조가 1594년 7월 14일 내린 사부유서로 이미 이순신은 삼도수군통제사로 일하고 있는 중이었다.

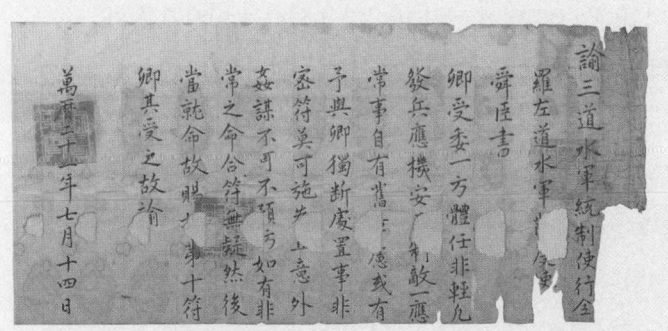

삼도수군통제사로 전라좌도 수군절도사의 직을 수행하는 이순신에게 내리는 명령
그대는 한 지역에서 나의 위임을 받았으니 맡은 바 책임이 무겁다. 일반적으로 군대를 출동하여 사태에 적응하여 백성의 치안을 확보하고 적을 막아내는 데 있어서 정상적인 사무는 과거로부터 내려오는 관례가 있지만 간혹 나와 그대만이 단독으로 처리해야 할 사건에 대해서는 비밀 병부가 아니면 실시할 수 없으며 또 뜻밖에 야기되는 사태를 예방하지 않으면 안 될 것이다. 만일 비상 사태에 의한 명령이 있을 때에는 비밀 병부와 맞추어 보아 의심이 없다고 인정한 후에 명령을 수행해야 할 것이다. 그러므로 제 10호의 비밀 병부를 찍어서 내리는 것이니 그대는 이를 수령하라. 이상과 같이 명령한다.　만력 22년 7월 14일

아산에 있는 이순신이 자란 옛집이자 처갓집 충남 아산시 염치면 백암리.

그들과 점심을 같이 먹었다. 저녁에 수루에 나가서 몇 바퀴 거
닐다가 돌아왔다. 탐색선이 오지 않으니 그 까닭을 모르겠다.
한밤중에 비가 또 왔다.

15일 비가 계속 내리다가 늦게 개었다. 아침에 조카 해와 종
경京이 들어왔다. 면의 병이 점차 나아지고 있다는 이야기를 자
세히 들었다. 어찌 이보다 더 기쁠 수 있겠는가! 조카 분이 보낸
편지를 보고 아산 고향의 산소가 무사하다는 것을 알았다. 가묘
家廟* 도 무사하고 어머니께서도 평안하시다고 한다. 아주 다행
이다. 이흥종李興宗이 환자還上* 때문에 처벌을 받아 죽었다고 한
다. 매우 놀랍다. 그 삼촌[충청 수사 이순신]이 듣고 슬퍼해 마지않았
으며, 그 어머니 또한 그 소식을 듣고 병세가 더욱 위중해졌다
고 한다. 활을 10여 순 쏘고 나서 수루에 올라 거닐 때, 박주사
리朴注沙里가 급히 이르러, 명나라 장수의 배가 이미 진영 앞에
도착하여 곧장 이곳으로 온다고 하였다. 그래서 즉시 3도에 전

가묘家廟 한 집안의 신
주를 모셔놓은 사당.
환자 각 고을에서 백성
에게 꾸어 주었던 곡식
을 가을에 이자를 붙여
거둬들이는 것.

아산에 있는 이순신의 묘소와 묘비 충남 아산시 음봉면 산정리.

령을 전달하여 진영을 죽도*로 옮기고는 하룻밤을 지냈다.

16일　흐리고 바람이 시원하였다. 아침 늦게 비가 세게 내리기 시작하여 하루 내내 퍼부었다. 원 수사, 충청 수사, 우수사가 모두 같이 보러 왔다. 소비포 만호가 우족牛足 등을 보내왔다. 명나라 장수가 삼천진*에 도착하여 하룻밤 머물렀다고 한다. 여도 만호가 이보다 먼저 왔다가 저녁에 본진으로 돌아갔다.

17일　맑다. 새벽에 포구에 나가서 진을 쳤다. 오전 10시 명나라 장수 파총 장홍유가 병호선兵號船 다섯 척을 거느리고 돛을 펼치고 들어왔다. 수군 진영에 바로 이르러서는 우리에게 육지에 내려서 같이 이야기하자고 청하였다. 나와 여러 수사가 먼저 활터 정자에 올라가 올라오기를 청하니, 파총이 배에서 내려 곧 올라왔다. 같이 앉아서 내가 먼저 멀고 먼 바닷길을 고생하여 이곳까지 오시니 감사하기 이를 데 없다고 하였다. 그랬더니 그는 "작년 7월 절강浙江에서 배를 띄워 요동遼東에 이르렀더니, 요

죽도竹島 김해부:부산시 강서구 죽림리.

삼천진三千鎭 사천현: 경남 사천시.

동 사람들이 '바닷길에는 돌섬과 암초가 많습니다. 또 곧 강화할 것이니 가지 마십시오.' 라고 하며 완강하게 말리고 간청하였지요. 그래서 요동에 머무르면서 시랑 손광孫鑛, 총병 양문楊文 등에게 급히 보고하고 올 3월 초순에야 배를 출발하여 왔으니 무슨 수고가 있을 것이오."라고 대답하였다. 내가 차를 들라고 권하고 나서, 술을 조금 내놓았더니 의분에 찬 심정을 드러내었다. 적의 정세를 이야기하느라고 밤이 깊은 줄을 몰랐다. 조용히 이야기를 나누다가 헤어졌다.

18일   맑다. 명나라 장수가 수루 위에 가기를 청하여 점심을 먹은 뒤 수루에 앉아서 술을 여러 잔 돌렸다. 그는 내년 봄에 배를 거느리고 바로 제주로 건너간다고 하면서 우리 수군과 합세하여 추악한 적의 무리를 무찌르자고 간절하게 이야기하였다. 초저녁에 헤어졌다.

19일   맑다. 아침에 명나라 장수에게 예의를 표시하는 선물을 주었더니, 뭐라고 감사해야 할지 모르겠다고 하며 준 물건이 매우 풍성하다고 하였다. 충청 수사도 역시 증정하였다. 늦게 우수사가 증정하는데 내가 준 예물과 거의 같았다. 점심을 들고 나서, 경상 원 수사가 혼자 한 잔을 올렸는데 상은 매우 요란한데 집어 먹을 만한 것이 하나도 없어서 우스웠다. 명나라 장수의 자와 별호를 물었더니, 자는 중문仲文이고 호는 수천秀川이라며 써서 보여 주었다. 촛불을 밝히고 다시 의논하다가 끝마쳤다. 비가 많이 올 것 같아서 배에 내려가서 잤다.

20일   맑다. 아침에 통역하는 자가 와서, 명나라 장수가 유 총병[유정]이 있는 남원으로 가지 않고 바로 돌아간다고 전달하였다. 내가 명나라 장수에게 간절하게 "처음에 파총께서 남원에 가고자 한다는 간절한 심정을 이미 유 총병에게 알렸습니다. 지금 중지하고 가지 않으시면 그 사이에 사람들 사이에 말이 날게 뻔합니다. 원컨대 가서 만나고 돌아가시는 게 좋겠습니다." 하고 전하였다. 파총이 듣고는 "과연 그렇겠습니다. 말을 타고 혼자 가서 만난 뒤 바로 군산으로 가서 배를 타겠습니다." 하였다. 아침을 먹고 파총이 내 배에 내려와서 조용히 이야기를 나누었다. 이별주 일곱 잔을 마신 뒤 서로 묶은 뱃줄을 풀고 함께 포구 바깥으로 나갔다. 여러 번 아쉬운 뜻을 보이면서 떠나보냈다. 그러고 나서 이억기와 충청 수사, 순천 부사, 발포 만호, 사도 첨사와 같이 사인암숲人岩*에 올라가서 하루 내내 술을 마시며 이야기를 나누다가 돌아왔다.

21일 맑다. 아침에 명나라 장수와 주고받은 이야기를 공문으로 작성하여 원수에게 보냈다. 늦게 마량 첨사와 소비포 첨사가 보러 왔다. 발포 만호가 복병하러 나간다고 보고하고 갔다. 저녁에 수루에 올랐더니 순천 부사가 와서 이야기를 나누었다. 오후가 되어서야 흥양 군량선이 들어왔으므로 일을 맡은 서리와 배 주인의 발바닥을 호되게 매질하였다. 저녁에 소비포 첨사가 보러 왔는데, 정해진 날짜 안에 도착하지 못하여 원 수사에게 곤장 30대를 맞았다고 하였다. 매우 해괴한 일이었다. 우수사가 군량 20섬을 꾸어 갔다.

22일 맑다. 아침에 장계 초안을 수정하였다. 임치 첨사와 목포 만호가 찾아오고 늦게 사량 만호, 영등포 만호가 찾아왔다. 오후에 충청 수사, 순천 부사, 충청 우후, 이영남이 같이 활쏘기를 하였다. 저녁에 수루에 올라가서 밤까지 앉았다가 돌아왔다.

23일 맑다. 충청 수사와 우수사, 가리포 첨사가 찾아왔기에

사인암 전남 장흥과 강진의 접경 지대에 있다.

함께 활쏘기를 하였다. 조카 해와 종 봉이 돌아갔다. 종 목년이
들어왔다.

24일 맑다. 여러 가지 장계를 직접 봉하였다. 영의정, 병조판
서 심충겸沈忠謙, 판사 윤근수尹根壽* 앞으로 편지를 썼다. 저녁에
활을 7순 쏘았다.

25일 맑다. 아침에 하천수에게 장계를 가져가도록 내보냈다.
아침을 먹은 뒤 충청 수사, 순천 부사 등과 함께 우수사 있는 곳
에 가서 활을 10순 쏘고는 크게 취하여 돌아왔다. 밤새 토하였다.

26일 맑다. 아침에 각 고을과 진포의 공문을 처리하여 보냈
다. 아침을 먹은 뒤 수루에 옮겨 앉았는데 순천 부사와 충청 수
사가 찾아왔다. 늦게 녹도 만호가 도망한 군사 여덟 명을 잡아
왔다. 그 가운데 우두머리 세 명을 처형하고 나머지는 곤장을
때렸다. 저녁에 탐색선이 들어왔는데 그 편에 보내온 자식들의
편지를 보니, 어머니께서 평안하시고 면의 병이 차차 나아지고
있다고 한다. 그런데 허실許室*의 병세가 점차 중해진다고 하니
매우 염려스럽다. 유홍俞泓과 윤근수가 세상을 떠나고, 윤돈尹敦*
이 종사관으로 내려온다고 한다. 신천기申天機도 들어왔다. 저물
무렵에 신제운申齊雲이 들어와서 만났다. 노윤발이 홍양현의 색
리와 감관監官*을 잡아 왔다.

27일 흐리고 바람이 불었다. 밤에 꿈을 꾸었는데 내가 머리를
풀고 통곡하였다. 이것은 매우 길한 징조라고 한다. 충청 수사,
순천 부사와 수루에 올라서 활쏘기를 하였다. 충청 수사가 과하
주過夏酒*를 가지고 왔다. 나는 몸이 불편하여 조금 마셨는데도
몸이 좋지 않았다. 밤에 꿈을 꾸었다.

28일 맑다. 홍양 색리들의 죄를 다스렸다. 신제운이 주부主簿*

윤근수1537~1616| 임
진왜란 때 예조판서로
서 왕을 호종하는 한편
명나라와의 외교 활동
에 힘썼다. 문장과 글씨
에 뛰어났으며, 성리학
에 밝아 성혼·이이 등
과 교류하였다.

* 허씨 집으로 시집간
여자라는 뜻이다.

윤돈1551~1612| 이황
과 기대승의 문인. 임진
왜란 때 임금을 호종하
고 명나라 장수를 접대
하는 접반관 일을 맡기
도 했다.

감관 각 관아나 궁방에
서 금전과 곡식의 출납
을 맡아 보던 벼슬아치.
조정을 대신하여 특정
업무의 진행을 감독하
기도 했다.

과하주 소주와 약주를
섞어서 빚은 술. 여름에
많이 마신다.

주부 중앙 여러 관청의
정6품 또는 종6품 벼슬.

벼슬을 받아서 아침에 인사를 하고 갔다. 늦게 수루에 올라 벽 바르는 일을 감독하였는데 의병승 의능이 와서 일을 맡아 하였다. 저녁에 방으로 내려왔다.

29일   하루 내내 가랑비가 내렸으나 바람은 불지 않았다. 순천 부사와 충청 수사가 바둑 두는 것을 구경하였다. 몸이 매우 불편하였다. 낙안 군수도 와서 같이 지냈다. 밤새 신음하다가 아침을 맞았다.

8월, 원수 권율과 만나다

초1일   비가 계속 내리고 바람이 세게 불었다. 몸이 몹시 불편하였다. 수루의 방으로 옮겨 앉았다가 곧 동헌의 방으로 돌아왔다. 저녁에 낙안 군수가 강집姜緝을 데리고 왔는데 군량을 독촉하는 일 때문에 군율을 받들어 다짐을 받고 내보냈다. 하루 내내 비가 내리더니 밤에 그쳤다.

초2일   비가 퍼붓듯이 내렸다. 초하루 한밤중 꿈에 부안 사람*이 아들을 낳았다. 달수를 계산해 보니 낳을 달이 아니므로, 꿈에서도 쫓아 버렸다. 몸이 좀 편안했다. 늦게 수루에 옮겨 앉아서 충청 수사, 순천 부사 그리고 마량 첨사와 같이 이야기를 나누며 새로 빚은 술을 몇 잔 마시고 끝냈다. 비가 종일 내렸다. 송희립이 와서 흥양 훈도가 또한 작은 배를 타고 도망가 버렸다고 보고하였다.

초3일   아침에 흐렸으나 저녁에 개었다. 충청 수사, 순천 부사와 같이 활을 3순 가량 쏘았다. 수루 방을 도배하였다.

초4일   아침에 비가 뿌렸으나 밤에는 개었다. 충청 수사와 순

*이순신의 첩을 가리키는 듯하다.

천 부사, 발포 만호 등이 함께 와서 활쏘기를 하였다. 수루 방의 도배를 끝냈다. 경상 수사의 군관과 색리들이 명나라 장수[장홍유]를 접대할 때 여자들을 시켜 떡을 이고 오게 하였다는 일 때문에 벌을 주었다. 전장箭匠* 박옥朴玉이 와서 대나무를 가져갔다. 이종호李宗浩*가 안수지安守智 등을 잡아 오려고 흥양으로 갔다.

초5일 아침엔 날이 흐렸다. 밥을 먹은 뒤 충청 수사, 순천 부사와 함께 활쏘기를 하였다. 오후에 경상 수사 원균에게 갔더니 우수사가 먼저 와 있었다. 잠시 서로 이야기를 나누다가 돌아왔다. 웅천 현감, 소비포 권관, 영등포 만호 윤동구 등 선봉으로 나설 여러 장수들이 여기에 왔다.

초6일 아침에는 맑더니 저녁에 비가 왔다. 충청 수사와 활을 10순 쏘았다. 저녁에 장흥 부사가 들어오고 보성 군수가 나갔

전장 화살을 만드는 장인.

이종호?~? 임진왜란이 일어나자 그가 지혜와 용기를 갖추었다는 말을 듣고 이순신이 불러서 휘하에서 일을 하였다. 특히 물자 보급에 관한 일을 맡았다.

188

한산도 수루 이순신이 즐겨 찾았던 수루를 한산도 제승당에 복원하였다.

다. 탐색선이 들어왔는데 어머니께서 평안하시고 면도 차차 나
아지고 있다고 한다. 고성 현령과 사도 첨사, 적도 만호가 같이
왔다가 나갔다. 밤에 그냥 수루 방에서 잤다.

초7일 비가 하루 내내 내렸다.

초8일 비가 하루 내내 내렸다. 정 조방장[정응운]이 들어왔다.

초9일 비가 계속 내렸다. 우수사와 정 조방장, 충청 수사, 순
천 부사, 사도 첨사 등과 같이 이야기를 나누었다.

초10일 비가 하루 내내 내렸다. 충청 수사와 순천 부사가 와
서 이야기를 나누었다. 장계 초안을 수정하였다.

11일 큰 비가 하루 내내 내렸다. 밤에 사나운 바람과 세찬 비
가 들이닥쳤다. 지붕이 세 겹이나 벗겨지고 빗물이 떨어지는 것
이 마치 삼대 같았다. 밤새 앉아서 지냈다. 양편 창문이 모두 바

람에 찢기고 비에 젖었다.

12일 흐렸으나 비는 오지 않았다. 늦게 충청 수사와 순천 부사와 같이 활쏘기를 하였다. 소비포 권관과 웅천 현감도 와서 쏘았다. 아침에 원수의 군관 심준沈俊이 왔다. 원수가 보낸 전령에서, 만나서 약속을 의논하고 싶어서, 오는 17일에 사천에 나가 기다리겠다고 하였다.

13일 맑다. 아침에 심준이 돌아가고 노윤발도 돌아갔다. 아침 10시쯤 배로 내려가서 여러 장수를 거느리고 견내량으로 갔다. 날쌘 장수를 따로 정하여 고성 땅 춘원도 등지로 보내어 적을 정탐하여 사로잡고 무찌르라는 전령을 사도 첨사로 하여금 여러 배로 보내게 하고는 그대로 머물러서 밤을 지냈다. 달빛은 비단결 같고 바람이 없어서 바다는 잔잔하였다. 해海에게 피리를 불게 하였는데 밤이 깊어서야 끝냈다.

14일 아침에는 흐리다가 저녁에 비가 왔다. 아침에 사도 첨사와 소비포 권관, 웅천 현감 등이 급히 보고를 하는데 "왜선 한 척이 춘원포에 정박하였기에 알아차리지 못하게 습격하였더니 왜놈들이 배를 버리고 도망하였습니다. 우리나라 남녀 15명을 구해 내고 적선도 빼앗아 왔습니다." 하였다. 오후 2시께 진중으로 돌아왔다.

15일 맑다. 아침밥을 먹은 뒤 배를 출발하여 원 수사와 같이 고성 땅 월명포*에 도착하여 하룻밤을 머물렀다.

16일 맑다. 새벽에 떠나 소비포에 이르러 배를 정박했다. 아침을 먹은 뒤 돛을 달고 사천 선창에 도착하니 기직남奇直男과 곤양 현감이 함께 왔다. 그대로 하룻밤을 머물렀다.

17일 흐리더니 저녁에 비가 왔다. 낮 12시께 사천에 도착한

월명포月明浦 고성현; 경남 통영시 산양읍 풍화리 월명도.

원수[권율]는 군관을 보내어 만나자고 청하였다. 나는 곤양 현감의 말을 빌어 타고 원수가 주둔한 사천 현감의 거처로 갔다. 교서에 절한 뒤 원수와 서로 인사를 나누었다. 그런 다음 함께 이야기를 나누었더니 오해가 많이 풀어지는 기색이었다. 원수가 원 수사를 심하게 꾸중하니 그가 고개를 들지 못하였다. 가소로웠다. 가지고 갔던 술을 내놓으며 마시기를 청하였다. 여덟 순배를 돌리고 나니 원수가 많이 취하여서 그만 자리를 파했다. 숙소에 돌아왔더니 박종남朴宗男*, 윤담尹潭이 보러 왔다.

18일 날씨는 흐렸으나 비는 오지 않았다. 아침을 먹은 뒤 원수가 초청하기에 가서 이야기를 나누었다. 간단한 술자리를 만드는 바람에 크게 취하여 돌아왔다. 원 수사는 취하여 일어나지도 못하고 그대로 누워서 가려 하지 않았다. 그래서 나 혼자 곤양 현감, 소비포 권관, 거제 현령 등과 같이 배를 타고 돌아왔다. 삼천포에 도착하여 하룻밤을 머물렀다.

19일 맑다. 저녁에 잠시 비가 왔다. 새벽에 사량 뒤쪽에 도착하였으나 원 수사는 아직 도착하지 않았다. 칡 60통을 캐었더니 그제야 비로소 원 수사가 왔다. 늦게 배를 출발하여 당포에 도착하여 하룻밤을 머물렀다.

20일 맑다. 늦게 출발하여 진중에 도착하였더니 우수사와 정 조방장이 보러 왔다. 정 조방장은 바로 돌아가고, 우수사와 장흥 부사, 사도 첨사, 가리포 첨사, 충청 우후 등이 활쏘기를 하였다. 저녁에 피리를 불고 노래도 부르다가 밤이 깊어서 끝마쳤는데 미안한 일이 많았다. 충청 수사는 어머니의 병이 심하다고 하여 바로 흥양으로 돌아갔다.

21일 맑다. 외갓집의 제삿날이어서 관청에 나가지 않았다. 곤

박종남?~1601| 무과 출신으로 선전관이 되고, 임진왜란이 일어나자 충청 방어사가 되어 활동하였으며 1595년에는 이순신 휘하의 조방장을 지냈다.

양 현감, 사도 첨사, 마량 첨사, 남도 만호, 영등 만호, 회령 만호, 소비포 권관 등이 같이 오고 양정언梁廷彦이 보러 왔다.

22일　맑다. 나라의 제삿날*이어서 관청에 나가지 않았다. 경상 우우후가 찾아오고 낙안 군수와 사도 첨사도 다녀갔다. 저물 무렵에 곤양 현감, 거제 현령, 소비포 권관, 영등포 만호 등이 와서 이야기를 나누다가 밤이 깊어서야 돌아갔다.

23일　맑다. 아침에 공문의 초안을 작성하였다. 밥을 먹은 뒤 활터 정자에 나가 공문을 처리하여 보내고는 활쏘기를 하였다. 바람이 무척 사나웠다. 장흥 부사와 녹도 만호가 같이 왔다. 저녁에 곤양 현감과 웅천 현감, 영등포 만호, 거제 현령, 소비포 권관 등도 왔다가 일찍 끝마치고 돌아갔다.

24일　맑다. 각 고을에서 수군을 징발하라고 박언춘朴彦春과 김윤金倫, 신경황 등을 보냈다. 정 조방장이 돌아가고 저물 무렵에 소비포 권관이 보러 왔다.

25일　맑다. 아침에 곤양 현감, 소비포 권관을 불러서 같이 아침을 먹었다. 사도 첨사가 휴가를 받아 돌아갔는데 9월 초7일에 돌아오라고 일러 보냈다. 현덕린玄德麟이 제 집으로 돌아가고 신천기도 곡식 바칠 일 때문에 돌아갔다. 늦게 흥양 현감이 돌아왔다. 활터로 내려가서 활을 6순 쏘았다. 정원명이 들어왔다고 한다.

26일　맑다. 아침에 각 고을과 진포의 공문을 처리하여 보냈다. 장흥의 군사 30명이나 몰래 자기의 배에 싣고 도망친 죄로 흥양의 포작 막동이란 자의 머리를 베어 매달았다. 늦게 활터 정자에 내려와서 활쏘기를 하였다. 충청 우후도 와서 같이 쏘았다.

27일　맑다. 우수사가 가리포 첨사, 장흥 부사, 임치 첨사, 우

*성종 비 정현왕후 윤씨의 제삿날이다.

192

후 그리고 충청 우후와 함께 와서 활쏘기를 하였는데 흥양 현감
이 술을 내놓았다. 아침에 울의 편지를 보니 아내의 병이 심하
다고 하였다. 그래서 회를 내보냈다.

28일 새벽 2시쯤부터 비가 조금 오더니 바람이 세게 불었다.
비는 아침 6시께 그쳤으나 바람은 하루 내내 세게 불더니 밤새
그치지 않았다. 회가 잘 갔는지 매우 걱정스러웠다. 진도 군수
가 보러 왔다. 원수가 올린 장계 때문에 문책하는 글이 내려왔
기 때문이다. 급히 올린 장계에서 오해가 많았던 듯하다.

29일 날씨는 맑으나 북풍이 크게 불었다. 아침에 마량 첨사와
소비포 권관이 와서 같이 밥을 먹었다. 늦게 활터 정자에 옮겨
앉아 공문을 처리하여 보냈다. 도양* 말먹이꾼 박돌이朴乭伊의
죄를 다스렸다. 도적 세 명 가운데 장손張孫에게는 곤장 1백 대
를 때리고 얼굴에 먹물로 도둑이라는 글자를 새겨 넣었다. 해남
현감이 들어왔는데 의병장 성응지가 세상을 떠났다고 한다. 참
으로 슬프다.

30일 맑고 바람도 잤다. 아침에 해남 현감 현집玄楫이 보러 왔
다. 늦게 우수사와 장흥 부사가 보러 왔다. 저물 무렵에는 충청
우후, 웅천 현감, 거제 현령, 소비포 권관도 함께 찾아오고 허정
은許廷誾도 왔다. 아침에 탐색선이 들어왔는데, 아내의 병세가 매
우 심하다고 한다. 이미 생사가 결정되었는지도 모르겠다. 나랏
일이 이러하니 다른 일에 생각이 미칠 수는 없으나 아들 셋, 딸
하나는 어떻게 살아갈까? 가슴이 아프고 괴롭구나. 김양간이
서울에서 돌아왔다. 그가 영의정|유성룡|의 편지와 심충겸|병조판서|
의 편지를 가지고 왔는데 '화를 내는' 뜻이 많이 담겨 있었다.
원 수사의 일은 놀랍기 그지없다. 내가 머뭇거리며 나아가지 않

도양道陽 흥양현: 전남
고흥군 도덕면 도덕리.
도양장이라고도 한다.

는다고 했다니 천년을 두고 한탄할 노릇이
다. 곤양 현감이 병 때문에 돌아갔는데 보지
도 못하고 보내어 더욱 유감스럽다. 밤 10
경부터 마음이 어지러워 잠을 이루지 못하
였다.

9월, 왕은 싸우지 않는다고 독촉하니

초1일 맑다. 앉았다 누웠다 하며 잠을 이
루지 못했다. 촛불을 켜 놓고 뒤척거렸다.
이른 아침에 세수를 하고 조용히 앉아서 아
내의 병세를 점을 쳤더니, 중이 속세에 돌아
오는 것 같다고 하였다. 다시 쳤더니, 의심
이 기쁨을 얻은 것과 같다는 괘가 나왔다.
매우 길하다. 또 병세가 나아질 것인지 어떤
지를 점쳤더니, 귀양 땅에서 친척을 만난 것
과 같다는 괘를 얻었다. 이것도 오늘 안으로
좋은 소식을 들을 징조이다. 순무사 서성이
보낸 공문과 장계 초본이 들어왔다.

초2일 맑다. 아침에 웅천 현감과 소비포
권관이 와서 함께 아침을 먹었다. 늦게 낙안

이순신의 친필 '반드시 죽고자 하면 살고 반드시
살고자 하면 죽는다.'는 내용을 담고 있다.

군수가 보러 왔다. 저녁에 탐색선이 들어왔는데 아내가 나아지
고 있다고 한다. 그러나 기운이 몹시 약하다고 하니 매우 걱정
이다.

초3일 비가 조금 내렸다. 새벽에 비밀 교지가 들어왔는데 "수

류 여러 장수가 팔짱만 끼고 서로 바라볼 뿐, 계책이라도 하나 세워서 토벌하려고 들지 않는다."고 하였다. 3년 동안 바다에 있으면서 그런 적이 없다. 여러 장수와 맹세하여 목숨을 걸고 복수할 뜻으로 날을 보내고 있지만, 험한 소굴에 웅크리고 있는 적을 가볍게 나아가 공격할 수가 없을 뿐이다. 하물며 자기를 알고 적을 알아야만 크게 백번 싸워도 위태롭지 않다고 하지 않았는가? 하루 내내 바람이 불었다. 초저녁에 촛불을 밝히고 앉아서 생각에 잠겼다. 나랏일이 제대로 되지 않는데도 안으로는 구제할 방책이 없으니 어떻게 할 것인가! 밤 10시쯤 흥양 현감이 내가 혼자 앉아 있는 것을 알고 들어왔다. 이야기를 나누다가 자정이 되어 돌아갔다.

초4일 맑다. 아침에 흥양 현감이 보러 왔다. 아침밥을 먹고 나니 소비포 권관도 왔다. 늦게 원 수사가 와서 이야기할 게 있다고 하므로 활터 정자에 올라가 앉았다. 활쏘기를 하여 원 수사가 열에 아홉을 지고는 술이 취하여 돌아갔다. 피리를 불게 하다가 밤이 깊어서 자리를 파했는데 또 미안한 일이 있어서 쓴 웃음이 나왔다. 여도 만호가 들어왔다.

초5일 맑다. 닭이 운 뒤 머리가 가려워 견딜 수가 없어서 사람을 시켜 긁게 하였다. 바람이 순조롭지 못하여 나가지 않았는데 충청 수사가 들어왔다.

초6일 날씨가 맑고 바람도 잔잔하였다. 아침에 충청 수사, 우후, 마량 첨사와 함께 아침밥을 먹었다. 늦게 활터 정자에 옮겨 앉아 활쏘기를 하였다. 밤에 종 효대孝代와 개남介南이 어머님께서 평안하시다는 편지를 가지고 왔다. 기쁘기 그지없었다. 방필순方必淳이 죽고, 익순益淳이 그 가족을 거느리고 우리 집으로 들어왔다는 소식을 전해 들었다. 웃음이 나왔다. 밤 10시경 복춘福春이 왔다. 저물 무렵에 김경로金敬老가 전라우도에서 도착하였다는 보고를 들었다.

초7일 맑다. 아침에 순천 부사의 편지가 왔는데, 순찰사께서 초10일쯤 순천부에 도착하고 좌의정|윤두수|도 곧 도착할 거라고 전하였다. 매우 불행한 일이다. 순천 부사가 진중에 있을 때 거제에 부하들을 사냥을 보냈는데 모두 적에게 사로잡혔다고 들었다. 그런데도 그 사정은 보고하지 않았으니 매우 놀라웠다. 그래서 편지를 쓸 때 그 사실을 지적하여 보냈다.

초8일 맑다. 장흥 부사를 술잔을 올리는 헌관獻官*으로 삼고 흥양 현감에게 제사 책임자 일을 맡게 하여, 내일 둑제를 지내도록 재실에 들여보냈다. 김 첨지|김경뢰|가 왔다.

초9일 맑다. 저녁에 비가 오다가 그쳤다. 여러 장수가 활쏘기를 하였다. 3도의 장수가 모두 모였는데 원 수사는 병 때문에 오지 않았다. 김 첨지가 같이 활쏘기를 하고는 돌아갔다. 경상도 진영에서 잤다.

초10일 맑고 바람이 조용하였다. 사도 첨사가 활쏘기 모임을 열었다. 우수사도 왔다. 김경숙金敬叔은 창신도로 돌아갔다.

11일 맑다. 아침 일찍 수루에 올라 남평현의 색리와 순천부의 격군으로서 군량을 세 번이나 훔친 자를 처벌하였다. 각 고을과 진포의 공문을 처리하여 보냈다. 늦게 충청 수사가 보러 왔다. 소비포 권관이 달밤을 타고 자기 진포로 돌아갔는데 그 까닭이 원 수사가 자꾸 모함하려 하기 때문이었다.

12일 맑다. 아침 일찍 김암金岩이 방에 왔다. 정 조방장의 종이 돌아가는 길에 답장을 써 보냈다. 늦게 우수사와 충청 수사

헌관 제사를 할 때 잔을 올리는 사람. 술잔을 올리는 순서에 따라 초헌관, 아헌관, 종헌관으로 나뉜다.

가 같이 왔다. 장흥 부사가 술을 내놓아 같이 이야기를 나누다가 아주 취한 다음에야 끝마쳤다.

13일 날씨가 맑고 따사로웠다. 어제 마신 술이 아직 안 깨어 방 바깥으로 나가지 않았다. 아침에 충청 우후가 보러 왔다. 조도어사 윤경립尹敬立의 장계 초본 두 통을 보았다. 한 통은 진도 군수를 파면해 달라는 것이고, 또 한 통은 수군, 육군을 바꾸어 징발하지 말고 수령을 싸움터에 내보내지 말자는 것이었다. 그 뜻이 자못 눈앞의 일만 생각하는 것이었다. 저녁에 하천수가 장계 회답과 홍패 97장을 가지고 왔다. 영의정의 편지도 가지고 왔다.

14일 맑다. 흥양 현감이 술을 내놓았다. 우수사, 충청 수사가 같이 활쏘기를 하였다. 방답 첨사가 새로 부임하여 서로 인사를 나누었다.

15일 맑다. 아침 일찍 충청 수사와 여러 장수들과 함께 망궐례를 드렸다. 우수사가 오겠다고 미리 약속하고도 병을 핑계대고 오지 않으니 한심스럽다. 새로 급제한 사람들에게 홍패를 나누어 주고 남원현의 도병방과 향소 등을 가두었다. 충청 우후가 본도로 나갔다. 종 경효이 들어왔다.

16일 맑다. 중청 수사, 순천 부사와 이야기를 나누었다. 밤에 꿈속에서 아이를 보았는데, 이것은 경庚의 어미가 아들을 낳을 징조였다.

17일 날씨가 맑고 따뜻하였다. 충청 수사, 순천 부사, 사도 첨사가 와서 활쏘기를 하였다. 우후 이몽구가 국둔전國屯田*을 추수하는 일 때문에 나갔다. 효대 등도 나갔다.

국둔전 나라에서 운영하는 둔전.

18일 날씨가 맑고 매우 따뜻하였다. 충청 수사, 흥양 현감과 활쏘기를 하였다. 하루 내내 활을 쏘다가 헤어졌다. 저녁에 비가 뿌리더니 밤새 내렸다. 이수원李壽元과 담화曇花가 들어오고 복춘福春도 잇따라 들어왔다. 밤새 뒤척이며 잠들지 못하였다.

20일 새벽에 바람이 그치지 않았고 비도 잠시 왔다 개었다. 혼자 앉아서 간밤의 꿈을 떠올려 보았다. 바다 가운데 외딴섬이 달려와 눈앞에 주춤 서는데 그 소리가 우레와 같았다. 모두들 놀라 사방으로 달아났지만 나만은 홀로 서서 그 광경을 처음부터 끝까지 지켜보았다. 참으로 기분이 좋았다. 이것은 왜놈이 화평을 구걸하다가 스스로 멸망할 징조다. 또 내가 좋은 말을 타고 천천히 갔는데 이것은 내가 임금의 부름을 받아 올라갈 징조이다.

충청 수사와 홍양 현감이 왔다. 거제 현령도 왔다가는 바로 돌아갔다. 체찰사 공문 중에, 수군에서 군량을 받아들여서 군사들을 계속 먹이도록 하라 하였다. 잡아 가두었던 친족과 이웃은 풀어 줬다고 한다.

21일 맑다. 아침에 활터 정자에 나가 앉아서 공문을 처리하여 나누어 주었다. 늦게 활쏘기를 하였다. 장흥 부사, 순천 부사, 충청 수사와 하루 내내 이야기를 나누었다. 저물 무렵에 여러 장수에게 뛰어넘기를 하게 하고, 군사들에게는 씨름을 겨루게 하였다. 밤이 깊어서야 끝마쳤다.

22일 아침에 활터 정자에 앉아 있으니 우수사와 장흥 부사가 왔다. 경상 우후도 와서 명령을 듣고 갔다. 원수의 밀서가 도착하였는데, 27일에 군사를 출동시키도록 하라는 것이었다.

23일 날씨는 맑았으나 바람이 사나웠다. 일찍 활터 정자에 나가서 공문을 처리하여 나누어 주었다. 원 수사가 와서 군사에 대한 일을 의논하고 돌아갔다. 낙안 군사와 본영 군사 51명, 방답 수군 45명을 점고點考하였다. 고성 백성들이 등장等狀*을 올렸다. 진주 강운姜雲의 죄를 처벌하였다. 보성 군수가 거느리고 온 소관召官 황천석黃千錫을 엄하게 문책하였다. 광주에 가두었던 창평현의 이서 김의동金義同을 처형하라는 명령을 내보냈다. 저녁에 충청 수사와 마량 첨사가 찾아왔다가 밤이 깊어서야 돌아갔다. 초저녁이 지나 복춘이 와서 사사로운 이야기를 나누다가 닭이 운 다음에야 돌아갔다.

24일 맑다. 하루 내내 큰 바람이 불었다. 아침에 대청에 앉아 공문을 처리하였다. 아침은 충청 수사와 같이 먹었다. 호의號衣*를 나누어 주었는데 좌도에는 누런 옷 9벌, 우도에는 붉은 옷 10벌, 경상도에는 검은 옷 4벌이었다.

25일 맑다. 바람이 조금 그쳤다. 김 첨지|김경로|가 군사 70명을 이끌고 들어왔다. 저녁에 박 첨지|박종남|가 군사 6백 명을 거느리고 들어왔다. 조붕도 왔기에 함께 자며 밤새 이야기를 나누었다.

26일 맑다. 새벽에 곽재우, 김덕령 등이 견내량에 도착하였다. 박춘양을 보내어 건너온 까닭을 물어보니, 원수가 수군과 합세하라고 명령을 내렸다고 하였다.

27일 아침에는 날씨가 맑았으나 저물 무렵에 잠깐 비가 왔다. 아침 늦게 배를 띄워 포구로 나가자 여러 배도 한꺼번에 출발하여 적도 앞바다에 대었다. 첨지 곽재우, 김충남金忠男, 한 별장韓別將, 주몽룡朱夢龍도 모두 도착하여 서로 약속을 하고는 각각 원하는 곳으로 나누어 보냈다. 저녁에 병사 선거이가 도착하였기에 전라 좌수영의 배를 타게 하였다. 늦게 체찰사 군관 이천문李天文, 임득의林得義, 이홍사李弘嗣, 이충길李忠吉, 강중룡姜仲龍, 최여

해崔汝諧, 한덕비韓德備, 이안겸李安謙, 박진남朴振男 등이 왔다. 밤에 비가 잠깐 왔다.

28일　흐리다. 새벽에 촛불을 밝히고 혼자 앉아서 적을 토벌하는 점을 쳤다. 첫 점은 활이 화살을 얻는 것과 같다고 나왔고, 다시 점쳤더니 산이 움직이지 않는 것과 같다고 나왔다. 바람이 순조롭지 못하였다. 흉도 안바다에 진을 치고 머물렀다.

29일　맑다. 배를 띄워서 거제 땅 장문포 앞바다로 달려 들어갔다. 적의 무리가 험난한 곳에 웅크리고는 나오지 않았다. 누각을 높이 세우고 양쪽 봉우리에 보루를 쌓고는 도무지 나와서 대항하려 하지 않았다. 맨 앞에 나선 적의 배 두 척을 공격하였더니 육지로 도망쳤다. 빈 배만 깨뜨려 불태웠다. 칠천량에서 밤을 지냈다.

10월, 수륙 양군이 호응하여 장문포 적을 공격하다

초1일　새벽에 출발하여 장문포에 도착하였다. 경상 우수사, 전라 우수사는 장문포 앞바다에 머무르고, 나는 충청 수사와 여러 선봉장들과 함께 바로 영등포로 들어갔다. 그러나 왜적들은 배를 바닷가에 묶어 두고는, 도무지 나와서 싸우려고 하지 않았다. 해가 질 무렵에 장문포 앞바다로 되돌아왔다. 그런데 사도 2호선이 육지에 배를 대려 할 때, 적의 작은 배가 곧장 달려와서 불을 던졌다. 불은 일지 않고 꺼졌지만 매우 분하였다. 우수사 군관과 경상 수사 군관은 그 실수를 약간 꾸짖었으나, 사도 군관은 그 죄를 무겁게 다스렸다. 밤 10시쯤 칠천량에 돌아와 밤을 지냈다.

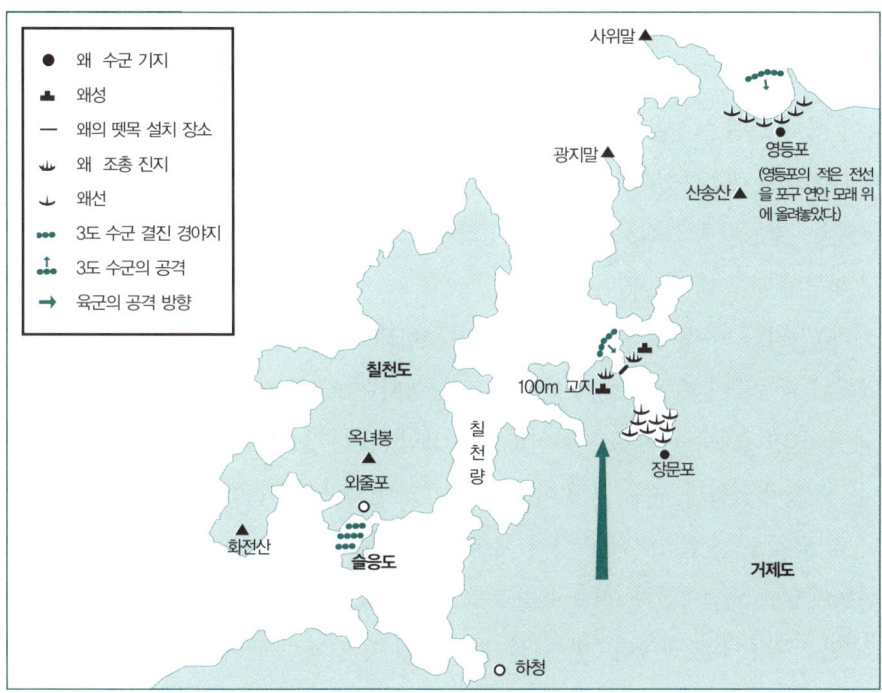

범례

- ● 왜 수군 기지
- ⚓ 왜성
- ─ 왜의 뗏목 설치 장소
- ↯ 왜 조총 진지
- ↓ 왜선
- •••• 3도 수군 결진 경야지
- ↕ 3도 수군의 공격
- → 육군의 공격 방향

사위말 ▲

광지말 ▲

영등포 ●
(영등포의 적은 전선
을 포구 연안 모래 위
에 올려놓았다)

산송산 ▲

칠천도

100m 고지

옥녀봉 ▲

외줄포 ○

칠천량

장문포 ●

화전산 ▲

슬응도

거제도

○ 하청

장문포 싸움 상황도.

초2일 맑다. 선봉선 30척에만 명령을 내려, 장문포에 있는 적
의 정세를 보고 오게 하였다.

초3일 맑다. 여러 장수를 직접 끌고 일찍 장문포로 가서 하루
내내 서로 싸웠다. 적들은 두려워서 나와 대항하려고 하지 않았
다. 저물 무렵에 칠천량에 돌아와서 밤을 보냈다.

초4일 맑다. 곽재우, 김덕령 등과 약속한 다음 군사 수백 명
을 뽑아 상륙하여 산으로 올라가게 하였다. 선봉은 먼저 장문포
에서 들락날락하면서 싸움을 걸게 하였다. 늦게 중군을 거느리
고 진격하였다. 바다와 육지에서 서로 호응하니 적이 갈팡질팡
하며 기세를 잃고 이리저리로 급히 달아났다. 육군은 적 하나가

칼을 휘두르는 것을 보고 곧바로 발길을 돌려 배로 돌아왔다. 저물 무렵에 칠천량에 되돌아와서 진을 쳤다. 선전관 이계명李繼命이 왕이 보낸 표신標信*과 선유교서宣諭敎書를 가지고 왔다. 담비 털가죽도 내려주셨다.

초5일　칠천량에 그대로 머무르면서 장계 초안을 작성하였다. 큰 바람이 하루 내내 불었다.

초6일　맑다. 아침 일찍 선봉 부대를 장문포 적의 소굴에 보내었더니 왜놈들이 패문을 써서 땅에다 꽂아 놓았는데, 거기에는 "왜국이 명나라와 바야흐로 화친하고자 하니 싸울 필요가 없다."고 쓰여 있었다. 왜놈 한 명이 칠천 산기슭에 와서 항복하고자 하였다. 곤양 현감이 불러들여 배에 싣고 심문하였더니, 영등포에 있는 왜적이었다. 진을 흥도로 옮겼다.

초7일　맑고 따뜻하였다. 병사 선거이, 곽재우, 김덕령 등이 떠났다. 그러나 나는 그대로 머무른 채 출발하지 않았다. 띠풀을 1백 83동 베었다.

초8일　맑고 바람이 없었다. 일찍 배를 띄워 장문포 적의 소굴에 다다랐더니 적은 여전히 나오지 않았다. 군세를 과시하고 나서 흥도에 돌아왔다가 다시 배를 몰아서 모두 한산도에 이르니 이미 한밤중이었다. 흥도에서 띠풀을 3백 60동 베었다.

초9일　맑다. 아침에 정자로 내려왔더니 첨지 김경로, 첨지 박종남, 조방장 김응함, 조방장 한명련韓明璉*, 진주 목사 배설裵楔*, 김해 부사 백사림 등이 함께 왔다가 돌아가겠다고 고하였다. 김경로와 박종남은 하루 내내 활쏘기를 하였다. 박종남은 마루방에서 춘복과 같이 자고 김경로는 배에서 내려와 잤다. 남해 현령, 진주 목사, 김해 부사, 하동 현감, 사천 현감, 고성 현령이 보

표신 왕의 명령을 전할 때 쓰는 증명서.

한명련?~1624| 임진왜란이 일어나자 경상도 지방에서 적과 싸워 공을 세우고 1594년 경상 우도 별장이 되어 각지의 진지를 보수하고 군대를 훈련시켰다. 1597년 정유재란 때 도원수 권율 밑에서 충청도 방어사와 합세하여 공주에서 싸웠다. 이듬해 다시 권율 밑에서 의병장 정기룡과 합세하여 경상우도에 주둔한 적군을 격파하고 명나라 제독 마귀가 천거하여 오위장이 되고 방어사를 지냈다.

배설?~1599| 진주 목사를 지냈고 1595년경 경상 우수사를 맡았다. 1597년 통제사 원균의 밑에서 칠천량 싸움에 참전하였으나 패배하고는 한산도로 후퇴하였다. 그 뒤 이순신의 밑에 들어갔다가 명량 싸움을 앞둔 며칠 전에 도망하였다. 뒤에 체포되어 사형당했다.

고하고 돌아갔다.

10일 맑다. 아침에 장계 초안을 내어 수정하였다. 박자윤朴子 胤●과 곤양 현감이 그대로 머물면서 출발하지 않았다고 한다. 흥 양 현감, 장흥 부사, 보성 군수가 보고하고 돌아갔다. 밤에 꿈을 꾸었는데 두 가지 좋은 징조가 있었다. 울과 존서存緒, 유□□● 와 정립廷立 등이 본영으로 돌아갔다.

11일 맑다. 아침에 몹시 불편하였다. 아침에 충청 수사가 보 러 왔다. 공문을 처리하고 일찍 잠자리에 들었다.

12일 맑다. 아침에 장계 초본을 수정하였다. 늦게 우수사와 충청 수사가 도착하였다. 경상 수사 원균이 왜적을 토벌한 일에 대해 제가 직접 장계를 올리겠다고 하면서 공문을 작성하여 와 서 바쳤다. 비변사 공문에 근거하여 원수가 쥐 가죽으로 만든 남바위●를 좌도에 15개, 우도에 10개, 경상도에 10개, 충청도에 5개씩 나누어 보냈다.

13일 맑다. 아침에 서리를 불러 장계 초안을 작성하였다. 늦 게 충청 수사를 내보냈다. 본도 우수사가 충청 수사를 찾아왔다 가는 나를 보지 않고 돌아갔다. 매우 취한 까닭이다. 종사관이 이미 사천에 도착하였다고 하여 사천 1호선을 내보냈다.

14일 맑다. 새벽에 꿈을 꾸었다. 왜적들이 항복을 청하면서 구멍이 여섯 개가 있는 총통 다섯 자루와 환도環刀를 바쳤으며, 말을 전해 준 자는 이름이 김서신金書信이라고 하였다. 왜놈들의 항복을 모두 받아들이기로 한 꿈이었다.

15일 맑다. 박춘양이 장계를 가지고 나갔다.

16일 맑다. 순무사 서성이 저물 무렵에 왔다. 우수사, 원 수사 와 같이 이야기를 나누다가 밤이 깊어서야 끝마쳤다.

박자윤1?~1601| '자윤' 은 박종남朴宗男의 자 字이다.
✱ 글자를 알아볼 수 없 다.
남바위 관복을 입을 때 사모 밑에 쓰는 방한구.

3도 수군의 훈련 모습으로 배들이 첨자진을 이루고 있다. 〈해진도〉. ⓒ 해군사관학교 박물관.

17일 맑다. 아침에 어사[서성]의 처소에 사람을 보냈더니 밥을 먹은 뒤에 도착하겠다고 하였다. 늦게 우수사가 오고 어사도 와서 조용히 이야기를 나누었는데 원 수사가 속임수를 썼다고 여러 번 이야기하였다. 아주 놀라웠다. 원균도 왔는데 그 흉측한 모양을 이루 다 말할 수 없었다. 아침에 종사관이 들어왔다.

18일 맑다. 아침에 큰 바람이 불더니 늦게서야 그쳤다. 어사에게 갔더니 이미 원 수사의 처소에 가고 없었다. 그곳으로 갔더니 조금 있다가 술이 나왔다. 저물 무렵에 돌아왔다. 종사관이 공손히 절을 하고 서로 인사를 하였다.

19일 바람이 순조롭지 못하였다. 대청에 나가 앉았다가 늦게 수루 방에 돌아왔다. 어사가 우수사에게 가서 하루 내내 술을 마시며 이야기했다고 한다. 아침에 종사관과 이야기를 나누었다. 저녁에 종 억지億只 등이 급히 오고 박언춘도 왔다.

20일 아침에 흐렸다. 늦게 순무어사가 나갔다. 작별을 한 뒤대청에 올라 앉았더니 우수사가 와서 보고하고 돌아갔다. 공문을 만들 생각으로 나가는 것이리라. 밤 10시쯤 비가 조금 내렸다.

21일　맑았다가 조금 흐렸다. 종사관이 나갔다. 우후도 나가고 발포 만호도 나갔다. 늦게 항복한 왜인 셋이 원 수사에게서 왔으므로 문초를 하였다. 영등포 만호가 왔다가 밤이 깊어서 돌아갔다. 그에게 작은 아이가 있다고 하므로 데려오라고 일러 보냈다. 밤에 비가 조금 왔다.

22일　흐리다. 의능과 이적李迪이 나갔다. 초저녁에 영등 만호가 그 아이를 데리고 왔다. 심부름시키려고 머무르게 하여 재웠다.

23일　맑다. 그 아이가 아프다고 한다. 종 억지의 죄와 애환愛還, 정말동丁末同 등의 죄를 처벌하였다. 저녁에 아이를 전에 있던 곳으로 돌려보냈다.

24일　맑다. 우우후를 초청하여 활쏘기를 하였다. 금갑도 만호도 왔다.

25일　맑고 서풍이 크게 일었다가 늦게 그쳤다. 몸이 불편하여 방에서 나가지 않았다. 남도 만호와 거제 현령이 왔다. 영등 만호도 와서 잠시 이야기를 나누었다. 전 낙안 군수인 첨지 신호申浩가 왔는데 체찰사 공문과 목화, 벙거지[毛笠], 베[正木] 1동*을 가지고 왔다. 같이 이야기하다가 밤이 깊어 물러갔다. 순천 부사 권준權俊*이 잡혀가면서 다시 보러 왔다. 마음이 편하지 않았다.

26일　맑다. 장인 어른*의 제삿날이어서 관청에 나가지 않았다. 신 첨지에게 들으니, 김상용金尚容*이 이조 정랑이 되어 상경할 때, 남원부 내에 들어가 숙박하면서도, 체찰사를 만나 보지 않고 그냥 갔다 하였다. 세상일이 이와 같으니 매우 놀라울 뿐이다. 체찰사가 밤에 순찰사는 숙소에 갔는데도 순찰사는 밤이 깊어서야 자기 숙소로 돌아왔다고 한다. 체모가 이럴 수 있는

동　물건을 묶어 세는 단위로, 한 동은 먹 10장, 붓 10자루, 생강 10접, 피륙 50필, 백지 100권, 곶감 100접, 볏짚 100단, 조기 1,000마리, 비웃 2,000마리를 이른다.

권준?~? 일찍이 문과에 합격하여 순천 부사가 되었으며 임진왜란이 일어나자 이순신의 막하로 여러 해전에서 공을 세웠다.

＊보성 군수를 지낸 방진方震을 가리킨다.

김상용1561~1637 임진왜란이 일어나자 강화에 피난했다가 양호 체찰사 정철鄭澈의 종사관이 되어 왜군 토벌과 명나라 군 접대에 공을 세우고 1598년에 승지가 되었다. 그해 겨울 명나라에 다녀왔다. 글씨와 문장에 뛰어났다.

가! 놀라움을 이기지 못하겠다. 종 한경이 본영에 갔다. 오후 6시께 비가 오기 시작하여 밤새 그치지 않았다.

27일　아침에 비가 오더니 늦게 개었다. 미조항 첨사가 와서 교서에 숙배한 다음 그와 더불어 이야기를 나누었다. 저물 무렵에 돌아갔다.

28일　맑다. 대청에 앉아 공문을 처리하여 보냈다. 금갑도 만호와 이진 만호 등이 찾아왔다. 밥을 먹고 나니 우우후와 경상우후가 와서 목화를 받아 갔다. 저물녘에 잠자리에 들었다.

29일　맑다. 서풍이 불어 춥기가 살을 에는 듯하였다.

30일　맑다. 적을 찾아 토벌하러 들여보내고 싶었으나 경상도는 전선戰船이 없어서 모이기만 기다렸다. 한밤중에 아들 회가 들어왔다.

11월, 항복한 왜인을 훈련시키다

초1일　새벽에 망궐례를 드렸다. 몸이 몹시 불편하여 하루 내내 나가지 않았다.

초2일　맑다. 좌도는 사도 첨사를, 우도는 우후 이정충을, 경상도는 미조항 첨사 성윤문成允文 등을 장수로 정하여 수색하고 토벌하는 일을 맡도록 들여보냈다.

초3일　맑다. 아침에 김천석金天碩이 비변사의 공문을 가지고, 항복한 왜군 야여문也汝文 등 세 명을 데리고 진에 도착하였다. 수색, 토벌 나갔던 군사들이 밤 10시쯤에 돌아왔다. 이영남이 보러 왔다.

초4일　맑다. 대청에 나가서 항복한 왜병들을 문초하였다. 왕에게 보낼 전문箋文을 가져갈 유생이 들어왔다.

초5일　흐리더니 가랑비가 내렸다. 송한련이 대구 10마리를 잡아 왔다. 순변사가 자기 군관에게 항복한 왜병 13명을 보내왔다. 밤새도록 큰 비가 내렸다.

초6일　흐렸으나 따뜻하기가 봄날 같았다. 이영남이 보러 오고 이정충도 왔다. 신 첨지와 함께 이야기를 나누었다. 송희립이 사냥을 갔다.

초7일　날이 늦게 개었다. 아침에 대청에 나가서 투항해 온 왜적 17명을 남해로 보냈다. 늦게 금갑도 만호, 사도 첨사, 여도 만호, 영등 만호가 함께 왔다. 낮에 신 첨지가 보고하기를, 원수가 돌아오면, 수군 부대에 머무를 것이라 하였다.

초8일　새벽에 잠시 비가 뿌리더니 늦게 개었다. 배 만들 재료를 운반하여 왔다. 새벽에 영의정의 꿈을 꾸었는데 모습이 변한 듯하였다. 나도 모자를 벗었는데, 같이 민종각閔宗愨 집에 이르러 이야기를 나누는 대목에서 깨었다. 무슨 징조인지 모르겠다.

초9일　맑았으나 바람이 순조롭지 못하였다.

초10일　맑다. 아침에 이희남李喜男이 들어왔다. 조카 뇌도 본영에 왔다고 한다.

11일　동지冬至이자 11월 중이다. 새벽에 망궐례를 드리고 나서, 군사들에게 팥죽을 먹었다. 우우후와 정담수가 찾아왔다가 바로 돌아갔다.

12일　맑다. 일찍 대청에 나가서 순천 색리 정승서鄭承緖와 남원에서 폐단을 일으킨 역졸을 처벌하였다. 첨지 신호에게 이별주를 대접하였다. 견내량에서 제멋대로 방어선을 넘어가서 고기잡이를 한 사람 24명에게 곤장을 때렸다.

13일 맑다. 바람이 잔잔하고 날이 따뜻하였다. 신 첨지와 아들 회, 이희남, 김숙현金叔賢이 본영에 갔다. 종 한경에게도 명을 내려 은진의 김정휘金廷輝 집에 보냈다. 장계도 또한 발송하였다. 원수가 방어사 군관으로 하여금 항복한 왜적 14명을 거느리고 이리로 오도록 시켰다. 저녁에 윤연尹連이 그 누이의 편지를 가지고 왔는데, 거짓된 말이 많아서 가소로웠다. 버리고자 하여도 그러지 못하는 것이 있으니 바로 부모가 죽은 후에 남은 자식들이다. 남은 아이 셋은 끝내 의지할 데가 없기 때문이다. 15일은 아버지 제삿날이어서 오늘부터 관청에 나가지 않았다. 밤에 달빛이 대낮같이 밝아서 잠을 이룰 수 없었다. 뒤척뒤척거리다가 밤을 새었다.

14일 맑다. 아침에 우병사가 자기 군관을 시켜 항복한 왜적 7명을 데려왔기에 곧 남해현으로 보냈다. 이함이 남해로부터 왔다.

15일 맑다. 날씨가 따사롭기가 봄날 같았다. 춥고 따뜻한 것이 순서를 잃었으니 재난이라 할 만하다. 아버지 제삿날이어서 관청에 나가지 않았다. 혼자 방 안에 앉아 있으니 슬픈 마음을 이루 다 말할 수 없었다. 저녁에 탐색선이 들어왔다. 순천에 있는 교생校生*이 임금에게 보낸 교서를 베껴 가지고 왔다. 또 아들 울이 보내온 편지를 보니 어머님의 기운이 이전처럼 평안하시다고 한다. 매우 다행스러웠다. 상주에 사는 사촌누이의 편지를 가지고 그 아들 윤엽尹曄이 본영에 왔다. 누이의 편지를 보니 눈물이 흐르는 것을 어찌할 수가 없었다. 영의정이 보낸 편지도 왔다.

16일 맑다. 바람이 조금 차가웠다. 밥을 먹은 뒤 대청에 앉았다. 우우후, 여도 만호, 회령포 만호, 사도 첨사, 녹도 만호, 금갑

교생 지방 향교나 서원에 다니는 학생.

도 만호, 영등포 만호, 전 어란포 만호 정담수 등이 찾아왔다가 돌아갔다. 늦게 날씨가 아주 따뜻하였다.

17일　날씨가 맑고 따사로웠다. 서리가 눈처럼 쌓였으니 좋은 징조인지 모르겠다. 늦게부터 잔잔한 바람이 하루 내내 불었다. 밤 10시쯤 뇌와 울이 들어왔다. 자정께에 이르러서 바람이 미친 듯이 몹시 불었다.

18일　맑다. 큰 바람이 저녁에 불기 시작하더니 밤새도록 그치지 않았다.

19일　맑다. 거센 바람이 밤새 그치지 않았다.

20일　맑다. 아침에 바람이 그쳤다. 대청에 나갔더니 얼마 안 되어서 원 수사가 찾아왔다가는 돌아갔다. 늦게 거센 바람이 밤새 불었다.

21일　맑다. 아침에 바람이 잔잔해졌다. 조카 뇌가 나갔다. 이 설이 포폄계褒貶啓*를 가지고 갔다. 종 금선金善, 우년禹年, 이향離鄕, 수석水石, 행보行寶 등도 나갔다. 김교성金敎誠, 신경황이 나갔고 남도포 만호, 녹도 만호도 나갔다.

22일　맑다. 아침에 회령포 만호가 나갔다. 날씨가 몹시 따뜻하였다. 우우후와 정담수가 찾아왔다. 활을 5, 6순 쏘았다. 왜인의 옷감으로 무명 10필을 가지고 갔다.

23일　맑고 따사로웠다. 흥양과 순천의 군량미를 받아들였다. 저녁에 이경복이 자기 소실과 함께 들어왔다. 순변사 등이 탄핵을 받았다고 들었다.

24일　맑고 따뜻하기가 마치 봄날 같았다. 대청에 나가 공문을 처리하여 보냈다.

포폄계　수령의 근무 성적을 매긴 장계.

25일　흐리다. 새벽 꿈에 이일[순변사]과 만났다. 내가 말을 많이 하였는데 "국가가 위험한 때를 당하여 무거운 책임을 맡았다면서 어찌 보답할 마음은 가지지 않고, 음탕한 여자를 거느린 채 관사에는 들어가지 않고 성밖 집에 멋대로 거처하여 사람들의 비웃음을 사니 어떻게 할 것인가? 또 각 고을과 진포의 수군에게 육전에서나 쓸 군기軍器를 배정하여 독촉하기에 바쁘니, 이 또한 무슨 이치인가?" 하였다. 순변사는 말이 막혀 대답하지 못했다. 기지개를 켜고 일어나니, 한바탕 꿈이었다.

아침을 먹은 뒤 대청에 나가 공문을 처리하여 나누어 주었다. 조금 있으니 우우후와 금갑도 만호가 왔다. 피리 소리를 듣다가 저녁에 돌아갔다. 홍양의 총통 만드는 서리들이 도착하여 회계를 하고 돌아갔다.

26일　소한小寒*이다. 날씨가 맑고 따뜻하였다. 방에 들어앉아서 관청에 나가지 않았다. 메주 10섬을 쑤었다.

27일　맑다. 밥을 먹은 뒤 대청에 나가 앉아서 좌우도에 나누어 보낸 항복한 왜적들을 모두 모아서 총을 쏘는 연습을 시켰다. 우우후, 사도 첨사, 여도 만호, 거제 현령 등이 함께 왔다.

28일　맑다.

소한　24절기의 하나로 동지와 대한 사이에 있으며 음력 12월, 양력 1월 5일경이다. 우리나라에서는 가장 추운 때를 말한다.

1595년 휴전 상태가 계속되는 속에서

전쟁은 뜸했으나 이순신은 여전히 다가올 싸움에 대비하였다. 둔전을 경작하여 군량을 준비하고 배와 무기를 만들고 개비하였다. 활쏘기를 하면서 단련하기도 하였다. 아직 웅천 등지에 웅크리고 있는 적들의 동태에 대해서도 항상 경계하였다. 그런 중에도 견내량 등지에서 작은 전투가 일어났다.(이 해는 원본 일기가 남아 있지 않아서 내용이 상대적으로 적다.)

1월, 나라와 여든 살 되신 어머니를 생각하며

초1일 맑다. 촛불을 밝히고 혼자 앉아서 나랏일을 생각하니 저절로 눈물이 흘러내렸다. 또 팔순의 병든 어머니를 생각하며 뜬눈으로 밤을 새웠다. 이른 아침부터 여러 장수들과 군사들이 찾아와서 새해 인사를 하였다. 원전元琠, 윤언심尹彦諶, 고경운 등이 보러 왔다. 각 급의 군사들에게 술을 먹였다.

초2일 맑다. 나라의 제삿날*이어서 관청에 나가지 않았다. 장계 초본을 수정하였다.

초3일 맑다. 아침 일찍 대청에 나가 각 고을과 진포의 공문을 처리하여 보냈다.

초4일 맑다. 우우후, 거제 현령, 금갑도 만호, 소비포 권관, 여도 만호 등이 찾아왔다.

초5일 맑다. 공문을 처리하였다. 봉과 울이 들어와서 어머니께서 평안하시다고 전하였다. 매우 다행이었다. 밤새 온갖 생각이 떠올라서 잠을 이룰 수가 없었다.

* 명종의 비 인순왕후 심씨의 제삿날이다.

초6일 맑다. 어응린魚應麟과 고성 현감이 왔다.

초7일 맑다. 흥양 현감과 방언순方彦淳과 이야기를 나누었다. 남해에서 항복한 왜인 야여문 등이 와서 인사를 올렸다.

초8일 맑았으나 거센 바람이 불었다. 광양 현감의 공식 인사를 받은 뒤에 전령 날짜를 넘긴 죄로 곤장을 때렸다.

초9일 맑다. 밥을 먹은 뒤 야여문 등을 남해로 되돌려보냈다.

초10일 순천 부사 박진朴晉*이 왕의 교서에 절을 올렸다. 경상 수사 원균이 선창에 당도하였다는 이야기를 듣고는 불러서 같이 이야기를 나누었다. 순천 부사, 우우후, 흥양 현감, 광양 현감, 웅천 현감, 고성 현령, 거제 현령 등도 왔다가 돌아갔다. 순천 부사가 부임했다.

11일 우박이 내리고 동풍이 불었다. 밥을 먹은 뒤 순천 부사, 흥양 현감, 고성 현령, 웅천 현감, 영등 만호 등이 와서 이야기를 나누었다. 고성 현령이 배 만드는 일을 독려하려고 돌아갔다.

12일 흐리고 바람이 세게 불었다. 각 고을과 진포의 공문을 처리하여 보냈다. 늦게 순천 부사가 보고하고 돌아갔다. 영남 우후 이의득이 찾아왔다.

박진?~1597 1592년에 밀양 부사였는데 임란을 맞아 작원에서 적을 맞아 싸우다 후퇴하였다. 이후 경상좌도 병마절도사로 임명되어 나머지 병사를 수습하고, 군사를 나누어 소규모 전투를 수행해 적세를 저지했다. 또 비격진천뢰를 사용해 경주성을 탈환했다. 1593년에 독포사로 밀양·울산 등지에서 전과를 올렸다. 경상우도 병마절도사, 순천 부사, 전라도 병마절도사를 거쳐 1596년 11월 황해도 병마절도사 겸 황주 목사를 지내고 뒤에 참판에 올랐다.

우수영전진도첩 전라 우수영의 군사 조직과 운영 실태 및 당시 어떤 작전을 수행하고 있었는지도 알 수 있게 하는 자료. 오른쪽 그림은 적과 만났을 때 대처하는 여러 가지 방법을 묘사한 예진도와 직진도 등을 펼친 모습이다. 충무사보존위원회 소장.

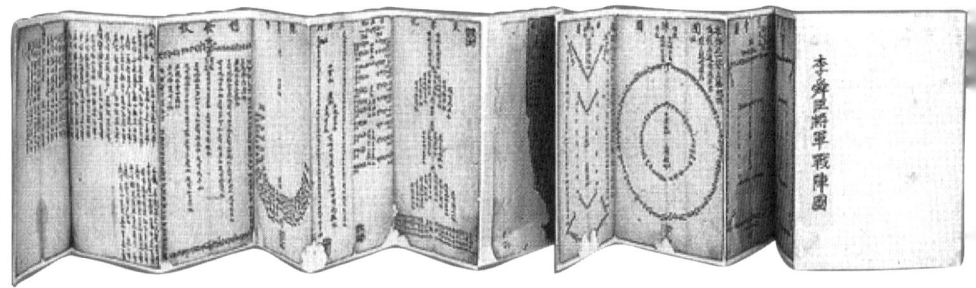

13일　아침에는 맑았으나 저녁에 비가 왔다. 박치공이 왔다.

14일　맑다. 동풍이 크게 불었다. 몸이 불편하여 누워서 끙끙 앓았다. 영등 만호, 사천 현감, 여도 만호가 보러 왔다.

15일　맑다. 우우후 이정충을 불렀다. 그가 배 위에서 발을 헛딛는 바람에 물에 빠져 한참 동안 허우적거리다가 겨우 건져올려졌는데 불러서 위로하였다.

16일　맑다. 대청에 나가 공무를 보았다.

17일　맑다. 날씨가 따뜻하였으며 바람이 잠잠하였다. 대청에 나가 공무를 보았다. 우우후와 소비포 권관, 거제 현령, 미조항 첨사 등이 함께 와서 활쏘기를 하고 헤어졌다.

18일　흐리다. 공문을 처리하였다. 늦게 활 10순을 쏘고 헤어졌다.

19일　맑다. 대청에 나가 공무를 보았다. 옥구 피난민 이원진李元軫이 왔다. 장흥 부사, 낙안 군수, 발포 만호가 들어왔다. 약속한 날짜를 어긴 죄로 처벌하였다. 조금 있다가 여도의 배에서 불이 났는데 광양, 순천, 녹도의 배까지 옮겨 붙어 네 척이 불탔다. 가슴이 찢어지듯 아팠다.

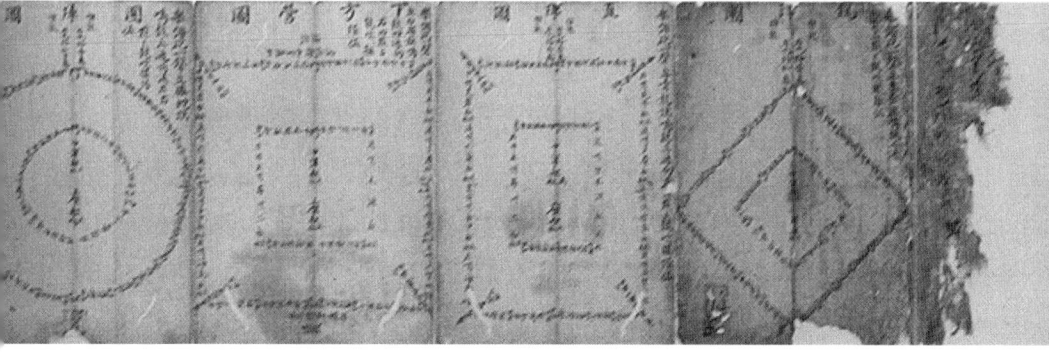

20일 맑다. 아침에 아우 우신, 조카 해와 이응복李應福이 나갔다. 아들 울과 분이 들어왔다. 어머님이 평안하시다 하니 매우 다행스럽다.

21일 하루 내내 가랑비가 내렸다. 이경명李景明과 장기를 두었다. 장흥 부사가 찾아왔는데 그에게 들으니 순변사 이일이 하는 짓이 아주 모양이 좋지 않다고 한다. 나를 해치려고 애를 쓴다고 하니 우습기 짝이 없다.

22일 맑다. 하루 내내 바람이 세게 불었다. 원수의 군관 이태수李台壽가 전령을 가져왔는데 여러 장수들이 도착해 있는지 어떤지를 알고 나서 가겠다고 하였다. 늦게 수루에 나가 불을 낸 여러 배의 장수와 색리를 처벌하였다. 초저녁에 금갑도 만호가 살고 있는 집의 옆에 불이 나서 몽땅 타 버렸다.

23일 하루 내내 바람이 세게 불었다. 장흥 부사와 우후, 홍양 현감이 와서 이야기를 나누었는데 날이 저물어서야 돌아갔다.

24일 맑았으나 바람이 세게 불었다. 이원진이 떠나는 것을 배웅하였다.

25일 맑다. 장흥 부사, 홍양 현감과 우후, 영등 만호, 거제 현령이 찾아왔다.

26일 흐리고 바람이 불었다. 탐색선이 들어왔는데 홍양 현감을 붙잡아 갈 나장이 왔다 한다. 이희李禧도 왔다.

27일 춥기가 겨울 같았다. 대청에 나가 영암 군수, 강진 현감 등으로부터 공식 인사를 받았다.

28일 맑다. 바람이 세게 불고 추웠다. 황승헌黃承憲이 들어왔다.

29일 흐렸으나 비는 오지 않았다.

30일 맑다. 동풍이 세게 불었다. 보성 군수가 들어왔다.

초1일　맑았으나 바람이 불었다. 일찍 대청에 나가 약속 날짜에 늦게 왔던 보성 군수의 죄를 다스렸다. 도망쳤던 왜인 2명을 처형했다. 금부나장이 와서 흥양 현감을 잡아가겠다고 전했다.

초2일　날씨가 흐리고 바람이 세게 불었다. 흥양 현감을 잡아갔다. 대청에 나가 공무를 보았다.

초3일　맑다. 일찍 대청에 나가서 흥양의 배에 불을 던졌다는 신덕수申德壽라는 자를 문초하였으나 증거를 얻어 내지 못하고 옥에 가두어 두었다.

초4일　맑다. 몸이 불편하였다. 장흥 부사와 우우후가 왔다. 원수부에서 회답한 공문과 종사관의 답장도 왔다. 봉, 회와 오종수吳從壽가 들어왔다.

초5일　맑다. 충청 수사가 왔다. 천성 만호 윤홍년尹弘年이 교서에 절하였다.

초6일　맑고 바람이 세게 불었다. 장흥 부사, 우우후 등과 활쏘기를 하였다.

초7일　맑다. 보성 군수가 술을 가져왔다. 하루 내내 이야기를 나누었다.

조8일　흐리다.

초9일　비 오다.

초10일　비가 내리고 바람도 세게 불었다. 황숙도와 하루 내내 이야기를 나누었다.

11일　비가 내리다가 늦게 잠깐 개었다. 황숙도와 분, 허인許寅, 변존서가 돌아갔다. 하루 내내 공무를 보았다. 저물녘에 임금의 분부를 받는데, 둔전을 잘 살펴서 운영하라는 것이었다.

12일 맑다. 바람이 불지 않았다. 윤엽이 들어왔다. 늦게 활 10여 순을 쏘았다. 장흥 부사와 우우후가 와서 쏘았다.

13일 맑다. 일찍 대청에 나갔다. 도양에 있는 둔전의 조세 3백 석을 실어 와서 각 진포에 나누어 주었다. 우수사와 진도 군수, 무안 현감, 함평 현감, 남도포 만호, 마량 첨사, 회령포 만호 등이 들어왔다.

14일 날씨가 맑고 따사로웠다. 밥을 먹고 나서 진도 군수, 무안 현감, 함평 현감 등을 교서에 절하게 한 뒤, 방비하러 들어갈 수군을 일제히 징발해 보내지 않은 일과 전선을 만들어 오지 않은 일에 대하여 처벌하였다. 영암 군수도 문책하였다. 봉과 해와 분이 방응원과 같이 나갔다.

15일 날씨가 맑고 따뜻하였다. 새벽에 망궐례를 올렸다. 우수사, 가리포 첨사, 진도 군수도 함께 참석하였다. 지휘선을 연기로 그슬렀다.

16일 맑다. 대청에 나가 앉아 있자니 함평 현감 조발趙撥이 탄핵을 받고 돌아간다고 고하였다. 술을 한잔 먹여 보냈다. 조방장 신호가 진영에 도착하여 교서에 절하고 난 뒤 같이 이야기를 나누었다. 저녁에 배를 타고 바다 가운데로 옮겨 정박하였다가 밤 10시쯤 배를 띄워 춘원도에 도착하였다. 새날은 밝아 오는데 경상도 수군은 아직 도착하지 않았다.

17일 맑다. 군사들에게 서둘러 아침밥을 먹이고 곧바로 우수영 앞바다에 도착하였다. 성 안에 있던 왜놈 7명이 우리 배를 보고 도망가므로 배를 돌려 나왔다. 장흥 부사와 신 조방장을 불러서 하루 내내 계책을 논의한 다음 진영으로 돌아왔다. 저녁에 임영林榮과 조방장 정응운丁應運이 들어왔다.

18일 맑다. 탐색선이 들어왔다.

19일 맑다. 아침에 대청에 나가 공무를 보았다. 거제 현령, 무안 현감, 평산포 만호, 회령포 만호 등과 허정은許廷誾도 왔다. 송한련이 와서 고기를 잡아 군량을 사겠다고 하였다.

20일 맑다. 우수사, 장흥 부사, 신 조방장이 와서 이야기를 나누었는데, 이들은 원균의 못된 짓을 많이 전하였다. 놀라울 따름이다.

21일 비가 조금 오다가 늦게 개었다. 보성 군수, 웅천 현감, 우우후, 소비포 만호, 강진 현감, 평산 만호 등이 보러 왔다.

22일 맑다. 대청에 나가서 장계를 봉하였다. 늦게 우후와 낙안 군수, 녹도 만호를 불러 떡을 대접하였다.

23일 맑다. 신 조방장과 장흥 부사가 와서 이야기를 나누었다.

24일 흐리다. 천둥이 크게 쳤으나 비는 오지 않았다. 몸이 불편하였다. 원전元塡이 보고하고 돌아갔다.

25일 흐리다. 바람도 고르지 않았다. 회와 울이 들어와 어머니께서 평안하시다는 말을 전하였다. 장계를 가지고 갔던 이전李荃이 들어왔는데 조보朝報*와 영의정의 편지를 가지고 왔다.

26일 흐리다. 아침에 서장과 장계 모두 16통을 봉하여, 정여흥鄭汝興에게 주었다.

27일 한식寒食*이다. 날이 맑았다. 원균이 포구에서 교대하려고 도착하였기에 수사 배설이 교서에 절하라고 하였는데 불평하는 기색이 대단하였다고 한다. 여러 번 타이른 뒤에야 억지로 행하였다고 하니 쓴웃음이 나왔다. 무식하기 짝이 없다.

28일 맑다. 대청에 나가서 장흥 부사와 우우후 등과 이야기를 나누었다. 광양 현감과 목포 만호도 왔다.

조보 조정의 소식을 담은 문서. 승정원에서 발간하였으며 오늘날의 관보와 같은 성격을 지닌다.

한식 동지로부터 105일째 되는 날. 설날·단오·추석과 함께 4대 명절의 하나로, 음력 2월 또는 3월경이다.

29일   맑다. 고여우高汝友가 창신도에 나갔다. 배 수사가 와서 둔전 만드는 일을 의논하였다. 신 조방장도 왔다. 저녁에 옥포 만호 방승경方承慶, 다경포 만호 이충성李忠誠 등이 교서에 절하였다.

30일   비가 계속 내렸다. 대청에 나가 공무를 보았다.

3월, 풍신수길이 바다를 건너오려고 하다

초1일   맑다. 겨울을 전장터에서 보낸 3도의 군졸을 모아 왕이 하사한 무명베를 나누어 주었다. 정 조방장이 들어왔다.

초2일   흐리다.

초3일   맑다.

초4일   맑다. 조방장 박종남이 들어왔다.

초5일   비가 계속 내렸다. 노대해盧大海가 왔다.

초6일   맑다.

초7일   맑다. 박 조방장, 신 조방장, 우후와 진도 군수가 찾아왔다.

초8일   맑다. 밥을 먹은 뒤 대청에 나갔다. 우수사, 경상 수사, 두 조방장, 우후, 가리포 첨사, 낙안 군수, 보성 군수, 광양 현감, 녹도 만호가 함께 모여서 이야기를 나누었다.

초9일   맑다. 늦게 대청에 나갔다. 신임 방답 첨사 장린張麟, 신임 옥포 만호 이담李曇이 서로 인사를 하였다. 진주 이곤변李坤忭이 와서 만나고 돌아갔다.

초10일   흐리고 가랑비가 내렸다. 박 조방장과 이야기를 나누었다. 보성 군수 안홍국安弘國•이 보고하고 돌아갔다.

11일   흐리고 바람이 세게 불었다. 사도시司䆃寺• 주부 조형도趙

안홍국?~1597 임란 때 선전관으로 왕을 의주에까지 뒤따랐고, 소식이 끊긴 삼남의 각 진을 다니며 왕의 지시를 전달하였다. 이 해 통제사 이순신의 휘하에 들어가 선봉장으로 전공을 세웠다. 1597년 정유재란 때 통제사 원균의 휘하에 중군으로 참전하여 안골포, 가덕도의 해전에서 승리를 거두고, 돌아오다 다시 안골포에서 적을 맞아 싸우다가 전사하였다.

亨道가 와서, 좌도에 있는 적의 형세와 항복한 왜적이 보고한 내용을 전하였다. 내용은 풍신수길이 침략한 지 3년이 지나도록 아무런 성과가 없으므로, 군사를 더 끌어 모아 부산포에 진영을 설치하려고 3월 11일에 바다를 건너오기로 이미 정했다고 한다.

12일   흐리다. 박 조방장과 우후가 장기를 두었다.

13일   흐리고 바람이 세게 불었다. 아침에 박종남을 초청하여 같이 밥을 먹었다. 저녁 식사 후에 조형도가 찾아왔다가 돌아갔다.

14일   비가 계속 내렸으나 바람은 그쳤다. 남해 현령이 진영에 도착하였다.

15일   비가 잠깐 그쳤다. 바람도 잦아졌다. 밥을 먹은 뒤 조형도가 돌아가겠다고 했다. 늦게 활쏘기를 하였다.

16일   비 오다. 사도 첨사 김완이 들어왔다. 그에게 들으니, 전충청 수사 이순신이 군량 2백여 섬을 감춘 일을 조도어사 강첨姜

사도시   궁중에서 필요한 쌀과 장 등을 공급하는 일을 맡은 관아.

※●에게 들키는 바람에 붙잡혀서 심문당했다고 한다. 또 새로 부임한 충청 수사 이계훈李繼勛이 배 위에서 실수로 불을 냈다고 한다. 너무 놀라서 입이 다물어지지 않았다. 동지 권준이 본영에 왔다고 한다.

17일 빗발이 다소 걷혔다. 아들 면이 허주許宙, 박인영朴仁英 등과 함께 돌아갔다. 군량을 회계하여 일일이 표를 붙였다. 충청 우후가 급히 보고하기를, 수사 이계훈이 실수로 불을 내고는 자신은 물에 빠져 자살하고, 군관과 사공 모두 1백 40여 명이 타 죽었다고 하였다. 놀랍고도 놀라웠다. 늦게 우수사가 급히 보고하기를 "견내량 복병한 곳으로 와서 항복한 왜병 심안은기沈安隱己를 문초하였습니다. 그 사람은 영등포에 있던 왜병인데, 장수 심안돈沈安頓이 자기 아들(충항忠恒)을 대신 세우고, 가까운 시일 내에 왜국으로 돌아갈 것이라고 합니다." 하였다.

18일 맑다. 권언경權彦卿●과 우신, 조카 봉 그리고 수원壽元이 들어왔다. 이들에게서 어머니께서 평안하시다고 전해 들었다. 기쁘기 그지없다. 우수사가 와서 이야기를 나누었다.

19일 맑다. 권언경과 활쏘기를 하였다.

20일 비가 계속 내렸다. 밥을 먹은 뒤 우수사에게 갔다. 도중에 배 수사를 만나서 배 위에서 잠시 이야기를 나누었다. 밀포密浦에 둔전 설치한 곳을 살펴보러 간다고 하며 돌아갔다. 그 길로 우수사가 있는 곳으로 갔다가 매우 취하여 저녁에 돌아왔다.

21일 맑다. 늦게 우신, 조카 봉 및 수원이 돌아갔다. 나주 판관判官●과 우후가 찾아왔다. 정오쯤 조방장 박종남에게 가서 바둑을 두었다.

22일 동풍이 크게 불었다. 날씨가 아침에는 흐렸다가 늦게서

강첨|1559~1611| 1592년 병조좌랑으로 재직 중 임란을 맞아 충청·경상도의 운량어사運糧御史|조도어사|가 되어 군량 조달에 힘썼다.

언경 권준權俊의 자字이다.

판관 감영, 유수영 등 큰 고을에 둔 종5품 관직.

야 개었다. 세 조방장과 활쏘기를 하였는데 우수사가 도착하여 함께 쏘았다. 해 질 무렵에 끝내고 돌아갔다.

23일 맑다. 아침을 먹은 뒤 세 조방장과 우후와 함께 걸어서 앞 봉우리에 올라갔다. 삼면을 바라보아 막힌 곳이 없고 북쪽만이 길이 뚫려 있었다. 과녁 자리를 설치하고 앉을 자리로 돌아가는 것도 잊었다.

24일 날씨가 흐렸으나 비는 오지 않았다. 공문을 처리하고는 늦게 세 조방장과 같이 활쏘기를 하였다.

25일 비가 하루 내내 내렸다. 동지 권준과 우후, 남도포 만호 강응표, 나주 목사가 찾아왔다. 영광 군수도 와서 동지 권준과 장기를 두었는데 권준이 이겼다. 저녁부터는 몸이 매우 불편하였다. 닭이 울 무렵에야 잠시 열이 내리고 땀이 흐르지 않았다.

26일 맑다. 영광 군수가 나갔다. 늦게 신, 박 두 조방장과 우후와 함께 활을 15순 쏘았다. 저녁에 배 수사, 이운룡, 안위安衛● 등이 와서 새로 부임한 감사*를 맞아서 인사를 하겠다고 보고하고 사량으로 갔다. 밤 10시경 동쪽이 어둡다가 갑자기 밝아졌다. 무슨 징조인지 모르겠다.

27일 맑다. 아침밥을 먹은 뒤 우수사가 와서 하루 내내 활쏘기를 하였다. 어두울 무렵에 박 조방장의 처소에 가서, 발포 만호, 사도 첨사, 녹도 만호를 불러 함께 이야기를 나누다가 헤어졌다. 탐색선이 들어왔다. 표마表馬와 종 금이金伊 등이 들어왔는데 어머님이 평안하시다고 한다.

28일 맑다. 활을 10여 순 쏘았다. 늦게 사도 첨사가 와서, 각 진포의 병부兵符*를 순찰사 관문에 의거하여 각 진포에 직접 나누어 주었다고 보고했는데, 그 이유를 모르겠다.

안위1563~? 정유재란 때 이항복의 추천으로 거제 현령이 되어 통제사 이순신을 도와 벽파진 싸움에서 승리하고 선조로부터 『무경칠서武經七書』를 하사받았다. 뒤에 전라도 병마절도사에 올랐다.

*2월에 경상우도 관찰사로 임명된 서성을 가리키는 듯하다.

병부 군대를 동원하는 표시로 쓰이는 나무 패.

29일 맑다. 아침밥을 먹은 뒤 두 조방장과 이운룡, 조계종과 함께 활을 23순 쏘았다. 배 수사가 순찰사 처소에서 오고 미조항 첨사도 진영에 이르렀다.

4월, 웅천에는 아직 왜적들이 웅크리고

초1일 맑았으나 바람이 세게 불었다. 남원 유생 김굉金軦이 수군에 관한 일로 진영에 왔다고 하므로 같이 이야기를 나누었다.

초2일 맑다. 하루 내내 공무를 보았다.

초3일 맑다. 세 조방장이 우수사 진영으로 갔다. 나는 사도 첨사와 함께 활쏘기를 하였다.

초4일 맑다. 아침에 경상 수사가 활쏘기를 하자고 청하였다. 권, 박 두 조방장과 같이 배를 타고 수사에게로 갔더니 전라 수사가 먼저 와 있었다. 같이 활쏘기를 하고 하루 내내 이야기를 나누다가 돌아왔다.

초5일 맑다. 선전관 이찬李燦이 왕의 밀지를 가지고 진영에 도착하였다.

초6일 가랑비가 하루 내내 내렸다. 권 동지와 같이 이야기를 나누었다.

초7일 맑다. 저녁에 바다로 내려갔다. 해가 질 무렵에 견내량에 이르러 하룻밤을 묵었다. 이 선전관이찬이 돌아왔다.

초8일 맑다. 동풍이 세게 불었다. 밤에 왜적이 도망갔다고 들었으므로 쳐들어가서 공격하지 않았다. 늦게 침도砧島에 이르러 우수사, 배 수사와 함께 활쏘기를 하였다. 여러 장수도 모두 들어와서 참여하였다. 저녁에 본 진영으로 돌아왔다.

초9일 맑다. 박 조방장과 활쏘기를 하였다.

초10일 맑다. 구화역의 역졸이 와서 보고하기를 "적선 1척이 또 역 앞에 이르렀습니다." 하였다. 그래서 3도 중위장으로 하여금 각각 배 다섯 척씩을 거느리고 견내량으로 달려가서 형세를 보아 무찌르게 하였다.

11일 맑다. 우수사가 찾아와서 함께 활쏘기를 하고는 하루 내내 이야기를 나누다가 돌아갔다. 정여흥이 들어왔다. 또 변존서의 편지를 보고는 무사히 집으로 돌아간 줄을 알았다. 더 이상 기쁠 수가 없다.

12일 맑다. 장계에 대한 답신 18통과 영의정, 우의정 편지와 이축李軸의 회답이 당도하였다. 군량을 독촉하는 일 때문에 본영의 아병牙兵* 양응원梁應元은 순천과 광양으로, 배승련裵承鍊은 광주와 나주로, 송의련宋義連은 흥양과 보성으로, 김충의金忠義는 구례와 곡성으로 정하여 보냈다. 3도의 중위장 성윤문, 김완, 이응표가 견내량에서 돌아와 적이 물러갔다고 보고하였다. 배 수사가 밀포로 나갔다.

14일 잠깐 비가 왔다. 아침에 흥양 현감이 교서에 절하였다.

15일 흐리다. 여러 가지 장계와 단오 진상품을 봉하여 올렸다.

16일 바람이 하루 내내 세게 불었다. 비가 충분히 내려서 금년 농사는 풍년이 들 것 같다.

17일 맑다. 북동풍이 세게 불었다. 아침밥을 먹은 뒤 대청에 나가서 조방장과 활을 15순 쏘았다. 배 수사가 이곳에 왔다가 곧바로 해평장海平場의 둔전을 경작하는 곳으로 갔다. 미조항 첨사도 와서 활쏘기를 하고 돌아갔다.

18일 맑다. 아침밥을 먹은 뒤 대청에 나가 앉았다. 우수사, 배

아병 대장의 휘하에 있는 병사. 아牙는 대장기를 뜻하는 것으로 아병은 대장을 수행하는 임무를 맡았다.

수사 그리고 가리포 첨사, 미조항 첨사, 웅천 현감, 사도 첨사와 이의득, 발포 만호 등 3도의 변방을 지키는 장수들이 함께 와서 활쏘기를 하였다.

19일　맑다. 박 조방장이 적을 수색 토벌하려고 배를 타고 나갔다.

20일　맑다. 늦게 우수사에게 가서 조용히 이야기를 나누다가 돌아왔다. 이영남이 장계에 대한 왕의 회답을 가지고 내려왔는데 "남해 현령을 효수梟首*하라." 하였다.

21일　맑았으나 바람이 세게 불었다. 대청에 나갔다가 활을 10순 쏘았다.

22일　맑다. 오후에 미조항 첨사와 이운룡, 적량 만호 고여우, 영등 만호 조계종이 두 조방장과 함께 왔다. 그래서 정사준鄭思竣*이 보내 준 술과 고기를 함께 먹었다. 이 편에 남해 현령이 군령을 어겼으니 효수되었다*는 글을 보았다.

23일　맑다. 남풍이 세게 불어서 배를 운행할 수 없었다.

24일　맑다. 이른 아침에 울과 뇌, 완을 어머니 생신에 음식을 차려 드리도록 내보냈다. 정오쯤에 강천석姜千石이 달려와 보고하기를, 도망한 왜군 망기시로望己時老가 무성한 풀 가운데 엎드려 있다가 붙잡혔고, 왜군 하나는 물에 빠져 죽었다고 하였다. 망기시로를 곧바로 끌고 오도록 하고 3도 수군에 나누어 맡겼던, 항복한 왜인을 모두 불러 모아 곧바로 목을 베도록 하였다. 망기시로가 조금도 두려워하는 기색이 없이 죽으러 나왔다. 참 지독한 놈이었다.

25일　날씨가 맑고 바람이 잤다. 구화역의 역졸 득복得福이 경상 우후가 급히 보낸 보고서를 가지고 왔는데, 왜놈의 크고 작

효수 죄인의 목을 베어 높은 곳에 매달아 놓는 처형의 하나.

＊그러나 남해 현령 기효근은 그 뒤 1597년 자살한 것으로 되어 있다.

정사준!?~? 임진왜란이 일어나자 이순신의 휘하에서 광양의 복병장으로서 활동하였다. 특히 조총보다 더 우수한 충통을 만들어 내기도 하였다.

226

임진왜란 당시 일본의 배와 갑주

임진왜란 때 일본은 안택선과 관선 등을 앞세워 조선을 침략해 들어왔다.

안택선安宅船은 대선으로 불린 왜의 주력 전선으로, 대개 판옥선과 비슷한 크기였다. 돛은 하나고 노 한 자루에 한 사람 또는 두 사람이 붙었는데, 노 한 자루에 네 사람이 붙었던 판옥선보다 느렸던 것으로 보인다. 관선關船은 선체가 홀쭉한 쾌속선으로, 왜군의 가장 많은 수를 차지했다. 그 외에 소형 관선 등이 있었다.

안택선 모형

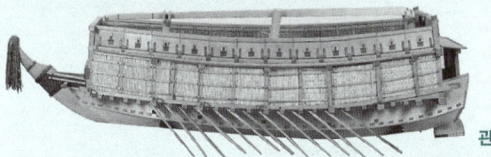

관선 모형

일본 갑옷은 당코[短甲]라 하는데, 헤이안[平安] 시대부터 신체의 각 부분에 맞춘 많은 쇠붙이 조각들을 색색의 가죽 끈과 비단 끈으로 연결해서 만들어 입었다. 그리고 갑옷 밑에 받쳐 입는 옷도 금칠, 옻칠한 색색의 끈으로 갑옷에 고정하여 입었다.

왜장 갑주

은 배 50여 척이 웅천에서 나와서, 진해로 향한다고 하였다. 오수吳水 등을 정탐하라고 내보냈다. 흥양 현감이 찾아오고 사량 만호 이여념이 돌아가겠다고 했다. 아들 회와 해가 들어왔는데 어머니께서 평안하시다고 한다. 매우 다행이다.

26일　맑다. 새벽에 우수사와 신 조방장이 자신에게 소속된 배 20여 척을 거느리고 정탐하러 나갔다. 늦게 권 동지, 흥양 현감, 사도 첨사, 여도 만호와 활을 20순 쏘았다.

27일　맑고 또 바람도 없었다. 몸이 불편하였다. 권 동지, 미조항 첨사, 영등 만호가 와서 같이 활을 10순 쏘았다. 한밤중에 우수사가 왜적을 수색, 토벌하러 나갔다가 진영으로 돌아왔는데 적의 자취가 아무 곳에도 없다고 하였다.

28일　맑다. 아침을 먹은 뒤 대청에 나가 공무를 보았다. 우수사와 경상 수사가 와서 활쏘기를 하였다. 송덕일이 하동 현감을 붙잡아 왔다.

29일　새벽 2시쯤 비가 오더니 오전 6시쯤에는 활짝 개었다. 해남 현감과 공사례公私禮*를 마친 뒤에 두 번이나 약속한 날짜를 어긴 하동 현감은 곤장 90대를 때리고, 해남 현감은 곤장 10대를 때렸다. 미조항 첨사가 휴가를 얻었다. 세 조방장과 같이 이야기를 나누었다. 노윤발이 미역 99다발을 따 가지고 왔다.

30일　맑다. 활을 10순 쏘았다.

5월, 왕의 총애와 영광이 너무 크다

초1일　비바람이 세게 불었다.

초2일　맑다. 아침에 바람이 매우 사나웠다. 늦게 웅천 현감과

공사례 공적인 인사와 사적인 인사.

거제 현령, 영등 만호, 옥포 만호가 보러 왔다. 밤 10시경 탐색선이 들어왔는데 어머니께서 평안하시다고 한다. 종사관이 이미 본영에 당도하였다고 한다.

초3일　맑다. 활을 15순을 쏘았다. 해남 현감이 보러 왔다. 금갑도 만호가 진영에 이르렀다.

초4일　맑다. 오늘은 어머니 생신이다. 직접 잔을 올리지 못하고 먼 바다에 홀로 앉아 있으니 가슴속에 품은 생각을 어떻게 다 말할 수 있으랴! 늦게 활을 15순 쏘았다. 해남 현감이 보고하고 돌아갔다. 아들의 편지를 보니, 요동의 왕작덕王爵德이 왕씨王氏✱의 후손으로서 군사를 일으키려 한다고 하였다. 참으로 놀랍다.

초5일　비가 계속 내리다가 저녁 6시쯤에 잠시 개었다. 활을 3순 쏘았다. 우수사, 경상 수사와 여러 장수가 함께 모였다. 오후 5시쯤 종사관 유공진柳拱辰이 들어왔고 이충일李忠一, 최대성崔大晟✱, 신경황이 함께 왔다. 몸이 춥고 불편하였다. 심하게 토하다가 갔다.

초6일　맑고 바람도 없었다. 아침에 종사관이 교서에 절한 다음 공사례公私禮를 받고 이야기를 나누었다. 늦게 활 20순 쏘았다.

초7일　맑다. 아침에 종사관, 우후와 같이 이야기를 나누었다.

초8일　흐렸으나 비는 오지 않았다. 아침을 먹은 뒤 배를 띄워서 3도 수사가 같이 선인암仙人巖✱으로 가서 이야기를 나누고 구경을 하였다. 활쏘기도 하였다.

방답 첨사가 여러 아들의 편지를 가지고 들어왔는데, 초 4일에 종 춘세春世가 실수로 불을 내어 10여 집이 탔다고 한다. 어머님이 살고 계시는 집에는 미치지 않았다고 하니 다행스러웠다. 어둡기 전에 배를 돌려 진영으로 들어왔다. 종사관과 우후는 방을

✱고려 왕조의 성씨이다.

최대성!?~?! 임진왜란이 일어나자 이순신의 군관으로 활동하였으며 1597년에는 송대립 등과 함께 예교 전투에서 싸워 이겼으며, 보성 안치 전투에서 두 아들 언립彦立, 후립厚立과 함께 전사하였다.

선임암 경남 통영시 한산면 한산진 포궁에 있는 선암仙巖을 일컫는 듯하다.

붙인다고 뒤처졌다.

초9일　맑다. 아침을 먹은 뒤 종사관이 돌아갔는데 우후도 같이 갔다. 활을 20순 쏘았다.

초10일　맑다. 활을 20순 쏘았는데 많이 맞혔다. 종사관 등이 본영에 당도하였다고 한다.

11일　늦게 비가 뿌렸다. 두치의 군량과 함께 남원, 순창, 옥과 등에서 모두 68섬을 실어 왔다.

12일　궂은비가 그치지 않았다. 저녁에 잠깐 개었다. 대청에 나가 앉아 공무를 보았다. 권 동지와 신 조방장이 왔다.

13일　비가 퍼붓듯 내렸는데 하루 내내 그치지 않았다. 혼자 대청 가운데 앉았으니 가슴속에서 갖은 생각이 만 갈래로 갈라진다. 배영수裵永壽를 불러 거문고를 타게 하였다. 또 세 조방장을 맞이하여 함께 이야기를 나누었다. 요즈음 탐색선이 엿새가 지나도록 오지 않아서 어머니께서 평안하신지 알 수가 없다. 끓어오르는 걱정을 어찌할 수 없다.

14일　궂은비가 그치지 않고 밤낮으로 내렸다. 아침을 먹은 뒤 대청에 나가 앉았다. 사도 첨사가 와서, 흥양 현감이 받아 끌고 간 배가 돌섬에 걸려 부서졌다고 보고하였다. 그래서 대장 최벽崔璧과 십선장十船將, 도훈도를 잡아다가 곤장을 때렸다. 권 동지가 왔다.

15일　궂은비가 그치지 않아서 바로 앞을 분간할 수 없었다. 새벽 꿈자리가 아주 어지러웠다. 어머니께서 평안하신지 소식을 듣지 못한 지가 벌써 이레나 되어 몹시 마음이 탔다. 아들 해가 잘 돌아가긴 했는지 모르겠다. 아침을 먹은 뒤 나가서 공무를 보았다. 광양의 김두검金斗劍[김헌]이란 자가 복병으로 나갔을 때 순천과 광양 두 고을 수령으로부터 급료를 이중으로 받은 일 때문에 벌로써 수군으로 나왔는데 칼도 안 차고 활도 안 메고서 무척 거만을 떨었다. 그래서 곤장 70대를 때렸다. 늦게 우수사가 술을 가지고 와서 마시다가 취해서 돌아갔다.

16일 흐렸으나 비는 오지 않았다. 아침에 탐색선이 들어왔는데 어머니께서는 평안하시지만, 아내가 불이 난 다음 마음에 크게 상처를 받았고 담과 기침도 심하다고 한다. 매우 염려스러웠다. 아들 해가 돌아간 것을 비로소 알았다. 활을 20순 쏘았는데 권 동지가 잘 맞혔다.

17일 맑다. 아침에 나가서 본영 각 선박의 사부, 사공 등 급료 받은 사람을 점고하였다. 늦게 활 20순을 쏘았다. 박, 권 두 조방장이 잘 맞추었다. 쇳물을 부어 소금 굽는 가마솥 하나를 만들었다.

18일 맑다. 아침에 충청 수사가 진영에 당도하였다. 결성 현감, 보령 현감, 서천포 만호만을 거느리고 왔다. 충청 수사가 교서에 절한 뒤 세 조방장과 같이 이야기를 나누었다. 저녁에 활 10순을 쏘았다. 거제 현령이 보러 와서는 그대로 하룻밤 머물렀다.

19일 맑다. 동풍이 차게 불었다. 아침을 먹은 뒤 권, 박, 신 세 조방장과 사도 첨사, 방답 첨사 둘과 함께 활 20순을 쏘았다. 선 수사도 와서 함께하였다. 저녁에 쇳물을 부어 소금 가마솥 하나를 만들었다.

20일 저녁에 비바람이 불더니 밤새도록 그치지 않았다. 아침을 먹은 뒤 공무를 보았다. 선 수사, 권 조방장과 같이 장기를 두었다.

21일 흐리다. 오늘은 반드시 본영 사람이 도착할 텐데, 아직

어머니의 안부를 모르니 매우 걱정이 되었다. 종
옥이玉伊와 무재武才를 본영에 보냈다. 절인 어물
과 송어, 어란 등을 어머니께 보냈다. 아침에 나
가 공무를 보고 있자니 항복한 왜인들이 와서, 동
료 왜인 산소山素가 아주 흉악한 일을 하므로 베어
죽이겠다고 하였다. 그렇게 하도록 하였다. 활을
20순 쏘았다.

김응서|1564~1624| 1592년 평양에서 수
탄장으로 대동강을 건너는 적병을 막은
공으로 평안도 방어사가 되었다. 1593년
7,700명의 병력으로 명나라 이여송과 함
께 평양성을 탈환하였다. 1594년 경상도
방어사에 전직되었으나 권율의 명으로 남
해안 일대의 도적을 소탕하고 그 공으로
1595년 경상우도 병마절도사에 승진되었
다. 왜적의 정세 및 정보 수집에 힘썼으나
1597년 도원수 권율의 명에 불복한 탓으
로 강등되었다.

22일 맑고 따사로웠다. 권 동지 등과 활을 20
순 쏘았다. 이수원이 서울에 올라간다고 들어왔
는데 비로소 어머니께서 평안하신 줄을 알았다.
매우 다행스러웠다.

23일 맑다. 세 조방장과 활을 15순 쏘았다.

24일 맑다. 아침에 이수원이 장계를 가지고 나
갔다. 박 조방장과 충청 수사와 선 수사*를 시켜 활쏘기를 하도
록 하였다. 소금 가마솥을 만들었다.

25일 맑다. 늦게 비가 왔다. 경상 수사, 우수사, 충청 수사와
활을 9순 쏘았다. 충청 수사가 술을 내놓아서 아주 취하여 헤어
졌다. 김응서金應瑞가 여러 번 대간臺諫*의 탄핵을 받았고 원수도
그 가운데 끼어 있다는 말을 들었다.

26일 늦게 날이 개었다. 혼자 대청에 앉아 공무를 보았다. 충
청 수사 및 세 조방장과 하루 내내 이야기를 나누었다. 저녁에
현덕린이 들어왔다.

27일 맑다. 활을 10순 쏘았다. 선 수사와 두 조방장이 취해서
돌아갔다. 서울에서 정철丁哲*이 와서 본영에 도착하였는데, 장
계에 대한 회답 내용 중에 김응서가 멋대로 강화를 주장한 것을

* 당시 선거이가 충청
수사이기 때문에 약간
착오가 있는 듯하다.

대간 사헌부와 사간원
을 가리킨다.

정철|?~1595| 임진왜란
이 일어나자 동생 인麟,
종제從弟 춘春, 조카 대
수大水 등과 함께 의병
을 일으켰다. 이순신의
휘하에 들어가 당항포,
부산포 해전 등에서 공
을 세우고 서울을 오가
며 이순신을 도왔다.

232

죄로 돌린다는 말이 여러 군데에 거듭 나타나 있었다. 영의정과 좌의정의 편지가 왔다.

28일 저녁에 흐리더니 비가 크게 쏟아졌다. 밤새 바람이 세게 불었으므로 배가 안정되지 못한 것을 겨우 구해 냈다. 밥을 먹은 뒤 선 수사, 세 조방장과 같이 이야기를 나누었다.

29일 비바람이 그치지 않고 하루 내내 주룩주룩 내렸다. 사직社稷의 위엄과 영령英靈의 도움으로 겨우 형편없는 공밖에 세우지 못했는데 임금의 총애와 영광이 너무 커서 분에 넘쳤다. 장수라는 자리에 있으면서 티끌만 한 공로도 바치지 못하였으니 입으로는 교서를 외고 있으나 군사를 거느리기에는 부끄러울 뿐이다.

6월, 강화가 결정되었다니

초1일 늦게 날씨가 개었다. 권, 박, 신 세 조방장과 웅천 현감, 거제 현령과 활 15순을 쏘았다. 선 수사가 이질에 걸려서 활을 쏘지 못하였다. 본영의 서리가 새로 교대되어 들어왔다.

초2일 하루 내내 가랑비가 내렸다. 아침밥을 먹은 뒤 대청에서 공무를 보았다. 한비韓棐가 돌아간다 하기에 어머니께 편지를 썼다. 본영 서리 강기경, 조춘종趙春種, 김경희金景禧, 신홍언申弘彦이 모두 교대되어 내려갔다. 오후에 가덕 만호, 천성 만호, 평산포 만호, 적량 만호 등이 보러 왔다. 천성 만호 윤홍년이 와서 청주 이계李繼의 편지와 서숙庶叔의 편지를 전하였는데 김개金介가 지난 3월에 죽었다고 한다. 슬프고 가슴이 아파 견딜 수 없었다. 저녁에 권언경이 와서 이야기를 나누었다.

초3일　흐렸으나 비는 오지 않았다. 아침밥을 먹은 뒤 나가서 관청 일을 하였다. 여러 곳에 공문을 처리하여 보냈다. 늦게 가리포 첨사, 남도포 만호가 왔다. 권, 신 두 조방장과 방답 첨사, 사도 첨사, 여도 만호, 녹도 만호가 활 15순을 쏘았다. 아침에 남해 현령이 급히 보고하기를, 해평군 윤두수가 남해로부터 본영에 당도하였다고 하였다. 무슨 까닭으로 왔는지 모르지만 곧 배를 정돈한 다음 현덕린을 본영으로 보냈다. 사량 만호가 와서 양식이 떨어졌다고 보고하고 돌아갔다.

초4일　맑다. 진주 서생 김선명金善鳴이란 자가 군량 대는 일을 맡겠다고 왔는데 보증인으로 안득安得이란 자를 데리고 왔다. 그가 하는 말을 들으며 진실된지 어떤지 살펴보았으나 제대로 할 수 있을지 알기 어려웠다. 그래서 잠시 그 하는 짓을 보기로 하고 공문을 작성하여 주었다. 세 조방장과 사도 첨사, 방답 첨사, 여도 만호, 녹도 만호가 활 15순을 쏘았다. 탐색선이 오지 않아 어머니의 안부를 알지 못하니 답답하다.

초5일　맑다. 이 조방장 등과 같이 아침을 먹었다. 박자윤은 병 때문에 오지 않았다. 늦게 우수사, 웅천 현감, 거제 현령이 와서 하루 내내 이야기를 나누었다. 정오쯤부터는 비가 와서 활을 쏘지 못했다. 나는 몸이 매우 불편하여 저녁 밥을 걸렀다. 하루 내내 몹시 아팠다. 종 경이 들어왔는데 이 편에 어머니께서 평안하시다는 것을 알았다. 매우 다행스러웠다.

초6일　비가 하루 내내 내렸다. 몸이 몹시 불편하였다. 송희립이 들어왔기에 도양장의 농사 형편을 들으니, 흥양 현감이 심혈을 기울였으므로 추수가 잘 될 것 같다고 하였다. 군량을 대는 임영任英*도 힘을 많이 쏟는다고 하였다. 정항鄭沆이 왔으나, 나

임영?~? 진사 임응춘任應春의 아들. 무과 출신으로 임진왜란이 일어나자 이순신의 휘하에 들어가 여러 싸움에서 공을 세웠다.

234

는 몸이 불편하여 하루 내내 앓았다.

초7일 비가 하루 내내 내렸다. 몸이 몹시 불편하여 누웠다 앉았다 하며 신음하였다.

초8일 비 오다. 기운이 조금 나아졌다. 늦게 세 조방장이 보러 와서 곤양 현감이 부친상을 당하였다고 전하였다. 매우 슬펐다.

초9일 맑다. 기분이 여전히 개운하지 않아서 매우 걱정스러웠다. 신 조방장과 사도 첨사, 방답 첨사와 편을 갈라 활쏘기를 하였는데 신 조방장 쪽이 이겼다. 저녁에 원수의 군관 이희삼李希參이 왕의 분부를 가지고 왔는데 조형도가 수군 한 사람에게 매일 양식 5홉, 물 7홉씩을 나눠 준다고 거짓 보고를 하였다. 세상일이란 정말 놀랍다. 세상에 어찌 이런 거짓이 있을 수 있을까? 저물녘에 탐색선이 들어왔는데 어머니께서 이질에 걸리셨다 한다. 걱정스럽다.

초10일 맑다. 새벽에 탐색선을 본영으로 내보냈다. 늦게 세 조방장과 충청, 경상 수사가 보러 왔다. 광주의 군량미 39섬을 받았다.

11일 가랑비가 내리고 바람이 세게 불었다. 아침에 원수의 군관 이희삼이 돌아갔다. 저녁에 공무를 보러 나가서 광주의 군량미를 훔친 자를 가두도록 하였다.

12일 가랑비가 내리고 바람이 불었다. 새벽에 울이 들어왔는데 어머니의 병환이 좀 나아지셨다고 한다. 그러나 구순 노인이 이렇게 위독한 증세를 얻으셨으니, 근심스러워 눈물이 흘렀다.

13일 흐리다. 새벽에 경상 수사 배설을 잡아 올리라는 명령이 내려왔다. 또한 그 후임에는 권준이 임명되었으며, 남해 현감 기효근은 유임되었다고 하니 놀랍다. 늦게 배 수사를 만나 보고

돌아왔다. 저물녘에 탐색선이 들어왔는데 금부도사가 이미 본
영에 당도하였다. 또 별좌別坐˚의 글을 보니 어머니께서 점차 나
아지신다 한다. 다행이다.

14일　새벽에 비가 많이 내렸다. 사도 첨사가 활쏘기를 청하여
서 우수사와 여러 장수가 모두 모였다. 늦게 날이 개어서 활 12
순을 쏘았다. 저녁에 금부도사가 배 수사를 잡아가려고 들어왔
다. 권준을 수사로 임명한다는 공문과 유서 그리고 밀부密符˚도
왔다.

15일　맑다. 망궐례를 올렸다. 아침밥을 먹은 뒤 포구에 나가
배설을 전송하였다. 마음이 좋지 않았다. 아들 울이 돌아갔다.
오후에 신 조방장과 활 10순을 쏘았다.

16일　맑다. 나가서 관청 일을 하였다. 순천 7호선의 장수 장
일張溢이 군량을 훔치다가 죄를 받았다. 오후에 두 조방장과 미
조항 첨사 등과 활 7순을 쏘았다.

17일　맑다. 바람이 하루 내내 세게 불었다. 경상 수사와 충청
수사 그리고 두 조방장이 같이 활쏘기를 하였다.

18일　비가 오락가락하였다. 진주 유생 유기룡柳起龍과 하응문

별좌　조선시대 여러 관
서의 정·종5품의 관직.
교서관, 군기시, 예빈시
등에 두었다.

밀부　유수, 감사, 병사,
수사, 방어사 등 병력을
거느린 관리들이 차던
군사를 동원할 수 있는
병부.

소서행장 작성도 전쟁이 장기화되자 왜군은 이와 같은 성을 남해안 일대에 쌓았다.

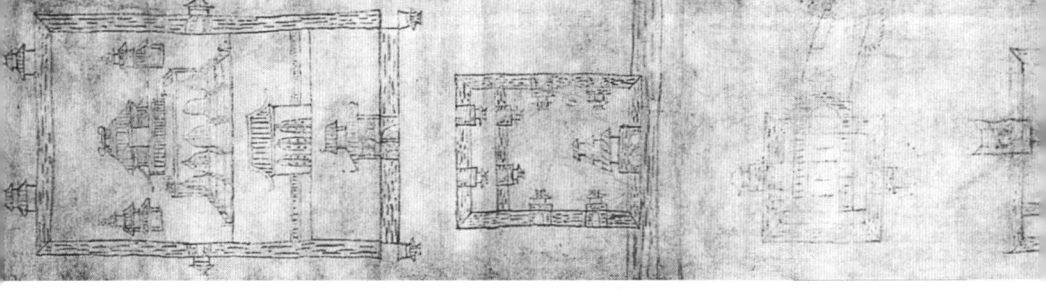

河應文이 양식을 대어 달라고 하여 쌀 5섬을 가지고 왔다. 늦게 박 조방장과 활 15순을 쏘고 헤어졌다.

19일 비가 계속 내렸다. 혼자 수루에 앉아 있는데 잠깐 졸았다. 꿈속에서 아들 면과 윤덕종尹德種의 아들 운로雲輅가 같이 와서 어머니 편지를 전했다. 병세가 나아진 것을 알았다. 천만다행이었다. 신홍헌 등이 들어와서 보리 76섬을 바쳤다.

20일 비가 오다 개다 하였다. 하루 내내 수루에 앉아 있었다. 충청 수사가 말이 또렷하지 않다고 하므로 저녁에 직접 가서 보았다. 수사의 병이 그리 중하지는 않았으나 바람과 습기에 많이 상한 듯하여 매우 염려스럽다.

21일 맑고 아주 더웠다. 아침밥을 먹은 뒤 나가서 공무를 보았다. 신홍헌이 돌아가고 거제 현령이 왔다. 경상 수사가 평산포 만호의 병이 중하다고 보고하기에 내보내라고 적어 보냈다.

22일 맑다. 할머니의 제삿날이어서 공무를 보러 나가지 않았다. 경상 수사가 보러 왔다.

23일 맑다. 두 조방장과 활쏘기를 하였다. 저녁에 배영수裵永壽가 돌아갔다.

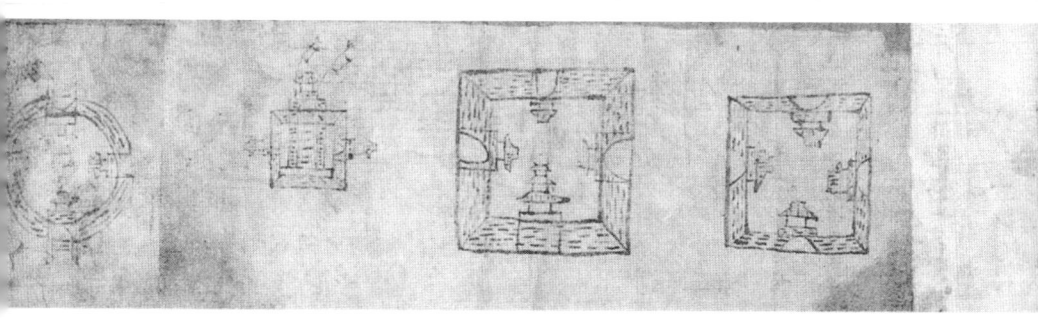

24일 맑다. 우도의 각 관청과 진포에 있는 배의 부정을 조사하였다. 음탕한 여자 12명을 붙잡아서 그 대장隊 長*과 함께 죄를 주었다. 늦게 침을 맞고 활은 쏘지 않았다. 허주와 조카 해가 들어오고 전마戰馬도 왔다. 기성백 奇誠伯의 아들 징헌澄憲이 서삼촌 경충景忠과 같이 왔다.

25일 맑다. 원수의 공문이 들어왔는데 세 위장을 세 패로 갈라 보낸다고 하였다. 그리고 소서행장小西行長이 왜국으로부터 와서 강화를 이미 결정하였다고 한다. 저녁에 박 조방장과 함께 충청 수사에게 가서 그 병세를 보았는데 심상치 않았다.

소서행장!?~1600! 풍신수길의 부하로서 임진왜란 때 가등청정과 함께 조선 침략의 선봉장이었다. 마지막에 순천 예교성에 주둔하였으며 노량, 관음포 해전에서 겨우 도망하였다. 그 뒤 덕천가강과의 싸움에서 실패하고 도망했다가 사형당했다.

26일 맑다. 아침을 먹은 뒤 나가서 공무를 보았다. 활을 15순 쏘았다. 경상 수사가 보러 왔다. 오늘 이언경李彦卿의 생일이라 한다. 그래서 국수도 만들어 먹고 술에 흠뻑 취하였다. 거문고 타는 소리도 듣고 피리도 불다가 저물 무렵에 헤어졌다.

27일 맑다. 허주와 조카 해, 기운로 등이 돌아갔다. 나는 신 조방장과 함께 거제 현령과 활 10순을 쏘았다.

28일 맑다. 나라의 제삿날*이어서 관청에 나가지 않았다.

29일 맑다. 일찍 대청에 나갔다. 우수사가 왔기에 활 10여 순을 쏘았다.

30일 맑다. 문어공文語恭이 생마生麻를 사들이려고 나갔다. 이상록이 돌아갔다. 늦게 거제 현령, 영등 만호가 보러 왔다. 방답 첨사와 녹도 만호, 신 조방장이 활 15순을 쏘았다.

대장 조선 후기 군사 편제에서 말단 소대급의 지휘자. 일반 병사들 가운데서 경력이 많은 고참자가 맡았다.

*명종의 제삿날이다.

초1일　잠깐 비가 내렸다. 나라의 제삿날*이어서 관청에 나가지 않았다. 혼자 수루에 기대어서 나라를 생각하니 위태롭기가 아침 이슬과 같았다. 안으로는 정책을 결정할 만한 재목이 없고, 밖으로 나라를 바로잡을 기둥이 없으니 이 나라가 마침내 어떻게 될 것인지 알 수 없다. 마음이 어지러워서 하루 내내 뒤척거렸다.

초2일　맑다. 돌아가신 아버지의 생신이다. 슬픔에 젖어 생각을 떠올리니 나도 모르게 눈물이 흘렀다. 늦게 활을 10순 쏘았다. 또 쇠로 만든 화살 5순, 짧은 화살 3순을 쏘았다.

초3일　맑다. 아침에 충청 수사에게 문병을 갔더니 크게 나아졌다고 한다. 늦게 경상 수사가 와서 서로 토론을 한 뒤 활 10순을 쏘았다. 밤 10시경 탐색선이 들어왔는데, 어머님이 평안하시나 밥맛이 없으시다고 한다. 매우 걱정스러웠다.

초4일　맑다. 나주 판관이 배를 끌고 진영으로 돌아왔다. 이전 등이 산에 올라 노를 만들 나무를 해 와서 바쳤다. 밥을 먹은 뒤 대청에 나갔다. 미조항 첨사, 웅천 현감이 와서 활쏘기를 하였다. 군관 등이 활쏘기 시합을 하였다. 향각궁鄕角弓을 상품으로 걸었는데 노윤발이 1등을 하여 차지하였다. 저녁에 임영과 조응복이 오고, 양정언은 휴가를 얻어 돌아갔다.

초5일　맑다. 대청에 앉아 공무를 보았다. 늦게 박 조방장, 신 조방장이 왔다. 방답 첨사가 활쏘기를 했다. 임영이 돌아갔다.

초6일　맑다. 정항, 금갑도 만호, 영등 만호가 보러 왔다. 늦게 나가 공무를 보았다. 활 8순을 쏘았다. 종 목년이 고음천에서 와서 어머님이 평안하시다고 전하였다.

초7일 흐렸으나 비는 오지 않았다. 경상 수사, 두 조방장 그리고 충청 수사가 왔다. 방답 첨사, 사도 첨사 등에게 편을 갈라 활쏘기를 시켰다. 경상 우병사 김응세에게 내린 유지有旨가 다음과 같다.

"나라에 재앙이 심하고 원수가 사직에 남아 있어서 귀신의 부끄러움과 사람의 원통함이 땅에 가득하고 하늘 끝에 이르렀다. 그런데도 아직껏 요사스런 기운을 재빨리 쓸어 버리지 못하고 원수와 함께 한 하늘을 이고 있어 고통스럽다. 무릇 혈기 있는 자라면 누군들 팔을 걷어붙이고 마음을 썩이면서 원수의 살점을 저미고 싶지 않겠는가! 그런데 그대는 적과 마주하고 있는 장수로서 어찌 조정이 명령하지도 않았는데, 마음대로 적과 대면하여 감히 함부로 말을 늘어 놓았는가. 그대는 여러 번 사사로이 편지를 보내어 적에게 아부하는 모습을 보이고, 수호·강화하자는 말을 하여 명나라 조정에까지 그 말이 들어가게 하여 치욕을 남기고, 험담을 늘어 놓기에 조금도 거리낌이 없었다. 군율로 다스려도 아까울 것이 없거늘, 관대하게 용서하고 돈독하게 타일렀다. 그런데도 마음을 단정히 하기는커녕 고집을 더욱 심하게 부려서 스스로 죄 구덩이로 빠지니, 나는 매우 놀랍고 그 까닭을 알 수 없다. 이에 비변사 낭청 김용金涌*을 보내어 내 뜻을 구두로 전하니, 그대는

김용|1557~1620| 임란이 일어나자 고향에서 의병을 일으켰고 1593년 왕의 행재소로 가서 교리가 되었다가 독운어사가 되었고, 1596년 체찰사의 부사가 되었다. 1598년 영의정 유성룡이 모함을 받아 삭직당하자 함께 배척을 받아 외직을 전전하다가 광해군 대에 다시 중앙직에 기용되었다.

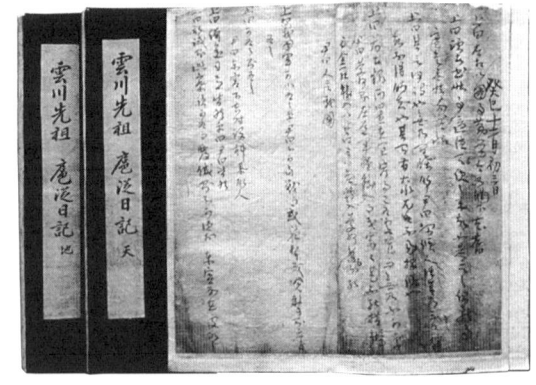

김용은 일찍 버슬을 그만두고 낙향했는데, 임진왜란이 터지자 임금이 피난한 곳으로 달려가 왕을 수행했다. 김용이 의주로 피난한 선조를 호종하며 쓴 『운천호종일기』. ⓒ 김승태.

마음을 고치고 힘써 후회를 남기지 말지어다."

이를 보니 놀랍고 황송함을 이길 수가 없다. 김응서란 대체 어떤 사람인가. 스스로 회개하여 힘쓴다는 말을 듣지도 못하였는가? 만약 쓸개 있는 자라면 반드시 자결이라도 할 것이다.

초8일 맑다. 밥을 먹은 뒤 나가서 공무를 보았다. 영등 만호, 박 조방장이 보러 왔다. 우수사의 군관 배영수가 자기 대장의 명령을 가지고 와서 군량 20섬을 꾸어 갔다. 동래 현감 정광좌鄭光佐가 와서 부임을 보고하기에 활 10순을 쏘고 헤어졌다. 종 목년이 돌아갔다.

초9일 맑다. 오늘이 말복이어서 가을 기운이 서늘하니 여러 가지 생각이 떠올랐다. 미조항 첨사가 다녀갔다. 웅천 현감과 거제 현령이 활쏘기를 하고 갔다. 밤 10시쯤 바다의 달이 수루에 가득 차니 생각이 아주 어지러워 수루 위를 돌아다녔다.

초10일 맑다. 몸이 매우 불편하였다. 늦게 우수사와 만나서 서로 이야기를 나누었다. 군량이 떨어졌다는 말을 많이 하였으나 달리 계책이 없었다. 매우 걱정스럽다. 박 조방장도 왔는데 술 몇 잔을 마시고 아주 취하였다. 밤이 깊어 수루에 등을 대니 초생달 빛이 수루에 가득 차서 갖은 생각을 이길 길이 없었다.

11일 맑다. 아침에 어머니께 편지를 올리고 다른 여러 곳에 편지를 써 보냈다. 무재武才, 박영朴永이 신역身役 때문에 돌아갔다. 관청에 나갔다가 활 10순을 쏘았다.

12일 맑다. 아침을 먹고 나니 경상 우수사가 찾아왔다. 같이 활 10순을 쏘고 쇠화살로 또 5순을 쏘았다. 해가 질 무렵에 서로 이야기를 나누다가 물러나왔다. 가리포 첨사도 와서 자리를 같이하였다.

13일 맑다. 가리포 첨사와 우수사가 같이 왔는데 가리포 첨사가 술을 내놓았다. 활을 5순, 쇠화살로 또 2순을 쏘았다. 몸이 매우 불편하였다.

14일 늦게 날이 갰다. 군사들에게 휴가를 주었다. 녹도 만호 송여종未汝悰*을 시켜서 죽은 군졸들의 제사를 지내도록 백미 두 섬을 주었다. 이상록, 태구련太九連*, 공태원孔太元 등이 들어왔다. 어머님께서 평안하시다니 기쁘기 그지없었다.

15일 맑다. 늦게 대청에 나갔다. 박, 신 두 조방장과 방답 첨사, 여도 만호, 녹도 만호, 보령 현감, 결성 현감 그리고 이언준 등이 활쏘기를 하고 술을 먹었다. 경상 수사도 와서 같이 이야기를 나누다가 씨름 시합을 하였다. 정항이 왔다.

16일 맑다. 아침에 김대복의 병세가 아주 위중하다고 들었다. 매우 가슴이 아프고 염려스러웠다. 즉시 송희립과 유홍근을 시켜 치료하도록 하였으나, 그 증세를 잘 알 수 없어서 매우 걱정스러웠다. 늦게 나가서 공무를 보았다. 순천 부사 정석주鄭石柱와 영광 도훈도 주문상朱文祥을 처벌하였다. 저녁에 원수에게 보내는 공문을 병사에게 보내는 공문의 초를 잡아서 주었다. 미조항 첨사와 사도 첨사가 휴가를 신청하는 서류를 올렸기에, 성 첨지l성윤문l는 10일, 김 첨지l김완l는 3일 휴가를 주어서 보냈다. 녹도 만호를 유임시킨다는 병조의 관문이 내려왔다.

17일 비 오다. 거제 현령이 거제의 적이 이미 모두 철수하여 돌아갔다고 급히 보고하였다. 곧 정항으로 하여금 가 보게 하였다. 대청에 나가 공무를 보았다. 내일 배를 출발시킨다고 명령을 내렸다.

18일 맑다. 아침에 대청에 나가서 박, 신 두 조방장과 같이 아

송여종l1553~1609l 임란 때 낙안 군수 신호의 막료로서 이순신을 따라 한산도 싸움에서 무공을 세웠다. 이순신이 왕에게 올리는 보고문을 가지고 적진을 돌파하여 행재소에 이르러 그 공으로 녹도 만호가 되었다. 1597년 정유재란 때 원균의 휘하에 있다가 한산도에서 패전했다. 이순신이 통제사로 다시 기용되자 그 밑에서 여러 차례 전공을 세웠다.

태구련l?~?l 칼 만드는 장인으로 일명 귀련貴連이라고 한다. 칼을 잘 만들어 임진왜란 때에는 이순신과 그의 조방장 신호, 박종남, 충청 수사 선거이 등의 환도를 동료 언복과 함께 만들었다.

추착 죄인을 붙잡아 오 는 일.

＊이성계의 할아버지로, 조선 건국 뒤 왕으로 추 존된 도조度祖의 제삿 날이다.

침을 먹었다. 오후에 출발하여 저녁에 지도에 도착하여 배를 정 박하고 밤을 지냈다. 자정께 거제 현령이 와서, 장문포에 있는 적의 소굴은 이미 텅 비고 단지 30여 명만 남았다고 전하였 다. 또 사냥하러 다니는 왜적을 만나서 한 명을 쏘아 죽이고 한 명을 사로잡았다고 한다. 새벽 2시쯤 출발하여 견내량으 로 돌아왔다.

19일 맑다. 우수사, 경상 수사, 충청 수사 그리고 두 조방 장과 함께 이야기를 나누고 헤어졌다. 오후 4시쯤 진영으 로 돌아왔다. 추착推捉＊할 때 나타나지 않은 죄로 당포 만 호에게 곤장을 때렸다. 김대복에게 가서 병세를 알아보 았다.

20일 흐리다. 두 조방장과 같이 아침을 먹었다. 늦 게 거제 현령과 전 진해 현감 정항이 왔다. 오후에 나 가 공무를 보았다. 활 5순, 쇠화살로 또 4순을 쏘았 다. 좌병사 군관이 편지를 가지고 왔다.

21일 비바람이 세게 불었다. 우후가 들어왔다고 한다. 아침밥을 먹은 뒤 태구련과 언복彦福이 만든 환도를 충청 수사와 두 조방장에게 각각 한 자루씩 나눠 보냈다. 저물 무렵에 회와 울, 우후가 같은 배 를 타고 섬 밖에 도착하였다. 아들들이 들어왔다.

22일 흐리고 바람이 세게 불었다. 이충일이 그 의 아버지가 돌아가셨다는 소식을 듣고 달려 나갔다.

23일 맑다. 늦게 말을 타고 달리려고 원두구미元頭龜尾에 갔다. 두 조방장과 충청 수사도 왔다. 저녁에 작은 배를 타고 돌아왔다.

24일 맑다. 나라의 제삿날＊이어서 관청에 나가지 않았다. 충청 수사가 와서 이야기를 나누었다.

25일　맑다. 충청 수사가 그의 생일이라고 음식을 준비하여 가지고 왔다. 우수사, 경상 수사, 신 조방장 등과 함께 술을 마시면서 이야기를 나누었다. 저녁에 정 조방장이 들어왔다.

26일　맑다. 아침에 정영동鄭永同과 윤엽, 이수원 등이 흥양 현감과 함께 들어왔다. 아침밥을 먹고 나니 정 수사와 충청 수사도 와서 조용히 이야기를 나누었다.

27일　맑다. 어사의 공문이 들어왔는데 내일 진영에 당도할 거라고 한다.

28일　맑다. 아침을 먹은 뒤 배에 내려갔다. 3도가 합하여 포구 안으로 나가서 진을 쳤다. 오후 2시쯤 어사 신식申湜*이 당도하였기에 곧 대청으로 내려가 한참 이야기를 나누었다. 각 수사와 세 조방장을 불러서 함께 이야기를 나누었다.

29일　흐리고 바람이 세게 불었다. 어사가 좌도에 속한 다섯 진포의 부정을 점고하고는 저녁에 도착하였기에 조용히 이야기를 나누었다.

8월, 체찰사 이원익과 만나다

초1일　비바람이 거세게 불었다. 어사신식와 같이 아침을 먹었다. 곧 배에서 내려, 순천 등 다섯 고을* 배를 점고하였다. 저녁에 어사가 머무르는 곳에 내려가서 함께 이야기를 나누었다.

초2일　흐리다. 우도전라우도의 전선을 점고하고 나서 남도포의 막사에 머물렀다. 공무를 끝낸 뒤 충청 수사선거이와 함께 이야기를 나누었다.

신식1551~1623 신숙주의 5대손이며, 이황의 문인이다. 사헌부 집의를 지냈으며, 임진왜란 때는 경상도 안무어사로 활약하였다.

* 전라 좌수영 관할의 순천, 보성, 낙안, 흥양, 광양을 가리킨다.

초3일　맑다. 어사는 늦게 경상 진영에 가서 점고하였다. 저녁에 경상 진영에 가서 같이 이야기를 나누었는데 몸이 불편하여 바로 돌아왔다.

초4일　비 오다. 어사가 이곳에 왔기에 여러 장수들을 모아서 하루 내내 이야기를 나누다가 헤어졌다.

초5일　흐렸으나 비는 오지 않았다. 아침에 어사와 작별 인사를 하려고 충청 수사의 처소에 갔다. 어사를 전별한 뒤 정 조방장이 돌아간다고 했다.

초6일　비가 세게 내렸다. 우수사, 경상 수사 두 조방장과 하루 내내 이야기를 나누다가 헤어졌다.

초7일　비가 계속 내렸다. 아침에 아들 울과 허주, 현덕린, 우후가 같이 이야기를 나누었다. 저녁에 표신標信을 지닌 선전관 이광후李光後가 왕의 분부를 가지고 왔는데 "원수는 3도 수군을 거느리고 곧장 적의 소굴을 공격하라."는 것이었다. 같이 밤새 이야기를 나누었다.

초8일　비가 계속 내렸다. 선전관이 나갔다. 경상 수사[권준], 충청 수사 그리고 두 조방장과 이야기를 나누다가 같이 저녁을 먹었다. 저물 무렵에 각기 돌아갔다.

초9일　서풍이 세게 불었다.

초10일　맑다. 몸이 불편하여 혼자 수루에 앉아 있었더니 온갖 생각이 만 갈래로 떠올랐다. 늦게 대청에 나가 공무를 끝낸 뒤 활 5순을 쏘았다. 정제鄭霽와 결성 현감이 같은 배를 타고 나갔다.

11일　비가 오다 개다 하였다. 종 한경이 본영에 갔다. 배영수, 김응겸이 활쏘기를 겨루었는데 김응겸이 이겼다.

12일　흐리다. 일찍 나가서 공무를 보았다. 늦게 두 조방장과 활쏘기를 하였다. 김응겸이 경상 수사에게 갔다가 돌아오는 길에 우수사에게 들러 활쏘기 시합을 하였는데 배영수가 또 졌다고 한다.

13일　비가 하루 내내 내렸다. 장계 초안을 쓰고 공문을 처리하였다. 독수禿水가 왔는데, 그 편에 도양장 둔전에 관한 이야기를 들었다. 이기남李奇男*이 하는 짓이 매우 괴이한 일이 많으므로 우후더러 달려가 조사하도록 공문을 만들어 보냈다.

14일　비가 하루 내내 내렸다. 진해 현감 정항과 조계종이 와서 이야기를 나누었다.

15일　새벽에 망궐례를 올렸다. 우수사, 가리포 첨사, 임치 첨사 등 여러 장수가 같이 왔다. 3도의 사부와 본도의 잡색군雜色軍*에게 음식을 배불리 먹였다. 하루 내내 여러 장수와 같이 술에 취하였다. 밤에 희미한 달이 수루를 비추어서 누워도 잠을 이루지 못하였다. 시를 읊조리며 기나긴 밤을 지냈다.

16일　궂은비가 그치지 않았다. 하루 내내 비가 부슬부슬 내려서 가슴속의 생각이 매우 어지러웠다. 두 조방장과 같이 이야기를 나누었다.

17일　가랑비가 내리고 동풍이 불었다. 새벽에 김응겸을 불러 일에 대하여 물어보았다. 늦게 관청에 나가서 두 조방장과 이야기를 나누고 활 10순을 쏘았다.

18일　궂은비가 그치지 않았다. 신, 박 두 조방장이 와서 같이 이야기를 나누었다.

19일　날씨가 매우 맑았다. 두 조방장과 방답 첨사와 활쏘기를 하였다. 밤 10시쯤 조카 봉과 회, 울이 들어왔는데, 체찰사가 21일에 진주성에 도착할 예정이며 군사 일에 대하여 묻고자 체찰

이기남?~? 도승지 이사관李思寬의 아들. 임진왜란이 일어나자 이순신을 따라가 견내량 해전에서 공을 세웠으며 도양장에서 감농관 일을 맡았다.

잡색군 기병, 보병, 수병, 속오군이 아닌 잡다한 임무를 맡은 군인.

246

사 군관이 들어왔다고 보고하였다.

20일 맑다. 하루 내내 체찰사의 명령을 기다렸으나 도착하지 않았다. 권 수사와 우수사, 발포 만호가 찾아왔다가 돌아갔다. 밤 10시쯤 체찰사의 명령이 들어왔다. 자정쯤 배를 띄워서 곤이도*에 도착하였다.

21일 흐리다. 늦게 소비포 앞바다에 도착하였더니 전라 순찰사의 군관 이준이 공문을 가지고 왔다. 강응호姜應虎, 오계성吳繼成이 같이 도착하여 한참 이야기를 나누었다. 이억기와 언경ㅣ권언경ㅣ, 자윤 ㅣ박종남의 아들ㅣ, 언심ㅣ윤언심ㅣ에게 편지를 썼다. 저녁에 사천 땅 치도針島에 도착하여 잤다. 밤 기운이 몹시 찼다. 마음이 편치 못하였다.

22일 맑다. 이른 아침에 여러 가지 공문을 만들어 체찰사ㅣ이원익ㅣ에게 보냈다. 아침을 먹은 뒤 출발하여 사천현에 이르렀다. 오후에 진주 남강 가에 이르니 체찰사가 이미 진주에 들어왔다고 한다.

23일 맑다. 체찰사와 만나 조용히 이야기 나누다 보니 그는 백성의 고통을 없애려는 일에 뜻이 있는 것 같았다. 호남 순찰사가 헐뜯으려 하는 기색이 많으니 한탄스럽다. 나는 김응서와 같이 늦게 촉석루에 올라가서 장사들이 싸우다가 죽은 곳을 둘러보았다. 참담하고 비통하기 그지없었다. 한참 있다가 체찰사가 나로 하여금 먼저 가도록 하기에 배를 타고 소비포로 돌아왔다.

24일 맑다. 새벽에 소비포 앞에 도착하였더니 고성 현령 조응도가 와서 맞이하였다. 그대로 소비포 앞바다에서 하룻밤을 머

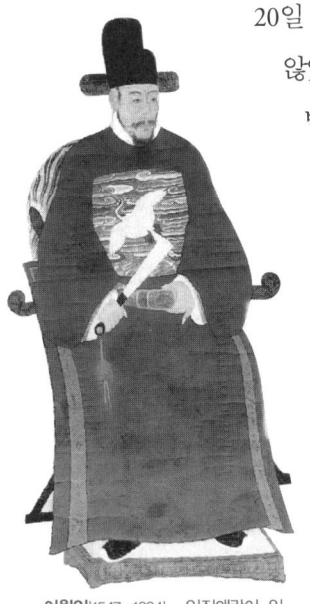

이원익ㅣ1547~1634ㅣ 임진왜란이 일어나자 평안도 도순찰사가 되어 왕의 피난길을 이끌었다. 1593년 평양 탈환 작전에 공을 세우고 평안도 관찰사로서 순찰사를 겸하다가 1595년 우의정에 올랐다. 윤두수 다음으로 도체찰사, 영원수부사를 겸하여 작전의 큰 임무를 맡았으며 변무사로 명나라에 다녀와서 1598년 영의정이 되었다. ⓒ 경기도박물관.

곤이도昆伊島 고성현; 경남 통영시 산양면 곤리도.

촉석루 진주성을 지키던 주장主將의 지휘소로 임진왜란 때 총지휘는 물론 남쪽 지휘대로 사용하여 남장대南將臺라고도 한다. 경남 진주시 본성동.

물렀다. 체찰사와 부사l김륵金玏l® 그리고 종사관도 같이 갔다.

25일　맑다. 아침을 먹은 뒤 체찰사와 부사, 종사관이 함께 내 배를 탔다. 오전 8시께 배를 타고 같이 여러 섬과 진을 돌며 합칠 곳과 왜적과 싸울 만한 곳을 지적하며 하루 내내 이야기를 나누었다. 곡포는 평산포에, 상주포는 미조항에, 적량은 삼천진에, 소비포는 사량에, 가배량은 당포에, 지세포는 조라포에, 제포는 웅천에, 율포는 옥포에, 안골은 가덕에 합치기로 결정하였다. 저녁에 진중에 당도하여 여러 장수가 교서에 절하고는 서로 인사를 나눈 뒤 헤어졌다.

26일　맑다. 저녁에 부사와 만나서 조용히 이야기를 나누었다.

27일　맑다. 군사 5천 4백 80명에게 음식을 먹였다. 저녁에 산 꼭대기로 올라가 적진과 적의 배들이 오가는 길을 살펴보았다.

김륵l1540~1616l 경상우도 관찰사, 대사헌을 지냈으며, 1595년 체찰사 이원익의 부사가 되어 이순신에게 왕래하였다.

바람이 매우 사나웠다. 밤을 타서 내려왔다.

28일　맑다. 아침 일찍 체찰사와 부사, 종사관과 함께 수루에 앉아 여러 가지 폐단을 의논하였다. 아침을 먹기 전에 배로 내려가서 배를 띄워서 떠났다.

29일　맑다. 일찍 나가서 공무를 보았다. 경상 수사가 체찰사가 머무르는 곳으로부터 왔다.

9월, 달빛 아래 한 잔 술을 나누며

초1일　맑다. 새벽에 망궐례를 올렸다. 탐색선이 들어왔다. 우후가 도양장에서 본영에 이르러 공문을 바쳤는데, 정사립을 해치려는 뜻이 많아서 가소로웠다. 종사관도 아프다고 하면서 돌아가고자 하였으므로 몸을 보살피도록 처리하여 보냈다.

초2일　맑다. 새벽에 지휘선을 출발시켰다. 군사 1천 2백 83명에게 음식을 먹이고는 재목을 끌어내리는 일을 하도록 하였다. 충청 수사, 우수사, 경상 수사 그리고 두 조방장이 함께 당도하였다. 하루 내내 이야기를 나누다가 헤어졌다.

초3일　맑다. 동풍이 크게 불었다. 우신과 울, 유헌이 돌아갔다. 강응호도 도양장의 추수 때문에 같이 돌아갔다. 정항, 우수禹壽, 이섬李暹이 정탐하고 들어왔는데, 영등포에 주둔하고 있는 왜적의 진영이 어제 텅 비었고 누각과 여러 소굴은 모두 불타 버렸다고 한다. 웅천에서 적에게 항복하였던 공수복孔守卜 등 17명을 데리고 왔다.

초4일　맑다. 경상 수사가 보러 와서는 하루 내내 이야기를 나누다가 돌아갔다. 우신, 울 등이 잘 갔는지 몰라서 몹시 걱정스러웠다.

초5일   맑다. 아침에 권 수사가 쇠고기를 조금 보내왔다. 충청 수사, 신 조방장과 함께 아침을 먹었다. 밥을 먹은 뒤 신 조방장, 선 수사와 같이 배를 타고 경상 수사의 처소로 갔다. 하루 내내 이야기를 나누다가 저녁에 돌아왔다.

체찰사 공문이 도착하였는데, 순천 광양, 낙안, 흥양의 작년분 전세田稅를 싣고 오라고 하였기에 바로 회답을 보냈다.

초6일   맑았으나 바람이 세게 불었다. 충청 수사가 술을 내놓았다. 우수사와 두 조방장이 와서 같이 먹었다. 송덕일이 들어왔다.

초7일   맑다. 아침밥을 먹고 나니 경상 우수사가 왔다. 충청도 병영의 배와 서산, 보령의 배를 내보냈다.

초8일   맑다. 나라의 제삿날*이어서 공무를 보러 나가지 않았다. 아침밥을 먹은 뒤 아들 회와 송덕일이 같이 배를 타고 나갔다. 충청 수사와 두 조방장이 와서 이야기를 나누었다.

초9일   맑다. 우수사와 여러 장수가 일제히 모였다. 본영 군사에게 떡 한 섬을 나누어 주었다. 저녁 8시쯤 끝마치고 돌아갔다.

초10일   맑다. 오후에 충청 수사, 두 조방장과 함께 우수사에게 가서 함께 이야기를 나누다가 밤에 돌아왔다.

11일   흐리다. 몸이 매우 불편하여 공무를 보러 나가지 않았다.

12일   흐리다. 아침에 충청 수사와 두 조방장을 불러서 같이 아침을 먹고 좀 늦게 헤어져 돌아갔다. 저녁에 경상 수사와 우후 그리고 정항이 술을 가지고 와서 같이 이야기를 나누었다. 밤이 깊어서 헤어졌다.

13일   비 오다. 혼자 수루에 기대어 앉아 있었다. 마음이 편하지 않았다.

＊세조의 제삿날이다.

한산도 제승당 수루에서 내려다본 견내량과 수루에 걸려 있는 현판. "한산 섬 달 밝은 밤에 수루에 혼자 앉아, 큰 칼 옆에 차고 깊은 시름 하는 차에, 어디서 일성호 가는 남의 애를 끊나니."라는 이순신의 시가 쓰여 있다.

14일   맑다. 늦게 관청에 나갔더니 우수사와 경상 우수사가 함께 도착하였다. 같이 이별주를 마시고 밤이 깊어서 헤어졌다. 선 수사와 작별하며 짧은 시 한 수를 써 주었다.

북쪽에 갔을 때도 고락을 같이 하고 [北去同勤苦]
남쪽에 와서도 생사를 함께하는구나 [南來共死生]
오늘 밤 달빛 아래 한 잔 술을 나누고 나면 [一杯今夜月]
내일은 이별을 아쉬워하겠구나 [明日別離情]

15일   맑다. 선 수사가 와서 보고하고 돌아갔다. 또 이별주를 마시고 헤어졌다.
16일   맑다. 나가서 공무를 끝내고 나서 장계를 써서 봉하였다. 저물녘에 월식이 있었는데 밤이 되자 달이 한층 밝았다.
17일   맑다. 아침을 먹은 뒤 서울에 편지를 써 보냈다. 김희번金

希番이 장계를 가지고 나갔다. 유자 30개를 영의정|유성룡|에게 보냈다.

18일　늦게 정 조방장이 들어와 같이 이야기를 나누었다.

19일　맑다. 정 조방장이 들어왔다가 바로 돌아갔다.

20일　첫새벽에 둑제를 지냈다. 사도 첨사 김완이 헌관이 되어 행사를 치렀다. 아침에 우수사가 보러 왔다.

21일　맑다. 박, 신 두 조방장과 같이 아침을 먹었다. 박 조방장을 전송하려 했으나 경상 수사와 작별하고 돌아오니 이미 날이 저물어서 하지 못하였다. 저녁에 이종호가 목화만 가지고 들어왔기에 모두 나누어 주었다.

22일　맑다. 동풍이 크게 불었다. 박종남이 나갔는데 경상 우수사도 와서 그를 송별하였다.

23일　맑다. 나라의 제삿날*이어서 관청에 나가지 않았다. 웅천에서 포로가 되었던 박녹수朴祿守, 김희수金希壽가 와서 인사하고, 아울러 왜적의 정세를 알려 주었다. 각각 무명 한 필씩을 주어 보냈다.

24일　맑다. 아침에 여러 곳에 편지 10통을 썼다. 아들 울, 면과 방익순方益純, 온개溫介 등이 함께 나갔다. 밤에 우수사, 경상 수사가 보러 왔다.

25일　맑다. 오후 2시께 녹도의 하인이 실수로 불을 내어 대청과 수루 방에 옮겨 붙어서 모두 다 타 버렸다. 군량, 화약, 군기가 있는 창고에는 불이 미치지 않았으나, 수루 아래 두었던 장편전 2백여 개가 모두 불탔다. 매우 안타까웠다.

26일　맑다. 혼자 배 위에서 하루 내내 앉았다 누웠다 하였더니 마음도 편하지 않았다. 이언량이 목재를 깎아 왔다.

*태조대왕의 비 신의고 황후 한씨의 제삿날이 다.

252

웅천 안골포 왜성 임진왜란 때 왜군이 경남 진해 안골동 동망산 정상에 쌓은 왜성. 성의 남쪽과 서쪽은 만을 끼고 있어 바닷길을 이용하기 쉬운 요지에 만들어져 있다.

27일 흐리다. 우수가 와서 "안골포에서 왜적에게 붙어서 일 하였던 자 2백 30여 명이 왔는데 배가 22척입니다." 하고 보고 하였다. 밥을 먹은 뒤 불탄 자리에 올라가서 집 지을 곳을 정해 주었다.

28일 맑다. 밥을 먹은 뒤 집 짓는 데로 올라갔다. 우수사, 경 상 수사가 보러 왔다. 희, 울도 기별을 듣고 왔다.

29일 맑다.

30일 맑다.

10월, 바람이 싸늘하여 잠 못 이루고

초1일 맑다. 신 조방장과 아침을 같이 먹고 그대로 송별연을 열었다. 늦게 신 조방장이 나갔다.

초2일　맑다. 대청에 상량上樑*을 하였다. 또 지휘선을 연기로 그슬렸다. 우수사, 경상 수사, 이정충이 보러 왔다.

초3일　맑다. 구례 유생이 해평군 윤근수의 공문을 가지고 왔는데, 김덕령과 전주의 김윤선金允先 등이 죄 없는 사람을 때려 죽이고 수군 진영으로 도망쳤다고 하였다. 그래서 수색해 보았더니 9월 초열흘쯤 보리 종자를 바꾸려고 진영에 왔다가 바로 돌아갔다고 한다.

초4일　맑다.

초5일　아침 일찍 수루에 올라가서 일하는 것을 감독하였다. 수루 바깥 서까래에 흙을 올려 발랐다. 항복한 왜적들로 하여금 흙을 운반하는 일을 하게 하였다.

초6일　밥을 먹은 뒤 우수사와 경상 수사가 찾아왔다. 저녁에 웅천 현감이 왔는데 그에게서 명나라 사신이 부산에 들어온다는 이야기를 들었다. 포로가 되었던 24명이 나왔다.

초7일　맑다. 따사롭기가 봄날 같았다. 임치 첨사가 보러 왔다.

초8일　맑다. 조카 완이 들어왔다. 진원珍原과 조카 해의 편지도 왔다.

초9일　맑다. 여러 곳에 답장을 써 보냈다. 대청을 다 만들었다. 우우후가 보러 왔다.

초10일　맑다. 늦게 대청에 앉아 있는데 우수사, 경상 수사가 와서 같이 이야기를 나누었다.

11일　맑다. 일찍 수루 방에 올라가서, 하루 내내 공사를 감독하였다.

12일　맑다. 일찍 수루 위에 올라가 공사를 감독하였다. 서쪽 사랑채가 완공되었다. 저녁에 송홍득이 들어왔는데 실없는 소

* 상량 기둥에 보를 얹고 그 위에 마룻대를 올리는 일.

리를 많이 하였다.

13일 맑다. 일찍 새로 만든 수루에 올라갔다. 대청에 흙을 올려 발랐다. 항복한 왜인에게 작업을 끝내도록 하였다. 송흥득이 군관을 따라갔다.

14일 맑다. 우수사와 경상 수사, 사도 첨사, 여도 만호, 녹도 만호 등이 보러 왔다.

15일 맑다. 새벽에 망궐례를 올렸다. 저녁에 달빛을 따라서 우수사 이억기의 송별연에 갔다. 경상 수사, 미조항 첨사, 사도 첨사도 왔다.

16일 맑다. 새 수루의 방에 올라갔다. 우수사와 임치도 첨사, 목포 만호 등이 나갔다. 그대로 새 수루 방에서 잠을 잤다.

17일 맑다. 아침에 가리포 첨사와 금갑도 만호가 와서 같이 아침을 먹었다. 진주 하응구河應龜, 유기룡 등이 군량을 도우려고 쌀 20석을 가져와 바쳤다. 부안의 김성업金成業, 미조항 첨사 성윤문成允文이 보러 왔다. 정항이 돌아간다고 하였다.

18일 맑다. 권 수사와 우우후가 보러 왔다.

19일 맑다. 회, 면이 나갔다. 송두남이 장계를 지니고 서울로 올라가고 김성업도 돌아갔다. 이운룡이 보러 왔다. 계향유사繼餉有司* 하응문, 유기룡이 나갔다.

20일 맑다. 늦게 가리포 첨사, 금갑도 만호, 남도 만호, 사도 첨사, 여도 만호가 보러 왔기에 술을 먹여 보냈다. 저녁에 영등 만호도 와서 같이 저녁을 먹고 돌아갔다. 밤에 바람이 몹시 싸늘하고 차가운 달빛이 낮과 같이 밝아서 잠들지 못하고 이리저리 뒤척이며 밤을 지샜다. 온갖 근심이 가슴을 친다.

21일 맑다. 이설이 휴가를 신청하였으나 허락하지 않았다. 새

계향유사 군량을 대는 일을 맡은 유사. 유사는 어떤 단체에서 사무를 맡아 보는 직책이다.

벽에 우우후 이정충, 금갑 만호 가안책, 이진* 권관 등이 보러 왔다. 바람이 몹시 차가워서 잠들 수가 없었다. 공태원을 불러 왜적의 정세를 물었다.

22일 맑다. 가리포 첨사, 미조항 첨사, 우후 등이 보러 왔다. 저녁에 송희립과 박태수朴台壽, 양정언이 들어왔다. 왕에게 보낼 전문을 가지고 갈 유생도 들어왔다.

23일 맑다. 아침에 전문을 올려 보낸 뒤 대청에 앉아서 공무를 보았다.

24일 맑다. 경상 수사가 보러 왔다. 하응구도 왔다. 하루 내내 이야기를 나누다가 저녁에 돌아갔다. 박태수, 김대복이 돌아간다고 하였다.

25일 맑다. 가리포 첨사, 우후, 금갑도 만호, 회령포 만호, 녹도 만호 등이 찾아왔다가 돌아갔다. 저녁에 정항이 돌아간다고 하여 송별하였다. 띠풀을 베는 일로 이상록, 김응겸, 하천수, 송의련, 양수개楊水漑 등이 군사 80명을 이끌고 나갔다.

26일 맑다. 임달영任達英이 왔다고 들었기에 불러서 제주도에 가는 일에 대하여 물었다. 방답 첨사가 들어왔다. 송홍득과 송희립은 사냥하러 나갔다.

27일 맑다. 우우후와 가리포 첨사가 왔다.

28일 맑다. 경상 우후가 보러 왔다. 띠풀 베러 나갔던 배가 들어왔다. 밤에 비가 퍼붓고 벼락이 쳐서 마치 여름철 같으니 괴이한 일이다.

29일 맑다. 가리포 첨사와 이진 권관이 돌아갔다. 경상 수사, 웅천 현감, 천성 만호윤홍년가 한꺼번에 왔다.

이진梨津 해남현; 전남 해남군 북평면 이진리.

초1일 새벽에 망궐례를 올렸다. 늦게 나가 공무를 보았다. 사도 첨사가 나갔다. 함평, 진도, 무장현에 속한 전선을 내보냈다. 김희번이 서울에서 내려와서 조보朝報와 영의정의 편지를 가져와 바쳤다. 항복한 왜적들에게 술을 먹였다. 오후에 방답 첨사와 활 7순을 쏘았다.

초2일 맑다. 곤양 군수 이수일李守一•이 보러 왔다.

초3일 맑다. 황득중이 와서 "왜적의 배 두 척이 거제 땅 청등•을 거쳐 흉도에 도착하였다가 해북도로 달려가 불을 지르고 춘원포 등지로 갔습니다."라고 전하고는 새벽에 지도로 돌아갔다.

초4일 맑다. 새벽에 이종호, 강기경 등이 들어왔다. 변존서의 편지를 보았더니 봉, 해 형제가 본영에 당도하였다고 한다.

초5일 맑다. 남해 현령, 금갑도 만호, 남도 만호, 어란 만호, 회령포 만호, 정담수 등이 찾아왔다. 방답 첨사와 여도 만호를 불러와서 이야기를 나누었다.

초6일 맑다. 송희립이 들어왔는데 띠풀 4백 통, 생칡 1백 통을 베어 싣고 왔다.

초7일 맑다. 하동 현감이 왕의 교지와 유서에 절을 올렸다. 경상 우수사[권준]가 순찰사가 머무르는 곳으로부터 왔으며 미조항 첨사와 남해 현령도 왔다.

초8일 맑다. 새벽에 완과 종 경이 본영으로 돌아갔다. 늦게 김응겸과 경상 순찰사의 군관 등이 왔다.

초9일 맑다. 여도 만호 김인영이 들어왔다.

초10일 새벽에 경상 순찰사의 군관이 돌아갔다.

11일 맑다. 새벽에 왕의 탄신을 축하하는 예를 올렸다. 본영

이수일|1554~1632| 무과 출신으로 장기 현감을 지냈으며, 임진왜란이 일어나자 의병을 일으켜 공을 세우고 1593년에 밀양 부사, 1595년에 곤양 군수가 되었고, 그 뒤 경상 수사가 되어 활동하였다.

청등靑登 거제현:경남 거제시 사등면.

의 탐색선이 들어왔다. 변 주부, 이수원, 이원룡 등이 왔는데 어머니께서 평안하시다는 소식을 전했다. 매우 다행스러웠다. 저녁에 이의득이 보러 왔다. 금갑도 만호와 회령포 만호가 나갔다.

12일 　맑다. 발포의 임시 대장으로 이설을 정해 보냈다.

13일 　맑다. 도양장에서 거두어들인 조와 콩이 모두 8백 20석이었다.

14일 　맑다.

15일 　맑다. 아버님의 제삿날이어서 공무를 보러 나가지 않았다. 홀로 앉아서 아버님을 그리워하니 떠오르는 온갖 회포를 막을 길이 없다.

16일 　맑다. 항복한 왜적 여문련기汝文戀己, 야시로也時老 등이 와서 왜인들이 도망치려 한다고 보고하였다. 우후에게 잡아 오도록 하여 그 가운데 주모자 준시俊時 등 두 명을 찾아내어 목을 베었다. 경상 수사와 우후, 웅천 현감, 방답 첨사, 남도 만호, 어란 만호, 녹도 만호 등이 왔는데, 녹도 만호는 내보냈다.

17일 　맑다.

18일 　맑다. 어응린이 와서, 소서행장이 부하를 끌고 바다로 나갔는데 어디로 갔는지 모르겠다고 하였다. 그래서 경상 수사에게 전령을 보내어 바다와 육지를 정탐하게 했다. 늦게 하응문이 와서 군량을 대는 일에 대하여 보고하였다. 조금 있다가 경상 수사, 웅천 현감 등이 와서 의논을 하고 돌아갔다.

19일 　맑다. 아침 일찍 도망한 왜인이 자기 발로 돌아왔다. 밤 10시쯤 분, 봉, 해, 회가 들어왔는데 어머니가 평안하시다고 하였다. 다행스러웠다. 하응문이 돌아갔다.

20일 　맑다. 거제 현령과 영등 만호가 보러 왔다.

21일 맑다. 북풍이 하루 내내 불었다. 새벽에 송희립을 내보내 견내량에 적선이 있는지를 조사하였다. 밤에 이종호가 곡식과 바꾸려고 청어 1만 3천 2백 40두름*을 받아 갔다.

22일 맑다. 새벽에 왕에게 동짓날을 축하하는 절을 올렸다. 늦게 웅천 현감, 거제 현령, 안골 만호, 옥포 만호, 경상 우후 등이 왔다. 변존서, 조카 봉이 함께 왔다.

23일 맑았으나 바람이 세게 불었다. 이종호가 인사하고 나갔다. 경상 수사에게 견내량을 순찰하도록 일을 맡겼으나 바람이 매우 사나워 나가지 못하였다.

24일 맑다. 순찰선이 나가서 밤 10시쯤 진영으로 돌아왔다. 변익성邊翼星이 곡포 권관이 되어 왔다.

25일 맑다. 아침밥을 먹은 뒤 곡포 권관으로부터 공식 인사를 받았다. 늦게 경상 우후가 와서, 항복한 왜인 여덟 명이 가덕도에서 나왔다고 전하였다. 웅천 현감과 우우후, 남도 만호, 방답 첨사, 당포 만호가 보러 왔다. 조카 분과 밤 10시까지 이야기를 나누었다.

26일 아침에 흐리다가 저녁에 맑았다. 아침밥을 먹은 뒤 나가서 공무를 보았다. 광양 도훈도가 복병 나가서 도망친 자들을 잡아 와 죄를 주었다. 점심 때 경상 수사가 왔다. 항복한 왜인 여덟 명과 그들을 데리고 온 김탁金卓 등 두 명도 같이 왔기에 술을 먹었다. 김탁 등에게는 각각 무명 한 필씩 주어 보냈다. 저녁에 유척柳濩, 임영林英 등이 왔다.

27일 맑다. 김응겸이 2년생 나무를 베어 오려고 목수 다섯 명을 데리고 갔다.

28일 맑다. 나라의 제삿날*이라 공무를 보러 나가지 않았다.

두름 생선은 한 줄에 열 마리씩, 두 줄로 엮은 것을 세는 단위.

*예종의 제삿날이다.

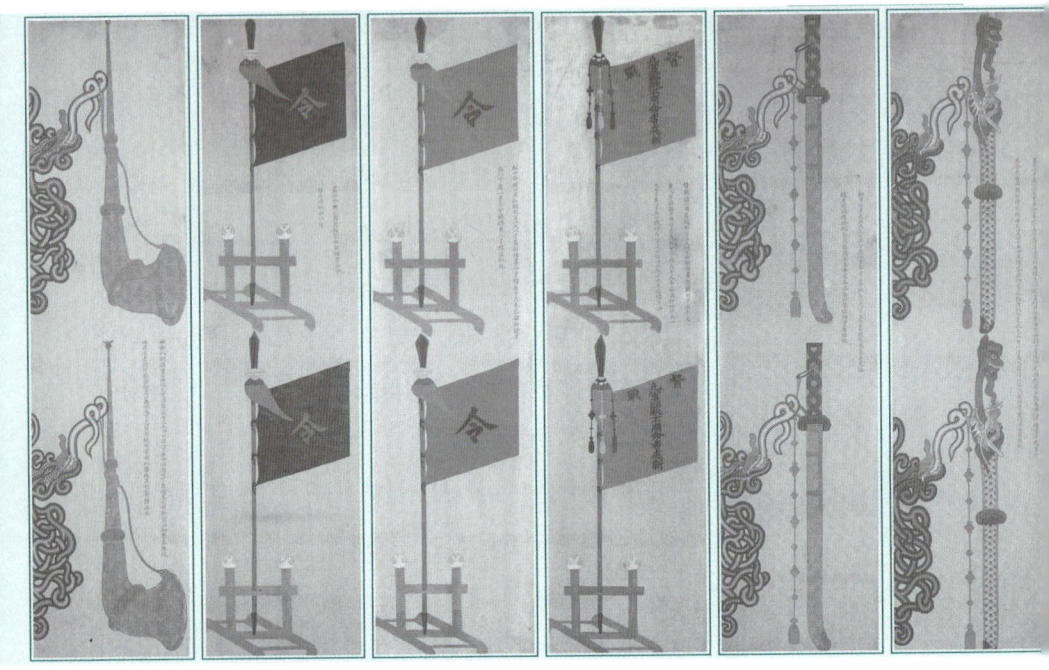

팔사품도 병풍 이순신 사후 명나라 수군 도독 진린이 이순신의 전공을 명에 보고하자 신종이 보내 준 팔사품을 훗날 그림으로 남긴 것이다. 좌로부터 곡나팔, 남소령기, 홍소령기, 독전기, 참도 1쌍, 귀도 1쌍, 호두령패, 도독인이다. ⓒ 국립중앙박물관.

유척, 임영이 돌아갔다. 조카들과 이야기를 하는 사이 밤이 깊었다.

29일 맑다. 나라의 제삿날*이라 공무를 보러 나가지 않았다.

30일 맑다. 남해에서 항복한 왜인 야여문, 신시로 등이 왔다. 경상 수사가 보러 왔다. 체찰사에게 보내는 전세田稅와 군량 30섬을 경상 수사가 받아 갔다.

12월, 다시 체찰사를 만나다

초1일 맑다. 새벽에 망궐례를 올렸다.

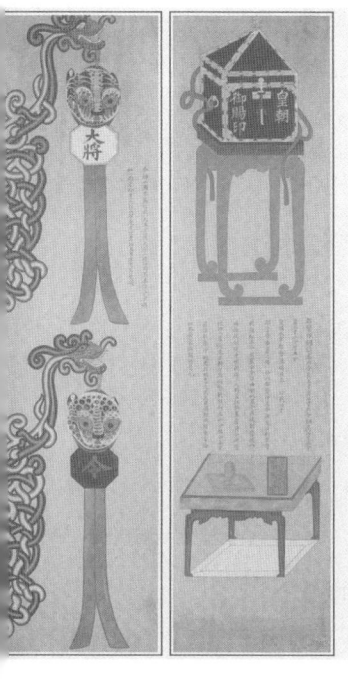

초2일 맑다. 거제 현령, 당포 만호, 곡포 권관 등이 보러 왔기에 술을 대접하였더니 취해서 돌아갔다.

초3일 맑다.

초4일 맑다. 군졸을 점고하러 순천 2호선과 낙안 1호선을 내보냈는데 바람이 거칠어서 출발하지 못하였다. 분, 해가 본영에 갔다. 황득중, 오수 등이 청어 7천여 두름을 싣고 왔기에 곡식을 사러 가는 김희방金希邦의 배에 숫자를 세어서 주었다.

초5일 맑았으나 바람이 순조롭지 못하였다. 몸이 불편하여 하루 내내 밖에 나가지 않았다.

초6일 맑다. 늦게 경상 수사가 보러 왔다. 저녁에 울이 들어와서 어머니가 평안하시다고 하였다. 매우 다행스러웠다.

초7일 맑았으나 바람이 순조롭지 못하였다. 웅천 현감, 거제 현령, 평산포 만호 등이 왔다가 돌아갔다. 청주의 이희남에게 답장을 보냈다.

초8일 맑다. 우우후와 남도 만호가 보러 왔다. 체찰사의 전령이 왔는데, 가까운 시일에 소비포에서 만나자고 했다.

초9일 맑다. 몸이 불편하여 밤새 끙끙 앓았다. 거제 현령과 안골 만호, 우수 등이 와서, 적이 물러갈 뜻이 없는 것 같다고 하였다. 하응구도 왔다.

초10일 맑다. 충청도 순찰사와 수사에게 공문을 만들어 보냈다.

11일 맑다. 해와 분이 무사히 본영에 도착했다는 편지를 보니 기뻤다. 그러나 그 고생스러웠던 사정을 어찌 말로 다 표현하랴.

12일 맑다. 경상 수사가 보러 오고 우후도 왔다.

13일　맑다. 왜옷 50벌과 연폭連幅 ……＊. 초저녁에 종 돌세가 와서 말하기를 "왜선 세 척과 작은 배 한 척이 등산˚ 바깥 바다로부터 합포에 와서 정박하고 있습니다." 하였다. 분명히 사냥을 나온 왜적일 것이다. 곧 경상 수사와 방답 첨사, 우우후에게 탐색해 보게 하였다.

14일　맑다. 새벽에 경상 수사와 여러 장수들이 합포로 나가서 왜놈들을 타일렀다. 미조항 첨사와 남해 현령, 하동 현감이 들어왔다.

15일　맑다. 체찰사 처소로 나갔던 진무鎭撫가 들어와서, 18일에 삼천포에서 만나자고 하였다 하므로 달려가기로 하였다. 밤 8시쯤 경상 수사가 보러 왔다.

16일　맑다. 새벽 4시에 출발하여 달빛을 타고 당포 앞바다에 도착하였다. 아침을 먹고 다시 사량 뒷바다에 도착하였다.

17일　비가 뿌렸다. 삼천포 진영 앞에 이르니 체찰사는 사천에 당도하였다고 한다.

18일　맑다. 아침을 먹은 뒤 삼천진을 나갔다. 정오에 체찰사와 보堡˚에 들어가서 조용히 의논했다. 초저녁에 체찰사가 또 이야기하자고 청하여 새벽 2시까지 이야기를 나누다가 헤어졌다.

19일　맑다. 아침을 먹은 뒤 관청에 나가 군사들에게 음식을 먹이고, 끝난 뒤에 체찰사가 떠나므로 나도 배로 내려왔다. 바람이 몹시 사나워 떠날 수가 없었다. 그대로 머물러 밤을 보냈다.

20일　맑다. 바람이 세게 불었다.

＊원문에 그 다음 글이 빠져 있다.

등산登山　창원부:경남 창원군 진해면.

보堡　적을 막기 위해 쌓아 올린 진지.

1596년 왜적이 드디어 철수하다

전쟁은 소강 상태가 계속되고 이순신은 왜적의 동향을 살피며 공무를 처리하고 군량을 확보하는 데에도 신경을 썼다. 4월 들어 왜적이 철수한다는 소문이 돌기 시작하였다. 이순신은 군졸들의 사기를 앙양시키고 훈련을 계속하는 한편, 전라 일대를 꼼꼼히 순시하며 대비하였다.

1월, 왜적이 나올지 점을 치다

초1일 맑다. 새벽 2시쯤 어머니 계신 곳에 들러 어머니를 뵈었다. 늦게 남양 아저씨와 신 사과眞司果가 와서 이야기를 나누었다. 저녁에 어머니께 작별 인사를 하고 본영으로 돌아왔다. 마음이 몹시 어지러워 밤이 새도록 잠을 자지 못하였다.

초2일 맑다. 일찍 나가서 무기를 점검하였다. 오늘은 나라의 제삿날*이다. 부장 이계李繼가 비변사의 공문을 가지고 왔다.

초3일 맑다. 새벽에 바다로 내려갔다. 아우 우신과 여러 조카들이 모두 배 위로 왔다. 날이 밝자 배를 띄우고 서로 헤어졌다. 정오에 남해 땅 곡포 바다 가운데에 이르니 동쪽에서 바람이 약하게 불어왔다. 상주포* 앞바다에 이르렀을 때는 바람이 잠잠해졌다. 노를 빨리 젓도록 재촉하여 자정쯤에 사량에 도착하니 여기서 하룻밤을 지냈다.

초4일 맑다. 새벽 2시경에 첫 나팔을 불고 날이 새자 배를 띄웠다. 사량 만호 이여념이 찾아왔기에 진중의 소식을 물으니 여

전하다고 하였다. 오후 4시쯤부터 가랑비가 부슬부슬 내렸다. 거망포*에 이르니 경상 수사 권준이 여러 장수들을 거느리고 나와 기다리고 있었다. 우후가 먼저 배 위로 왔으나 술에 몹시 취하여 깨어나지 못하고 곧장 자기 배로 돌아갔다. 송한련, 송한宋漢 등이 말하기를 "청어 1천여 두름을 잡아 넣었는데 통제사께서 행차하신 뒤에 잡은 것이 모두 1천 8백여 두름이나 됩니다." 하였다. 비가 그치지 않고 밤새도록 몹시 퍼부었다. 여러 장수들이 날이 저물어서 떠났는데 길이 질척하여 넘어진 사람이 많았다고 한다. 기효근과 김축이 휴가를 받아 돌아갔다.

초5일   하루 내내 비가 내렸다. 동틀 무렵 우후가 방답, 사도 두 첨사와 함께 문안하러 왔다. 빨리 세수하고 밖으로 나가 그들을 불러들여 그간의 일을 물었다. 늦게 첨사 성윤문과 우우후 이정충, 웅천 현감 이운룡, 거제 현령 안위, 안골 만호 우수, 옥포 만호 이담이 왔다가 날이 어두워서야 돌아갔다. 이몽상李夢象도 권 수사의 심부름으로 와서 문안하고 돌아갔다.

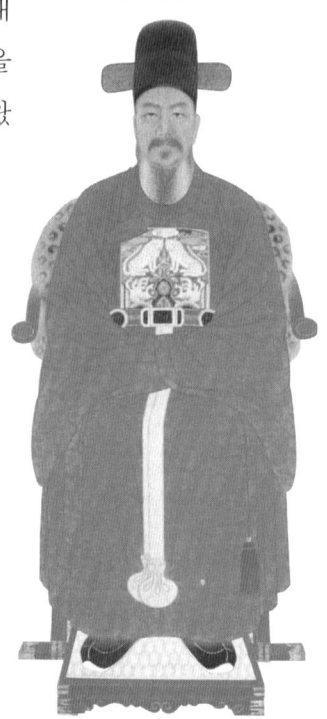

초6일   비가 계속 내렸다. 오수가 청어 1천 3백 10두름, 박춘양이 7백 87두름을 바쳤는데, 하천수가 이를 받아 말리기로 하였다. 황득중은 2백 2두름을 바쳤다. 하루 내내 비가 내렸다. 사도 첨사가 술을 가지고 와서, 군량 5백여 석을 마련해 놓았다고 했다.

초7일   맑다. 아침 일찍 이영남과 좋아 지내는 여인이 와서 말

이순신이 통제사영을 두었던 한산도와 그 부근도.

하기를 "권숙權俶이 집적거리기 때문에 피해서 왔는데 다른 곳으로 가겠습니다." 하였다. 늦게 권 수사와 우후, 사도 첨사, 방답 첨사가 오고 권숙도 왔다. 오후 2시쯤 견내량의 복병장인 삼천포 권관이 급히 보고하기를, 항복한 왜인 다섯 명이 애산涯山*으로부터 왔다고 하였다. 그래서 안골포 만호 우수와 공태원을 뽑아 보냈다. 날씨가 몹시 차고 서쪽에서 불어오는 바람이 매서웠다.

초8일 맑다. 입춘立春*인데도 날씨가 몹시 차가워서 한겨울같이 매웠다. 아침에 우우후와 방답 첨사를 불러서 약식藥食*을 같이 먹었다. 아침 일찍 항복한 왜인 다섯 명이 들어왔다. 항복한 까닭을 물으니 저희 장수의 성질이 포악하고 일도 너무 고됐기 때문에 도방 나와서 항복했다고 하였다. 그들이 가진 크고 작은 칼을 거두어 수루 위에 간직하였다. 그런데 이들은 실제로 부산에 있는 왜적이 아니고 가덕도에 있는 심안둔沈安屯*의 부하라고 하였다.

초9일 흐리고 날이 몹시 추워서 살을 에는 것 같았다. 오수가 잡은 청어 3백 60두름을 하천수가 실어 갔다. 여러 곳의 공문을 처리하여 나눠 보냈다. 날이 저물었을 때 경상 수사가 와서 방

* '釜山'의 친필초 해독의 착오인 듯하다. 이튿날 일기에서는 '애산'이 아닌 '부산'이라 하고 있다.

입춘 24절기의 하나. 정월 첫 번째 절기로 새해를 상징하며, 민속 행사가 행해진다.

약식 찹쌀에 대추·밤·잣 등을 섞어 쩐 후 기름과 꿀·간장으로 버무려 만든 음식. 정월 대보름에 먹는다.

* 도진의홍島津義弘의 음역이다.

어 대책을 의논하였다. 서풍이 하루 내내 불어서 배가 바다로 나가지 못하였다.

초10일　맑았으나 서풍이 거세게 불었다. 이른 아침에 적이 다시 나올지 어떨지 점쳤더니, 수레에 바퀴가 없는 것 같다는 괘가 나왔다. 다시 점을 치니 임금을 뵙는 것 같다는 괘가 나왔다. 좋은 괘라고 모두 기뻐하였다. 아침을 먹고 대청에 나가 앉으니 우우후와 어란 만호가 보러 오고 사도 첨사도 왔다. 체찰사가 나누어 준 여러 가지 물건들을 세 위장으로 하여금 나누도록 하였다. 웅천 현감, 곡포 만호, 삼천포 만호, 적량 만호도 보러 왔다.

11일　맑았으나 서풍이 밤새도록 세게 불어 한 겨울보다 훨씬 춥고 기온이 고르지 못하였다. 늦게 거제 현감이 와서 수사의 옳지 못한 일을 자세히 말하였다. 광양 현감이 왔다.

12일　맑았으나 서풍이 세게 불어 추위가 몹시 심하였다. 새벽 2시쯤 꿈을 꾸었는데, 잘 알지 못하는 곳에 가서 영의정과 함께 이야기를 나누고 있었다. 한동안 둘이 다 의관을 벗어 놓고 앉았다 누웠다 하면서 서로 나라 걱정을 털어놓다가 끝내는 억울한 사정까지 쏟아 놓았다. 그러는 동안 바람이 불고 비가 퍼부어서 계속 함께 있었다. 조용히 이야기를 계속하는 사이, 만일 서쪽의 적이 재빠르게 들어오고 남쪽의 적까지 덤빈다면 임금이 어디로 갈 것인가를 되풀이하여 걱정하다가 할 말을 잊었다.

좌수영대첩비 광해군이 전남 여수 충무동에 세웠던 이순신 전승기념비로 높이만도 3m가 넘는 우리나라 최대 규모의 대첩비이다. 전남 여수시 고소동.

이전에 영의정이 천식으로 몹시 편찮다고 들었는데 나았는지 모르겠다. 글자로 점을 쳐보았더니, 바람이 물결을 일으키는 것 같다[如風起浪]는 괘가 나왔다. 또 오늘 어떤 길흉의 조짐이 있는지 들으려고 점을 쳐 보니, 가난한 사람이 보배를 얻는 것 같다[如貧得寶]는 괘가 나왔다. 이 괘는 매우 좋구나, 매우 좋구나!

어제 저녁에 종 금이를 본영으로 보냈는데, 바람이 아주 거칠어서 몹시 염려되었다. 늦게 관청에 나가서 각처 공문을 처리해 보냈다. 낙안 현감이 들어왔다. 웅천 현감의 보고에 왜선 14척이 거제 금이포*에 들어와 머물고 있다 하므로 경상 수사에게 3도의 여러 장수를 거느리고 가 보도록 하였다.

타루비 1603년 부하들이 이순신을 위해 세운 비로, "영하의 수졸들이 통제사 이순신을 위해 짤막한 비석을 세우니 이름하여 타루라 하였다."고 쓰여 있다. '타루'란 '눈물을 흘리다'는 뜻을 담고 있다. 좌수영대첩비 옆에 보관되어 있다.

13일 맑다. 아침에 경상 수사가 와서 배를 타고 견내량으로 나간다며 보고하고 떠났다. 늦게 대청에 나가 앉아 공문을 처리하여 보냈다. 체찰사에게 올리는 공문을 내보냈다. 유생들이 관학을 다시 세운다는 통문을 가지고 왔던 성균관의 종이 돌아간다고 아뢰었다. 낮에는 바람도 잔잔하고 날씨가 따뜻하였다. 저녁에는 달빛이 대낮 같고 바람이 전혀 불지 않았다. 혼자 앉았는데 마음이 어지러워 잠을 이루지 못하였다. 신홍수申弘壽를 불러서 퉁소 소리를 듣다가 밤 10시쯤 잠들었다.

금이포金伊浦 경남 거제시 사등면 금포로 추정된다.

14일 맑았으나 바람이 세게 불었다. 늦게는 바람이 그치고 날씨도 따뜻해지는 듯하였다. 흥양 현감이 들어왔다. 정사립과 김대복도 들어왔는데, 조기趙琦, 김숙金俶도 같이 왔다. 이들로부터 연안延安에 있는 옥玉의 외조모가 돌아가셨다는 소식을 들었다. 밤이 늦도록 이야기를 나누었다.

15일 맑고 따뜻하였다. 날이 샐 무렵에 망궐례를 드렸다. 낙안, 흥양 현감을 불러 같이 아침을 먹었다. 늦게 대청에 나가 공문을 처리한 다음 항복한 왜인들에게 술과 음식을 먹였다. 낙안과 흥양에 속한 배와 병기, 부속물과 사부, 격군들을 점검하였더니 낙안이 훨씬 엉성하였다. 저녁 달빛이 더욱 맑았다. 풍년이 들 징조라고 한다.

16일　맑다. 서리가 내렸는데 마치 눈이 온 것 같다. 늦게 나가서 앉았다. 아주 늦게 경상 수사와 우우후 등이 보러 오고 웅천 현감도 왔다. 모두 취해서 돌아갔다.

17일　맑다. 아침에 방답 첨사가 휴가를 받아서 변존서, 이분, 김숙 등과 나가서 공무를 보다가 우후를 불러 활쏘기를 하였다. 성윤문과 변익성이 보러 왔다가 함께 활을 쏘고 돌아갔다. 해질 무렵에 강대수姜大壽 등이 편지를 가지고 들어왔다. 종 금이가 16일에 본영에 도착하였고, 종 경이는 돌아올 것이며, 아들 회는 오늘 은진으로 떠난다고 하였다.

18일　맑다. 아침부터 저녁까지 군복을 말렸다. 늦게 곤양 현감과 사천 현감이 와서 술을 마시고 취해서 돌아갔다. 동래 현감이 급히 보고하기를 "왜놈들이 많이 동요하는 모습이 보이고 또 심 유격沈遊擊*이 소서행장과 함께 정월 16일에 먼저 일본으로 갔다고 하였다.

19일　맑고 따뜻하였다. 늦게 나가 공무를 보았다. 사도 첨사가 여도 만호와 함께 왔고 우후와 곤양 현감도 왔다. 경상 수사도 왔기에 우우후를 불렀다. 곤양 현감이 술을 차려다 바치므로 조용히 이야기를 나누었다. 부산에 몰래 보냈던 정탐군 네 명이 돌아와서 심유경이 소서행장, 현소玄蘇*, 정성正成|사택정성寺澤正成|*, 소서비小西飛*와 함께 이달 16일 새벽에 바다를 건너갔

＊심유경惟敬을 말한다. '유격'은 관직명이다. 명나라 장수로서 강화를 표방하고 왜군과 교섭하였다. 동남 연해 지역에 주둔해 있던 왜군에게 이른바 '심유경 표첩'이라는 통행증서를 발급해 준 뒤 조선에 그것을 소지한 왜군은 공격하지 말라고 요구하였다.

현소1537~? 일본 박다博多 성복사聖福寺의 승려. 대마도 종宗 씨를 따라 조선에 사신으로 왔으며 임란 때 종군했다. 강화 문제가 있을 때마다 참여했다.

사택정성1563~1633| 아버지 광정廣正과 함께 직전신장織田信長을 섬기다가 뒤에 풍신수길을 따라 비전肥前 당진唐津 성주城主가 되었다. 임진왜란 때 종군하여 7년 내내 싸움에 나섰다.

소서비 근기近畿 사람. 족리의소足利義昭를 섬겼으나 막부가 멸망한 뒤에 소서행장에게 기용되어 성을 '소서'라고 하였다.

다는 소식을 전했다. 그들에게는 곡식 세 말을 주어 보냈다. 저녁에 순찰사 서성이 진중에 온다고 하여 여러 가지 준비물을 가지러 박자방朴自邦을 본영에 보냈다. 오늘 메주를 쑀다.

20일 하루 내내 비가 내렸다. 기운이 피곤하여 낮에 잠깐 낮잠을 잤다. 오후 2시쯤에 메주 만드는 것을 끝내서 온돌에 넣었다. 낙안 군수가 와서 둔전에서 추수한 벼를 실어 왔다고 보고했다.

21일 맑다. 아침에 나가서 체찰사에게 보내는 순천에 관한 공문을 만들었다. 밥을 먹은 뒤 미조항 첨사 성윤문과 흥양 현감이 보러 왔기에 술을 대접해 보냈다. 미조항 첨사는 휴가를 요청하였다. 늦게 대청에 나갔더니 사도 첨사, 여도 만호, 사천 현감, 광양 현감, 곡포 권관이 보러 왔다가 돌아갔고 곤양 현감도 왔다. 활 10순을 쏘았다.

22일 맑았으나 아주 추웠고 바람조차 몹시 거칠었다. 하루 내내 밖으로 나가지 않았다. 늦게 경상 우후 이의득이 와서 그의 수사가 경솔한 짓을 하였다고 전하였다. 밤바람이 차고 매우므로 아이들이 들어오기에 고생스러울까 걱정되었다.

23일 맑았으나 바람이 찼다. 작은형님의 제삿날이어서 밖에 나가지 않았다. 마음이 몹시 어지러웠다. 아침에 옷 없는 군사 17명에게 옷을 주고는 여벌로 한 벌씩을 더 주었다. 하루 내내 바람이 험하게 불었다. 저녁에 가덕에서 나온 김인복金仁福•이 와서 인사를 하므로 적의 정세를 물어보았다. 밤 10시에 면과 완 그리고 최대성崔大晟, 신여윤申汝潤, 박자방朴自邦이 본영에서 왔다. 어머니가 편안하시다는 편지를 받으니 기쁘기 한이 없다. 종 경이 오고 종 금이, 애수愛壽 그리고 금곡에 사는 종 한성漢城, 공돌孔乭 등이 같이 왔다. 자정이 되어 잠자리에 들었는데 눈이

김인복?~? 1590년 과거에 합격하여 주부注簿가 되었고 임진왜란이 일어나자 재종형 김억추를 따라 이순신의 휘하에 들어가 1597년 명량 해전에 참여했다.

두 치나 내렸다. 근년에 없는 일이라고 한다. 밤에 몸이 몹시 불편하였다.

24일 맑았으나 북풍이 세게 불고 눈보라가 치면서 모래까지 날려서 사람들이 걸어다닐 수 없었고 배도 움직일 수 없었다. 새벽에 견내량의 복병이 보고하기를, 어제 왜놈 하나가 복병한 곳에 와서 애걸하며 항복하였다 하므로 이리로 보내라고 회답하였다. 늦게 좌우 우후와 사도 첨사가 보러 왔다.

25일 맑다.

26일 맑았으나 바람이 고르지 못하였다. 활쏘기를 하였다.

27일 맑고 따뜻하였다. 아침을 먹은 뒤 관청에 나가서 장흥 현감 배흥립을 심문하고 흥양 현감과 더불어 이야기를 나누었다. 늦게 경상 우도 순찰사가 들어왔기에 오후 4시쯤 우수사 진영으로 가서 만나 보고 자정에야 돌아왔다. 사도 진무鎭撫가 화약을 훔치다가 붙들렸다.

28일 맑다. 늦게 관청으로 나갔다. 정오에 순찰사가 와서 활쏘기를 하며 이야기를 나눴다. 순찰사가 나와 활쏘기를 겨루었는데 열에 일곱을 지고는 섭섭한 기색을 삭이지 못하니 가소로웠다. 군관 세 사람도 모두 졌다. 밤이 되자 술에 취해서 돌아갔다. 가

『난중일기』와 『임진장초』
이순신이 임진왜란 7년간 쓴 일기 7책과 부록 1책, 그리고 『임진장초』는 이순신의 서간첩과 함께 국보 제76호로 지정되어 있다.
ⓒ 이재국.

소로웠다.

29일 하루 내내 비가 내렸다. 아침을 먹고 경상도 진영으로 가서 순찰사와 하루 내내 이야기를 나누다가 오후에 활쏘기를 하였는데 순찰사가 또 열에 아홉을 졌다. 김대복 혼자서 즐겁게 활을 쏘았다. 피리를 듣다가 자정에야 헤어져 집으로 돌아왔다. 어두울 무렵에 화약을 훔쳤던 사도 진무가 도망갔다.

30일 비가 계속 내리다가 늦게 갰다. 관청에 나갔다가 군관들이 활 쏘는 것을 보았다. 천성 만호, 여도 만호, 적량 만호 등이 보러 왔다가 돌아갔다. 저녁 때 청주에 사는 희남의 종 네 명과 준복俊福이 들어왔다.

2월, 둔전에서 수확을 거두다

초1일 아침에 흐렸다가 늦게 맑아졌다. 여러 장수들과 더불어 활쏘기를 하였다. 권숙이 왔다가 취해서 돌아갔다.

초2일 날씨가 맑고 따뜻하였다. 울이 조기와 같이 배를 타고 돌아갔다. 우후도 갔다. 저녁에 사도 첨사가 와서, 어사의 장계 때문에 파면되었다고 하므로 곧 장계 초안을 작성하였다.

초3일 맑았으나 바람이 세게 불었다. 혼자 앉아서 아들이 떠나간 것을 생각하니 마음이 편하지 않았다. 아침에 장계를 수정하였다. 경상 수사가 보러 왔는데, 그 편에 적량 만호 고여우가 장담년張聃年에게 소송을 당하여 순찰사가 장계를 올려 파면시키려 한다는 글을 보았다. 날이 어두워질 무렵에 어란 만호가 견내량의 복병한 곳으로부터 와서 "부산 왜놈 세 명이 성주에서 항복한 사람을 거느리고 복병한 곳에 와서 장사를 하겠다고 합

고흥 무열사와 사당 진무성 장군을 추모하기 위하여 훗날 용강사를 계승하여 건립되었다. 무열사에는 진무성 영정, 칠성검, 일산日傘과 교지, 고문서 등이 소장되어 있다. 전남 고흥군 두원면 신송리.

니다." 하고 보고하였다. 곧 장흥 부사에게 전령을 보내어 "내일 새벽에 가서 타일러 쫓으라." 하였다. 이놈들이 왜 물건을 사려고 하겠는가? 우리의 허실을 엿보려 하는 것이리라.

초4일 맑다. 아침에 사도 사람 진무성에게 장계를 부쳤다. 그 편에 영의정과 신식 두 집에 가는 문안 편지도 함께 부쳤다. 늦게 흥양 현감이 찾아왔다가 돌아갔다. 오후에 활 10순을 쏘았다. 여도 만호, 거제 현령, 당포 만호, 옥포 만호도 왔다. 저녁에 장흥 부사가 복병한 곳으로부터 와서 왜놈들이 다시 돌아갔다고 보고하였다.

초5일 아침에 흐리다가 늦게 갰다. 사도 첨사, 장흥 부사가 일찍 왔기에 아침 식사를 같이하였다. 밥을 먹고 나니 권숙이 와서 돌아가겠다고 보고하기에 종이와 먹 두 개, 패도佩刀를 주어 보냈다. 늦게 3도 여러 장수들을 불러 모아 위로하는 뜻으로 음식을 먹이고 그 김에 활쏘기도 하고 풍악도 울려서 취한 뒤에야 자리를 파하였다. 웅천 현감 이운룡이 손인갑과 좋아 지내던 여인을 데리왔기에 여러 장수들과 함께 가야금 몇 곡조를 들었다. 저녁 나절에 김기실金已實이 순천에서 돌아왔는데, 그 편에 어머니께서 안녕하시다는 소식을 들었다. 매우 기쁘고 다행스러웠다. 우수사의 편지가 왔는데 약속한 날짜를 뒤로 늦추자고 하였다. 가소롭고도 한심스러웠다.

초6일   흐리다. 새벽에 목수 10명을 거제로 보내어 배 만드는 기술을 가르치게 하였다. 그리고 내가 자는 방의 천장에 흙이 떨어진 곳이 많아서 수리하도록 하였다. 사도 첨사 김완이 조도어사의 장계에 의하여 파면되었다는 기별이 와서 자기 진포로 내보냈다. 순천 별감 유兪 아무개와 군관 장웅진張熊軫 등을 처벌하고 나서 곧 수루로 갔다. 송한련이 숭어를 잡아 가지고 왔기에 여도 첨사, 낙안 군수, 흥양 현감을 불러서 같이 먹었다. 적량 만호 고여우가 큰 매를 가지고 왔으나, 오른쪽 발가락이 모두 얼어서 무지러졌으니 어떻게 할 것인가? 초저녁에 잠시 땀이 났다.

초7일   아침에 날이 흐리고 동풍이 세게 불었다. 마음이 좋지 않았다. 늦게 동헌에 나가서 음식을 풀어 군사들에게 먹였다. 장흥 부사, 우후, 낙안 군수, 흥양 현감을 불러 이야기를 나누다가 날이 저물어서야 헤어졌다.

초8일   맑다. 아침 일찍 녹도 만호가 보러 왔다. 아침에 벗나무 껍질을 벗겼다. 늦게 손인갑과 좋아 지내던 여인이 들어왔다. 한참 있다가 오철吳轍*, 현응원玄應元을 불러들여 일이 어떻게 되고 있는지 물어보았다. 저녁 때 군량치부책軍糧置簿冊*을 만들고 흥양 둔전에서 추수한 벼 3백 52석을 받아들였다. 서풍이 세게 불어서 배를 띄울 수가 없었다. 유황柳榥을 떠나보내려고 하였는데 갈 수가 없었다.

오철?~? 이순신의 군관 중 하나이다.
군량치부책 군량에 관한 장부.

초9일 맑다. 서풍이 세게 불어서 배가 다니지 못하였다. 늦게 권 수사가 와서 이야기를 나누었다. 활 10순을 쏘았다. 저녁이 되자 바람이 그쳤다. 부산에 있는 왜선 두 척이 견내량에 들어왔다는 소식을 듣고서 웅천 현감과 우후를 보내어 정탐하게 하였다.

초10일 날이 맑고 온화하였다. 일찍 박춘양이 대나무를 싣고 왔다. 늦게 동헌에 나가 공무를 보고 태구생太仇生을 처벌하였다. 저녁에는 창고를 지을 장소에 직접 가 보았다. 아침에 웅천 현감과 우후가 견내량으로부터 돌아와서 왜적들이 겁나서 벌벌 떠는 모습을 이야기하였다. 해 질 무렵에 창녕 사람이 술을 가져와 바쳤다. 밤이 깊어서 헤어졌다.

11일 맑다. 체찰사에게 가는 공문에 관인을 찍어 보냈다. 보성의 계궤유사繼饋有司* 임찬林瓚이 소금 50섬을 실어 갔다. 임달영이 제주에서 돌아왔는데 제주 목사[이경록]의 편지 그리고 박종백朴宗伯과 김응수金應綬의 편지를 가지고 왔다. 늦게 장흥 부사와 우우후가 왔기에 또 낙안 군수와 흥양 현감을 불러서 활쏘기를 하였다. 해가 질 무렵 영등 만호가 그 소실과 함께 술병을 들고 와서 마시기를 권하였다. 꼬마 아이도 함께 왔는데 돌아가지 않고 남았다. 땀을 흘렸다.

12일 맑다. 아침 일찍 창녕 사람이 웅천에 있는 별장別庄으로 돌아갔다. 아침에 화살대 50개를 경상 수사에게 보냈다. 늦게 수사가 와서 함께 이야기를 나누었다. 저녁 때 활쏘기를 하였는데 장흥 부사와 흥양 현감도 같이 쏘다가 저물 무렵에 헤어졌다. 꼬마 아이가 밤 8시쯤 돌아갔다.

13일 맑다. 아침밥을 먹은 뒤 관청에 나가서 강진 현감이 약

계궤유사 군량을 후원하는 일을 맡은 책임자.

276

속한 날짜를 어기고 늦게 온 죄를 다스렸다. 가리포 첨사는 보고를 하고 늦게 왔으므로 타일러서 내보냈다. 영암 군수에 대한 파출장계罷黜狀啓*의 초안을 잡았다. 저녁에 어란포 만호가 돌아가고 임달영도 돌아갔다. 제주 목사에게 청어, 대구, 화살대, 곶감, 삼색 부채 등을 보냈다.

14일 맑다. 늦게 나가서 장계 초안을 수정하였다. 동복同福의 계향유사繼餉有司* 김덕린金德麟이 찾아와서 인사했다. 경상 수사가 쑥떡과 초 한 쌍을 보내왔다. 새로 만든 곳간에 지붕을 잇고는, 낙안 군수와 녹도 만호 등을 불러서 떡을 먹였다. 얼마 뒤 강진 현감이 보러 왔기에 위로하고 술을 주었다. 저녁에 물을 부엌 주변으로 끌어들여 물 긷는 수고를 덜게 하였다. 밤에 바다 위에 떠오른 달은 대낮처럼 밝고 물결 위에 비친 빛은 비단결 같은데, 혼자서 높은 수루 위에 기대어 있노라니 마음이 몹시 어수선하여 밤이 깊어서야 잠자리에 들었다. 흥양의 계향유사 송상문宋象文이 와서 쌀과 벼를 합하여 일곱 섬을 바쳤다.

15일 새벽에 망궐례를 드리려 했는데 비가 부슬거리고 마당이 젖어서 거행하지 못했다. 어두울 무렵에 들으니 전라우도의 항복한 왜인들이 경상도의 왜인들과 짜고서 도망할 계획을 꾸민다고 하므로 전령을 보내어 그쪽에 통지하였다. 아침에 화살대를 골라내어 큰 화살대 1백 11개와 그 다음으로 큰 화살대 1백 54개를 옥지玉只에게 내주었다. 아침에 장계 초안을 수정했다. 늦게 나갔더니 웅천 현감, 거제 현령, 당포 만호, 옥포 만호, 우우후, 경상 우후 등이 보러 왔다가 돌아갔다. 순천의 둔전에서 추수한 벼를 내가 직접 보는 데서 받아들이게 했다. 동복 유사 김덕린, 흥양 유사 송상문 등이 돌아갔다. 저녁 때 사슴 한

파출장계 수령의 파면을 요청하는 장계.
계향유사 계궤유사와 같은 뜻.

마리와 노루 두 마리를 사냥해 가지고 왔다. 밤에는 달빛이 대낮처럼 밝고 물결 빛은 비단결 같아서 자려고 누워도 잠이 오지 않았다. 사람들은 밤새도록 술이 취해서 노래들을 불렀다.

16일　맑다. 아침에 장계 초안을 수정하고 늦게 관청에 나갔다. 장흥 부사, 우우후, 가리포 첨사가 와서 함께 활쏘기를 하였다. 군관들은 전번 승부에 따라 진 편에서 술을 내왔으므로 모두 술이 몹시 취해서 헤어졌다. 나는 너무 취해서 잠을 이루지 못하고 일어났다 누웠다 하면서 밤을 밝혔다. 봄철의 노곤한 증세가 벌써 나타나기 시작하였다.

17일　흐리다. 나라의 제삿날*이어서 공무를 보러 나가지 않았다. 아침밥을 먹은 뒤 면이 본영으로 가고 박춘양과 오수는 조기 잡는 곳으로 갔다. 어제 술에 취한 것 때문에 심기가 몹시 불안하였다. 저녁 때 홍양 현감이 와서 이야기를 나누다가 저녁 식사를 같이하였다. 미조항 첨사 성윤문의 문안 편지가 왔는데, 방금 감사의 공문서를 받고 곧 진주로 가게 되어 인사를 못하게 되었다고 하며 후임으로는 황언실黃彦實이 온다고 하였다. 웅천 현감의 답장도 왔는데, 왕이 내린 분부는 아직 받지 못하였다고 한다. 어두울 무렵에 서풍이 세게 불기 시작하더니 밤새도록 그치지 않았다. 아들이 떠나간 것을 생각하니 걱정이 되어 안절부절못하였다. 봄기운이 사람을 괴롭혀 몹시 피곤하였다.

18일　맑다. 밥을 먹은 뒤 공무를 보러 나갔다. 서풍이 세게 불었다. 늦게 체찰사의 비밀 관문 세 통이 왔는데, 하나는 제주목에서 계속 군량을 후원하는 일에 관한 것이며, 또 하나는 영등 만호 조계종趙繼宗을 추고하는 일에 관한 것이며, 다른 하나는 진도 전선戰船을 아직 독촉하여 모으지 말라는 것이었다. 저녁에

*세종대왕의 제삿날이다.

서울에서 김국金國이 내려왔는데, 비밀 관문 두 통과 책력册曆˙
한 권을 가지고 왔다. 또 서울의 조보朝報˙도 가지고 왔다. 황득
중이 철물을 실어다 바치면서 술을 가지고 왔다. 땀이 온몸에
흠씬 배었다.

19일 맑았으나 바람이 세게 불었다. 아들 면이 잘 갔는지 몰
라서 밤새도록 궁금하였다. 저녁 때 들으니 군량을 싣고 오던
낙안 배가 바람에 막혀 사량에 대었는데 바람이 잠잠해야 배를
출발시킬 것이라고 한다. 새벽에 이곳의 왜인 난여문亂汝文 등을
시켜 경상도 진에 있는, 항복한 왜인들을 붙잡아다가 목을 자르
게 하였다. 권 수사가 왔다. 장흥 부사, 웅천 현감, 낙안 군수, 홍
양 현감, 우우후, 사천 현감 등과 함께 부안에서 보내 온 술을
마셨다. 황득중이 총통 만들 쇠를 가져왔는데 모두 저울로 무게
를 달아서 보관하게 하였다.

20일 맑다. 아침 일찍 조계종이 현풍˙의 수군 손풍련孫風連에
게 고소를 당하였기 때문에 함께 심문받으려고 여기까지 왔다
가 갔다. 늦게 관청에 나가서 공문을 처리해서 나누어 보냈다.
군역에 관한 공문을 위조한 죄로 손만세孫萬世를 처벌하였다. 오
후에 활을 7순 쏘았는데 낙안 군수, 녹도 만호가 와서 같이 쏘았
다. 비가 오려는 징조가 보였다. 새벽에 몸이 노곤하였다.

21일 흐리고 새벽에 비가 부슬부슬 내리다가 늦게서야 그쳤
다. 관청에 나가지 않고 혼자 앉아 있었다.

22일 맑고 바람도 없었다. 아침밥을 일찍 먹고 나갔더니 웅천
현감과 홍양 현감은 몸이 좋지 않다면서 먼저 돌아갔다. 우우
후, 장흥 부사, 낙안 군수, 남도 만호, 가리포 첨사, 여도 만호,
녹도 만호 등이 와서 활쏘기를 하기에 나도 쏘았다. 손현평孫絃平

책력 일 년 동안의 월
일, 해와 달의 운행, 월
식, 일식, 절기, 특별한
기상 변동 따위를 날의
순서에 따라 적은 책.

조보 조선시대에 승정
원의 발표 사항을 필사
하여 배포하던 관보.

현풍玄風 대구시 달성
군 현풍리.

도 왔다. 몹시 취한 다음에 헤어졌다. 밤에 땀을 흘렸다. 봄기운
이 사람을 노곤하게 만들었다. 강소작지姜所作只가 그물을 가지
러 본영으로 갔다. 충청 수사가 화살대를 가져와서 바쳤다.

23일　맑다. 일찍 아침을 먹고 관청에 나가서 둔전에서 받아들
인 벼를 다시 되질하였다. 새로 지은 창고에 쌓아 둔 것이 1백
67섬이었는데 다시 담으며 줄어든 것이 48섬이다. 늦게 거제 현
령, 고성 현령, 하동 현감, 강진 현감, 회령포 만호 등이 와서 고
성에서 가지고 온 술을 같이 마셨다. 웅천 현감이 저녁에 와서
몹시 취하였다. 밤 10시쯤 자리를 파하고 돌아갔다. 하천수, 이
진 등이 왔다. 방답 첨사도 들어왔다.

24일　맑다. 아침밥을 먹은 뒤 관청에 나가서 둔전에서 받아들
인 벼를 되질하는 일을 감독하였다. 우수사가 들어왔다. 오후 4
시쯤 비바람이 크게 일었다. 둔전서 받아들인 벼를 되질하여 1
백 70여 섬을 창고에 들였으니 줄어든 것이 30여 섬이다. 낙안
군수가 갈렸다는 기별이 왔다. 방답 첨사, 홍양 현감이 왔다.
본영으로 배를 내보내려다가 비바람 때문에 그만두었다. 밤
새도록 비바람이 그치지 않았다. 몸이 노곤하였다.

25일　비가 계속 내리다가 정오쯤 갰다. 아침에 장계
초안을 수정하였다. 늦게 우수사가 오고 나주 판관
도 왔다. 장흥 부사가 와서, 수군을 통솔하기 어려
운 것은 감사가 방해하기 때문이라고 말하였다. 이
진이 둔전으로 돌아갔다. 춘절春節, 춘복春福, 사화土
花가 본영으로 돌아갔다.

26일　아침에는 맑다가 저물 무렵에 비가 내렸다.
늦게 대청에 나갔더니 여도 만호와 홍양 현감이 와서

이순신 영정　1932년 이
상범 화백이 그린, 전복을
입은 이순신의 모습. 통영
충렬사에 소장되어 있다.

수영의 서리들이 백성을 괴롭히는 폐단을 털어놓았다. 매우 놀라운 일이었다. 양정언과 수영 서리 강기경, 이득종李得宗, 박취朴就 등에게 큰 벌을 주었다. 곧바로 전령을 내려 경상도와 전라우도의 수사에게 수영 서리를 잡아들이라고 명령하였다. 경상 수사가 보러 왔다. 얼마 있다가 견내량 복병에게서 급히 보고해 오기를 "왜선 한 척이 견내량으로부터 들어와서 해평장*에까지 이른 것을 발견하고는 이들을 머물지 못하도록 하였습니다." 하였다. 둔전에서 받아들인 벼 2백 30여 섬을 다시 담았더니 1백 98섬이어서 줄어든 것이 32섬이라고 한다. 낙안 군수에게 이별주를 대접해 보냈다.

27일 흐리다가 늦게 갰다. 녹도 만호 등과 함께 활쏘기를 하였다. 홍양 현감이 휴가를 얻어서 돌아갔다. 둔전에서 받아들인 벼 2백 20여 섬을 고쳐 담았더니 여러 섬이 줄었다.

28일 맑다. 이른 아침에 침을 맞았다. 늦게 나갔더니 장흥 부사와 체찰사의 군관이 같이 왔다. 장흥 부사는 체찰사의 종사관이 군령을 가지고 자기를 체포해 가려고 왔다고 했다. 또 전라도 수군 가운데 우도의 수군은 좌도와 우도를 왔다갔다 하면서 제주와 진도를 도와주라는 명령도 있다고 한다. 참 어이가 없다. 조정의 계책이 어찌 이럴 수 있는가. 체찰사로서 계획을 세우는 것이 이렇게 무작정할 수 있는가. 나라의 일이 이렇고 보니 어떻게 할 것인가. 저녁에 거제 현령을 불러다가 일이 어떻게 되었는지 물어보고 다시 돌려보냈다.

29일 맑다. 아침에 문서의 초안을 수정하였다. 밥을 먹은 뒤 나갔더니 우수사와 경상 수사가 장흥 부사와 체찰사의 군관을 데리고 왔다. 경상우도 순찰사의 군관이 편지를 가지고 왔다.

해평장海坪場 경남 통영시 광도면 노산리.

30일 맑다. 아침에 정사립으로 하여금 보고문을 쓰게 하여 체찰사에게 보냈다. 장흥 부사가 체찰사에게 갔다. 늦게 우수사가 보고하기를 "이제 바람도 줄어들었고 계책을 세워야 할 때이므로 부하를 거느리고 급히 본도로 가겠습니다." 하는 것이었다. 그 마음가짐이 매우 의심스러워 그의 군관과 도훈도를 붙잡아다가 곤장 70대를 때렸다. 수사가 자기 부하를 거느리고 견내량으로 복병하는데 분한 목소리로 떠들어 대니 매우 가소로웠다. 저녁에 송희립, 노윤발, 이원룡 등이 들어왔다. 희립은 술까지 가지고 왔다. 몸이 몹시 좋지 못하여 밤새도록 식은땀을 흘렸다.

3월, 잦은 병으로 고생하다

초1일 맑다. 새벽에 망궐례를 드렸다. 아침에 경상 수사가 와서 이야기를 나누다가 돌아갔다. 늦게 해남 현감 유형柳珩*과 임치도 첨사 홍견洪堅, 목포 만호 방수경方守慶 등을 약속한 날짜를 어긴 죄로 곤장을 쳤다. 해남 현감만은 새로 부임한 까닭에 곤장을 때리지 않았다.

초2일 맑다. 아침에 장계 초본을 수정하였다. 보성 군수가 들어왔다. 몸이 몹시 불편하여 나가지 않았다. 기운을 차릴 수 없고 땀이 흐르니 이것이 병의 근원이다.

초3일 맑다. 새벽에 이원룡이 본영으로 돌아가고, 늦게 반관해潘觀海가 왔다. 정사립 등을 시켜 장계를 쓰게 하였다. 오늘은 명절삼짓날이어서 방답 첨사, 여도 만호, 녹도 만호와 남도 만호 등을 불러 술과 떡을 먹었다. 아침 일찍 송희립을 우수사에게 보내서 미안하다는 뜻을 전하였더니 공손하게 대답하더라고 한

유형1566~1615| 임진왜란이 일어나자 의병장 김천일의 밑에 들어가 강화에서 활약했고, 의주의 행재소에 가서 선전관이 되었다. 1594년 무과에 급제하여 남해 현감을 지내고, 1597년 정유재란 때 통제사 이순신의 막료로서 노량 싸움에서 부상을 입었으나 끝까지 전투를 지휘한 사실이 알려져 부산진 첨절제사에 특진되었다.

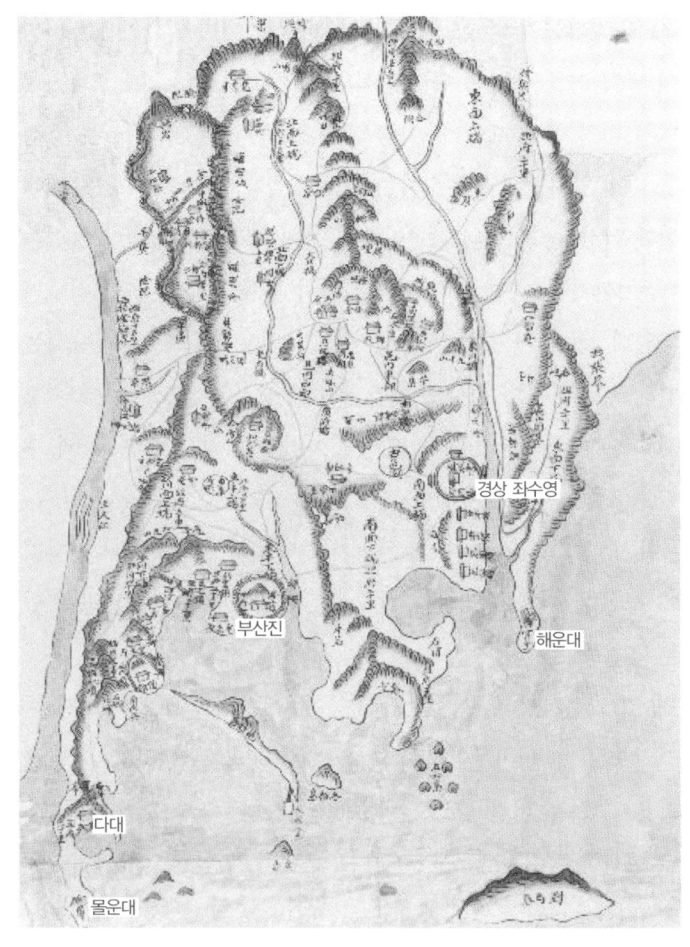

경상 좌수영 경상 좌수사
의 본래 관할 구역인 동래
부는 1592년 부산성, 동래
성이 왜에 함락된 뒤 왜란
중 이곳은 왜 수군 진영으
로 쓰였다. 〈해동지도〉. ©
규장각.

경상 좌수영

부산진

해운대

다대

몰운대

다. 땀이 줄줄 흘렀다.

초4일　맑다. 아침에 장계를 봉하였다. 늦게 보성 군수 안홍국
을 약속한 날짜에 오지 못한 죄로 처벌하였다. 정오쯤에 배를
띄워 소근두*를 거쳐서 바로 경상 우수사가 있는 곳으로 가서
그를 불렀다. 경상 좌수사 이운룡도 와서 함께 이야기를 나누다
가 좌리도* 바다 가운데서 같이 잤다. 땀이 계속 흘러내렸다.

소근두所斤頭　경남 통
영시 한산도의 소고도
로 추정된다.

좌리도佐里島　웅천현:
경남 통영시 한산면 창
좌리 좌도.

초5일　날씨가 맑았으나 구름이 끼었다. 새벽 4시쯤 배를 띄워서 날이 밝을 무렵 우수사가 복병하고 있는 견내량에 도착하니 마침 아침 식사 때였다. 아침을 먹고 우수사를 만나 잘못된 점을 다시 말하였더니 우수사는 모든 것을 사과한 다음 술을 내어 함께 마셨다. 잔뜩 취해 돌아오는 길에 이정충의 장막에 들렀는데, 이야기를 나누면서 또 술을 마셔 몸을 가누지 못할 정도가 되었다. 큰 비가 쏟아져서 내가 먼저 배로 돌아왔다. 우수사는 취해 쓰러져 작별 인사도 못할 정도로 정신이 없으므로 그냥 오게 되어 어처구니없었다. 배에 돌아왔더니 회, 해, 면, 울과 수원이 모두 와 있었다. 비를 맞으면서 진중으로 돌아오니 김혼金渾이 또한 와 있었다. 함께 이야기를 나누다가 자정에야 잠자리에 들었다. 여종 덕금德今, 한대漢代, 효대孝代 그리고 은진에 있는 계집종도 왔다.

초6일　흐렸으나 비는 오지 않았다. 새벽에 한대를 불러서 사건의 내용을 물어보았다. 아침에 기분이 좋지 못하였다. 밥을 먹은 뒤 하동 현감, 고성 현령이 돌아갔다. 늦게 함평 현감, 해남 현감이 돌아가겠다고 하였다. 남도포 만호도 또한 돌아갔는데, 기한을 5월 초열흘까지로 정하였다. 우우후와 강진 현감은 초8일이 지난 뒤에 나가도록 일렀다. 함평 현감, 남해 현령, 다경포 만도 등이 칼쓰기 연습을 하였다. 땀이 계속 흘렀다. 사슴 세 마리를 사냥해 왔다.

초7일　맑다. 새벽에 땀이 흘렀다. 늦게 공무를 보러 나갔더니 가리포 만호, 방답 첨사, 여도 만호가 보러 왔다가 돌아갔다. 머리를 한참 빗었다. 녹도 만호가 노루 두 마리를 잡아 왔다.

초8일　맑다. 아침에 안골포 만호가 큰 사슴을 한 마리 보내오고 가리포 만호도 또한 보내왔다. 밥을 먹은 뒤 공무를 보러 나갔더니 우수사, 경상 수사, 좌수사, 가리포 만호, 방답 첨사, 평산포 만호, 여도 만호, 우우후, 경상 우후, 강진 현감 등이 와 있었다. 하루 내내 취하도록 마신 뒤 헤어졌다. 저녁에 한동안 비가 내렸다.

초9일 아침에 맑았다가 저물녘에 비가 내렸다. 아침에 우우후와 강진 현감이 돌아간다고 하기에 술을 먹였더니 잔뜩 취하여서 우후는 돌아가지 못하였다. 저녁에 좌수사가 왔기에 작별 술잔을 나누었더니 취하여 대청에서 잤다. 개介가 같이 잤다.

초10일 비가 계속 내렸다. 아침에 다시 좌수사를 청해서 이별의 잔을 나누며 전송하였다. 하루 내내 크게 취하여 나가지 못하였다. 때도 없이 식은땀이 났다.

11일 흐리다. 해, 회, 완과 수원 등이 계집종 셋을 데리고 떠났다. 저녁 때 방답 첨사가 화낼 일도 아닌데 화를 내면서 지휘선에서 물 긷는 일을 하는 군사에게 곤장을 때렸다. 참으로 놀라운 일이었다. 그래서 방답의 군관과 이방을 붙잡아들여 군관은 20대, 이방은 50대의 곤장을 때렸다. 늦게 전임 천성 만호가 떠난다고 인사를 하였다. 새로 오는 천성 만호는 체찰사 공문에 의해서 체포되어 병사의 처소에 머무르고 있다. 나주 판관도 왔기에 술을 먹여 보냈다.

12일 맑다. 아침을 먹은 뒤 노곤하여 잠깐 잠을 잤다. 경상 수사가 와서 같이 이야기를 나누었다. 여도 만호, 금갑도 만호, 나주 판관도 왔는데 군관들이 술을 내놓았다. 저녁에 소국진이 체찰사 처소에서 돌아왔는데, 그 회답 중에 우도 수군을 본도로 보내라는 것이 본의가 아니었다고 하였다. 가소로웠다. 또한 들

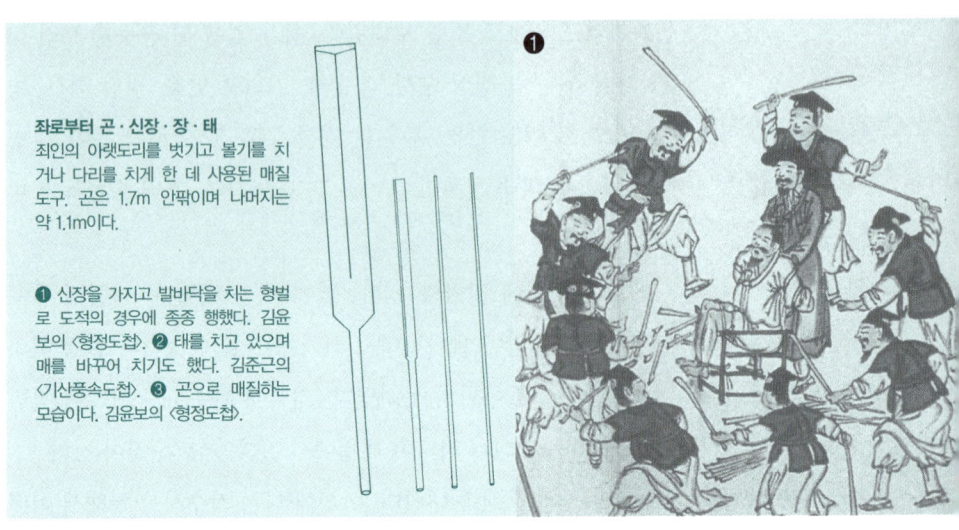

좌로부터 곤·신장·장·태
죄인의 아랫도리를 벗기고 볼기를 치거나 다리를 치는 데 사용된 매질 도구. 곤은 1.7m 안팎이며 나머지는 약 1.1m이다.

❶ 신장을 가지고 발바닥을 치는 형벌로 도적의 경우에 종종 행했다. 김윤보의 〈형정도첩〉. ❷ 태를 치고 있으며 매를 바꾸어 치기도 했다. 김준근의 〈기산풍속도첩〉. ❸ 곤으로 매질하는 모습이다. 김윤보의 〈형정도첩〉.

으니 흉악한 원균은 곤장 40대를 맞고 장흥 부사는 20대를 맞았다고 한다.

13일　하루 내내 비가 계속 내렸다. 저녁에 견내량 복병이 급히 달려와서 왜선이 계속해서 나온다고 보고하기에 여도 만호와 금갑도 만호를 뽑아 보냈다. 봄비가 내리는 가운데 몸이 피곤하여 누워서 신음하였다.

14일　궂은비가 개지 않았다. 새벽에 3도에서 보고가 왔는데, 거제 땅 세포의 왜선 다섯 척과 고성 땅의 왜선 다섯 척이 견내량 근처에 와서 정박하고는 상륙했다고 하였다. 곧 3도의 여러 장수들에게 다섯 척을 더 뽑아서 보내도록 명령하였다. 늦게 나가서 각처의 공문을 처리해 보냈다. 아침 나절 군량에 관한 회계를 마쳤다. 방답 첨사와 녹도 만호가 보러 왔다. 체찰사에게 공문을 보내려고 서류를 만들었다. 봄기운에 몸이 피곤해서 밤새도록 식은땀을 흘렸다.

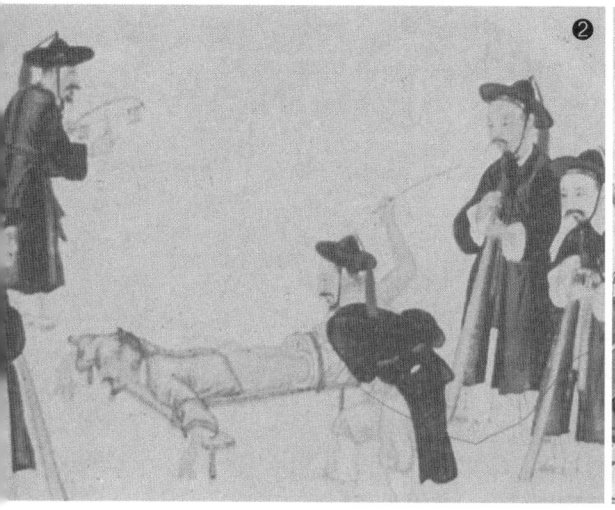

15일　맑다. 새벽에 망궐례를 드렸다. 가리포 만호, 방답 첨사, 녹도 만호가 참석했고 우수사와 다른 사람은 오지 않았다. 늦게 경상 수사가 와서 같이 이야기를 나누다가 취해서 돌아갔는데, 그때 아랫방에서 덕德과 무엇을 수군거린 뒤에 돌아갔다고 한다. 저녁에 바다 위의 달이 희미하게 밝았다. 몸이 몹시 피곤하여 밤새도록 식은땀을 흘렸다. 자정쯤 비가 많이 쏟아졌다. 낮에는 피곤해서 머리를 빗었다. 식은땀이 한없이 흘렀다.

16일　퍼붓듯이 쏟아져 내리는 비가 하루 내내 그치지 않았다. 오전 8시쯤에 동남풍이 몹시 불어 지붕을 얽은 짚이 떨어져 나간 데가 많았고, 창문 종이가 떨어져 비가 방 안으로 흩뿌려져서 무척 괴로웠다. 정오 때가 되어서야 바람이 그쳤다. 저녁 나절에 군관들을 불러다가 술을 마셨다. 자정이 넘어서 비가 잠깐 그쳤다. 어제처럼 땀을 흘렸다.

17일　흐리다. 하루 내내 가랑비가 오더니 밤새도록 그치지 않았다. 늦게 나주 판관이 보러 왔기에 술을 취하도록 먹여 보냈다. 어두워지자 박자방이 들어왔다. 밤에 식은땀이 등을 흠뻑 적셨다. 옷 두 겹이 다 젖고 이부자리도 젖었다. 몸이 몹시 좋지 않았다.

18일　맑았으나 하루 내내 동풍이 불고 날씨가 몹시 차가웠다. 늦게 나가서 공무를 보고 소지所志를 처리하여 보냈다. 방답 첨사, 금갑도 만호, 회령포 만호, 옥포 만호 등이 보러 왔다. 활 10순을 쏘았다. 밤에 바다 위에 뜬 달은 희미하게 비치고 밤기운이 몹시 추워 자려고 해도 잠이 오지 않았다. 앉으나 누우나 편안하지 못하였다. 몸이 좋지 않았다.

19일　맑았으나 동풍이 세게 불고 날씨가 매우 차가웠다. 아침에 새로 만든 가야금에 줄을 매었다. 늦게 보성 군수가 못자리 판을 검사하려고 휴가를 받았다. 김혼도 같은 배로 나가고 종경京도 같이 갔다. 정양丁良이 볼일이 있어 왔다가 곧 돌아갔다. 저녁에 가리포 만호, 나주 판관이 보러 왔기에 술을 취하도록 먹여 보냈다. 어두워진 뒤부터 바람이 몹시 사나웠다.

20일　바람이 사납고 비가 계속 내려 하루 내내 나가지 않았다. 몸이 몹시 불편하였다. 바람막이를 두 개 만들어서 달았다. 밤새도록 비가 내렸다. 식은땀이 옷과 이불을 적셨다.

21일　하루 내내 비가 세게 쏟아졌다. 초저녁에 곽란이 나서 한참이나 구토를 했는데 자정이 되어서야 조금 가라앉았다. 몸을 뒤척거리다가 일어났다 앉았다 하였다. 하지 않아도 될 일을 하는 것 같아서 매우 한스러웠다. 너무 심심해서 군관 송희립, 김대복, 오철 등을 불러다가 종정도놀이를 하였다. 바람막이 세 개를 만들어 달았는데 이언량과 김응겸이 만드는 것을 감독하였다. 자정쯤에 비가 그치고 새벽 2시쯤에는 이지러진 달이 비치기 시작하였다. 방 밖에 나가서 산보를 하였으나 몸이 몹시 피곤하였다.

22일 맑다. 아침에 종 금이를 시켜서 머리를 빗게 하였다. 늦게 우수사와 경상 수사가 보러 왔기에 술을 대접해 보냈다. 들으니 작은 고래가 죽어서 섬으로 떠내려왔다고 하므로 박자방을 보냈다. 저녁에는 한없이 식은땀이 났다.

23일 맑다. 새벽에 정사립이 와서 말하기를, 물고기로 짠 기름을 많이 가져왔다고 하였다. 오전 4시쯤 몸이 편치 않아 금이를 불러 머리를 긁게 하였다. 늦게 나가서 각처의 공문을 처리하고 활 10순을 쏘았다. 조방장 김완이 들어왔다. 충청도 수군의 배 여덟 척도 들어왔다. 우후도 왔다. 종 금이가 편지를 가지고 왔는데 어머님이 안녕하시다고 하였다. 밤 8시가 지나 영등만호가 그의 딸을 데리고 술병을 들고 왔다고 하는데 나는 못 보았다. 10시쯤 지나서 돌아갔다. 처음으로 미역을 딴 날이다. 자정쯤 옷이 식은땀에 흠씬 젖어서 갈아입고 잤다.

24일 맑다. 새벽에 미역을 따러 나갔다. 헌 활집은 베로 만든 것이 8개, 무명으로 만든 것이 2개였는데, 그 가운데 하나를 고쳐 만들라고 내주었다. 아침을 먹은 뒤 관청에 나가 마량 첨사 김응환金應環, 파지도 권관 송세응末世應, 결성 현감 손안국孫安國 등을 벌하였다. 늦게 우후가 가져온 술을 방답 첨사, 평산포 만호, 여도 만호, 녹도 만호, 목포 만호와 함께 마셨다. 나주 판관 어운급魚雲伋에게 4월 15일까지 날짜를 정하고 휴가를 주어 내보냈다. 어두워지자 매우 피곤하고 때도 없이 식은땀이 흐르니 이는 분명 비가 올 징조다.

25일　새벽에 비가 내리기 시작해서 하루 내내 쏟아졌다. 잠시도 그치지 않았다. 수루에 기대어 저녁 나절을 보냈는데 마음이 언짢았다. 머리를 꽤 오랫동안 빗었다. 낮부터 식은땀이 옷을 적시더니 밤에는 두 겹으로 입은 옷을 다 적시고 다시 방바닥에까지 흘렀다.

26일　날씨가 맑았으나 남풍이 불었다. 늦게 공무를 보러 나갔더니 조방장과 방답 첨사, 녹도 만호가 와서 활쏘기를 하였다. 경상 수사도 와서 이야기를 나누었다. 체찰사의 전령이 왔는데 전날 우도의 수군을 돌려보내라고 한 것은 장계를 잘못 본 까닭이라는 것이다. 매우 어처구니없었다.

27일　맑았으나 남풍이 불었다. 늦게 나가서 활쏘기를 하였다. 우후와 방답 첨사도 오고, 충청 우후※, 마량 첨사, 임치 첨사, 결성 현감, 파지도 권관 등이 함께 왔기에 술을 먹여 보냈다. 저녁에 신 사과와 아우 우신이 한 배로 들어와서 어머님이 안녕하시다는 소식을 전했다. 매우 기쁘고 다행스러운 일이다.

※ '충청'으로만 기록되어 있으나 '우후'를 일컫는 것으로 보인다.

목책 울짱이라고도 하며, 말뚝 같은 것을 죽 벌여 박은 울타리를 뜻한다. 사진은 서울시 송파구 오륜동에 있는 몽촌토성의 목책이다.

28일　궂은비가 하루 내내 왔다. 나가서 공문을 만들어서 나누어 보냈다. 충청도의 각 배에 있는 사람들을 시켜 목책木柵을 다시 설치하였다.

29일　궂은비가 계속 내렸다. 늦게 부찰사의 통지가 왔는데 성주를 거쳐서 진중에 당도할 것이라고 한다.

4월, 왜가 철수한다는 소문이 돌다

초1일　비가 세게 내렸다. 신 사과와 더불어 이야기를 나누었다. 하루 내내 비가 내렸다.

초2일　늦게 날이 개었다. 저물 무렵에 경상 수사가 부찰사를 마중하러 나갔는데 신 사과도 같은 배로 갔다. 밤에 몸이 몹시 좋지 못하였다.

초3일　맑았으나 하루 내내 동풍이 불었다. 어제 저녁 견내량에 나가 있는 복병이 급히 보고하기를 "왜놈 네 명이 부산으로부터 장사하러 나왔다가 바람에 휩쓸려 떠내려 왔습니다." 하였다. 그래서 새벽에 녹도 만호 송여종을 보내 그 까닭을 물어서 처리하도록 지시하여 보냈다. 그 내용을 탐색해 보았더니 정탐하러 왔던 것이 분명하므로 목을 베어 죽였다. 우수사에게 가보려다가 몸이 불편하여 가지 못하였다.

초4일　흐리다. 아침에 오철吳轍이 나갔는데 종 금이도 같이 갔다. 아침에 체찰사의 공문에 관인을 찍어서 벽에 붙였다. 여러 장수들의 표신을 고쳤다. 충청도 진영에 목책을 설치하였다. 늦게 우수사에게 가서 술을 마시며 이야기를 나누다가 돌아왔다. 8시가 지나서야 저녁을 먹었다. 몸에서 열이 나고 식은땀이 배어났다. 밤 10시께 잠깐 비가 내리다가 그쳤다.

초5일 맑다. 부찰사가 들어왔다.

초6일 흐렸으나 비는 내리지 않았다. 부찰사가 활쏘기 연습을 하였다. 저녁에 우수사와 함께 관청에 나가 군인들에게 음식을 먹이며 대면했다.

초7일 맑다. 부찰사가 자리에 나가 앉아 상을 나누어 주었다. 새벽에 부산 사람이 들어와서 명나라 사신이 달아났다고 하는데, 무슨 일인지 모르겠다. 부찰사가 입봉立峯*에 올라갔다. 점심을 먹은 뒤 두 수사와 더불어 이야기를 나누었다.

초8일 하루 내내 비가 내렸다. 늦게 들어가 부찰사와 마주 앉아 몹시 취하도록 술을 마셨다. 어두워져 등불을 켠 다음에 헤어졌다.

초9일 맑다. 일찍 부찰사가 떠난다 하여 배를 타고 포구로 나갔다. 배에 올라 같이 이야기를 나누다가 작별하였다.

초10일 맑다. 아침에 어사가 들어온다는 소식을 들었기 때문에 수사 이하 모두가 포구에 나가서 기다렸다. 조붕이 보러 왔는데, 오랫동안 학질을 앓아서인지 몹시 마른 모양새가 보기에 매우 딱하였다. 늦게 어사가 들어와 같이 앉아 이야기를 나누다가 불을 밝힌 다음에야 헤어졌다.

11일 맑다. 어사와 아침을 함께 들면서 조용히 이야기를 나누었다. 늦게 장수와 병졸들에게 음식을 먹이고 활 10순을 쏘았다.

12일 맑다. 아침을 먹고 나서 어사가 밥을 짓도록 명하여 군사들을 먹인 뒤에 활 10순을 쏘고 하루 내내 이야기를 나누었다.

13일 맑다. 어사와 같이 아침밥을 먹었다. 늦게 포구로 나갔더니 남풍이 세게 불어서 배를 띄울 수 없었다. 선인암으로 가

입봉 경남 통영시 한산면 한산도에 있던 것으로 추정된다.

서 하루 내내 이야기를 나누다가 어두워져서야 서로 작별하였다. 저물 무렵에 거망포에 이르렀다. 잘 갔는지 모르겠다.

14일 흐리다. 하루 내내 비가 계속 내렸다. 아침을 먹은 뒤 공무를 보러 나갔다. 홍주 판관과 당진 만호가 교서에 절을 한 뒤에 충청 우후 원유남元裕男*에게는 곤장 40대를 때리고 당진 만호도 역시 같은 벌을 받았다.

15일 맑다. 아침에 단옷날 진상할 물품을 통해서 곽언수에게 주어 보냈다. 영의정 유성룡, 판부사 정탁, 판서 김명원, 윤자신, 조사척趙士惕, 신식申湜, 남이공南以恭*에게 편지를 써 보냈다.

16일 맑다. 아침을 먹은 뒤에 나가서 공무를 보았다. 난여문 등을 불러다가 문초하여 불지른 왜놈 세 명이 누구인가를 물어본 뒤 붙들어서 처형하였다. 우수사, 경상 수사와 같이 앉아서 아우 우신이 가져온 술을 마셨다. 가리포 만호, 방답 첨사도 같이 마시다가 밤이 되어서야 헤어졌다. 밤 바다는 달빛이 차게 비치고 티끌 하나 일지 않았다. 다시 식은땀을 흘렸다.

17일 맑다. 아침을 먹은 뒤 우신과 면이 종을 데리고 돌아갔다. 늦게 각 고을의 공문을 처리해 보냈다. 저녁에 울이 안위를 찾아가 만나 보고 돌아왔다.

18일 맑다. 아침을 먹기 전에 각 고을과 진포의 공문과 소지所志들을 처리하고 체찰사에게 가는 공문을 보냈다. 늦게 충청 우후, 경상 우후, 방답 첨사, 김 조방장과 활 20순을 쏘았다. 마도 군관이 복병하고 있는 곳으로 항복해 온 왜인 한 명을 붙잡아 왔다.

19일 맑다. 습열 때문에 침을 20여 군데나 맞았다. 속에서 마치 신열이 난 것처럼 가슴속이 답답하고 괴로워서 하루 내내 방

원유남(1561~1631) 권율 밑에서 1592년 죄를 짓고 벌을 받게 되자 전공을 세울 것을 자청하여 적진에 뛰어들어 왜적 여러 명을 베고 돌아와 용서받았다. 1596년 강원 충청 강로 조방장을 지내고 이듬해 정유재란이 일어나자 분의복수군의 장령으로 활약하였다.

남이공(1565~1640) 임진왜란 중인 1593년 평안도 암행어사를 거쳐 지평, 정언 등을 지냈다. 1597년 정유재란 때 체찰사 이원익의 종사관이 되어 이발, 정인홍 등과 북인의 수뇌로 당쟁에 가담하여 당시 영의정 유성룡이 화의를 주장했다고 탄핵하여 파직시켰다.

에 들어앉아 나가지 않았다. 어둘 녘에 영등포 만호가 왔다가 돌아갔다. 종 목년木年과 금화今花, 풍진風振 등이 와서 인사를 하였다. 아침에 남여문을 통하여 풍신수길이 죽었다는 말을 들었다.※ 기쁘기 그지없었으나 다만 믿기 어려웠다. 이 소문이 일찍부터 퍼졌는데 아직 정확한 기별은 오지 않았다.

20일　맑다. 경상 수사가 와서 내일 서로 만나자고 청하였다. 활 10순을 쏘고는 헤어졌다.

21일　맑다. 아침을 먹은 뒤에 경상 수사의 진으로 가는 길에 우수사가 진에 들러서 우수사와 함께 갔다. 하루 내내 활쏘기를 하고는 잔뜩 취해서 돌아왔다. 조방장 신호가 병 때문에 자기 집으로 돌아갔다. 영인永人이 왔다.

22일　맑다. 아침을 먹은 뒤에 나가서 공무를 보았다. 부산의 허내은만許內隱萬※이 고목告目을 보냈는데 "명나라 정사正使는 달아나고 부사副使만 전과 같이 왜인의 진중에 머무르고 있습니다. 4월 초8일에 그가 달아난 이유를 상부에 아뢰었습니다." 하였다. 김 조방장이 와서 노천기盧天起가 술을 먹고 망녕을 부리다가 본영 진무 황인수黃仁壽, 성복成卜 등에게 욕을 당하였다고 하므로 곤장 30대를 때렸다. 활 10순을 쏘았다.

23일　흐리다가 늦게 갰다. 아침에 첨지 김경록이 들어왔기에 일찍 아침을 먹고 나가서 같이 술을 마셨다. 늦게 군사들 중에서 힘센 사람을 뽑아서 씨름을 시켰더니, 성복이란 자가 가장 뛰어났으므로 상으로 쌀 한 말을 주었다. 활 10순을 쏘았는데, 충청 우후, 원유남, 마량 처사, 당진 만호, 홍주 판관, 결성 현감, 파지도 권관, 옥포 만호 등도 같이 쏘았다. 자정께 영인이 돌아갔다.

※ 실제로 풍신수길은 1598년 8월에 죽었다.

※ 지방 관아의 향리가 상관에게 보내는 공문인 고목을 올린 것으로 봐서 향리로 추정된다.

24일   맑다. 밥을 먹은 뒤 목욕탕에 들어갔다 나와서 여러 장
수들과 같이 이야기를 나누었다.

25일   맑다. 남풍이 세게 불었다. 일찍 목욕탕에 들어가서 한
참 동안 있었다. 저녁에 우수사가 보러 왔다가 돌아갔다. 다시
목욕탕에 들어갔다가 물이 너무 뜨거워서 오래 있지 못하고 곧
나왔다.

26일   맑다. 아침에 들으니 체찰사 군관이 경상도로 갔다고 한
다. 밥을 먹은 뒤 목욕을 하였다. 늦게 경상 수사가 보러 왔다가
돌아갔다. 체찰사 군관 오역吳亦도 왔다. 김양간이 소를 실어 오
려고 본영으로 갔다.

27일   맑다. 저녁에 목욕을 한 차례 하였다. 체찰사의 회답 공
문이 왔다.

28일   맑다. 아침 저녁 두 차례 목욕을 하였다. 여러 장수들이
보러 왔다. 경상 수사는 뜸을 뜨느라 오지 못하였다.

29일   맑다. 저녁에 목욕을 한 차례 하였다. 남여문으로 하여
금 항복한 왜인 사고여음沙古汝音의 목을 베게 하였다.

30일   맑다. 저녁에 목욕을 한 차례 하였다. 우수사가 보러 왔
다. 충청 우후도 보러 왔다가 돌아갔다. 늦게 부산의 허내은만
의 고목이 왔는데, 소서행장이 군사를 거두어 철수하려는 것 같
다고 하였다. 김경록이 돌아갔다. 안녕하시다는 어머니의 편지
가 왔다.

5월, 장수들끼리 씨름을 하면서

초1일   날씨가 흐렸으나 비는 내리지 않았다. 경상 수사가 보

러 왔다가 돌아갔다. 목욕을 한 차례 하였다.

초2일　맑다. 일찍 목욕하고 진으로 돌아왔다. 쇠를 부어 총통 두 자루를 만들었다. 김 조방장과 조계종이 보러 왔다. 우수사 가 김인복의 목을 베어 내걸었다. 공무는 보지 않았다.

초3일　맑다. 가뭄이 너무 심하다. 말할 수 없이 걱정스럽다. 나가서 공무를 보는데 경상 우후가 와서 활 15순을 쏘았다. 저 물 무렵에 들어왔다.

초4일　맑다. 오늘은 어머니의 생신인데 술 한 잔 올리지 못하 여 마음이 불편하였다. 공무를 보러 나가지 않았다. 오후에는 우 수사가 집무 하는 공관에 불이 나서 모두 타 버렸다. 저녁에 문 촌공文村公이 부요富饒에서 왔다. 조종趙琮이 쓴 편지를 가지고 왔 는데 조정趙玎이 4월 초1일에 세상을 떠났다고 하였다. 매우 슬 프고 애석하였다. 우후가 앞산에서 여제厲祭를 지내기로 하였다.

초5일　맑다. 새벽에 여제를 지냈다. 일찍 아침을 먹고 나가서 공무를 보았다. 회령포 만호가 교서에 절을 한 뒤에 여러 장수 들이 모여 회의하고 나서 둘러앉아 위로주를 네 차례 돌렸다. 술이 몇 차례 돌고 나서 경상 수사가 씨름을 붙인 결과 낙안 군 수 임계형林季亨이 일등이었다. 밤이 깊도록 즐거이 뛰놀게 하였 는데 그것은 내 스스로 즐기자는 것이 아니라 오랫동안 고생하 는 장수들의 수고를 풀어 주자는 생각에서였다.

초6일　아침에 흐리더니 늦게 비가 세차게 내렸다. 농민의 소 망을 채워 주니 기쁘고 다행한 마음을 이루 말할 수 없다. 비 오 기 전에 활 5, 6순을 쏘았다. 비는 밤새도록 그치지 않았다. 날 이 어두워질 무렵에 총통과 숯을 넣어 둔 창고에 불이 나서 모 두 타 버렸다. 감관 무리들이 새로 받아들인 숯을 쌓으면서 불이 덜 꺼진 숯이 있는 줄을 모르고 쌓아서 이런 재난을 당하게 된 것이다. 참으로 한탄스럽다. 울과 김대복이 같은 배를 타고 나갔다. 비가 세차게 내리는데 잘 갔는지 모르겠다. 밤새도록 앉아서 걱정을 했다.

초7일 비가 계속 내리더니 늦게 맑게 개었다. 울이 잘 도착했는지 궁금하여 계속 걱정하였다. 밤에도 걱정하고 앉아 있는데 문 두드리는 소리가 나서 열어 보니 이영남이 있었다. 불러들여 조용히 앉아 옛날 지내던 일을 이야기하였다.

초8일 맑다. 아침에 이영남과 이야기를 나누다가 늦게 나가 공무를 보았다. 경상 수사가 보러 왔다. 활 10순을 쏘았다. 몸이 몹시 불편하여 두 번이나 구토를 하였다. 영산靈山 이중李中의 무덤을 파낸다는 말을 들었다. 저녁에 완莞이 들어왔다. 김효성도 오고 비인* 현감이 들어왔다.

초9일 맑다. 몸이 몹시 불편하여 나가지 않았다. 이영남과 함께 서관西關*의 일에 대하여 이야기를 나누었다. 날이 어두워지면서 비가 뿌리기 시작하여 새벽까지 계속하였다. 부안 전선에서 불이 났으나 많이 타지는 않았다. 다행스러웠다.

초10일 맑다. 나라의 제삿날*이어서 공무를 보지 않았다. 몸이 또 불편하여 하루 내내 끙끙 앓았다.

11일 맑다. 새벽에 앉아서 이정李正과 이야기를 나누었다. 밥을 먹고 나가서 비인 현감 신경징申景澄에게 약속한 날짜에 오지 못한 죄를 물어 곤장 20대를 때리고, 순천의 격군을 감독하는 감관 조명趙銘의 죄에 대해서도 곤장을 쳤다. 몸이 불편하여 일찍 들어가서 누웠다. 거제 현감, 영등 만호 이영남 등과 같이 잤다.

12일 맑다. 이영남이 돌아갔다. 몸이 불편하여 하루 내내 누위서 앓았다. 김해 부사가 급히 와서 "부산
에서 적에 붙어 있는 김필동金弼同이 보낸
고목에도, 수길|풍신수길은 비록 없을지라도
정사正使, 부사副使가 그대로 있으니 곧 화
친하고 군사를 돌이키려고 한다고 합니
다."라고 보고하였다.

13일   맑다. 부산 허내은만이 보낸 고목
이 도착하였는데 "가등청정加藤淸正이란 왜
적이 벌써 10일에 제 군대를 거느리고 바
다를 건너갔고, 각 진에 있는 왜적들도 장
차 철수할 것이며, 부산의 왜적들은 명나

가등청정|1559~1611| 어머니가 풍신수길의 생모와 6
촌간이어서 어렸을 때부터 그를 따랐다. 일본 국내 통
일 전쟁에서 공을 세워 임진왜란 때 조선 원정군의
중심이 되었다.

라 사신을 모시고 건너가려고 그대로 남아 있는 것입니다." 하
였다. 활 9순을 쏘았다.

14일   맑다. 아침 김해 부사 백사림이 급히 보고를 올렸는데
역시 허내은만의 고목과 같았다. 그래서 순천 부사에게 알려서
이를 차례로 다른 고을과 진포에 두루 알리도록 지시하였다. 활
10순을 쏘았다. 결성 현감 손안국이 떠났다.

15일   맑다. 새벽에 망궐례를 드렸는데 우수사는 오지 않았다.
아침밥을 먹은 뒤 관청에 나갔다. 한산도 뒷산 상봉에서 5도五島
|고퇴|* 열도과 대마도를 바라볼 수 있다고 들었으므로 혼자 말을
타고 올라가 보았더니 과연 다섯 섬과 대마도가 보였다. 늦게
조그마한 냇가로 내려와서 조방장과 거제 현령과 함께 점심을
먹고 저물어서 진으로 돌아왔다. 날이 어두워진 뒤에 따뜻한 물
에 목욕을 하고 잤다. 바다 위에 뜬 달은 매우 밝고 바람 한 점
없었다.

5도 나가사키 현 서쪽
100km 정도 떨어진 섬
들로서 5개의 섬이 중심
이어서 붙여진 이름이
다. 본래 견당사와 견수
사의 기항지였으며 나
중에 왜구의 소굴로 많
이 이용되었다.

16일 맑다. 아침에 송한련 형제가 물고기를 잡아 가지고 왔다. 충청 우후, 홍주 판관, 비인 현감, 파지도 권관 등이 왔고 우수사도 보러 왔다가 돌아갔다. 밤에 비가 올 조짐이 많이 나타나더니 자정이 되자 비로소 비가 죽죽 내렸다. 정화수井花水*를 마시고 싶은 밤이었다.

17일 하루 내내 비가 내렸다. 농사에 아주 흡족하여 풍년이 들 만하다. 늦게 영등 만호 조계종이 보러 왔다. 수루에 기대어 혼자 시를 읊조렸다.

18일 비가 잠깐 개기는 하였으나 바다의 안개는 걷히지 않았다. 체찰사에게서 공문이 왔다. 늦게 경상 수사가 보러 왔다. 관청에 나갔다가 활을 쏘았다. 저녁에 탐색선이 들어왔는데 어머니께서는 안녕하시지만 음식을 전처럼 잡수시지 못한다고 하니 매우 답답하고 눈물이 핑 돌았다. 춘절春節이 누비옷을 가지고 왔다.

19일 맑다. 방답 첨사가 모친상을 당하였기 때문에 우후를 임시 대장으로 정해 보냈다. 활 10순을 쏘았다. 땀이 온몸에 배었다.

20일 맑고 바람도 없었다. 대청 앞에 기둥을 세웠다. 늦게 관청에 나갔더니 웅천 현감 김충민金忠敏이 찾아와서 양식이 떨어졌다고 보고하였다. 그래서 벼 2곡斛*을 체지帖紙*로 써 주었다. 사도 첨사가 들어왔다.

21일 맑다. 관청에 나갔다가 우후 등과 활쏘기를 하였다.

22일 맑다. 충청 우후 원유남, 좌우후 이몽구, 홍주 목사 박윤 등과 활쏘기를 하였다. 홍우洪祐가 장계를 가지고 감사에게로 갔다.

정화수 첫새벽에 길은 맑고 정한 우물물. 신앙 행위의 대상 또는 매체가 된다.

곡 열 말에 해당하는 용량 단위. 때로는 그 용량을 재는 용기를 가리킨다.

체지 전곡을 지급할 때 사용하는 공문. '帖' 자의 도장을 찍어 보내면 이에 따라 현물을 지급했다.

23일 흐렸으나 비는 오지 않았다. 충청 우후 등과 활 15순을 쏘았다. 아침에 미조항 첨사 장의현張義賢이 교서에 절한 뒤 장흥으로 부임해 갔다. 춘절이 본영으로 돌아갔다. 밤 10시쯤에는 땀이 마구 흘러내렸다. 저녁에 새로 지은 수루 지붕을 이었으나 일을 모두 끝내지 못하였다.

24일 아침에 날이 흐려서 비가 올 것 같았다. 나라의 제삿날*이어서 공무를 보지 않았다. 저녁에 나가서 활 10순을 쏘았다. 부산 허내은만의 보고서가 왔는데, 경상좌도 각 진의 왜군이 벌써 모조리 철수하여 떠나고 다만 부산의 왜군만 남았다고 하였다. 명나라 정사正使가 바뀌어서 새로 임명된 사람이 온다고 하는 기별이 22일 부사副使에게 왔다고 한다. 허내은만에게 쌀 10말과 소금 한 곡을 보내 주고서 성심껏 염탐하여 보고하라고 일렀다. 어두울 무렵에 비가 내리기 시작하더니 밤새 쏟아졌다. 박옥, 옥지, 무재 등이 화살대 1백 50개를 처음으로 만들어 냈다.

25일 비가 계속 내렸다. 혼자 수루 위에 앉았더니 온갖 생각이 하염없이 떠오른다. 『동국사東國史』*를 읽어 보니 개탄스러운 생각이 많이 들었다. 무재 등이 화살을 만들었는데 흰 굽에 톱질 넣은 것이 1천 개, 흰 굽이 그대로 있는 것이 8백 70개였다.

26일 음산한 안개는 걷히지 않고 남풍이 세게 불었다. 늦게 나가 공무를 보았다. 충청 우후와 우후들이 활쏘기를 하는데, 경상 수사도 와서 같이 활 10순을 쏘았다. 오늘 저녁도 찌는 듯 더워서 계속 땀을 흘렸다.

27일 가랑비가 하루 내내 내렸다. 충청 우후와 좌우후가 와서 종정도놀이를 하였다. 저녁에도 찌는 듯 무더워서 온몸이 땀으로 젖었다.

*문종의 제삿날이다.

동국사 우리나라 역사책. 정확하게 무슨 책인지는 알 수 없다.

28일　궂은비가 개지 않았다. 들으니 전라 감사[홍세공洪世恭]*가 파면되어 돌아갔다고 하고, 가등청정이 부산으로 돌아왔다고 한다. 모두 믿기 어려웠다.

29일　궂은비가 저녁까지 내렸다. 장모님의 제삿날이어서 관청에 나가지 않았다. 고성 현령과 거제 현령이 보러 왔다가 돌아갔다.

30일　흐리다. 아침에 곽언수가 들어왔다. 영의정과 도원수 김명원, 정 판부사, 지사 윤자신, 조사척, 신식, 남이공의 편지가 왔다. 늦게 우수사를 찾아가서 만나고 하루 내내 매우 즐겁게 지내다가 돌아왔다.

6월, 더위 속에서 활 연습을 하다

초1일　궂은비가 하루 내내 내렸다. 늦게 충청 우후 및 본영 우후와 박윤, 신경징 등을 불러와서 함께 술을 마시며 이야기를 나누었다. 윤연이 자기 진포로 간다고 하기에, 도양장의 종자콩이 부족하거든 김덕록金德祿에게서 가져가라고 공문을 보냈다. 남해 현령이 새로 부임하였다고 도임장到任狀을 가지고 와서 바쳤다.

초2일　비가 그치지 않았다. 아침에 우후가 방답으로 가고 비인 현감 신경징도 나갔다. 가죽으로 옷을 만들었다. 늦게 관청에 나갔다가 활 10순을 쏘았다. 편지를 써서 본영에 보냈다.

초3일　흐리다. 아침에 제포 만호 성천유가 교서에 절을 하였다. 김양간이 농사 지을 소를 싣고 나갔다. 새벽에 태어난 지 대여섯 달밖에 안 되는 어린아이를 직접 안았다가 도로 내려놓는

홍세공|1541～1598| 임진왜란이 일어나자 함경도 순찰사가 되고 이듬해 전주 부윤에 이어 1594년 전라도 관찰사로 전주 부윤을 겸하였다. 그 뒤 평안도 조도어사로서 군량미 조달에 힘쓰다가 재임 중에 죽었다.

꿈을 꾸었다. 금갑도 만호가 보러 왔다.

초4일 맑다. 아침밥을 먹은 뒤 관청에 나갔더니 가리포 만호, 임치 만호, 목포 만호, 남도포 만호, 충청 우후, 홍주 판관 등이 와서 활 7순을 쏘았다. 우수사가 왔으므로 표적을 다시 그려 붙이고 12순을 쏘았다. 취해서 헤어졌다.

초5일 흐리다. 아침에 박옥, 무재, 옥지 등이 연습용 화살 1백 50개를 만들어 바쳤다. 활 10순을 쏘았다. 경상우도 감사의 군관이 편지를 가지고 왔는데, 감사는 집안에 혼사가 있어서 서울로 올라갔다고 하였다.

초6일 맑다. 4도四道*의 여러 장수들이 모두 모여서 활쏘기를 하였다. 술과 음식을 먹이고 다시 모여 활쏘기를 하여 승부를 겨룬 뒤 헤어졌다.

초7일 아침에는 흐리더니 늦게 갰다. 늦게 나가서 충청 우후 등과 활 10여 순을 쏘았다. 왜의 조총 값을 주었다.

초8일 맑다. 일찍 나가서 활 15순을 쏘았다. 남도포 만호의 소실인 목포 사람이 허가許衎의 집으로 뛰어 들어가서 투기 싸움을 하였다고 한다.

초9일 맑다. 일찍 나가서 충청 우후, 당진 만호, 여도 만호, 녹도 만호 등과 활쏘기를 하고 있는데, 경상 수사도 와서 같이 20순을 쏘았다. 경상 수사가 가장 잘 맞혔다. 일찍이 종 금이가 본영으로 갔고 옥지도 또한 갔다. 저녁에 몹시 더워서 땀을 계속 흘렸다.

초10일 비가 하루 내내 쏟아졌다. 정오쯤 부산으로부터, 평의지가 초9일 아침 일찍 대마도로 들어갔다는 보고가 왔다.

11일 비가 계속 내리다가 늦게 갰다. 활 10순을 쏘았다.

* 전라좌우도와 경상도, 충청도를 이른다.

김붕만?~? 병조참의
김황의 아들로 무과에
합격했으며 이몽학의
난이 일어났을 때 목사
홍가신의 부름을 받고
토벌에 참여하였다.

장후완1572~1644 음
보로 옥포진 만호가 되
고 훈련원정, 문경 현감
등을 역임했다.

12일 맑다. 더위가 찌는 듯하였다. 충청 우후 등을 불러 활 15
순을 쏘았다. 남해 현령이 편지를 보냈다.

13일 날씨는 맑았으나 몹시 더웠다. 경상 수사가 술을 가져왔
다. 활 10순을 쏘았다. 경상 수사도 매우 잘 맞혔지만 김태복이
일등을 하였다.

14일 맑다. 일찍 관청에 나갔다가 활 15순을 쏘았다. 아침에
아들 회와 수원이 함께 왔는데, 어머님이 안녕하시다고 하였다.

15일 맑다. 새벽에 망궐례를 올렸다. 우수사, 가리포 첨사, 나
주 판관은 병 때문에 빠졌다. 늦게 나가 공무를 본 후에 충청 우
후와 조방장 김완 등 여러 장수를 불러서 활 15순을 쏘았다. 일
찍 부산 허내은만이 와서 왜적의 정세를 전하기에 양식을 주어
돌려보냈다.

16일 맑다. 늦게 경상 수사가 와서 이야기를 나누었다. 관청
에 나갔다가 활 10순을 쏘았다. 저녁에 김붕만金鵬萬*과 배승련
裵承鍊 등이 돗자리를 사 가지고 진영에 왔다.

17일 맑다. 늦게 우수사가 와서 활 15순을 쏘고 헤어졌다. 수
사는 술을 마시지 않았다. 충청 우후는 아버지의 제삿날이라 거
망포로 간다고 보고하였다.

18일 맑다. 늦게 나가서 활 15순을 쏘았다.

19일 맑다. 체찰사에게 공문을 만들어 보냈다. 늦게 나가 공
무를 본 후에 활 15순을 쏘았다. 이설에게서 황정록黃廷祿의 되
먹지도 않은 말을 들었다. 발포 보리밭에서 26섬을 수확했다고
한다.

20일 맑다. 어제 아침 일이다. 곡포 권관 장후완蔣後琓*이 교
서에 절한 뒤에 평산포 만호를 불러서 왜 빨리 진에 도착하지

않았느냐고 문책하였다. 그런데 그 대답이 날짜를 정해 주지 않았기 때문에 50여 일을 물러나 있었다는 것이다. 해괴하기 짝이 없어서 오늘 곤장 30대를 때렸다.

낮에 남해 현령이 들어와 교서에 절한 뒤 같이 이야기도 하고 활도 쏘았다. 이때 충청 우후도 왔기에 같이 15순을 쏘았다. 다시 남해 현령 박대남을 데리고 안으로 들어가서 세세한 사정을 이야기를 나누다가 밤이 깊어 헤어졌다. 임달영도 왔는데, 소를 판 서류와 제주 목사의 편지를 가지고 왔다.

21일 내일이 할머니의 제삿날이어서 공무를 보지 않았다. 남해 현령을 불러다가 아침을 같이 먹었다. 남해 현령이 경상 수사에게 갔다가 저녁 때 돌아와서 이야기를 나누었다.

22일 맑다. 할머니의 제삿날이어서 관청에 나가지 않고 하루 내내 남해 현령과 이야기를 나누었다.

23일 새벽 2시쯤부터 시작하여 하루 내내 비가 계속 내렸다. 남해 현령과 이야기를 나누었다. 늦게 남해 현령이 경상 수사에게 갔다. 조방장, 충청 우후, 여도 만호, 사도 첨사 등을 불러 남해에서 가져온 술과 고기를 먹었다. 곤양 군수 이극일李克一도 또한 보러 왔다. 저녁 때 남해 현령이 경상 수사의 처소에서 돌아왔는데 술에 취해서 인사불성이었다. 하동 현감도 왔는데 본 고을로 돌려보냈다.

24일 초복이다. 맑다. 일찍 나가서 충청 우후와 활 15순을 쏘았는데, 경상 수사도 와서 같이 쏘았다. 남해 현령은 자기 현으로 돌아갔다. 항복한 왜인 야여문 등이 같은 왜인인 신시로信是老를 죽이자고 청하기에 그렇게 하도록 명령하였다. 남원 부사 김굉이 군량을 축낸 데 대한 일을 조사하려고 이리로 왔다.

25일 맑다. 일찍 나가서 공문을 처리해 보냈다. 조방장, 충청 우후, 임치 첨사, 목포 만호, 당포 만호, 회령포 만호, 파지도 만호 등이 와서 쇠화살로 5순, 편전으로 3순, 보통 화살로 5순을 쏘았다. 남원 부사 김굉이 돌아가겠다고 하였다. 저녁 때도 몹시 더워서 땀이 줄줄 흘렀다.

26일 바람이 세게 불고 소나기가 쏟아졌다. 늦게 나가서 쇠화살과 편전을 각각 5순씩 쏘았다. 왜인 난여문 등이 일러바친 이장耳匠의 아내를 잡아들여 곤장을 때렸다. 낮에 망아지 두 필 …… 낙사하落四下 …….*

27일 맑다. 나가서 김 조방장, 충청 우후, 가리포 첨사, 당진포 만호, 안골포 만호 등과 철전鐵箭* 5순, 편전 3순, 보통 화살 7순을 쏘았다. 저녁에 송구宋逑를 잡아 가두었다.

28일 맑다. 명종의 제삿날이어서 공무를 보지 않았다. 아침에 고성 현령이 급히 보낸 보고에 순찰사의 일행이 어제 벌써 사천에 당도하였다고 하였다. 오늘은 소비포에 도착할 것이다. 수원이 돌아갔다.

29일 흐리다. 아침에 주선수周旋叟*가 갔다. 늦게 나가서 공무를 본 뒤 조방장, 충청 우후, 나주 판관과 함께 쇠화살, 편전, 보통 화살 등 모두 18순을 쏘았다. 무더위가 찌는 듯하여 초저녁에도 땀이 줄줄 흘렀다. 남해 현령의 편지가 오고, 야여문이 돌아갔다.

*낙사하落四下라고 쓰여 있긴 하나 뜻을 알 수 없고 더 이상 글이 쓰여 있지 않다.

철전 쇠화살. 길이 3척 8촌~4척(117~123cm)이며, 깃은 좁고 날이 없는 둥근 철촉을 달았으며, 사정거리는 80보 180보 정도이다.

*사람 이름인지 명확하지 않다.

7월, 적은 도망가고 괴수를 잡아들이는 꿈을 꾸다

초1일 맑다. 인종의 제삿날이어서 공무를 보지 않았다. 경상

우도 순찰사가 진중에 이르렀으나 오늘은 서로 만나지 않았다. 그의 군관 나굉羅浤이 자기 대장의 말을 전하려고 왔다.

초2일 　맑다. 아침을 먹은 뒤 경상도 진으로 가서 순찰사와 같이 이야기를 나누었다. 한참 뒤 새로 지은 정자 위에 올라가서 편을 짜서 활을 쏘았는데 경상우도 순찰사 편이 1백 62점이나 졌다. 하루 내내 아주 즐겁게 지내다가 불을 켜 들고 돌아왔다.

초3일 　맑다. 아침을 먹고 나니 순찰사와 도사가 진영에 도착하였다. 함께 활을 쏘았는데 순찰사 편에서 또 96점을 졌다. 밤이 깊어서야 돌아갔다. 아침 나절 체찰사에게서 공문이 왔다.

초4일 　맑다. 아침을 먹은 뒤 경상도 진으로 가서 순찰사와 만나 한참 이야기를 나누었다. 이윽고 배로 내려가 같이 타고 포구로 나갔더니 여러 배들은 열을 지어 있었다. 하루 내내 이야기를 나누다가, 한산도 선암 앞바다에 이르러 닻줄을 풀고 서로 갈라졌다. 멀어지도록 바라보면서 서로 인사하고 그 길로 우수사와 경상 수사와 함께 같은 배로 돌아왔다.

초5일 　맑다. 늦게 나가 활쏘기를 하였다. 충청 우후도 와서 같이 쏘았다.

초6일 　맑다. 아침 일찍 나가서 여러 지역에서 온 공문을 처리해 보냈다. 저물 무렵에 거제 현령, 웅천 현감, 삼천포 만호가 보러 왔다. 이곤변李鯤變이 보낸 편지가 왔는데, 내용 가운데 돌을 세운 것이 잘못되었다는 말이 많았다. 가소로웠다.

초7일 　맑다. 경상 수사와 우수사가 여러 장수들을 데리고 와서 세 가지 화살로 활쏘기 연습을 하였다. 하루 내내 비는 내리지 않았다. 저녁 때 궁장弓匠* 지이와 춘복이 본영으로 돌아갔다.

초8일 　맑다. 충청 우후와 활 10순을 쏘았는데, 체찰사의 비밀

궁장 활과 화살을 만드는 장인.

표험標驗을 받아 간다고 했다.

초9일   맑다. 아침 나절에 체찰사에게 가는 여러 가지 공문을
작성하였는데 이전李田이 가지고 갔다. 늦게 경상 수사가 도착
하여, 통신사가 탈 배에 자리가 제대로 갖추어지지 않았다는 말
을 많이 하였다. 그 말 속에는 우리 것을 빌어 썼으면 하는 뜻이
담겨 있었다. 물을 끌어들이는 데 쓰이는 대나무와 서울 갈 때
필요한 부채를 만드는 데 쓰일 대나무를 마련하려고 박자방을
남해로 보내어 베어 오게 하였다. 오후에 활 10순을 쏘았다.

초10일   맑다. 새벽에 꿈을 꾸었는데 어떤 사람이 화살을 멀리
쏘았고 다른 어떤 사람은 갓을 발로 차서 부수었다. 혼자 점을
쳐 보니 '화살을 멀리 쏘는 것'은 적들이 멀리 도망하는 것이요,
또 '갓을 발로 차서 부수는 것'은 머리 위에 있어야 할 갓을 걷
어차니 적의 괴수를 모조리 잡아 없앨 징조라고 하겠다. 늦게
체찰사가 명령을 전하기를 "황 첨지|황신黃愼|●가 정사가 되어 이
제 명나라 사신을 따라가고, 권황權滉|거창 현감|이 부사가 되어 가
까운 시일에 바다를 건너게 될 것이니 그들이 탈 배 세 척을 정
비하여 부산에 정박시키라." 하였다. 경상 우후가 와서 백문석白
紋席●1백 50닢을 빌려 갔다. 충청 우후, 사량 만호, 지세포 만
호, 옥포 만호, 홍주 판관, 전 적도 만호 고여우 등이 보러 왔다.
경상 수사가 급히 고성 땅 춘원도에 왜선 한 척이 정박하였다고
보고하였다. 여러 장수를 보내어 수색하라고 명령하였다.

11일   맑다. 체찰사에게서 통문이 왔던 배 준비에 관한 일로
아침에 공문을 만들어 보냈다. 늦게 경상 수사가 와서 바다를
건너갈 격군들에 대해 의논하고 또 그 사람들의 길 양식으로 23
섬을 찧었더니 21섬이 되므로 두 섬 한 말이 줄어들었다.

백문석 무늬 없는 돗자
리.

관청에 나갔다가 세 가지 화살로 활 쏘는 것을 지켜보았다.

12일 맑다. 새벽에 비가 잠시 뿌리다가 곧 그치고 무지개가 한참을 떠 있었다. 늦게 경상 우후 이의득이 와서 삿자리 15닢을 빌려 갔다. 부산에 실어 보낼 군량을 차사원差使員* 변익성과 수사 군관 정존극鄭存極이 받아 갔다. 모두 상등미 20석과 중등미 40섬이었다. 조방장이 오고 충청 우후도 와서 활쏘기를 하였다. 같은 해에 과거에 급제한 남치온南致溫도 또한 왔다.

13일 맑다. 명나라 사신을 모시고 따라갈 사람들이 탈 배 세 척을 정비하여 오전 10시에 띄워 보냈다. 늦게 활 13순을 쏘았다. 해가 진 뒤에 항복한 왜인들이 광대놀이를 벌였다. 장수 된 사람으로서는 그냥 두고 볼 일은 아니었지만 그들이 마당놀음 한 번 하기를 간절히 바라므로 금하지 않았다.

14일 아침에 비가 뿌렸다. 오늘이 보름 전날이다. 저녁에 고성 현령 조응도가 와서 이야기를 나누었다.

15일 새벽에 비가 와 망궐례를 드리지 못하였다. 늦게야 날이 맑게 갰다. 경상 우수사, 전라 우수사가 같이 모여 활쏘기를 하고 헤어졌다.

16일 새벽엔 비가 내리다가 늦게 갰다. 북쪽으로 툇마루 세 칸을 만들었다. 충청도 홍주의 격군으로 온 신평*에 사는 사노비 엇복㝱卜이 도망하다가 붙잡혔기에 목을 잘라 내다 걸었다. 사천과 하동의 두 수령이 왔다. 늦게 세 가지 화살로 활쏘기를 하였다. 저녁에 바다 위에 뜬 달이 하도 밝아서 혼자 수루에 기대고 있다가 10시쯤 잠자리에 들었다.

17일 새벽에 비가 뿌리다가 곧 그쳤다. 충청도 홍산에서 큰 도적들이 일어나* 홍산 현감 윤영현尹英賢이 잡히고, 서천 군수

차사원 중요한 임무를 지워 보내는 임시 직책.

신평新平 충남 당진군 신평리 신동.

*이몽학이 주동이 되어 충청도에서 일으킨 반란을 가리킨다. 7월 7일 승려와 속인, 군사 등 1천여 명이 홍산을 습격하였다. 이들은 곧이어 임천, 청양, 정산, 대흥 등 충청도 여러 군을 습격하고 홍주까지 쳐들어갔으나 진압되었다.

박진국朴振國도 잡혀갔다고 한다. 바깥 도둑을 없애지 못한 이 때, 안에서도 도적이 일어나니 참으로 놀라운 일이다. 남치온과 고성 현령, 사천 현감이 돌아갔다.

18일　맑다. 여러 지역의 공문을 처리하여 보냈다. 충청 우후 와 홍주 판관이 와서 충청도 도적에 관한 일을 보고하였다. 항 복한 왜적 연은기戀隱己, 사이여문沙耳汝文 등이 흉악한 음모를 꾸 미면서 남여문을 죽이고자 했다는 이야기를 저녁 무렵에 들었다.

19일　맑았으나 하루 내내 바람이 세게 불었다. 남여문이 연은 기, 사이여문 등의 목을 잘랐다. 우수사가 보러 왔다가 돌아갔 다. 경상 우후 이의득, 충청 우후, 다경포 만호 윤승남尹承男도 왔다.

20일　맑다. 경상 수사가 보러 왔다. 본영의 탐색선이 들어와 서 어머님이 안녕하시다는 소식을 전하였다. 기쁘고 다행이다. 그 편에 들으니 충청도 도적 이몽학李夢鶴*이 이시발李時發*의 포 수가 쏜 총에 맞아 그 자리에서 죽었다고 한다.* 다행스러웠다.

21일　맑다. 늦게 나가서 공무를 보았다. 거제 현령과 나주 목 사, 홍주 판관 등이 옥포 만호, 웅천 현감, 당진포 만호 등과 함 께 왔다. 옥포에는 배 만드는 데 쓸 양곡이 없다고 하므로 체찰 사의 군량 가운데 2곡을 내주었다. 웅천과 당진포에는 배 만드 는 데 필요한 쇠 15근을 함께 주었다. 아들 회가 방자房子* 수壽 를 곤장 때렸다기에 회를 관청 뜰 아래로 불러다가 잘 타일렀 다. 10시쯤 땀이 줄줄 흘렀다. 통신사가 청하는 표범 가죽을 가 지러 본영에 배를 보냈다.

22일　맑았으나 바람이 세게 불었다. 하루 내내 나가지 않고 혼자 수루 위에 앉아 있었다. 종 효대孝代와 팽수彭壽가 흥양 현

이몽학?~1596| 본래 왕 족의 서얼 출신이었으 나 충청도, 전라도 등지 를 전전하였다. 임란 중 에 장교가 되었다가 모 속관募粟官|식량을 모으 는 임무를 맡은 관리| 한 현韓絢 등과 함께 홍산 무량사에서 모의하고 반란을 일으켰다.

이시발1569~1626| 임 진왜란 때 접반관이 되 어 경주에서 명나라 장 군을 접대하였고 도체 찰사 유성룡의 종사관 으로도 활동했다. 1594 년에는 명나라 유격장 을 따라 왜군 부대를 방 문하였으며, 1596년 충 청도 홍산에서 이몽학 이 일으킨 반란을 진압 하는 데 기여하였다. 이 때 그는 충청도 순안어 사를 맡고 있었다. 이 밖에도 군사 시설의 설 치와 군량의 조달 등에 힘썼다.

＊이몽학은 실제로 부하 에게 피살되었다.

방자 지방 관아에 속한 종의 하나.

감의 군량선을 타고 나갔다. 저녁 때 순천 관리가 보낸 공문을 보았더니 "충청도 홍산서 도적이 일어났다가 곧 처형당했습니다. 그래서 홍주 등 세 고을이 포위당하였다가 간신히 위험을 면하였습니다." 하였다. 놀라운 일이다. 자정 무렵 비가 크게 쏟아졌다. 낙안에서 배가 교대하려고 들어왔다.

23일 큰 비가 내리다가 오전 10시쯤 개었으나 이따금 보슬비가 내렸다. 늦게 홍주 판관 박윤이 돌아가겠다고 하였다.

24일 맑다. 현덕왕후_{문종의 비}의 제삿날이다. 우물을 새로이 파는 곳을 가 보았다. 경상 수사도 왔다. 거제 현령, 금갑도 만호, 다경포 만호도 뒤쫓아왔다. 샘의 맥이 깊이 들어 있고 물줄기도 길었다. 점심을 먹은 뒤 돌아와서 세 종류의 활을 쏘았다. 어두워질 무렵에 곽언수가 표범 가죽을 가지고 들어왔다. 밤 마음이 어수선하여 잠을 이루지 못하고 밤중까지 앉았다 누웠다 하다가 밤이 깊어서야 겨우 잠들었다.

25일 맑다. 아침에 사냥하여 가공한 것들의 수를 세어 녹각 10개는 창고에 넣고 표범 가죽과 화문석은 통신사에게 보냈다.

26일 맑다. 이전李荃이 체찰사에게서 표험 3개를 받아 가지고 왔다. 하나는 경상 수사에게 보내고, 하나는 전라 우수사에게 보냈다. 금부의 나장이 윤승남을 붙잡아가려고 내려왔다.

27일 맑다. 늦게 활터로 달려가서 녹도 만호에게 길을 닦도록 지시하였다. 다경포 만호 윤승남이 잡혀갔다. 종 경이 병을 앓았다.

28일 맑다. 종 무학武鶴, 무화武化, 박수매朴壽每, 우놈쇠[于老音金] 등이 26일 왔다가 오늘 돌아갔다. 늦게 충청 우후와 함께 세 가지 종류의 화살을 쏘았는데, 쇠화살이 36분, 편전이 60분, 보

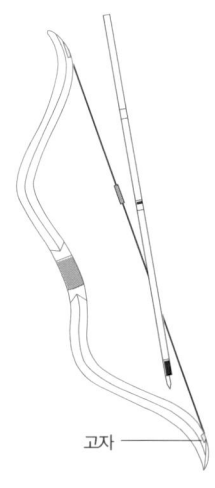

고자

통 화살이 26분, 모두 1백 23분이었다. 종 경이 심하게 앓는다고 하니 매우 걱정된다. 고향 아산으로 추석에 쓸 제사 음식을 보내는 편에 홍洪, 윤尹, 이李 등 네 곳에 편지를 부쳤다. 밤 10시쯤 꿈속에서도 땀을 흘렸다.

29일　맑다. 경상 수사와 우후가 찾아왔다. 충청 우후도 함께 와서 세 가지 종류의 활을 쏘았다. 내가 쏘던 활은 고자가 들떠서 곧 수리하라고 일렀다. 체찰사로부터 무과 시험을 본다는 관문이 도달하였다. 저녁 때 들으니 점쟁이 집에서 집 보던 아이가 그 집에 있던 여러 가지 물건을 훔쳐서 도망하였다고 한다.

30일　맑다. 새벽에 갈몰葛沒이 들어왔다. 간밤에 꿈을 꾸었는데 영의정과 조용히 이야기를 나누는 꿈이었다. 아침에 이진이 본영으로 돌아가고 춘화春花 등도 또한 돌아갔다. 김대인金大仁●이 담제禫祭●를 지내려고 말미를 얻어 가지고 돌아갔다. 늦게 조방장이 와서 함께 세 가지 종류의 활을 쏘았다. 저녁 때 탐색선이 들어와서 어머니께서 안녕하시다는 소식을 알려 주었다. 왕의 밀지가 두 통 내려왔다. 전투에 쓸 말과 아들 면의 말도 들어오고 지이와 무재도 함께 왔다.

김대인⌜?~?⌝ 임란 때 이순신의 막하로 들어가 뛰어난 활약을 보였다. 1597년 원균 휘하에 있다가 칠천량에서 원균이 패하여 죽자 의병 수백 명을 모아 적과 싸웠다. 광양 싸움에서 부상당했으나 다시 출전하여 예성산에 웅거하며 그 일대를 수호했다.

담제　죽은 지 두 돌 만에 지내는 대상大喪을 지낸 다음다음 달에 지내는 제사.

8월, 체찰사 이원익을 만나다

초1일　맑다. 새벽에 망궐례를 드렸다. 충청 우후, 금갑도 만호, 목포 만호, 사도 만호, 녹도 만호 등이 와서 같이 예를 드렸다. 늦게 파지도 권관 송세응이 돌아갔다. 오후에 활터에 나가 말을 달리다가 저물어서야 돌아왔다. 부산으로 갔던 곽언수가 돌아와서 통신사의 답장을 전하였다. 어둘 무렵에 비가 올 것

같았으므로 비 오기 전에 준비
할 일들을 일러두었다.

초2일　아침에 비가 크게 쏟
아졌다. 지이 등에게 새로 만든
활들을 팽팽하게 당겼다가 늦춰
보는 시험을 해 보게 하였다. 늦게
사나운 바람이 세게 불어닥치고 빗
발이 삼대같이 굵어서 대청마루에
걸어 놓은 바람막이가 방 마루 바람
막이에 부딪쳐 한꺼번에 바람막이
두 개가 조각조각 났다. 아까웠다.

초3일　맑았으나 가끔 비가 뿌렸
다. 지이에게 새로 만든 활들을 팽

활쏘기 활 쏘는 연습을 하는
사람 옆에, 한 사람은 한쪽 눈을
감고 화살이 곧은지 어떤지를 살피고
또 한 사람은 활을 다리에 끼고 앉아서
그 휘임 정도를 시험하고 있다. 김홍도의 그림. ⓒ 국립중앙박물관.

팽하게 펴 보게 하였다. 조방장과 충청 우후가 보러 왔다가 활
쏘기를 하였다. 우리 아이들은 육냥궁六兩弓(무게가 육냥인 활)을 쏘았
다. 저녁에 송희립과 아이들을 시켜 공적이 기록된 황득중, 김
응겸에게 허통공첩許通公帖*을 만들어 주게 하였다. 오후 8시부
터 비가 오기 시작해서 새벽 2시쯤이 되어서야 그쳤다.

초4일　날씨는 맑았으나 동풍이 크게 불었다. 회와 면, 완莞*
등은 저희 어머니 생일에 잔을 올리려고 갔다. 정선鄭愃도 나가
고 정사립도 휴가를 얻어서 갔다. 수루에 앉아 아이들이 떠나는
것을 바라보느라고 바람에 몸이 상하는 줄도 몰랐다. 늦게 대청
에 나가서 활 몇 순을 쏘다가 몸이 몹시 불편하여 그만두고 안으
로 들어왔다. 몸이 거북이처럼 움츠러들기에 곧 두꺼운 옷을 입
고 땀을 내었다. 저물녘에 경상 수사가 문병 왔다가 갔다. 밤에

허통공첩　벼슬길에 오
를 수 있도록 하는 서
류.

이완(1579~1627)　이순
신의 맏형 이희신의 넷
째 아들. 19세 때 이순
신을 따라 전쟁에 참여
하였으며 1598년 노량
해전에서 이순신이 전
사하자 종형 이회와 함
께 전투를 지휘하였다.

는 낮보다 곱절이나 아파서 끙끙 앓으면서 밤을 보냈다.

초5일　맑다. 몸이 불편하여 공무를 보러 나가지 않았다. 가리포 첨사가 보러 왔다.

초6일　흐렸으나 비는 오지 않았다. 아침에 김 조방장과 충청 우후, 경상 우후 등이 문병을 왔다. 당포 만호가 찾아와서 자기 어머니의 병환이 몹시 심하다고 알렸다. 경상 수사와 우수사가 보러 오고 배 조방장이 들어왔다고 해가 진 뒤에 돌아갔다. 밤에 비가 크게 퍼부었다.

초7일　비가 계속 내리다가 늦게 갰다. 몸이 불편하여 관청에 나가지 않았다. 서울에 보낼 편지를 썼다. 밤에는 땀이 흘러 옷 두 겹을 적셨다.

초8일　날이 흐렸으나 비는 오지 않았다. 박담동朴淡同이 서울 올라가는 편에 서徐 승지에게 혼인 때 쓸 물품을 보냈다. 늦게 강희로姜熙老가 남해 현령의 병이 좀 나았다고 전하였다. 밤이 깊도록 같이 이야기를 나누었다. 의능이 삼마 1백 20근을 가져와서 바쳤다.

초9일　흐렸으나 비는 내리지 않았다. 아침에 수인守仁에게서 삼마 2백 30근을 받아들였다. 하동에서 만든 도련지擣練紙* 20권, 주지注紙* 32권, 장지狀紙* 31권을 김응겸과 곽언수에게 주어 보냈다. 마량 첨사 김응황이 근무 성적 평가에서 낮은 점수를 받고 떠났다. 늦게 나가서 공문을 처리해 나누어 보냈다. 활 10순을 쏘았다. 몸이 몹시 불편하더니 10시쯤 되어 땀을 줄줄 흘렸다.

초10일　맑다. 아침에 충청 우후가 문병하러 왔다가 조방장과 함께 아침을 먹었다. 아침에 송한련에게 그물을 만들라고 삼마

도련지　네 가장자리를 고르게 자른 종이.

주지　주서注書 또는 승지承旨가 임금 앞에서 왕명을 받아 적는 종이.

장지　두껍고도 단단하여 질이 좋은 종이.

40근을 주어 보냈다. 몸이 몹시 불편하여 한동안 베개를 베고 드러누워 있었다. 늦게 두 조방장과 충청 우후를 불러 상화떡*을 만들어 같이 먹었다. 저녁에 체찰사에게 보낼 공문을 만들었다. 어두워지자 달빛은 비단 같고 나그네의 생각은 만 갈래라 잠을 이루지 못하였다. 밤 10시쯤 방에 들어갔다.

11일　맑았으나 동풍이 세게 불었다. 체찰사에게 가는 여러 가지 공문을 만들어 보냈다. 배 조방장과 아침을 같이 먹고 늦게 활터로 가서 말 달리는 것을 보고 저물 무렵에 본영으로 돌아왔다. 초저녁에 거제 현령이 급히 보고하기를, 왜적 1척이 창원 땅 등산에서 거제 땅 송미포로 들어왔다고 하였다. 밤 10시에 다시 보고하기를, 아자포*로 배를 옮겨 정박하였다고 하였다. 배를 정비하여 내보낼 즈음에 또 다시 보고가 오기를, 견내량으로 넘어갔다고 하였다. 복병장이 잡으러 갔다.

12일　맑았으나 동풍이 크게 불었다. 동쪽으로 가는 배는 전혀 다니지 못하였다. 오랫동안 어머니 안부를 듣지 못하여 매우 걱정스러웠다. 우수사가 보러 왔다. 땀이 흘러 옷 두 겹을 다 적셨다.

13일　날이 갰다가 흐리고 동풍이 크게 불었다. 충청 우후와 활쏘기를 하였다. 밤에 땀이 흘러 등을 적셨다. 아침에 우馬가 곤장을 맞아 죽었다는 말을 듣고 장사 지낼 물건을 약간 보내 주었다.

14일　흐리고 바람이 세게 불었다. 동풍이 계속 불어서 벼이삭이 손상되었다고 한다. 배 조방장, 충청 우후와 같이 이야기를 나누었다. 땀은 나지 않았다.

15일　새벽에 비가 계속 내려 망궐례를 끝내지 못하였다. 늦게

상화떡　칠석날 제사에 쓰는 떡.

아자포阿自浦　경남 거제시 둔덕면으로 추정된다.

우수사, 경상 수사와 두 조방장, 충청 우후, 경상 우후, 가리포 첨사, 평산포 만호 등 열아홉 장수들과 함께 모여 이야기를 나누었다. 비는 하루 내내 그치지 않았다. 밤 8시쯤 남풍이 불면서 비가 더 크게 쏟아졌다. 새벽 2시까지 세 차례나 땀을 흘렸다.

16일 날씨가 잠깐 갰으나 남풍이 크게 불었다. 강희로가 남해로 갔다. 몸이 몹시 불편해서 하루 내내 누워서 신음하였다. 저녁 나절에 체찰사가 진주에 도착했다는 공문을 받았다. 새로 갠 하늘의 달빛이 하도 밝아서 누워 있어도 잠이 오지 않았다. 밤 10시쯤 가랑비가 다시 내리는 것을 드러누워 지켜보았는데 조금 있다가 비가 그쳤다. 땀이 줄줄 흘렀다.

17일 날씨가 갰다 흐렸다 하면서 비가 오락가락하였다. 경상 수사가 보러 왔고, 충청 우후와 거제 현령도 보러 왔다. 동풍이 그치지 않았다. 체찰사에게 사람을 보냈다.

18일 비가 개다 오다 하였다. 자정에 구례 현감이 죄인에게 사면을 내리는 문서를 지닌 차사원이 되어 들어왔다. 땀이 마구 흘렀다.

19일 흐리다 맑다 하였다. 새벽에 우수사와 여러 장수들과 함께 임금이 내린 사면장에 절하고 그대로 아침을 같이 먹었다. 구례 현감이 돌아가겠다고 보고하였다. 송의련이 본영으로부터 들어왔다. 그가 울의 편지를 가지고 왔는데, 어머니께서 내내 평안하시다고 한다. 매우 다행스럽다. 늦게 거제 현령과 금갑도 만호가 와서 이야기를 나누었다. 밤 8시께부터 자정까지 땀을 흘렀다. 어둘 무렵에 목수 옥지가 무거운 재목에 깔려서 다쳤다는 보고를 받았다.

20일 동풍이 크게 불었다. 새벽에 배 만들 재목을 끌어내리려고 송희립이 우도 군사 3백 명, 경상도 군사 1백 명, 충청도 군사 3백 명, 좌도 군사 3백 90명을 거느리고 갔다. 아침 늦게 봉, 해, 회, 면, 완이 최대성, 윤덕종, 정선 등과 함께 들어왔다.

21일　맑다. 밥을 먹은 뒤 활터에 나갔다. 자식들에게 활쏘기를 시키고 말을 달리면서 활 쏘는 것도 연습시켰다. 배 조방장, 김 조방장이 충청 우후와 함께 와서 점심을 같이 먹었다. 저물 무렵에 돌아왔다.

22일　맑다. 외할머니의 제삿날이어서 공무를 보지 않았다. 경상 수사가 보러 왔다.

23일　맑다. 활터에 가 보았는데 경상 수사도 같이 갔다.

24일　맑다.

25일　맑다. 우수사와 경상 수사가 보러 왔다가 돌아갔다.

26일　맑다. 새벽에 배로 출발하여 사천에 이르러 하룻밤을 머물렀다. 충청 우후와 함께 하루 내내 이야기를 나누다가 헤어졌다.

27일　맑다. 아침 일찍 출발하여 사천에 이르렀다. 점심을 먹고 곧바로 진주성으로 가서 체찰사이원익를 만나 뵙고 하루 내내 이야기를 나누었다. 저물 무렵에 진주 목사의 처소로 돌아와서 잤다. 김응서도 왔다가 곧 돌아갔다. 저녁에 이용제李用濟가 역적 도당에 관한 편지를 가지고 왔다.

28일　맑다. 이른 아침에 체찰사에게 가서 하루 내내 이야기를 나누고, 8시가 넘어서 목사의 처소로 돌아와서 목사와 밤이 늦도록 이야기를 나누다가 헤어졌다. 청생靑生도 왔다.

29일　맑다. 일찍 출발하여 사천에 이르렀다. 아침을 먹고 곧바로 선소船所로 갔다. 고성 현령도 왔다. 삼천포 만호와 이곤변

진주성 1592년 제1차 싸움에서는 4,000도 안 되는 군사로 김시민이 대첩을 이룩했으나 1593년 싸움에서는 7만 민관군이 순절하는 비운을 겪기도 했다. 임진왜란 중 주요 근거지였다.

이 술을 가지고 뒤따라 와서 밤늦도록 이야기를 나누다가 구라량*에서 잤다.

윤8월, 전라 일대를 돌아보다

초1일 맑다. 일식日蝕이 있었다. 아침 일찍 비망진* 아래에 이르러 이곤변 등과 같이 아침을 먹고 서로 헤어졌다. 저물 무렵에 진중에 이르니 우수사와 경상 수사가 와서 기다리고 있었다. 우수사와 얼굴을 맞대고 이야기를 나누었다.

초2일 맑다. 아침에 여러 장수들이 보러 왔다. 늦게 경상 수사와 우수사가 와서 이야기를 나누었다. 경상 수사와 함께 활터

구라량九羅梁 고성현: 경남 사천시 대방동.

비망진飛望津 경남 사천시 선구동 망산 아래의 삼천포시 나루터로 추정된다.

로 나갔다.

초3일 맑다.

초4일 비가 계속 내렸다. 밤 10시쯤 땀을 흘렸다.

초5일 맑다. 활터로 나가서 아이들이 말을 달리면서 활 쏘는
것을 구경하였다. 하천수가 체찰사에게로 갔다.

초6일 맑다. 아침을 먹은 뒤 경상 수사와 우수사와 함께 활터
에 가서 말 달리며 활 쏘는 것을 보다가 저물어서 돌아왔다. 방
답 첨사가 진중에 도착하였다. 밤에 잠시 땀을 흘렸다.

초7일 맑다. 아침에 아산의 종 백시白是가 들어왔다. 가을 보
리는 소출이 43섬, 봄보리는 소출이 35섬, 쌀은 전부 12섬 4말
이고, 또 7섬 10말이 나고 또 4섬이 났다고 한다. 늦게 나가서
공무를 보고 소지所志에 제사題辭*를 매겨 돌려주었다.

초8일 맑다. 밥을 먹은 뒤 활터에 나가서 말 달리며 활쏘는
것을 보았다. 광양 현감, 고성 현령이 시험관으로 들어왔다. 하
천수가 진주로부터 돌아왔다. 본영 아병 임정로林廷老가 휴가를
받아서 떠났다. 밤에 땀을 흘렸다.

초9일 맑다. 아침에 광양 현감이 교서에 절하였다. 봉, 회와
김대복도 관교官敎I교제I에 절하였다. 그리고 같이 이야기를 나누
었다. 저녁에는 우수사와 경상 수사가 와서 이야기를 나누었다.

초10일 맑다. 새벽에 과거장을 열었다. 늦게 면이 쏜 것이 모
두 55보, 봉이 쏜 것은 모두 35보, 해가 쏜 것은 모두 30보, 회가
쏜 것은 모두 35보, 완이 쏜 것은 모두 55보여서 합격되었다. 어
둘 무렵에 우수사, 경상 수사, 배 조방장이 같이 왔다가 밤 10시
쯤 돌아갔다.

11일 맑다. 체찰사를 모시려고 진중을 출발하여 당포에 이르

제사 관부에서 백성이
제출한 소장訴狀이나
원서願書에 쓰던 관부
의 판결이나 지령.

렀다. 저녁 8시에 체찰사에게 갔던 사람이 돌아왔는데 체찰사는 14일에 떠난다고 하였다.

12일 맑다. 하루 내내 노를 빨리 저어 밤 10시쯤 어머니가 계신 곳에 당도하였다. 백발이 성성한 채 나를 보고 놀라 일어나시는데, 숨이 끊어지는 듯하시는 모습이 하루하루를 지탱하시기도 어려운 듯하다. 눈물을 머금고 서로 붙들고 앉아서 밤새 위로하여 어머니의 마음을 풀어 드렸다.

13일 맑다. 어머니를 모시고 옆에 앉아 아침 진지를 올리니 대단히 즐거워하시는 빛이었다. 늦게 작별 인사를 드리고 본영으로 돌아왔다. 오후 6시쯤 작은 배를 타고 밤새 노를 재촉하였다.

14일 맑다. 새벽에 광양 땅 두치에 다다랐더니 체찰사와 부사가 벌써 어제 와서 잤다고 한다. 뒤늦게 쫓아가서 진주 소촌역 찰방察訪*을 만나고 일찍 광양현에 이르렀다. 지나온 곳이 온통 쑥대밭이 되어 차마 눈으로 볼 수 없었다. 우선 전선戰船 정비하는 일을 면제해 주어 군사와 백성들의 마음을 풀어 주어야겠다.

15일 맑다. 일찍 떠나 순천에 닿았더니 체찰사 일행이 관청 안으로 들어갔다고 한다. 나는 정사준의 집으로 갔는데 순찰사도 와서 같이 이야기를 나누었다. 저녁에 들으니 아이들이 모두 시험에 뽑혔다고 한다.

16일 맑다. 그냥 그곳[정사준의 집]에서 머물렀다.

17일 맑다. 늦게 낙안으로 향하였다. 고을에 이르니 이호문李好問, 이지남李智男 등이 찾아와서 고을의 폐단이 모두 수군에 관한 일 때문이라고 말하였다.

18일 맑다. 일찍 떠났다. 종사관 김용은 서울로 올라갔다. 양강역에 이르러서 점심을 먹고 산성으로 올라갔다. 여기서 멀리

찰방 각 도의 역참을 관리하던 종6품 외관직.

바라보며 각 포구와 여러 섬들을 가리켜 가며 살펴보고, 그 길로 흥양으로 나아갔다. 저물 무렵에 흥양현에 이르러 향소청에서 잤다. 어두워질 무렵에 이지화李至和가 거문고를 안고 오고 영英도 보러 왔기에 밤새도록 이야기를 나누었다.

19일 맑다. 녹도로 가는 길에 도양의 둔전을 살펴보았는데, 체찰사의 얼굴에 기쁜 빛이 떠돌았다. 녹도에 도착하여 잤다.

20일 맑다. 아침 일찍 떠나 배를 타고 가면서 체찰사와 부사와 함께 앉아 하루 내내 군사 이야기를 나누었다. 늦게 백사정白沙汀*에 이르러 점심을 먹은 뒤에 그 길로 장흥에 이르렀다. 나는 동헌에서 잤는데 김응남이 보러 왔다.

21일 맑다. 그대로 묵었다. 정경달丁景達이 보러 왔다.

22일 맑다. 늦게 병영兵營*에 이르러 원균을 만나 밤이 깊어질

백사정 지금의 전남 장흥군 장흥읍 원도리로 추정된다.

병영 병마절도사의 군영으로 지금의 강진군 병영면에 있었다.

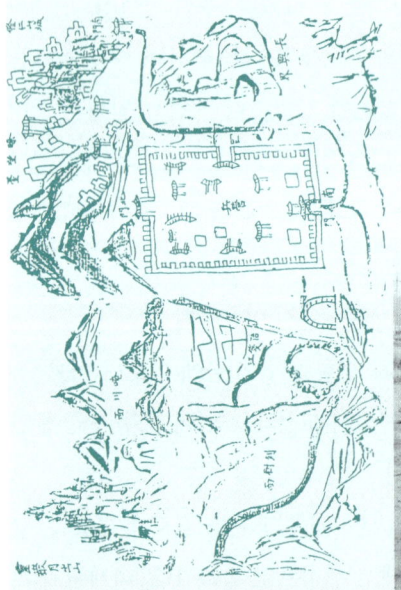

전라 병영 고지도|1872, 호남읍지**와 병영 성곽**
조선 태종 17년|1417|에 쌓은 길이 1060m 가량의 평지성인데, 현재 재건 중이다. 전남 강진군 병영리.

때까지 이야기를 나누었다.

23일 맑다.

24일 부사副使와 함께 가리포로 갔더니 우우후 이정충이 먼저 와 있었다. 같이 남쪽 망대에 올라 좌우로 적들이 다니는 길과 여러 섬을 자세히 헤아려 보았다. 참으로 이 곳은 전라도 전체의 요충지이다. 그렇지만 이곳은 형세가 외롭고 위태롭기 때문에 하는 수 없이 해남 땅 이진으로 옮겨 합친 것이다. 병영으로 돌아왔다. 원균이 흉한 짓을 하였으나 여기에 적지 않겠다.

25일 일찍 떠나 이진에 이르렀다. 이곳에서 점심을 먹은 뒤에 곧 해남으로 가는 길로 접어들었는데 중간에 김경록이 술을 가지고 보러 왔다. 어느새 날이 저물어 횃불을 들고 길을 갔다. 밤 10시경 해남현에 도착하였다.

26일 맑다. 아침 일찍 떠나 우수영에 이르렀다. 나는 태평정太平亭에서 자면서 우후[이연충李廷忠]와 더불어 이야기를 나누었다.

27일 맑다. 체찰사가 진도에서 우수영으로 들어왔다.

28일 비가 조금 내렸다.

29일 비가 조금 내렸다. 이른 아침에 남리역*에 이르렀고 점심을 먹은 뒤 해남현에 당도하였다. 소국진을 본영으로 보냈다.

9월, 순시를 계속하다

초1일 잠시 비가 뿌렸다. 새벽에 망궐례를 드렸다. 일찍 떠나 석제원*에서 점심을 먹고 밤 10시에 영암에 이르러 향사당鄕舍堂*에서 잤다. 정랑正郎* 조팽년趙彭年이 보러 왔고 최숙남崔淑南도 보러 왔다.

남리역南利驛 해남현; 전남 해남군 황산면 남리리.

석제원石梯院 강진현; 전남 강진군 성전면 성전리.

향사당 조선시대 향촌 자치기구로서 이용된 건물.

정랑 육조의 정5품 관직.

초2일 맑다. 영암에서 묵었다.

초3일 맑다. 아침에 출발하여 나주 신원에서 점심을 먹고 판관을 불러서 고을 안 사정을 물어보았다. 저물 무렵에 나주 별관別館에 이르렀다. 종 억만億萬이 신원*으로 나를 보러 와서 인사했다.

초4일 맑다. 나주에서 묵었다. 어둘 무렵에 목사[이복남]가 술을 가져와 권하였다. 일추一秋도 술잔을 들었다. 아침에는 체찰사와 함께 공자의 사당에 가서 배알하였다.

초5일 맑다. 나주에서 묵었다.

초6일 맑다. 먼저 무안으로 가겠다고 체찰사에게 보고하고 길을 떠났다. 고막원*에 이르러 점심을 먹었다. 나주 감목관 나덕준羅德駿*이 뒤쫓아와서 서로 만났다. 이야기하는 가운데 여러 차례 슬퍼하고 한탄하였다. 오랫동안 이야기를 나누다가 저물 무렵에 무안에 닿아 거기서 잤다.

신원新院 나주목: 전남 나주시 왕곡면 시원리.

고막원古莫院 나주목: 전남 나주시 문평면 고막리.

＊이름 한자가 '羅德峻'으로도 쓰인다.

나주 향교 대성전 공자를 비롯한 여러 성현의 위패를 모시고 제사를 지내던 곳. 전남 나주시 교동.

초7일　맑다. 감목관 나덕준 및 무안 현감과 함께 민폐에 대해 이야기를 나누었다. 한참 뒤 정대청鄭大淸이 왔다고 하여 다경포에 이르러 영광 군수와 함께 밤 10시까지 이야기를 나누었다.

초8일　맑다. 나라의 제삿날*이어서 아침상에 쇠고기 반찬이 차려졌으나 먹지 않고 도로 내놓았다. 아침을 먹은 뒤 길을 떠나 감목관에게 갔더니 감목관과 영광 군수가 같이 있었다. 국화가 활짝 핀 곳에 들어가서 술 두어 잔을 마셨다. 저물 무렵에 동산원*에 와서 말에 여물을 먹였다. 다시 말을 빨리 달려서 임치진에 다다랐더니 여덟 살 먹은 이공헌李公獻의 딸이 그 사촌의 계집종 수경水卿과 함께 보러 왔다. 공헌을 생각하니 애처로운 마음을 이길 수 없었다. 수경이는 누가 내다 버린 아이인데 이염李琰의 집에서 데려다가 길렀다.

초9일　일찍 일어나서 임치 첨사 홍견洪堅을 불러다가 적을 막을 대책을 어떻게 세웠는지 물었다. 아침을 먹고 뒷성에 올라 형세를 살펴보고는 동산원으로 돌아왔다. 점심을 먹은 뒤 함평현에 다다랐다. 길에서 한여경韓汝璟을 만났는데 말 위에서 서로 인사하기가 어려우니 함평으로 들어오라고 일렀다. 현감은 경차관敬差官*을 맞이하러 갔다고 한다. 김억창金億昌도 함께 함평으로 왔다.

초10일　맑다. 내 몸도 피곤하고 말도 고될 것 같아서 함평에 머물러 잤다. 아침을 먹기 전에 무안 현감 정대청이 와서 같이 이야기를 나누었다. 고을 선비들도 많이 들어와서 고을의 폐단에 대하여 이야기했다. 저녁 때 도사都事*가 와서 같이 이야기를 나누다가 밤 10시쯤 헤어졌다.

11일　맑다. 아침을 먹은 뒤 영광으로 갔다. 길에서 신경덕辛慶

＊세조의 제삿날이다.

동산원東山院　무안현. 전남 무안군 현경면 옹산리.

경차관　조선시대 특수 임무를 띠고 각 도에 파견된 특명관으로 3~5품관 중에서 뽑았다. 왜구 대책, 전곡 조사, 재민 구제 업무, 옥사나 추국 등의 일을 했다.

도사　관찰사를 보좌하는 종5품직 벼슬. 여기서는 전라 도사를 가리킨다.

德을 만났기에 잠시 이야기를 나누었다. 영광에 다다랐더니, 군수가 절한 뒤 들어가 같이 이야기를 나누었다. 세산월歲山月도 보러 와서 술을 마시며 이야기를 나누다가 밤이 깊어서 헤어졌다. 누워서 곤하게 잤다.

12일　비바람이 크게 불었다. 늦게 나서서 10리쯤 되는 냇가에 오니 이광보李光輔와 한여경이 술을 가지고 와서 기다리고 있었다. 말에서 내려 같이 이야기를 나누었다. 비바람이 그치지 않았다. 안세희安世熙도 도착하였다. 저물 무렵에 무장에 이르러 하룻밤을 묵었다.

13일　맑다. 이중익李仲翼과 이광축李光軸이 와서 함께 이야기를 나누었다. 이중익이 군색한 말을 많이 하므로 옷을 벗어 주었다. 하루 내내 이야기를 나누었다.

14일　맑다. 하루를 더 묵었다.

15일　맑다. 체찰사의 행차가 고을[무장]에 도착하였다. 들어가 인사하고 대책을 의논하였다.

16일　맑다. 체찰사 일행이 고창에 도착하였다. 점심을 먹은 뒤 장성에 이르러 그곳에서 잤다.

17일　맑다. 체찰사와 부사는 장성 입암산성으로 가고 나 혼자 진원현에 이르러 현감과 함께 이야기를 나누었다. 종사관도 또한 도착하였다. 저물 무렵에 관아에 이르니 조카딸 둘이 나와 앉아 있어 오랫동안 못 본 감회를 풀었다. 다시 작은 정자로 나와서 현감 그리고 여러 조카들과 함께 밤이 깊도록 이야기를 나누었다.

18일　비가 조금 왔다. 밥을 먹은 뒤 광주에 다다라서 목사와 이야기를 나누다. 비가 굉장히 퍼붓다가 밤 12시쯤 되자 달빛이 대낮 같더니 새벽 2시부터 다시 비바람이 크게 불었다.

19일　비바람이 크게 불었다. 아침에 행적行迪이 보러 왔다. 진원에 있는 종사관의 편지와 윤간, 봉, 해의 문안 편지도 왔다. 아침에 광주 목사가 와서 아침을 같이 먹는데 술을 마시자 밥은 제대로 먹지 않은 채 취하였다. 광주 목사의 별실에 들어가 하루 내내 술에 크게 취하였다. 낮에 능성 현감이 들어와 고을 창고를 봉하고 체찰사가 광주 목사를 파직시켰다고 한다. 최씨의 딸 귀지貴之가 와서 잤다.

20일　비가 크게 쏟아졌다. 아침에 여러 색리들의 죄를 논하였다. 늦게 목사를 보고 나서 막 길을 떠나려는데 명나라 사람 두 명이 이야기하자고 청하므로 술을 취하도록 먹였다. 길을 떠났으나 하루 내내 비가 내려 멀리 가지 못하고 화순에 이르러 잤다.

21일　날씨가 개다 비가 오다 하였다. 일찍 능성에 이르러 바로 최경루最景樓에 올라가서 멀리 연주산連珠山을 바라보았다. 이 고을 수령이 술을 권하므로 잠깐 취하고 끝마쳤다.

22일　맑다. 여러 가지 일을 담당하는 아전들의 죄를 논하였다. 늦게 화순 이양원*에 다다르니 해운판관海運判官*이 먼저 도착하였다가 우리 행렬을 보고 드릴 말씀이 있다고 청하여 같이 이야기를 나누었다. 저물 무렵에 보성군에 이르렀는데 몸이 몹시 고단하여 바로 잤다.

23일　맑다. 그대로 머물렀다. 나라의 제삿날*이어서 공무를 보지 않았다.

24일　맑다. 일찍 떠나서 병사兵使 선거이의 집에 이르렀더니 그의 병이 몹시 위급하여 걱정스러웠다. 저물 무렵 낙안에 이르러 잤다.

이양원李楊院　능주현; 전남 화순군 이양면 이양리.
해운판관　각 도에서 세금으로 받은 곡식의 해운을 관장하는 종5품의 벼슬.
* 태조 비 신의황후의 제삿날이다.

25일 맑다. 색리와 선중립宣仲立이 저지른 죄를 처벌하였다. 순천에 이르러 부사와 함께 술을 마시며 이야기를 나누었다.

26일 맑다. 일이 있어 하루 더 머물렀다. 저녁에 이 고을 사람들이 나를 위해 고기와 술을 장만해 올리겠다고 청하였다. 한사코 사양하였으나 부사가 간청하므로 잠깐 마시고 헤어졌다.

27일 맑다. 일찍 출발하여 어머니를 뵈러 갔다.

28일 맑다. 남양南陽 아저씨의 생일날이므로 본영으로 왔다.

29일 맑다. 밥을 먹은 뒤 동헌에 나가 공문들을 작성하였다. 하루 내내 관청에 앉아서 일을 하였다.

30일 맑다. 옷을 담아 둔 농짝을 살펴보았다. 그 가운데 둘은 어머니가 계시는 고음천으로 보내고 하나만 본영에 남겨 두었다. 저녁 때 군관 신탁申晫이 선유관으로 와서 날을 잡아 군사들을 배불리 먹이자고 말하였다.

10월, 어머니를 모시고 즐겁게 지내다

초1일 비가 오고 바람이 세게 불었다. 새벽에 망궐례를 드렸다. 아침을 먹은 뒤 어머니를 뵈러 가는 길에 신 사과가 머물고 있는 곳에 들렀다가 몹시 취해서 돌아왔다.

초2일 맑았으나 바람이 세게 불어서 배가 떠나지 못하였다. 청어잡이 배가 들어왔다.

초3일 맑다. 새벽에 배를 돌려서 어머니를 모시러 갔다. 일행과 더불어 배를 타고 본영으로 돌아왔다. 하루 내내 즐겁게 모시게 되어 매우 다행스러웠다. 홍양 현감이 술을 가지고 왔다.

초4일 맑다. 아침을 먹은 뒤 객사 동헌에 나가 하루 내내 공

이순신 어머니가 기거했던 집 옆에, 근래에 세운 이충무공 기념비.
전남 여수시 웅천동 송현마을. ⓒ 이재환.

무를 보았다. 저녁 나절에 남해 현령이 그의 소실을 거느리고 도착하였다.

초5일　흐리다. 남양 아저씨 집 안에 제사가 있어서 일찍 부르기에 다녀왔다. 남해 현령과 이야기를 나누었다. 비가 올 조짐이 많았다. 순천 부사는 석보창石保倉에서 잤다.

초6일　비바람이 크게 일어 오늘은 잔치를 차리지 못하고 이튿날로 물렸다. 늦게 흥양 현감과 순천 부사가 들어왔다.

초7일　맑고 따스하였다. 아침 일찍 어머니를 위해 수연壽宴*을 베풀면서 하루 내내 매우 즐겁게 보냈다. 매우 다행스러웠다. 남해 현령은 선대의 제삿날이어서 먼저 돌아갔다.

초8일　맑다. 어머니께서 평안하시니 매우 다행스러웠다. 순천 부사와 작별 술잔을 나누고 보냈다.

초9일　맑다. 공문을 처리하여 보냈다. 하루 내내 어머니를 모셨다. 내일 진중으로 돌아가는 것을 어머니께서 퍽 서운해하시는 기색이었다.

초10일　맑다. 자정에 뒷방으로 갔다가 새벽 2시에 수루 방으로 돌아왔다. 정오에 어머님께 가겠다는 인사를 하고 오후 2시

수연　오래 살기를 축하하는 잔치. 당시 이순신의 어머니는 80세를 맞았다.

쯤 배를 타고 바람 따라 돛을 달고서 밤새도록 노를 재촉해 온
것이다.

11일   맑다.

(이후 12월까지의 일기가 빠져 있다.)

1597년 백의종군에 나서다

이순신은 당쟁의 희생물이 되어 관직은 파직되고 서울로 끌려가서 감옥에 갇혔다. 그리고 약 한 달 만에 특사되어 고향 아산을 거쳐 초계로 내려와 도원수 밑에서 백의종군하였다. 그러나 통제사 원균이 7월에 칠천량 전투에서 대패함에 따라 8월에 다시 삼도수군통제사가 되었다. 여기저기서 모은 전선 13척으로 9월 명량 해전에서 적을 격파하였다. 그리고는 10월 고하도에 수군 진영을 설치하였다.

(1월~3월까지의 일기는 빠져 있다.)

이정형|1549~1607| 이
정암의 동생으로 임란
때 좌승지로서 선조를
따라 의주로 가던 중 송
도 유수로 임명되어 의
병을 모아 성거산에서
왜군을 무찔렀다.

노직|1545~1618| 임란
때 선조를 따라 행재소
에까지 가서 병조참판
이 되었다. 1597년 명나
라 군문 형개를 맞아 접
반부사가 되어 정사 김
명원과 함께 일했다. 뒤
에 병조판서가 되었다.

최원|?~?| 임란이 일어
나자 군사 1천 명을 거
느리고 의병장 김천일,
월곶 첨절제사 이빈과
함께 여산에서 적군을
맞아 싸웠다. 그 뒤 강
화도를 주둔지로 삼고
군사를 모집하였다. 이
듬해 영덕에서 왜군을
격파하여 그 공으로 상
호군에 승진되었다.
1596년 황해도 병마절
도사를 거쳐 1597년 정
유재란이 일어나자 한
강을 수비했다.

4월, 겨우 풀려났으나 어머님은 돌아가시고

초1일　맑다. 옥문獄門을 나왔다. 남대문 밖에 있는 윤간의 종
의 집에 이르러 봉, 분, 울, 사행士行, 원경遠卿 등과 한 방에 같이
앉아 오래도록 이야기를 나누었다. 지사知事 윤자신이 와서 위로
하고 비변랑備邊郎 이순지李純智가 보러 왔다. 울적한 마음을 한층
이기기 어려웠다. 지사가 돌아갔다가 저녁을 먹은 뒤 술을 가지
고 다시 왔다. 윤기헌尹耆獻도 왔다. 정으로 권하며 위로하니 사
양하지 못하고 억지로 술을 마셨더니 몹시 취하였다. 이순신도
술병을 차고 또 왔으므로 같이 마시면서 정답게 이야기를 나누
었다. 영의정|유성룡|이 종을 보냈고, 판부사 정탁, 판서 심희수,
찬성 김명원, 참판 이정형李廷馨*, 대사헌 노직盧稷*, 동지 최원崔
遠*, 동지 곽영郭嶸 등이 사람을 보내어 안부를 물었다. 술에 취

이순신, 당쟁의 희생물이 되어

소서행장의 흉계 『회본태합기』 중 이순신을 모함하기 위한 간계를 펼치는 모습. ⓒ 국립진주박물관.

1597년 1월 28일 원균이 경상우도 수군절도사 겸 경상도 통제사가 되고, 이순신은 전라 충청 통제사가 되었다.

2월 6일 이순신은 체포되고 원균이 삼도수군통제사 겸 전라 좌수사가 되었다. 26일에 이순신은 한산도에서 체포되어 원균에게 업무를 인계하고 서울로 출발했다.

3월 4일 이순신이 서울 의금부 옥에 갇혔다. 그리고 12일에 이순신에 대한 심문이 시작되었다.

하여 땀으로 몸이 흠뻑 젖었다.

초2일　하루 내내 비가 내렸다. 여러 조카들과 함께 이야기를 나누었다. 방업方業이 음식을 차려왔는데 매우 풍성하였다. 필공筆工을 불러 붓을 묶게 하였다. 저물녘에 성 안으로 들어가 정승[유성룡]과 이야기를 하다가 닭이 울어서야 헤어져 나왔다.

초3일　맑다. 일찍 남으로 길을 떠났다. 금부도사 이사빈李士贇, 서리 이수영李壽永, 나장 한언향韓彦香은 먼저 수원부에 이르렀다. 나는 과천 땅 인덕원*에서 말을 쉬게 하고 조용히 누워 쉬다가

숙창문
경복궁　창덕궁　창경궁
종묘태묘
돈의문　　　　　　흥인문
숭례문

독성산성 동문 1593년에 권율 장군이 왜병 수만 명을 무찌르고 성을 지켜 냈던 곳이다. 경기도 오산시 지곶동.

저물 무렵에 수원에 들어갔다. 경기 체찰사의 아병인 이름도 모르는 자의 집에서 잤다. 신복룡愼伏龍이 우연히 여기에 왔다가 내가 온 것을 보고는 술을 가지고 와서 위로하였다. 수원 부사 유영건柳永健이 와서 인사하였다.

초4일 　맑다. 일찍 길을 떠나 독성禿城|독성산성| 아래 이르니 판관 조발이 술을 준비하여 장막을 치고 기다렸다. 함께 취하도록 마셨다. 그러고 나서 바로 진위*의 옛길을 따라가다가 냇가에서 말을 쉬게 하였다. 오산에 있는 황천상黃天祥의 집에 이르러 점심을 먹었다. 황천상은 내 짐이 무겁다며 말을 내어 실어 주었다. 고맙기 짝이 없다. 수탄을 거쳐 평택 고을에 있는 이내은李內隱의 손자 집에 묵었다. 주인의 대접이 매우 정성스러웠다. 자는 방이 아주 좁은 데다가 불까지 때서 땀이 흘렀다.

초5일 　맑다. 해가 뜰 때 길을 떠나서 바로 아산에 있는 선영|조

진위振威 진위현; 경기 평택시 진위면 봉남리.

상의 무덤에 이르렀다. 그간 두 번이나 들불이 나 나무가 타고 말라 비틀어져 차마 볼 수가 없었다. 산소 아래에서 곡을 하며 절하고 한참 동안 일어나지 못하였다. 저녁 때가 지나서 외가로 내려가 사당에 절하고, 그 길로 큰 조카 뇌의 집에 가서 선조들의 사당에 곡하면서 절하였다. 또 들으니, 남양 아저씨가 세상을 떠났다고 한다. 저물어서야 집에 이르러 장인 장모의 신위|위패| 앞에 절하고, 바로 작은 형님과 아우 우신의 부인 되는 제수의 사당에도 다녀왔다. 밤에 자리에 들었으나 마음이 편안하지 못하였다.

초6일 맑다. 멀고 가까운 친척들과 친구들이 모두 와서 오랫동안 못 본 정을 풀고 갔다.

초7일 맑다. 금오랑이 아산현에서 왔다기에 내가 나가서 극진히 맞아들였다. 홍洪 찰방, 이李 별좌, 윤효원尹孝元이 보러 왔다. 금오랑은 홍백興伯의 집에서 잤다.

초8일 맑다. 아침에 신위를 모시고, 돌아가신 남양 아저씨에게 곡하고 상복을 입었다. 늦게 홍백의 집에 이르러 이야기를 나누었다. 강 계장姜稽長이 세상을 떠났다고 하므로 가서 조문하고 그 길에 홍석견洪石堅의 집에 들렀다. 늦게 홍백의 집에 가서 금부도사를 접대하였다.

초9일 맑다. 동네 사람들이 각기 술병을 들고 와서 멀리 떠나는 길을 위로하였다. 인정상 거절하지 못하고 몹시 취하도록 마시고 헤어졌다. 홍군우洪君遇가 노래를 부르고 이 별좌도 노래를 불렀다. 나는 노래를 들어도 즐겁지가 않았다. 금부도사는 술을 잘 마시는데도 자세가 흐트러지지 않았다.

초10일 맑다. 아침을 먹고 홍백의 집에 가서 금부도사와 함께

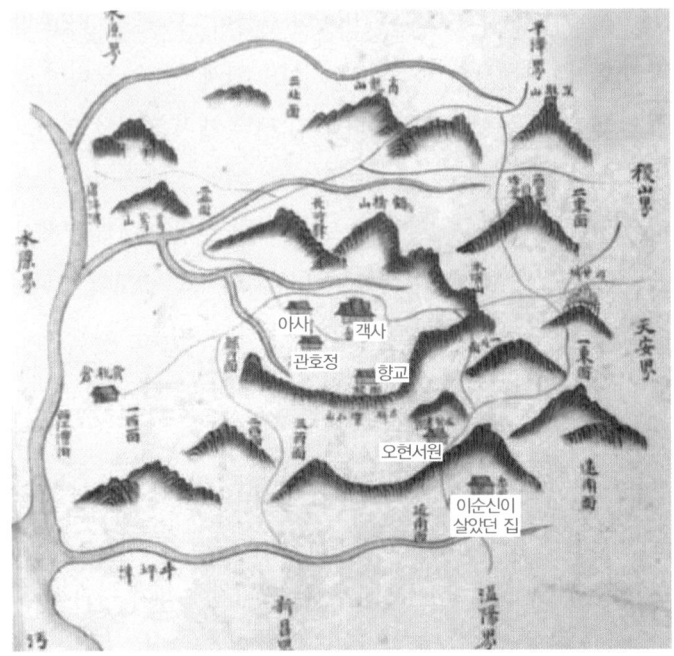

이야기를 나누었다. 늦게 홍 찰방, 이 별좌 형제, 윤효원 형제가
보러 왔다. 이언길李彦吉, 허제許霽가 술을 가지고 왔다.

11일 맑다. 새벽에 꿈을 꾸었는데 몹시 번잡스러워서 이루 다
말할 수 없었다. 덕德을 불러 대강 이야기하고, 또 아들 울에게
이야기하였다. 마음이 몹시 언짢아서 취한 듯 무엇에 홀린 듯
마음을 가라앉힐 수가 없으니 이 무슨 조짐일까. 병환중인 어머
니를 생각하면 눈물이 저절로 흘렀다. 종을 보내서 어머니의 소
식을 알아오게 하였다. 금부도사는 온양으로 돌아갔다.

12일 맑다. 종 태문太文이 안흥량安興梁*에서 들어와 편지를 전
하였다. 어머니의 기운은 아주 쇠약하시나 초9일 전후로 하여
무사히 안흥에 닿았다고 한다. 길을 떠나 법성포*에 이르러 자

안흥량安興梁 태안군:
충남 태안군 근흥면.

법성포法聖浦 영광군:
전남 영광군 법성면 법
성리.

고 있을 때, 닻이 풀어지는 바람에 떠내려가서 배에 머무른 지 엿새 만에 서로 떨어져 있다가 만났는데 무사하다고 한다. 아들 울을 먼저 바닷가로 보냈다.

13일 맑다. 일찍 아침을 먹고 어머니를 마중하려고 바닷가로 가는 길에 홍 찰방 집에 들렀다. 잠깐 이야기를 나누는 동안 울이 종 애수愛壽를 보내어, 아직 배가 도착하였다는 소식이 없다고 전하였다. 황천상이 술을 가지고 홍백의 집에 왔다고 하여 홍 찰방과 헤어져서 홍백의 집에 갔다. 조금 있자니 배에서 달려온 종 순화順和가 어머님이 돌아가셨다는 소식을 전했다. 방을 뛰쳐나가 슬퍼 뛰며 뒹굴었더니 하늘에 솟아 있는 해조차 캄캄하였다. 곧 해암*으로 달려가니 배가 벌써 와 있었다. 길에서 바라보니 슬픔으로 가슴이 찢어지는 듯하여 모두 다 적을 수가 없다. 뒷날 대강 적으리라.

14일 맑다. 홍 찰방, 이 별좌 등이 들어와 곡을 하고 관을 손질하였다. 관은 감영에서 준비해 가지고 온 것으로 조금도 흠이 난 데가 없다고 한다.

15일 맑다. 늦게 어머니의 시신을 관 속에 모셨다. 친한 오종수가 맡아서 정성껏 해 주니 뼈가 가루가 되어도 잊기 어렵다. 관에 대해서는 조금도 못마땅한 점이 없으니 이는 다행이다. 천안 군수가 들어와서 상여를 준비하였다. 전경복全慶福이 매일같이 정성을 다해서 상복 만드는 일들을 돌봐 주니 슬픈 가운데도 감사하여 무슨 말을 할 것인가.

16일 궂은비가 내렸다. 배를 끌어 중방포* 앞에 옮겨 대어, 영구를 상여에 올려 싣고 집으로 돌아왔다. 마을을 바라보고 통곡하니 슬픔으로 가슴이 찢어지는 듯하여 무슨 말을 할 수 있을

해암蟹巖 아산현; 충남 아산시 인주면 해암리.

중방포中方浦 아산현; 충남 아산시 염치읍 중방리.

것인가? 집에 이르러 빈소를 차리고 나니 비가 크게 쏟아졌다. 나는 기력이 다 빠진 데다가 남쪽으로 떠날 길이 또한 급해서 소리 내어 울부짖었다. 다만 빨리 죽기를 기다릴 따름이다. 천안 군수가 돌아갔다.

17일 맑다. 금부도사가 거느린 서리書吏° 이수영이 공주에서 와서 어서 가자고 재촉하였다.

18일 비 오다. 하루 내내 비가 왔다. 몸이 몹시 불편하여 나가지도 못하고, 그저 빈소 앞에서 곡만 하다가 종 금수金守의 집으로 물러 나왔다. 늦게 계원稧員들이 내가 있는 곳으로 모여서 함께 계稧°에 관한 일을 의논하고 헤어졌다.

19일 맑다. 일찍 길을 떠나며, 어머님의 영전에 인사를 올리고 울부짖었다. 어찌하리오, 어찌하리오? 천지에 나 같은 일이 또 어디 있을 것인가! 일찍 죽는 것만 같지 못하구나! 뇌의 집에 이르러 선조의 사당에 인사를 드리고 길을 떠났다. 금곡의 강선전姜宣傳 집 앞에 이르러 강정姜晶, 강영수姜泳壽를 만나 말에서 내려 곡하였다. 다시 길을 떠나 보산원°에 이르렀더니, 임천 군수 한술韓述이 중시重試 보러 서울 가는 길에, 앞길을 지나다가 내가 있다는 말을 듣고 들어와서 조문하고 갔다. 아들 회, 면, 조카 봉, 해, 분, 완과 주부 변존서 등이 함께 천안까지 따라왔다. 원인남元仁男도 보러 와서 작별하고 말에 올랐다. 일신역°에 이르러 잤다. 저녁에 비가 뿌렸다.

20일 맑다. 공주 정천동에서 아침을 먹고 저녁에 이산에 들어가니 고을 수령이 극진히 대접하였다. 관아의 동헌에서 잤다. 김덕장金德章이 우연히 와서 서로 만났고, 도사都事도 보러 왔다.

21일 맑다. 일찍 떠나 은진 땅 은원에 이르니, 김익金瀷이 우

서리 조선시대 경아전의 하급 서리. 상급 서리인 녹사와 함께 주로 서책의 보관, 도필刀筆의 임무 등을 맡았다.

계 어떤 목적 아래 조직된 단체로, 대개 상을 당했을 때 서로 도울 목적으로 한 것이 많았다.

보산원寶山院 연기현; 충남 천안시 광덕면 보산원리.

일신역日新驛 공주목; 충남 공주시 신관동.

연히 왔다고 한다. 임달영이 곡식을 사러 배를 타고 은진포에 왔다고 한다. 그런데 그의 형적形跡이 몹시 괴이하고 믿기 어려웠다. 저녁에 여산 관가에 속하는 종의 집에서 잤다. 밤중에 혼자 앉아 있었는데 슬픈 마음을 어찌 견딜 수 있으랴!

22일　맑다. 낮에는 삼례역 장리長吏의 집에서 쉬고 저녁에 전주 남문 밖 이의신李義臣의 집에 이르러 잤다. 판관 박근朴勤이 보러 왔고, 부윤도 후하게 접대해 주었다. 판관이 비 올 때 쓰도록 기름먹인 두꺼운 종이와 생강 등을 보내 주었다.

23일　맑다. 일찍 떠나 오원역* 여관에 이르러 말도 쉬게 하였다. 아침을 먹고 조금 있었더니 도사가 왔다. 저물 무렵에 임실현에 이르렀다. 현감이 의례적으로 대접하였다. 현감은 홍순각洪純慤이다.

24일　맑다. 일찍 떠나서 남원 부근 15리쯤에서 정철丁哲 등을 만났다. 그들과 남원부 5리 안에까지 이르러서 서로 헤어지고, 바로 10리 바깥 이희경李喜慶이 부리는 종의 집에 이르렀다. 이 서럽고 아픈 마음을 어찌하랴! 어찌하랴!

25일　비가 올 것 같았다. 아침을 먹은 뒤 길을 떠나 운봉의 박롱朴龐의 집에 들어갔다. 비가 크게 퍼부어 밖으로 나갈 수 없었다. 거기서 들으니 원수權慄는 벌써 순천으로 떠났다고 한다. 곧 사람을 금부도사에게 보내어 거기서 머무르게 하였다. 이 고을의 수령은 병으로 나오지 않았다.

26일　날씨가 흐리고, 개일 것 같지 않았다. 일찍 밥을 먹고 길을 떠나 구례현에 이르렀더니 금부도사가 먼저 와 있었다. 손인필孫仁弼의 집에 거처를 정하였더니 이 고을 현감이 급히 보러 왔다. 나를 대하는 것이 몹시 극진하였다. 금부도사도 보러 왔다.

오원역烏原驛　임실현: 전북 임실군 관촌면 관촌리.

내가 현감더러 금부도사에게 술을 권하라고 청하였더니, 현감이 아주 대접을 잘 하였다고 한다. 밤에 앉아 있으니 슬프고 가슴 아픈 사연을 어찌 말로 다 할 수 있으랴.

27일 맑다. 일찍 떠나 순천 땅 송치 밑에 이르니 구례 원이 사람을 보내어 점심을 짓게 했으나 돌려보냈다. 순천 송원에 이르자 이득종, 정선 등이 와서 문안했다. 저녁에 정원명의 집에 이르렀더니, 원수권율가 내가 온 것을 알고, 군관 권승경權承慶을 보내어 조문하였다. 또 안부도 묻는데 위문하는 말이 매우 극진하였다. 저녁에 이·고을 수령이 보러 왔다. 정사준도 달려왔는데 원균이 망령되고 못된 짓을 하였다고 여러 차례 말하였다.

28일 맑다. 아침에 원수가 또 군관

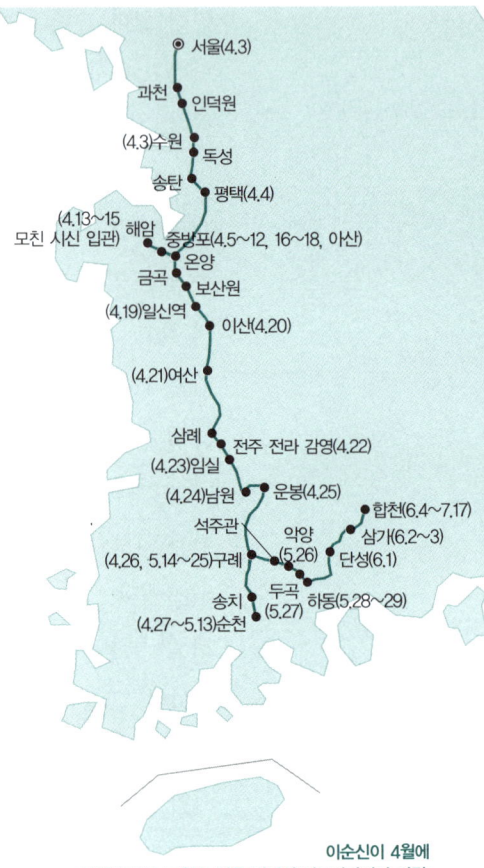

이순신이 4월에 서울을 떠나 도원수 권율 진영에 이르기까지의 여정.

권승경을 보내어 문안하며 전하되 "상중에 몸이 피곤할 터이니 회복되는 대로 나오라." 하였다. 그리고 또 "이제 들으니 가까운 군관이 통제사 처소에 있다고 하므로 편지와 공문을 보내서 나오게 하여 거느리고 가서 수발하게 하라." 하면서 편지와 공문을 만들어 왔다. 부사순천 부새의 소실이 세상을 떠났다고 한다.

29일 맑다. 신 사과와 응원應元이 보러 왔다. 병사兵使이복남李福男•도 원수에게서 지시를 들으려고 고을로 들어왔다고 한다. 신

이복남1?~1597 임진왜란 때 나주 판관이 되고 이듬해 전라 방어사. 충청 조방장. 1594년 남원부사, 전라도 병마절도사, 1595년 나주 목사 등을 지냈다. 다시 전라도 병마절도사가 되어 1597년 정유재란이 일어나자 남원성에서 왜군과 싸우다 조방장 김경로, 산성 별장 신호 등과 함께 전사하였다.

사과와 이야기를 나누었다.

30일 아침엔 흐리더니 저물 무렵에 비가 왔다. 아침을 먹은 뒤 신 사과와 이야기를 나누었다. 그는 병사에게 붙들려서 술을 마셨다고 한다. 병사 이복남이 아침 전에 보러 왔는데 원균이 저지른 일에 대하여 말하였다. 전라 감사도 원수에게 왔다가 군관을 보내서 안부를 물었다.

5월, 순천에서 백의종군을 하다

초1일 비가 계속 내렸다. 신 사과가 머물면서 함께 이야기를 나누었다. 순찰사와 병사는 원수가 머무르고 있는 정사준의 집에 같이 모여 술을 마시며 즐겁게 논다고 한다.

초2일 늦게 비가 왔다. 원수는 보성으로 가고 병사 이복남은 본영으로 갔다. 순찰사는 담양으로 가는 길에 찾아왔다가 돌아갔다. 부사도 보러 왔다. 진흥국陳興國이 좌수영으로부터 와서 눈물을 흘리며 원균의 일을 이야기하였다. 이형복李亨復과 신홍수申弘壽도 왔다. 남원의 종 끝돌이가 아산에서 와서 어머니 영위靈位가 평안하시다 하고, 또 변유헌이 식구들을 데리고 무사히 금곡에 도착하였다고 한다. 홀로 빈 동헌에 앉아 있으니 슬프고 가슴이 아파서 견딜 수가 없었다.

초3일 맑다. 신 사과, 응원, 진흥국 등이 돌아갔다. 이기남李奇男이 보러 왔다. 아침에 울의 이름을 열梲이라고 고쳤다. '열'은 음이 '열悅'이다. 싹이 처음 트거나 초목이 무성하게 자란다는 뜻이어서 글자 뜻이 매우 좋다. 늦게 강소작지姜所作只가 보러 와서 울음을 터뜨렸다. 오후 4시쯤 비가 뿌렸다. 저녁에 순천 부사

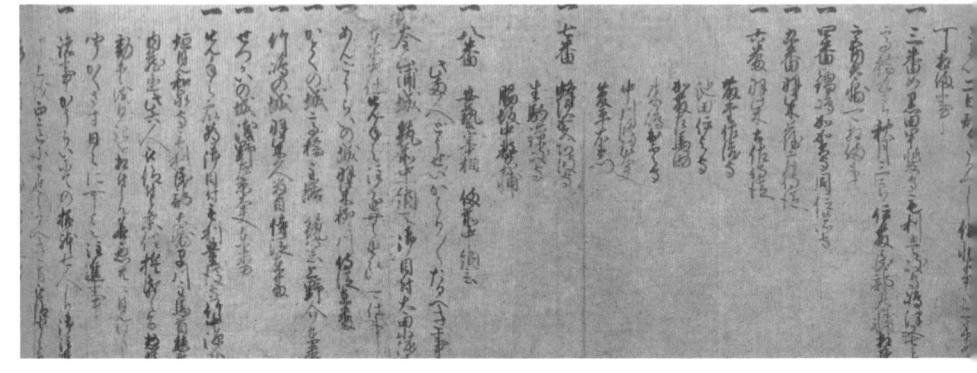

가 보러 왔다.

초4일 비 오다. 어머니 생신이다. 슬프고 애통함을 참을 길이 없었다. 닭이 울 무렵에 일어나 앉아 눈물만 흘렸다. 오후에 비가 몹시 퍼부었다. 정사준이 와서 하루 내내 돌아가지 않았다. 이수원도 왔다.

초5일 맑다. 새벽 꿈이 매우 어지러웠다. 아침에 부사가 보러 왔다. 늦게 충청 우후 원유남이 한산도에서 왔는데 원균이 못된 짓을 많이 한다고 했다. 또 진중의 장졸들이 다 그를 따르지 않으므로 앞일을 예측하기 어렵다고 했다. 오늘은 단오인데, 천리 밖 먼 곳으로 어머니 영위를 떠나 종군하고 있어서 예를 못 드리고 곡도 마음대로 못하니 무슨 죄 때문에 이런 앙갚음을 당하는가? 나와 같은 사정은 고금을 통해 찾아보기 힘든 일이니 가슴이 찢어지는 듯 아프다. 다만 때를 못 만난 것을 한탄할 따름이다.

초6일 맑다. 꿈에 돌아가신 두 분 형님을 만나 서로 붙들고 울었다. 형님들이 말씀하시기를 "장사를 지내기도 전에 천리 밖에서 종군하고 있으니, 누가 일을 맡아서 한다는 말이냐? 통곡

을 하더라도 어떻게 할 것인가?" 하셨다. 두 형님의 혼령이 천
리 밖까지 따라오셔서 이와 같이 근심하고 걱정하시니 슬프고
마음이 아파 견딜 수가 없다. 또 남원의 추수 일을 감독하는 데
대해서도 걱정하시는데 그것은 무슨 뜻인지 모르겠다. 매일같
이 꿈자리가 어지러운 것도 아마 형님들의 혼령이 은근히 걱정
하여 주시는 것이라 생각하니 슬픔이 한결 더했다. 아침저녁으
로 그립고 슬퍼서 눈물이 엉기어 피가 되었는데도 하늘은 어찌
아득하기만 하고 나를 밝혀 주지 않는가? 어찌 빨리 죽지 않는
가? 늦게, 역시 상제 몸으로 등용된 능성 현감 이계명이 보러 왔
다가 돌아갔다. 홍양에 있는 종 우놈쇠[禹老音金], 박수매朴守每, 조
택趙澤과 순화順花의 처가 와서 인사하였다. 이기윤李奇胤과 몽생夢
生도 왔다. 송정립宋廷立, 송득운宋得運도 왔다가 곧 돌아갔다. 저
녁에 정원명이 한산도에서 와서 흉악한 자[원균]가 저지른 짓에
대하여 많이 이야기하였다. 또 들으니, 부찰사[한효순]가 병 때문
에 좌수영으로 나와 조리하고 있다고 한다. 우수사[이억기]가 편지
를 보내어 조문하였다.

초7일   맑다. 아침에 정혜사定惠寺의 승려 덕수德修가 미투리 한

정혜사 대웅전 신라시대
의 사찰로 임진왜란 때 불
타 버렸다. 뒤에 여러 차
례 복원하여 현재에 이르
고 있다. 충남 청양군 장
평면 화산리.

컬레를 바쳤으나 거절하고 받지 않았다. 그래도 따라다니면서 여러 차례 졸라 댔다. 할 수 없이 돈을 주고 사고는 그를 보냈는데, 미투리는 정원명에게 주었다. 늦게 송대기宋大器, 유몽길柳夢吉이 보러 왔다. 서산 군수 안괄安适이 한산도에서 와서 음흉한 자의 일을 많이 전하였다. 저녁 때 이기남이 왔다. 이원룡이 수영水營에서 돌아왔다. 안괄이 구례에 갔을 때 수절을 하고 있는 조사겸趙士謙의 처를 겁탈하려고 하였으나 뜻을 이루지 못하였다고 한다. 매우 놀랍다.

초8일 맑다. 아침에 승장 수인守仁이 반승飯僧※ 두우杜宇를 데리고 왔다. 일이 있어서 종 한경을 보성으로 보냈다. 흥양의 종 세충이 녹도에서 망아지를 끌고 왔다. 활을 만드는 장인 이지李智가 돌아갔다. 새벽 꿈에 사나운 범을 때려 잡아서 껍질을 벗겨 휘둘렀는데, 이게 무슨 징조인지 알 수 없다. 조종이 보러 왔는데 그는 이름을 연璉으로 고쳤다. 조덕수趙德秀도 왔다. 낮에 망아지에 안장을 얹어 정상명鄭詳溟이 타고 갔다. 음흉한 원균이 편지를 보내어 조문하였는데 이것은 원수가 명령하였기 때문이었다. 이경신이 한산도에서 와서 음흉한 원균이 저지른 일에 대하여 많이 말하였는데 "그가 데리고 온 서리書吏를 곡식을 팔아 오라는 구실로 육지로 보내 놓고, 그 처를 겁탈하려고 한 일이 있었습니다. 여자는 악을 쓰면서 말을 듣지 않았는데 밖으로 나와 큰 소리를 질렀습니다." 하는 이야기도 전했다.

원균이 온갖 계략을 써서 나를 모함하려고 하는데 이 역시 운수다. 뇌물로 실어 보내는 짐이 서울에 잇닿아 있으며, 헐뜯는 것이 날이 갈수록 심해지니, 스스로 때를 못 만난 것만 한탄할 따름이다.

미투리 삼의 껍질로 엮어 만든 신.
반승 밥 짓는 일을 맡은 승려.

초9일 흐리다. 아침에 이형립李亨立이 보러 왔다가 곧바로 돌아갔다. 이수원이 광양에서 돌아왔다. 과거에 급제한 순천 사람 강승훈姜承勳이라는 자가 뽑혀 왔다. 부사순천 부사가 좌수영에서 돌아왔다. 종 경이 보성에서 말을 끌고 왔다.

초10일 궂은비가 내렸다. 오늘은 태종의 제삿날이다.✻ 늦게 큰 비가 왔다. 내리는 비 속에 박줄생朴乼生이 인사하러 왔다. 주인이 보리밥을 지어서 가져왔다. 장님 임춘경任春景이 내 운수를 점쳐 가지고 왔다. 부찰사도 조문하는 글을 보내왔다. 녹도 만호 송여종宋汝悰이 삼과 종이 두 가지를 부조扶助의 뜻으로 보냈다. 전라도 순찰사가 좋은 쌀과 중품 쌀 각 20말 씩을 군관을 시켜 보내면서 콩과 소금도 구해 보내겠다고 하였다.

11일 맑다. 김효성金孝誠이 낙안에서 왔다가 곧 돌아갔다. 전 광양 현감 김성金惺이 체찰사의 군관을 이끌고 화살대를 구하러 순천에 왔다가 나를 보러 왔다. 그가 소문을 많이 전하였는데 모두가 흉악한 자원균에 대한 일이었다. 부찰사가 온다는 통지가 왔다. 장위張渭가 편지를 보냈다. 정원명이 보리밥을 지어 바쳤다. 장님 임춘경이 와서 운수에 대한 이야기를 하였다. 정사립과 양정언이 와서 부찰사가 고을에 이르렀는데 그가 공무로 나를 보러 오겠다고 한다고 전했는데 몸이 불편하다고 거절하였다.

12일 맑다. 새벽에 이원룡을 보내어 부찰사에게 문안하였더니 부찰사도 김덕린金德麟을 보내어 문안하였다. 늦게 이기남, 기윤이 보러 왔다가 도양장으로 돌아간다고 보고하였다. 아침에 아들 열을 부찰사에게 보냈다. 신홍수가 와서 원균의 점을 쳤는데, 첫 괘가 수뢰둔水雷屯✻인데 천풍구天風姤✻로 변하였다. 용用이

✻이날엔 옛날부터 비가 왔다고 한다.
수뢰둔 주역의 세 번째 괘.
≡≡
천풍구 주역의 44번째 괘.
≡≡

체體를 이기는 것이어서 크게 흉한 징조다. 남해 현감이 조문 편지를 보내고 또 여러 가지 물품을 보냈다. 쌀 두 가마, 참기름 두 되, 꿀 다섯 되, 조 한 가마, 미역 두 다발 등이다. 저녁에 향사당에 가서 부찰사와 함께 밤이 깊도록 이야기를 나누다가 자정에야 숙소로 돌아왔다. 정사립과 양정언이 왔다가 닭이 운 다음에야 돌아갔다.

13일   맑다. 어젯밤 부찰사의 말이, 체찰사가 편지를 보냈는데 영공슈公|원균|의 일에 대하여 여러 차례 탄식하였다고 한다. 늦게 정사준이 떡을 만들어 왔다. 부사 우치적禹致績*이 여비를 보내 주어 매우 미안스러웠다.

14일   맑다. 아침에 부사가 보러 왔다가 돌아가고, 부찰사는 순천 땅 부유로 떠났다. 정사준, 사립, 양정언 등이 와서 나를 모시고 가겠노라고 하였다. 일찍 아침을 먹고 떠나 송치 밑에 이르러 말을 멈추고 쉬게 하였다. 바위 위에 올라가서 혼자서 한참 동안 곤하게 잠을 잤다. 운봉의 박롱이 왔다. 저물 무렵에 찬수강粲水江에 이르렀는데 말에서 내려 걸어서 건넜다. 구례현 손인필의 집에 도착하였더니 현감이 보러 왔다.

15일   비가 오다 개다 하였다. 주인집이 너무 허름하고 형편없어서 파리가 벌 떼같이 들끓어 사람이 밥을 먹을 수가 없었다. 관아의 모정茅亭으로 거처를 옮겼더니 남풍이 바로 불어 들어왔다. 현감과 하루 내내 이야기를 나누다가 거기서 그대로 잤다.

16일   맑다. 현감과 함께 이야기를 나누었다. 저녁에 남원에 보낸 정탐군이 돌아와 전하기를 "체찰사께서 내일 곡성을 거쳐서 이 고을로 들어와서 며칠 묵은 뒤에 진주로 갈 것입니다." 하였다. 현감이 점심을 냈는데 매우 풍성하였다. 대단히 미안스러

우치적?~1628| 임진왜란 때 영등포 만호로서 원균의 부하로 들어가 남해현 앞바다에서 왜적을 막았다. 거창 현감을 거쳐 1596년 순천 부사가 되고 1598년 노량 싸움에 참가하였다.

왔다. 저녁에 정상명이 왔다.

17일 맑다. 현감과 함께 이야기를 나누었다. 저녁에 남원에 보낸 정탐군이 와서, 원수가 운봉 길로 가지 않고, 양 총병을 영접하는 일 때문에 전주로 달려갔다고 전하였다. 나의 행색이 낭패를 봐서 민망스럽다.

18일 맑다. 동풍이 몹시 불었다. 저녁에 김종려金宗麗, 영공令公이 남원에서 바로 보러 왔다. 충청 수영의 서리 이엽李燁이 한산도에서 왔기에 집에 보내는 편지를 부쳤다. 그러나 그가 아침에 술에 취해 날뛰니 매우 밉살스러웠다.

19일 맑다. 체찰사가 구례현으로 들어온다고 하는데 성 안에 머무르고 있기가 미안하여 동문 밖 장세호張世豪의 집으로 거처를 옮겼다. 명협정蓂莢亭에 앉아 있었더니 현감이 보러 왔다. 저녁에 체찰사가 고을로 들어왔다. 오후 4시쯤 소나기가 크게 쏟아지더니 오후 6시쯤 되자 말끔하게 개었다.

20일 맑다. 늦게 첨지 김경로가 보러 와서 무주 장박지리張朴只里의 농토가 아주 좋다고 말하였다. 옥천 사는 권치중權致中은 김 첨지의 서출 처남인데, 장박지리라는 곳이 바로 옥천 양산창*근처에 있다고 했다. 체찰사는 내가 구례에 머무르고 있다는 말을 듣고 먼저 공생貢生*을 보내고 다시 군관 이지각李知覺을 보내더니, 조금 있다가 또 사람을 보내어 "상제가 되었다는 소식을 진작 듣지 못했다가 이제야 비로소 들었습니다. 놀랍고 애도하는 마음에 군관을 보내어 조문합니다." 하였다. 그러고는 저녁에 만나 볼 수 있겠는가를 물었다. 나는 당연히 저녁에 가서 뵙겠다고 하였다. 어둘 무렵에 가서 뵈었더니 체찰사는 흰옷을 입고 기다리고 있었다. 조용히 일을 이야기하는 가운데 체찰사는

양산창梁山倉 충북 영동군 양산면 가곡리.

공생 교생校生이라고도 하며, 조선시대에 향교에 다니던 생도를 일컫는다.

연방 탄식해 마지않았다. 밤이 되도록 이야기를 나누었는데 "일찌기 임금의 분부가 있었는데, 그 속에 거북한 말이 많아서 마음속으로 의심스럽고 그 뜻을 알지 못하였습니다." 하였다. 또 말하되 "음흉한 사람 원균은 무고하는 짓이 매우 많지만 하늘이 살피지 못하니 나랏일을 어찌하겠습니까?" 하는 것이었다. 떠나올 때에 남 종사從事* 가 사람을 보내어 안부를 물었으나 나는 밤이 깊어서 나가 인사하지 못하겠다고 말을 전하였다.

21일 맑다. 전 박천 군수 유해柳海가 서울서 내려와서 한산도로 가서 공을 세우겠다고 하였다. 또 말하기를 은진현에 이르니 은진 현감이 뱃길로 가라고 권했다고 하였다. 유해가 또 말하기를 중한 죄수 이덕룡李德龍이란 자를 고소한 사람이 갇혀서 세 차례 형장刑杖을 맞고 다 죽어 간다고 하니 놀라지 않을 수 없었다. 또 과천 좌수座首* 안홍제安弘濟 등이 이 상공尙公에게 말과 스무 살 먹은 계집종을 바치고 풀려나 돌아갔다고 하였다. 본시 안홍제는 죽을죄를 저지른 것도 아닌데, 여러 번 맞아 거의 죽게 되었다가 뇌물을 바친 다음에야 석방되었다는 것이다. 나라 안팎이 모두 바치는 물건의 많고 적음으로서 죄의 무겁고 가벼움을 결정하니, 이러다가는 끝이 어떻게 될지 모르겠다. 이것이 이른바 '돈만 있으면 죽은 사람의 넋도 찾아온다.' 는 것이리라.

22일 맑다. 남풍이 크게 불었다. 아침에 손인필 부자가 보러 왔다. 유해가 순천으로 갔다가 그 길로 한산도로 간다고 하기에 전라, 경상 두 수사와 가리포 첨사 등에게 문안 편지를 써 보냈다. 늦게 체찰사의 종사관 김광엽金光曄이 진주에서 이 고을로 들어오고, 배백기裵伯起* 영공[영감]도 온다는 편지가 왔다. 그간 쌓인 정회를 펼 수 있을 터이니 매우 다행스러웠다. 혼자 앉아 있

종사 무반 잡직 종8품 벼슬.

좌수 조선시대에 지방 자치 기구인 향청의 우두머리.

*백기伯起는 배홍립의 자字이다.

348

자 어머님 생각에 슬프고 비통하여 견디기 어려웠다. 어둘 무렵에 배흥립과 수령이 보러 왔다.

23일　아침에 정사룡鄭思龍, 이사순李士順이 보러 와서는, 원균의 일에 대하여 많은 것을 전하였다. 늦게 배흥립은 한산도로 돌아갔다. 체찰사가 사람을 보내어 부르기에 가서 뵙고 조용히 의논하였다. 시국이 이미 그릇된 것을 무척 분하게 여기며 다만 죽을 날만을 기다린다고 하였다. 내일 초계˚로 가겠다고 하였더니, 체찰사는 이대백李大伯이 모은 쌀 두 섬을 지급해 주었다. 그러고는 성 밖에 있는 장세휘張世輝의 집으로 보내 주었다.

24일　맑다. 하루 내내 동풍이 세게 불었다. 아침에 광양 고응명高應明의 아들 언선彦善이 보러 왔다가 한산도 사정을 많이 전하였다. 체찰사가 군관 이지각을 보내어 안부를 묻고, 경상 우도 연해안의 지도를 그리고 싶으나 그릴 수가 없으니 내가 본대로 그려 보내 주면 다행이겠다 하였다. 거절할 수 없어서 대강 그려 보냈다. 저녁에 비가 굉장히 쏟아졌다.

25일　비가 쏟아졌다. 아침에 떠나려고 하다가 비 때문에 그만두었다. 혼자 쓸쓸히 시골집에 기대어 앉아 있으니 만 가지 생각이 떠올랐다. 어머니에 대한 슬프고 그리운 정을 어찌할 것인가.

26일　하루 내내 큰 비가 내렸다. 비를 맞으면서 길을 떠났다. 막 떠나려고 하는데 이종호가 사량 만호 변익성을 문초하려고 체찰사에게로 잡아 왔다. 잠깐 서로 만나 보았다. 그 길로 석주관˚의 문에 이르니 비가 퍼붓듯 왔다. 말이 길을 가기 어려워 엎어지며 자빠지며 간신히 악양˚ 이정란李定鸞의 집에 이르렀는데, 이 집은 문을 닫고 나를 받아들이지 않았다. 그 집 뒤에도 기와집이 있어서 종들이 사방으로 흩어져 집을 물색하였으나 마땅

초계草溪　권율이 진을 친 곳.

석주관石柱關　구례현: 전남 구례군 토지면 송정리.

악양岳陽　하동군: 경남 하동군 악양면 평사리.

한 곳이 없어서 조금 뒤에 돌아왔다. 이정란의 집은 김덕령의 아우 덕린이 빌어 사는 집이었다. 나는 아들 열을 시켜 간청하여 겨우 들어가서 잤다. 짐이 모두 젖었다.

27일 흐렸다 갰다 하였다. 아침에 젖은 옷을 널어서 바람에 말렸다. 늦게 출발하여 두치 최춘룡崔春龍의 집에 이르자, 사량 만호 이종호가 와 있었다. 변익성은 곤장 20대를 맞고 꼼짝도 못한다고 하였다. 유기룡이 보러 왔다.

28일 흐렸으나 비가 오지 않았다. 늦게 출발하여 하동현에 이르니 그 고을의 수령이 서로 만나 보게 된 것을 반갑게 여기며, 성 안 별채로 맞아들여 따뜻하게 맞아 주었다. 그도 원균이 하는 짓 가운데 미친 짓이 많다고 하였다. 날이 저물도록 이야기를 나누었다. 변익성도 왔다.

29일 흐리다. 몸이 몹시 불편하였다. 그래서 떠나지 못하고 머무르며 조리하였다. 현감은 정이 어린 말을 많이 하였다. 황생원이라고 하는 일흔 살이나 되는 노인이 하동에 왔는데 원래는 서울 사람이지만 지금은 떠돌아 다닌다고 하였다. 나는 만나지 않았다.

6월, 다시 초계로 옮겨 종군하다

초1일 비가 계속 내렸다. 일찍 출발하여 하동 땅 청수역* 시냇가 정자에 이르러 말을 쉬게 하였다. 저물녘에 단성 땅과 진주 땅의 경계에 이르렀는데, 이곳에서 농사 짓는 박호원朴好元의 종 집에 묵었다. 주인이 반가이 접대하기는 하였으나 잠자는 방이 좋지 못하여 간신히 밤을 보냈다. 밤새도록 비가 내렸다. 기

청수역淸水驛 하동현; 경남 하동군 옥종면 정수리.

름종이 하나, 장지 두 축, 백미 두 가마, 참깨 다섯 말, 들깨 세 말, 꿀 다섯 통, 소금 다섯 가마, 미지末持* 다섯 장 등을 하동 현감이 보내 주었다.

초2일 비가 오다 개다 하였다. 일찍 출발하여 단계 시냇가에서 아침을 먹고 늦게 삼가현에 이르렀다. 이곳 현감은 이미 산성으로 가고 없어 주인 없는 공관에서 잤다. 고을 사람들이 밥을 지어 주었으나 나는 종들에게 먹지 말라고 타일렀다. 삼가현 5리 밖 홰나무 정자 아래 앉았더니, 근처에 사는 노순일盧淳鎰 형제가 보러 왔다.

초3일 비가 계속 내렸다. 아침에 출발하려고 하다가 비가 계속 내리기에 쭈그리고 앉아 걱정만 하고 있는데 도원수의 군관 유홍이 흥양으로부터 왔다. 그에게 물어보니 길을 다닐 수 없는 정도라고 하기에 그대로 묵었다. 아침에 종들이 고을 사람들의 밥을 얻어 먹었다고 하여 이들을 매질하고 밥쌀을 도로 갚아 주었다.

초4일 흐리다가 맑았다. 일찍 떠나려는데 현감이 문안 편지와 함께 여비까지 보내왔다. 낮에 합천 땅에 이르러, 군에서 10리쯤 떨어진 괴목정槐木亭이 있는 곳에서 아침을 먹고 너무 더워서 잠시 말을 쉬게 하였다. 군에서 5리쯤 되는 곳에 이르니 갈림길이 있었다. 하나는 바로 군으로 들어가는 길이요, 다른 하나는 초계로 가는 길이다. 강을 건너지 않고 갔다. 10리 남짓 가니 원수의 진이 보였다. 문보文珤가 살고 있는 집에 들어가 잤다. 개연介硯속칭 개벼루*으로 오는데, 기괴한 바위가 천 길이나 되고 굽이도는 강물이 깊기도 하며, 길은 험하고 위태로웠다. 만일 이 험한 곳을 지킨다면 만 명이라도 지나가기 어려울 것이다.

미지 밀蜜|밀랍| 먹인 종이. 배 구멍을 때워 막는 데 쓴다.

개연 속칭 개벼루라고도 하며 경남 합천군 율곡면 영전리와 문림리 사이에 위치하는 영전교 부근의 기암절벽을 이루는 산으로 추정된다.

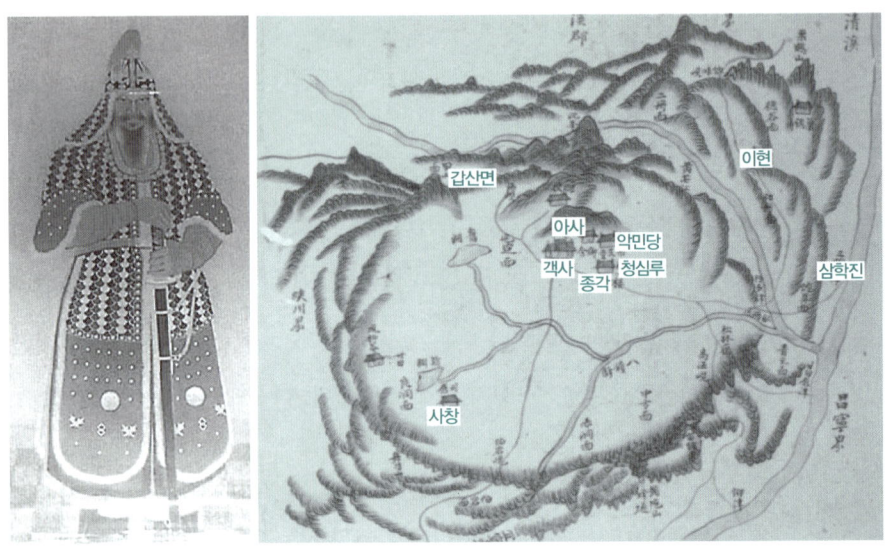

권율과 초계 지도 모여곡은 조선조 당시 갑산면에 있었다. 정유재란 당시 이곳에 권율이 진을 쳤다. 〈해동지도〉. ⓒ 규장각.

여기가 초계 땅 모여곡*이다.

초5일　맑다. 서풍이 크게 불었다. 아침에 초계 현감이 달려왔기에 불러들여 이야기를 나누었다. 밥을 먹은 뒤 중군中軍 이덕필李德泌도 달려와서 함께 지난 이야기를 하였다. 조금 있다가 심준沈俊도 보러 와서 함께 점심을 먹었다. 거처할 방을 도배하였다. 저녁에 이승서李承緒가 보러 와서 병졸과 복병들이 도망하였다고 말하였다. 구례 사람과 하동 현감이 보내 준 종과 말들도 아침에 모두 돌려보냈다.

초6일　맑다. 거처할 방을 새로 도배하고 군관들이 쉴 곳도 두 간 만들었다. 늦게 모여곡 주인집의 이웃에 사는 윤감尹鑑, 문익신文益新이 보러 왔다. 종 경을 이대백에게 보냈더니 나를 보러 온다고 했다. 어두워서 집에 들어갔는데, 그 집 과부는 다른 집으로 옮겨 갔다.

모여곡毛汝谷　초계군: 경남 합천군 율곡면 낙민리 골짜기로 추정된다. 매화봉 산록이 서쪽으로 뻗어내려 매화가 많아서 매실 또는 매야곡이라 했는데 조선 선조 대에는 모야곡이라 불렀다 한다.

352

초7일 맑고 더웠다. 원수의 군관 박응사朴應泗와 유홍柳洪° 등이 보러 왔다. 원수의 종사관 황여일黃汝一°도 사람을 보내어 문안하기에 곧 답례를 하여 보냈다. 안방에 들어가 잤다.

초8일 맑다. 아침에 정상명을 보내어 황 종사관에게 안부를 물었다. 늦게 이덕필과 심준이 보러 왔고, 현감이 그 아우와 함께 보러 왔다. 원수를 마중 가는 사람들도 10여 명이나 보러 왔다. 점심을 먹은 뒤 원수가 진에 이르러서 나도 가 보았다. 종사관이 원수 앞에 있었고, 나는 원수와 함께 이야기를 나누었다. 조금 있다가 원수가 박성朴惺이 사직한다고 올린 글의 초본을 보여 주었는데, 박성은 원수의 처사가 소홀하다는 언급을 많이 하였다. 원수는 못마땅하지만 어쩔 수 없이 체찰사에게 글을 올렸다고 한다. 또 복병에 관한 사항 등의 서류를 보고 날이 저물어 돌아왔다. 몸이 불편하여 저녁을 먹지 않았다.

초9일 흐리며 개지 않았다. 늦게 정상명을 원수에게로 보내어 문안하였다. 다음으로 종사관 황여일에게도 문안하였다. 처음으로 노마료奴馬料°를 받았다. 숫돌을 캐 왔는데 품질이 연일석延日石°보다 낫다고 한다. 윤감, 문익신, 문보 등이 보러 왔다. 오늘은 우신의 생일인데 혼자 변방에 앉아 있으니 마음이 어떠하겠는가.

초10일 맑다. 아침에 가라말°, 워라말°, 간자말°, 유마° 등의 편자가 떨어져서 갈아 박았다. 원수의 종사관이 삼척 사람 홍연해洪漣海를 보내서 문안하고, 늦게 보러 오겠다고 전하였다. 홍연해는 홍견의 조카다. 어려서 죽마를 타고 나하고 같이 놀던 서철徐徹이 합천 땅 동면 율진에 사는데, 내가 왔다는 말을 듣고 보러 왔다. 서철의 아이 때 이름은 서갈박지徐乫朴只였다. 음식을

유홍 유홍柳泓과 같은 인물이다.

황여일1556~? 임란 때 도원수 권율의 종사관으로 공을 세우고 1594년 형조정랑을 지냈다.

노마료 복무의 댓가로 송과 말을 먹일 비용을 받는 것.

연일석 경상도 연일현에서 나는 숫돌. 연일은 숫돌로 유명한 곳이다.

가라말 털빛이 검은 말.

워라말 털빛이 얼룩얼룩한 말.

간자말 이마와 뺨이 흰 말.

유마 갈기는 검고 배가 흰 말.

대접해서 보냈다. 저녁 때 원수 종사관 황여일이 보러 왔기에 조용히 이야기를 나누었다. 임진년에 왜적을 무찌른 일을 이야기하자 감탄해 마지않았다. 또 그는 산성에 험준한 요새를 쌓지 않았다고 한탄하며, 당장 토벌과 방비의 대책이 허술한 데 대해서 말하면서 밤이 깊은 줄을 깨닫지 못하였다. 그는 돌아갈 것도 잊고 이야기를 하였다. 황여일은 내일 원수가 산성을 살펴보러 간다는 말도 하였다.

11일 맑다. 중복이어서 날씨가 쇠라도 녹일 것 같고, 땅은 찌는 듯하였다. 늦게 명나라 차관差官 경략經略의 군문에 있는 이문경李文卿이 보러 왔으므로 부채를 선물로 주어 보냈다. 어제 저녁 종사관과 이야기할 때 변흥백卞興伯의 종 춘이가 집의 편지를 가지고 와서 어머니 영연靈筵|영위|이 평안하신 줄은 알았다. 그러나 쓰라린 마음이야 어찌 다 말로 할 수 있을 것인가. 다만 변흥백이 나를 만나러 여기까지 왔다가 그냥 청도*로 돌아갔다고 하니 아쉬웠다. 아침에 편지를 써서 흥백에게 보냈다. 아들 열이 곽란을 앓아 간밤에 내내 신음하여 걱정으로 속이 다 탔으나 어쩔 수가 없었다. 열이는 닭이 울어서야 차도가 조금 있어 잠이 들었다. 또한 아침에 한산도 여러 곳에 가는 편지 14장을 썼다. 경庚의 어미가 편지를 보냈는데, 지내기가 매우 어렵다고 하며 도둑이 또 일어났다고 하였다. 작은 워라말이 먹지를 않으니 이는 더위를 먹은 탓이다.

12일 맑다. 아침 일찍 종 경과 종 인을 한산도 통제영으로 보냈다. 전라 우수사, 충청 수사, 경상 수사, 가리포 첨사, 녹도 만호, 여도 권관, 사도 첨사, 동지 배흥립, 조방장 김완, 거제 현령, 영등 만호, 남해 현령, 하동 군수, 순천 부사 등에게 편지를 썼

청도淸道 경북 청도군 청도읍.

다. 늦게 승장 처영이 보러 왔다. 부채와 짚신을 바치기에 나도 다른 물건으로써 갚아 보냈다. 그는 적의 정세도 이야기하고 원균의 일도 이야기하였다. 오후에 들으니 중군장이덕필이 군사를 거느리고 적에게로 갔다고 한다. 무슨 일인지 모르겠다. 내가 원수에게 가 보았더니, 우병사김응서가 급히 보고하기를 "부산의 왜적은 창원 등지로 떠나려 하고, 서생포의 왜적은 경주로 진을 옮겨 가고 있습니다." 하였다. 그래서 복병군을 보내서 길을 막고 우리 군대의 위세를 올리겠다고 하였다. 병사의 우후 김자헌金自獻이 일이 있어서 원수를 뵈러 왔다. 나 또한 그를 만나 보고는 달빛을 받으며 돌아왔다.

13일 맑더니 늦게 부슬비가 뿌리다가 그쳤다. 늦게 병사의 우후 김자헌이 보러 왔기에 한참 동안 이야기를 나누다가 점심을 대접해 보냈다. 낮에 왕골을 쪄서 말렸다. 해가 질 무렵 청주 이

서생포 왜성 임진왜란 때 가등청정이 돌로 쌓은 왜성이다. 기장 죽도성과 부산진성, 울산 왜성과 봉화로 서로 연락하였다 하여
일명 '봉화성' 이라고도 부른다. 경남 울산 울주군 서생면 서생리.

희남의 종이 들어와서 "주인이 우병사 진에 들어갔기 때문에 지
금 제가 원수의 진 근처에까지 왔는데, 날이 저물었기에 여기서
묵고 있습니다." 하였다.

14일 흐렸으나 비는 오지 않았다. 아침 일찍 이희남이 들어와
서 자기 누이의 편지를 전해 주는데 아산의 어머니 영위와 위아
래 사람 모두 별일이 없다고 하였다. 그러나 아픈 마음을 어찌
말로 다 할 것인가? 아침을 먹은 뒤 이희남이 편지를 가지고 우
병사 김응서한테 갔다.

15일 맑고 흐리기가 반반이었다. 오늘이 보름인데도 군중에
몸담고 있는 탓에 위패位牌*를 모시고 곡할 수가 없으니 그리운
마음이 어떠하랴. 초계 현감이 떡을 마련하여 보냈다. 원수의
종사관인 황여일이 군관을 보내어 전하기를, 원수가 오늘 산성
으로 가려 한다고 하였다. 나도 뒤따라 큰 냇가에 이르렀으나,

위패 죽은 사람의 이름
과 죽은 날짜를 적은 나
무 패. 죽은 사람의 혼
을 대신하는 것으로 여
겨 모신다.

356

혹시 다른 뜻이 있을까 염려되어 냇가에 머물면서 정상명을 보내어 병이라 아뢰도록 하고 그대로 돌아왔다.

16일 맑다. 하루 내내 혼자 앉아 있었으나 아무도 들여다보는 사람이 없었다. 아들 열과 이원룡을 불러들여 책을 매어서 변씨 1외개 족보를 쓰게 하였다. 저녁에 이희남이 우리말로 편지를 써서 보냈는데, 병사가 그를 보내 주지 않는다고 하였다. 변광조卞光祖가 보러 왔다. 열과 정상명이 큰 냇가에 가서 말을 씻겨 가지고 왔다.

17일 흐렸지만 비는 오지 않았다. 서늘한 기운이 들어와서 밤에는 더욱 쓸쓸하였다. 새벽에 일어나 앉아 있노라니 솟아나는 아픔과 그리움을 어찌 다 말로 할 수 있을 것인가? 아침을 먹은 뒤 원수에게 갔더니, 원균의 정직하지 못한 점을 여러 번 이야기하였다. 또 비변사에서 내려온 공문을 보여 주는데, 원균의 장계에는 "수군과 육군이 함께 나가서 안골포의 적을 무찌른 다음에 수군이 부산 등지로 진군하겠으니 안골포의 적을 먼저 칠수 없겠습니까?" 하였고, 원수의 장계에는 "통제사 원균이 앞으로 나가지 않고 오직 안골포의 적을 먼저 쳐야 한다고 합니다. 수군 여러 장수들은 이와는 다른 생각을 갖고 있을 뿐 아니라, 원균은 안으로 들어가 나오지 않으므로 절대로 여러 장수들과 합의하지 못할 것이므로 일을 그르칠 것이 뻔합니다."라고 하였다. 원수에게 아뢰어 공문으로 독촉해서 이희남과 변존서, 윤선각尹先覺 등에게 모두 오도록 하라고 하였다.

돌아오는 길에 종사관 황여일이 묵고 있는 곳에 들러 한참 동안 이야기를 나누었다. 숙소로 돌아와서 곧바로 이희남의 종을 의령 산성*으로 보냈다. 청도 군수가 파발로 관문을 보내어 초계

*의령에는 현재 벽화산성이 남아 있고 기록으로는 정진산성, 지남산성 등이 존재했었다고 한다.

현감에게 보여 주었으니, 정말 양심이라고는 없는 사람이다.

18일　흐렸으나 비는 오지 않았다. 아침에 황 종사관이 종을 보내어 문안하였다. 늦게 윤감尹鑑이 떡을 해 가지고 왔다. 명나라 사람 섭위葉威가 초계에서 와서 이야기를 나누었다. 그는 "명나라 사람 주언룡朱彦龍이 일찍기 왜국에 사로잡혀 갔다가 이번에 처음으로 나왔는데, 그가 '적병 10만 명이 벌써 사자마沙自麻나 대마도에 왔을 것이요. 소서행장은 의령을 거쳐 곧장 전라도를 칠 것이요, 또 가등청정은 경주, 대구 등지로 진을 옮기고 그대로 안동으로 갈 것이오.' 라고 하였습니다." 하고 말하였다. 저물 무렵에 원수가 사천에 간다고 통지해 왔기에 곧 정 사복鄭司僕 |정상명|을 보내어 물었더니, 원수가 수군 일 때문에 사천으로 간다고 하였다.

19일　새벽에 닭이 세 번 울 때 문을 나섰다. 원수 진중에 다다를 무렵 날이 훤히 밝았다. 진에 이르니 원수와 황 종사관이 함께 나와 앉았다. 내가 들어가 뵈니, 원수가 원균에 대하여 "통제사의 일은 도저히 말로 할 수가 없소. 조정에 청하여 안골, 가덕을 모조리 무찌른 뒤에 수군이 나가 토벌해야 한다고 하니, 이것이 정말 어떤 마음이겠소? 그럴싸하게 기대어서 싸우지 않으려는 뜻에 지나지 않소. 그래서 나는 사천으로 가서 세 수사를 독촉하여 진격하도록 할 예정이오. 통제사는 내가 지휘하지 않을 것이오."라고 말하였다.

또 위에서 내려온 분부를 보니 "안골의 적은 경솔하게 들어가서 공격할 것이 못 된다." 하였다. 원수가 나간 뒤, 황 종사관과 함께 이야기를 나누었다. 조금 있다가 초계 현감이 왔다. 작별하고 나오려 할 때 황 종사관이 초계 현감에게 진찬순陳贊順에게 심부름을 시키지 말라고 당부하니 원수부의 병방 군관과 현감이 모두 그렇게 하겠다고 대답하였다. 내가 돌아올 때 왜적에게 사로잡혔다가 도망해 온 사람이 나를 따라왔다. 땅이 찌는 듯 더웠다. 저녁에 작은 위라말에게 풀을 조금 먹였다. 낮에 변덕기卜德基, 변덕장卜德章, 변덕완卜德琬, 변경남卜敬男 등이 보러 왔다. 진사 이일장李日章˙도 보러 왔다. 밤에 소나기가 크게 퍼부어 처마에서 떨어지는 물이 마치 쏟아지는 듯 요란하였다.

20일 하루 내내 비가 내리더니 밤에는 큰 비가 왔다. 늦은 아침에 서철이 보러 왔다. 윤감, 문익신, 문보 등이 보러 왔고, 변유卜瑜도 왔다. 오후에 종과 말을 먹일 비용을 받아왔다. 병든 말이 차차 나아갔다.

21일 비가 오다 개다 하였다. 새벽 꿈에 덕德, 율온栗溫, 대臺 등이 보였다. 모두 인사하며 기뻐하는 기색이었다. 아침에 영덕 현령 권진경權晉慶이 원수를 뵈러 왔다가 원수가 사천으로 가고 없는 까닭에 나를 보러 와서 좌도의 사정을 많이 전하였다. 좌병사의 군관이 편지를 가지고 왔기에 곧 답장을 써 주었다. 황종사관이 사람을 보내어 문안하였고 저녁에 변 주부卜主簿|변존세, 윤선각이 와서 이야기를 나누었다.

22일 비가 오다 개다 하였다. 아침에 초계 현감이 연포軟泡˙를 끓여 가지고 와서 권하였는데 오만한 빛이 역력했다. 그의 처사가 예를 잃었음을 어떻게 말할 것인가? 늦게 이희남이 들어와서 우병사의 편지를 전하였다. 낮에 정순신鄭舜信, 정사겸, 윤감, 문익신, 문보 등이 보러 오고, 이선손李先孫도 보러 왔다.

23일 비가 오다 개다 하였다. 아침에 큰 화살을 다시 다듬었다. 늦게 우병사가 편지를 보내고, 아울러 크고 작은 환도를 보

이일장[1572~1623] 좌승지로 증직된 이신길의 아들로 이순신에게 왕래하며 군량 모으는 일을 맡았다.

연포 무, 두부, 다시마, 고기 등을 맑은 장국에 끓인 것.

냈다. 그런데 가지고 오는 사람이 물에 떨어뜨려 칼집과 장식은 망가졌다. 아까웠다. 아침에 나깅의 아들 재흥再興이 자기 아버지의 편지를 가지고 보러 왔다. 또 군색한 여비까지 대어서 매우 미안하였다. 오후에 이방李芳이 보러 왔는데, 그는 아산 이몽서의 둘째 아들이다.

24일　오늘은 입추立秋*다. 새벽 안개가 사방으로 자욱하여 골짜기 안에 어디가 어딘지 분간하기 어려웠다. 아침에 수사 권언경의 종 세공世功과 감손甘孫이 와서 무 밭의 상태에 대하여 아뢰었다. 또 생원 안극가安克可가 보러 와서 세상사에 대한 이야기를 나누었다. 이원룡, 이희남, 정상명, 문임수文林守 등을 무 밭을 갈고 심는 일을 맡아 보는 감관으로 정해 보냈다. 오후에 합천 군수가 조언형曹彦亨을 보내 안부를 물었다. 찌는 듯이 더웠다.

25일　맑다. 다시 무씨를 뿌리도록 하였다. 아침을 먹기 전에 황 종사관이 보러 와서 수전水戰에 대하여 여러 차례 이야기를 하였다. 또 원수가 오늘내일쯤 진중으로 돌아올 것이라고 하였다. 함께 군사 문제를 토론하다가 늦어서야 돌아갔다. 저녁에 종 경이 한산도에서 돌아왔는데, 보성 군수 안홍국이 탄환에 맞아 죽었다는 소식을 전해 주었다. 놀랍고도 슬프기 짝이 없다. 적은 한 놈도 잡지 못하고 벌써 두 장수를 잃어버렸으니 가슴 아파서 무슨 말을 더 할 것인가. 거제 현감이 사람을 시켜 미역을 실어 보냈다.

26일　맑다. 새벽에 순천의 종 윤복允福이 나타났기에 곧 곤장 50대를 때렸다. 거제에서 온 사람이 돌아갔다. 늦게 중군장 이덕필과 변홍달, 심준 등이 보러 왔다. 황 종사관이 개벼루 강가의 정자에 나왔다가 돌아갔다. 어응린魚應燐, 박몽삼朴夢參 등이

입추 24절기의 13번째. 여름이 지나고 가을에 접어들었다는 뜻이며 음력 7월, 양력 8월 8일 경이다.

360

보러 왔다. 아산에 있는 종 평세平世가 들어와서 어머님 영위가 평안하시고 여러 집 위아래가 모두 무사하다고 하였다. 다만 석 달이나 가물어 농사는 끝장나서 더 이상 가망이 없다고 한다. 장삿날은 7월 27일로 했다가 다시 8월 초4일로 잡았다고 한다. 어머니가 그리워서 가슴 아픈 것을 어찌 다 말로 할 수 있을 것인가. 저녁에 우병사가 체찰사에게 "아산 이방과 청주 이희남이 복병하기가 싫어서 원수의 진 옆에 피해 있습니다."라고 보고하여 체찰사가 원수에게 공문을 보냈다. 원수는 크게 화를 내어 또 공문을 만들어 보냈는데, 병사 김응서의 속뜻은 알 수가 없다. 작은 워라말이 죽어서 내다 버렸다.

27일 맑다. 아침에 어응린, 박몽삼 등이 돌아갔다. 이희남과 이방 등이 체찰사의 행차가 당도한 곳으로 갔다. 늦게 황여일이 보러 와서 한참 동안 같이 이야기를 나누었다. 오후 3시쯤 소나기가 크게 쏟아져서 잠깐 사이에 물이 불었다고 한다.

28일 맑다. 늦게 황해도 배천[白川]에 사는 별장 조신옥趙信玉, 홍대방洪大邦 등이 보러 왔다. 또 초계 색리가 보낸 고목告目에는 원수가 내일 남원으로 간다고 했다. 새벽에 꿈자리가 매우 어지러웠다. 종 경이 물건을 사러 갔다가 돌아오지 않았다.

29일 맑다. 주부 변존서가 마흘방으로 갔다. 종 경이 돌아오고 이희남, 이방 등도 돌아왔다. 이 중군과 심준이 와서 전하는 말이, 심 유격이 체포되었는데, 양 총병이 삼가에 당도하여 그를 꽁꽁 묶어서 보냈다고 한다. 문임수가 의령에서 와서, 체찰사가 벌써 초계역에 도착하였다고 전하였다. 새로 과거에 급제한 양간梁諫이 황천상의 편지를 가지고 왔다. 변 주부가 마흘방에서 돌아왔다.

30일 맑다. 새벽에 정상명을 시켜서 체찰사께 문안드리게 하였다. 날씨가 몹시 더워서 땅덩어리가 찌는 듯하였다. 저녁 때 흥양의 신여량申汝樑, 신제운申霽雲이 들어와서 연해 지역에는 비가 알맞게 왔다고 전하였다.

7월, 우리 수군이 칠천량에서 대패하다니

초1일 새벽에 비가 오고 늦게는 개었다. 명나라 사람 세 명이 왔는데, 부산 가는 길이라고 하였다. 송대립宋大立이 송득운과 함께 왔다. 안각安표도 보러 왔다. 저녁에 서철, 방덕수方德壽와 그의 아들이 와서 잤다. 오늘밤에는 가을 기운이 몹시 서늘하여 어머니에 대한 슬프고 그리운 정을 가눌 길이 없었다. 송득운이 원수의 진을 왕래하다 보니 종사관 황여일이 큰 냇가에서 피리를 불고 있더라는 것이었다. 놀라운 일이다. 오늘은 인종의 제삿날이다.

초2일 맑다. 아침에 변덕수가 돌아왔다. 늦게 신제운과 평해 사는 정인서鄭仁恕가 종사관의 심부름으로 문안하러 왔다. 오늘은 돌아가신 아버님의 생신인데, 이렇게 멀리 천리 밖에 와서 군복을 입고 있으니 이 일을 어떻게 할 것인가.

초3일 맑다. 새벽에 앉아 있으니 싸늘한 기운이 뼛속까지 스며든다. 비통한 마음이 갈수록 더하였다. 제사에 쓸 유과와 찹쌀가루를 장만하였다. 늦게 정읍 군사 이량李良, 최언환崔彦還, 건손巾孫 등 세 명을 심부름꾼으로 쓰라고 보내왔다. 늦게 장준완蔣俊琬이 남해에서 보러 왔는데 남해 현감의 병이 심하다고 전하였다. 몹시 근심스러웠다. 이윽고 합천 군수 오운吳漢*이 보러 와

오윤1540~1617기 임진왜란이 일어나자 의령에서 의병을 일으켜 곽재우의 휘하에서 소모관으로 활약하였다. 특히 의령 부근의 전투와 현풍 전투에서 군공이 뛰어났다. 1593년 상주 목사가 되고, 이듬해 합천 군수를 지냈다. 1597년 정유재란 때 다시 합천 부근의 왜적을 쳐서 도원수 권율의 추천으로 통정대부에 오르고, 명장 진린의 집반사로 활약하였다.

서 산성에 관하여 많이 이야기하였다. 점심을 먹은 뒤 원수 진영에 가서 황 종사관과 이야기를 나누었다. 종사관은 전적典籍* 박안의朴安義와 활쏘기를 하였다. 이때 좌병사가 그 군관을 시켜 항복한 왜인 두 명을 묶어 보냈는데, 가등청정의 부하라고 하였다. 저물녘에 돌아왔는데 고령 현감이 성주에 갇혔다는 소식을 들었다.

초4일　맑다. 아침에 황 종사관이 정인서를 보내어 문안하였다. 늦게 이방과 유황이 오고, 스스로 모여 군에 들어온 병력[自募軍]인 흥양의 양점梁霑, 찬續, 기紀 등이 수방守防하러 왔다. 변여량卜汝良, 변회보卜懷寶, 황언기黃彦己 등이 모두 출신出身*이 되고서 인사하러 왔다. 변사증卜師曾과 변대성卜大成 등도 보러 왔다. 점심을 먹은 뒤 비가 뿌렸다. 아침밥을 먹을 때는 안극가가 보러 왔다. 어두워질 때에 큰 비가 오기 시작하여 밤새 그치지 않았다.

초5일　비 오다. 아침 일찍 초계 현감이 체찰사 종사관 남이공이 초계 경내를 지나간다고 하면서 산성으로부터 문 앞을 지나 갔다. 늦게 변덕수가 왔다. 변존서는 마흘방으로 갔다.

초6일　맑다. 꿈에 윤삼빙尹三聘을 만났는데 나주로 귀양 간다고 하였다. 늦게 이방이 보러 왔다. 빈방에 혼자 앉아 있자니 어머니에 대한 그리운 생각과 슬픈 마음을 어찌 말로 다 할 것인가. 저녁에 바깥채에 나가 앉았다가 변존서가 마흘방에서 돌아왔기에 안으로 들어갔다. 안각安珏 형제도 변흥백을 따라왔다. 제사에 쓸 중배끼中朴桂* 다섯 말을 꿀에다 재어서 봉해다가 시령 위에 얹었다.

초7일　맑다. 오늘은 칠석날이다. 슬프고 그리운 마음을 어찌 그칠 수 있을 것인가. 꿈에 원균과 한자리에서 있는데 내가 원

전적　성균관의 정6품 벼슬.

＊문과, 무과, 잡과 등의 시험에 합격한 사람을 일컫는 말. 여기서는 무과 출신을 뜻한다.

중배끼　밀가루 반죽을 넓게 밀어서 네모꼴로 베어 기름에 지진 유밀과. 중계中桂라고도 하며 주로 제사용으로 쓴다.

균 위에 앉아서 음식상을 받을 때 원균이 즐거운 기색을 보이는 것 같았다. 무슨 징조인지 알 수 없다. 박영남이 한산도에서 와서 "주장主將의 잘못으로 대신 죄를 받으려고 원수에게 붙들려 왔습니다." 하였다. 초계 현감이 제때에 난 물건들을 갖추어 보내왔다. 아침에 안각 형제가 보러 왔고 저물 무렵에는 흥양 박응사朴應泗가 보러 오고 심준 등도 보러 왔다. 의령 현감 김전金銓이 고령으로부터 와서 병사가 한 일이 거꾸로 된 것이 많다고 이야기하였다.

초8일 맑다. 아침에 이방이 보러 왔기에 밥을 먹여서 보냈다. 그에게서 원수가 구례에서부터 이미 곤양에 이르렀다고 들었다. 늦게 집주인 이어해李漁海와 최태보崔台輔가 보러 오고 변덕수 또한 왔다. 저녁에 송대립, 유홍, 박영남이 왔는데 송대립과 유홍 두 사람은 밤에 돌아갔다.

초9일 맑다. 내일 열을 아산으로 보내려고 제사에 쓸 과일을 챙겨서 봉하였다. 늦게 윤감, 문보 등이 술을 가지고 와서 열과 주부 변존서에게 이별주를 권하고 돌아갔다. 밤에는 달빛이 대낮같이 밝아서 어머니를 그리는 슬픔으로 울다가 밤이 깊도록 잠들지 못하였다.

초10일 맑다. 새벽에 열과 변존서를 보낼 일 때문에 앉아서 날이 새기를 기다렸다. 일찍 아침을 먹은 다음 솟구치는 정을 스스로 억누르지 못하고 통곡하며 떠나보냈다. 내가 무슨 죄를 지었기에 이 지경에까지 이르렀는가. 구례에서 온 말을 타고 갔다. 염려스럽다. 열 등이 떠나자 곧 황 종사관이 와서 한참 동안 이야기를 나누었다. 늦게 서철이 보러 왔다. 정상명이 종이를 가지고 말혁馬革* 만들기를 마쳤다. 저녁에 혼자 빈방에 앉아 있

말혁 안장 양쪽에 장식으로 늘어뜨리는 고삐.

었더니 어머니에 대한 그리움이 더욱 심하여 밤이 깊도록 잠을 이루지 못하고 밤새 뒤척거렸다.

11일 맑다. 열이 길을 가는데 어떻게 견디었을까 염려되었다. 더위가 너무 심하여 걱정이 끊이지 않았다. 늦게 변홍달, 신제운, 임중형林仲亨 등이 보러 왔다. 혼자 빈방에 앉아 있으니 어머님에 대한 그리운 마음을 어찌할 바 모르겠다. 슬프고도 슬프다. 종 태문太文이 종 종이終伊와 함께 순천으로 갔다.

12일 맑다. 아침에 합천 군수가 햅쌀과 수박을 보내왔다. 점심을 지을 무렵에, 방응원, 현응진玄應辰, 홍우공洪禹功, 임영립林英立* 등이 박명현朴名賢*이 있는 곳으로부터 와서 함께 밥을 먹었다. 종 평세가 열을 따라갔다가 돌아와서 열이 잘 갔다는 소식을 전했다. 다행스러웠다. 그러나 슬프고 한탄스러운 일이야 어찌 말로 할 수 있으랴! 이희남이 사철쑥* 1백 묶음을 베어 왔다.

13일 맑다. 아침에 남해 현감이 편지와 함께 음식을 많이 보내왔다. 그리고 전마戰馬를 끌어가겠다고 하기에 답장을 썼다. 늦게 이태수, 조신옥, 홍대방이 보러 왔다가 적을 토벌할 일에 대하여 이야기하였다. 송대립, 장득홍張得洪도 왔다. 장득홍은 자기 비용으로 복무한다고 하여 양식 두 말을 내주었다. 칡을 캐어 왔다. 이방이 또한 보러 왔다. 남해 아전이 심부름꾼 두 명을 데리고 왔다.

14일 맑다. 아침 일찍 정상명에게 종 평세, 종 귀인과 짐말 두 필을 주어 남해로 보냈다. 정상명은 싸움에 쓸 말을 끌고 오도록 보낸 것이다. 새벽에 꿈을 꾸었는데, 내가 체찰사와 함께 한곳에 다달았더니 많은 시체가 널려 있기에 밟기도 하고 목을 베기도 하였다. 아침을 먹을 때 문인수文麟壽가 와가채蛙歌菜*와 동아전冬

임영립?~? 임진왜란이 일어나자 이순신의 휘하에 들어갔으며 노량 해전에서 공을 세우고 훈련정이 되었다.

박명현?~1608 연성부원군 박원형의 아들로 1596년 이몽학의 난이 일어났을 때 목사 홍가신의 부름을 받고 토벌에 참여하였다. 1597년 정유재란 때는 전라도 병마절도사 등을 역임하며 공을 세웠다.

사철쑥 우리나라 전국 각처의 원야지 하천변 부근 모래땅에 자생하는 식물. 높이 30~100cm이고 밑부분은 목질이 발달하여 나무처럼 되고 가지가 많이 갈라졌다. 식용·약용에 쓰인다.

와가채 모시조개로 만든 음식.

칠천량 해전에서 소서행장이 조선 수군을 격파하는 모습. 『회본태합기』. ⓒ 국립진주박물관.

爪餞*을 가져왔다. 방응원, 윤선각, 현응진, 홍우공 등과 이야기를 나누었다. 홍우공은 아버지의 병을 구실로 종군하고 싶지 않아서 나에게 팔이 아프다고 핑계를 대었다. 참으로 놀라운 일이다. 오전 10시께 황 종사관이 정인서를 보내어 문안하였다. 또 왜적에게 붙었던 김해 사람 김억金億이 보낸 보고서를 보여 주었다. 거기에 따르면 "초7일에 왜선 5백여 척이 부산으로 나오고 초9일에는 왜선 1천 척이 합세하여 절영도 앞바다에서 우리 수군과 싸웠는데, 우리 전선 다섯 척이 표류하다가 동래 땅 두모포*에 도착하였고, 또 일곱 척은 간 곳이 없다."고 하였다. 이에 분함을 이기지 못하고 곧 황 종사관에게 달려갔다. 그는 군대를 점고하고 있었는데 그곳에서 사태를 의논한 다음 그대로 자리를 잡고 활쏘는 것을 구경하였다. 조금 있다가 내가 타고 간 말

동아전 동아를 잘게 썰어 기름에 볶고 잣가루를 묻혀 겨자를 찍어 먹는 음식이다. 동아는 중국의 재배과류 중 가장 오래전부터 재배되었으며 겨울에 성숙하므로 동아라 하였다.

두모포豆毛浦 동래현: 부산시 동래군 기장면 죽성리.

을 홍대방에게 타고 달려 보라 했는데 매우 잘 달렸다. 비가 올 듯하여 곧 돌아왔는데, 집에 닿자마자 비가 마구 쏟아졌다. 오후 10시쯤 개었다. 달빛이 낮보다 훨씬 더 밝아서 떠오르는 갖가지 생각을 어찌 다 말할 수 있으랴.

15일 비가 오다 개다 하였다. 늦게 조신옥, 홍대방 등과 여기 있는 윤선각까지 아홉 명을 불러 떡을 차려 먹었다. 가장 늦게 중군 이덕필이 왔다가 저물녘에 돌아갔는데, 그 편에 수군 20여 척이 적에게 패했다는 소식을 들었다. 매우 분하였다. 막을 방책이 없는 것이 한스럽다. 어두워지면서 비가 크게 내렸다.

16일 비가 오다 개다 하면서 하루 내내 흐리고 맑지 않았다. 아침을 먹은 뒤 손응남孫應男을 중군에게 보내어 수군 소식을 알아보게 하였다. 그가 돌아와 중군의 말을 전하였다. 중군은 "좌병사가 급히 보낸 보고를 보았더니 불리한 일이 많다." 하면서 자세히 말하지 않더라는 것이다. 한탄스럽다. 늦게 변의정卞義禎이라는 사람이 수박 두 덩이를 가지고 왔다. 그 모습이 어리석으나 용렬해 보였다. 두메에 박혀 사는 사람이라 배우지 못하고 가난해서 저절로 그렇게 되는 것이리라. 그러나 이 또한 소박하고 인심이 후한 모습이다. 낮에 이희남을 시켜 칼을 갈게 하였는데, 아주 잘 들어서 적장의 머리를 벨 만하였다. 소나기가 갑자기 쏟아졌다. 아들 열이 길 가는데 고생될 것을 생각하니 마음이 놓이지 않았다. 저녁 때 영암 송진면에 사는 사노비 세남世男이 서생포로부터 맨몸으로 도착하였기에 그 까닭을 물어보았다. "7월 초4일 전 병사의 우후가 타고 있던 배의 격군이 되어 초5일에 칠천량에 이르러 자고 초6일 옥포로 들어갔습니다. 초7일 새벽에 말곳末串을 거쳐 다대포에 이르렀더니 왜선 여덟 척이 정

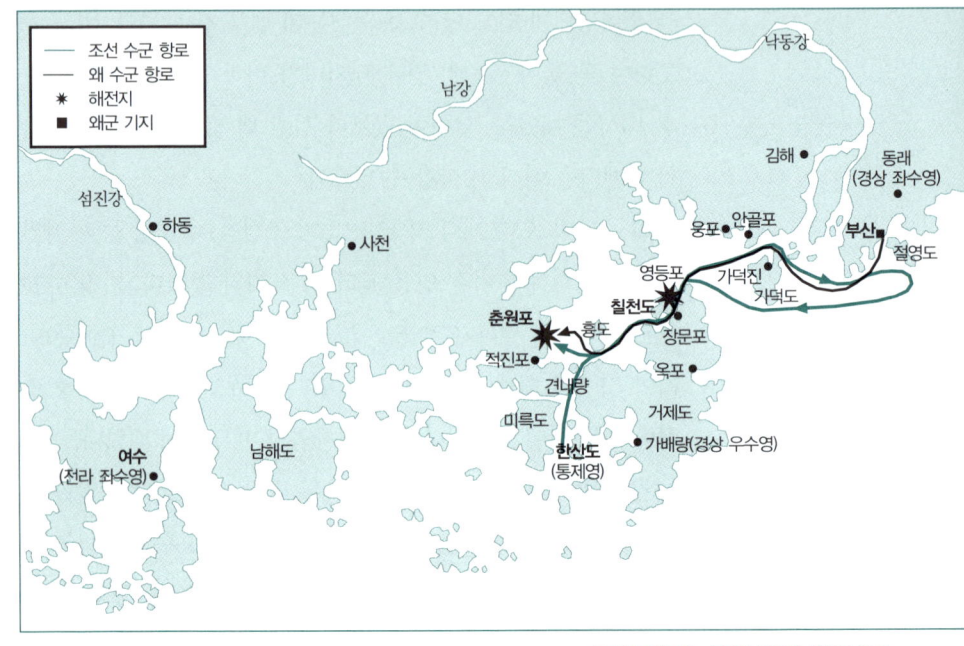

박하고 있어서 여러 배들이 바로 돌격하였습니다. 그러자 왜놈
들은 하나도 남김없이 뭍으로 올라가고 빈 배만 떠 있었습니다.
우리 수군들은 그것을 끌어내어 불지르고, 그 길로 부산 절영
도 바깥 바다로 향하였습니다. 때마침 적선 1천여 척이 대마도
로부터 건너와서 싸우고자 하였으나 왜선이 흩어져 피하므로
끝내 잡아 없앨 수가 없었습니다. 제가 탄 배와 다른 배 여섯 척
은 배를 멈추지 못하고 서생포 앞바다에까지 표류하였습니다.
그러다가 뭍으로 올랐는데 거의 다 왜적에게 죽음을 당하였습
니다. 저만은 혼자서 수풀 속에 들어가 엎드려 기어서 목숨을
구하였습니다. 그리고 간신히 여기까지 왔습니다."
듣고 나니 참으로 놀랄 일이다. 우리나라가 믿는 것은 오직 수

군뿐인데, 수군이 이러하니 다시 더 바라볼 것이 없다. 두고두고 생각할수록 분하여 가슴이 찢어지는 것만 같다. 또 선장船將 이엽이 적에게 붙잡혔다고 하니 더욱 분하다. 손응남이 집으로 돌아갔다.

17일 가끔 비가 내렸다. 아침에 이희남을 황 종사관에게 보내어 세남의 말을 전하였다. 늦게 초계 현령이 벽견산성壁堅山城으로부터 보러 왔다가 돌아갔다. 송대립, 유황, 유홍, 장득홍 등이 보러 왔다가 해가 저물어 돌아갔다. 변대헌卞大獻, 정운룡鄭雲龍, 득룡得龍, 구종仇從 등은 모두 초계 향리들인데, 어머님 족성과 같은 파 사람으로서 나를 보러 왔다. 큰 비가 하루 내내 내렸다. 공명고신空名告身*을 신여길申汝吉이 바다 가운데서 잃어버렸으므로 경상 순변사가 신문하여 그 기록을 가져갔다.

18일 맑다. 새벽에 이덕필과 변홍달이 함께 와서 "16일 새벽 어둠이 걷히기 전, 수군이 기습을 당하여 통제사 원균과 전라 우수사 이억기, 충청 수사 최호崔湖* 그리고 여러 장수들이 많이 피해를 입었으며 수군은 크게 패배하였습니다." 하였다. 듣고 있으니 울음이 터져 나오는 것을 막을 수가 없었다. 조금 있다가 원수가 와서 "일이 이미 여기까지 이르렀으니 어떻게 할 수가 없소." 하였다. 오전 10시께까지 이야기를 나누었으나 어떻게도 의견을 정할 수가 없었다. 내가 "직접 해안 지역으로 가서 듣고 본 뒤에 방책을 정하겠습니다." 하고 말했더니 원수가 매우 반가워하였다. 나는 송대립, 유황, 윤선각, 방응원, 현응진, 임영립, 이원룡, 이희남, 홍우공을 데리고 길을 떠났다. 삼가현에 이르니 새로 부임한 수령이 나와서 기다리고 있었다. 한치겸韓致謙도 와서 오래 이야기를 나누었다.

공명고신 이름을 적지 않은 고신. 고신은 관원에게 품계와 관직을 임명할 때 주는 임명장으로 사령장, 직첩, 관교, 교첩 등으로도 불린다.

최호?~1597 일찍이 무과에 급제하고, 1596년 이몽학이 반란을 일으켰을 때 홍가신과 함께 주장이 되어 홍산, 임천 등지에서 반란군을 소탕하였다. 이듬해 정유재란이 일어나자 칠천량 해전에서 원균과 함께 싸우다 죽었다.

19일 하루 내내 비가 내렸다. 오는 길에 동산산성東山山城에 올라갔다. 그 형세를 보니 매우 험하여 적이 엿볼 수 없을 것 같았다. 그대로 단성현에서 하룻밤을 머물렀다.

20일 하루 내내 비가 내렸다. 아침에 권문임權文任의 조카 권이청權以淸이 보러 오고 수령도 보러 왔다. 낮에 진주 정개산성定介山城 아래 있는 강가의 정자에 이르렀다. 진주 목사가 보러 왔다. 굴동* 이희만李希萬*의 집에서 잤다.

21일 맑다. 일찍 떠나 곤양군에 이르렀더니 군수 이천추李天樞도 고을에 있고 백성들도 고을에 많이 남아 있어서 일찍 익은 벼를 거두기도 하고 밀보리 밭을 갈기도 하였다. 점심을 먹은 뒤 노량에 이르렀더니 거제 현령 안위와 영등포 만호 조계종 등 10여 명이 와서 통곡하였다. 또 피해 나온 군사와 백성들도 울부짖지 않는 사람이 없었다. 그러나 경상 수사는 도망가고 보이

굴동屈洞 진양군: 경남 하동군 옥종면 문암리.

이희만!?~?! 임진왜란이 일어나자 부자 세 사람이 군수품 조달에 힘썼다.

임진왜란 때 경상 우수사로서, 또 통제사로서 활동하다 1597년 칠천량 싸움에서 죽음을 맞은 원균의 무덤. 경기도 평택시 도일동.

지 않았다. 우후 이의득이 찾아왔기에 패했던 상황에 대하여 물었다. 모든 사람이 울며 말하기를 "대장 원균이 적을 보자 먼저 뭍으로 달아나고 여러 장수들도 모두 그를 따라 뭍으로 달아나 이 지경에 이르렀습니다." 하였다. 또한 대장의 잘못은 말로 다 할 수가 없고 그 살점이라도 뜯어먹고 싶다고들 하였다. 거제의 배 위에서 자면서 거제 현령과 새벽 2시까지 이야기를 나누었다. 조금도 눈을 붙이지 못하여 눈병을 얻었다.

22일 맑다. 아침에 배설|경상 수새이 보러 와서 원균이 패하여 죽은 사실을 장황하게 말하였다. 밥을 먹은 뒤 남해 현감 박대남이 있는 곳에 이르렀더니 그의 병세는 거의 치료할 수 없을 지경이었다. 다시 전마戰馬를 서로 바꾸자고 이야기하였다. 종평세와 군사 한 명을 데려오겠다고 한다. 오후에 곤양에 이르러 몸이 편치 않아 그대로 잤다.

선무공신교서 및 선무공신녹권 원균은 1604년|선조36| 권율, 이순신과 함께 선무 1등 공신에 올려졌다. ⓒ 권장수.

23일   비가 오다 개다 하였다. 아침에 노량에서부터 만든 공문을 송대립에게 주어 먼저 원수부로 보냈다. 뒤따라 출발하여 곤양 십오리원*에 이르니 배백기裵伯起|배흥립|의 부인이 먼저 도착해 있었다. 말에서 내려 잠깐 쉬고 진주 운곡에 있는, 전날 머물렀던 곳에서 잤다. 어두워지면서 비가 내리기 시작하여 밤새도록 그치지 않았다. 배백기도 와서 잤다.

24일   비가 계속 내리면서 그치지 않았다. 한치겸, 이안인李安仁이 부사에게로 돌아갔다. 정鄭의 종 예손禮孫이 손孫의 종과 함께 돌아갔다. 밥을 먹은 뒤 이홍훈李弘勛*의 집으로 옮겼다. 방응원이 정성鼎城*에서 와서 전하기를 황 종사관이 산성에 와서 연해안 사정을 보고 들은 대로 전하더라는 것이다. 군량 두 섬, 말먹이 콩 두 섬과 말 편자 일곱 벌을 가져왔다. 저녁에 조방장 배경남裵慶男*이 보러 왔기에 술을 내어 위로하였다.

25일   늦게 갰다. 황 종사관이 편지를 보내어 문안하였다. 조방장 김언공金彦恭이 보러 왔다가 원수부로 돌아갔다. 배수립裵樹立이 보러 오고 이곳 주인 이홍훈도 보러 왔다. 남해 현령 박대남이 그의 종 용산龍山을 보내서 내일 오겠다고 보고하였다. 저녁 때 배흥립의 병을 보러 갔더니 괴로움이 매우 심하였다. 매우 걱정스럽다. 송득운을 황 종사관에게 보내어 안부를 물었다.

26일   비가 오다 개다 하였다. 일찍 밥을 먹고 정성 밑에 있는 소나무 정자 아래로 갔다. 황 종사관 그리고 목사와 더불어 이야기를 나누다가 늦게 숙소로 돌아왔다.

27일   하루 내내 비가 내렸다. 이른 아침 정성 건너편 손경례孫景禮의 집으로 옮겨 머물렀다. 늦게 동지 이천李薦과 판관 정제鄭霽가 체찰사에게서 와서 전령을 전달하였다. 함께 저녁을 먹었

십오리원十五里院   곤양군: 경남 사천군 곤양면 봉계리.

이홍훈?~? 이희억의 아들이자 진사 이희만의 조카로, 이순신은 출옥한 뒤 굴동에 있는 그의 집에서 며칠 묵으면서 적을 토벌할 방략을 구상하였다.

정성 경남 하동의 정개산성을 가리킨다.

배경남?~1597 1592년 부산진 첨절제사를 지내고 경상도의 유격장으로 공을 세웠으나 순찰사 권율의 그릇된 보고로 파직되었다. 그 뒤 종군할 것을 원하여 이해 6월 당항포 해전에 이순신 밑에서 좌별도장으로 참전하여 승리를 거두었고, 뒤에 조방장이 되었다.

다. 이 동지는 배 조방장에게 가서 잤다.

28일 비가 계속 내렸다. 이희량이 보러 왔다. 초저녁에 이 동지와 진주 목사와 소촌 찰방 이시경李蓍慶이 와서 밤에 이야기를 나누다가 자정이 지나 돌아갔다. 모두 대책을 의논하는 것이었다.

29일 비가 오다 개다 하였다. 아침에 이천과 함께 밥을 먹고는 그를 체찰사에게 보냈다. 늦게 냇가로 나가 군사를 점검하고 말을 달렸다. 원수가 보낸 군사는 모두 말도 없고 활도 없었다. 아무런 쓸모가 없으니 매우 한탄스럽다. 저녁 때 들어오다가 배 동지와 남해 현령 박대남에게 들렀다. 밤새 비가 크게 내렸다. 찰방 이시경에게 사람을 보내어 안부를 물었다.

(7월 30일~31일 일기는 빠져 있다.)

(『난중일기』 원본에 따르면 5책은 1597년 4월 1일에서 10월 8일까지, 6책은 8월 4일부터 1598년 1월 4일까지이므로 8월 4일에서 10월 8일까지는 중복된다.

양쪽 모두 중요한 자료지만 독자들의 혼란을 막기 위해 이 기간은 6책을 기본으로 했다. 다만 5책 가운데 중요한 내용은 덧붙여서 내용을 좀 더 풍부하게 했고, 서로 날짜가 다르게 기록된 내용은 표시를 하였다.)

8월, 다시 삼도수군통제사가 되다

초1일 비가 크게 내려 물이 불었다. 늦게 찰방 이시경이 보러 오고 조신옥, 홍대방 등도 보러 왔다.

초2일 잠시 날이 맑았다. 혼자 수루의 마루에 앉았으니 어머님에 대한 그리운 마음이 어떠하랴. 슬픔을 이기지 못하였다.

밤에 꿈을 꾸었는데 임금의 명령을 받을 징조가 있었다.

초3일 　맑다. 이른 아침 뜻밖에 선전관 양호梁護가 와서 임금이 내린 교서, 유서와 유지를 가져왔는데, 삼도통제사를 겸하라는 명령이었다. 교서에 절을 한 뒤에 받은 서장書狀을 써서 봉해 올렸다.

그러고는 곧 길을 떠나 바로 두치 가는 길로 들어섰다. 오후 8시께 하동 땅 행보역●에 이르러 말을 쉬게 하고, 자정이 넘어 길을 떠나 두치에 이르니 먼동이 트려고 하였다. 남해 현령 박대남이 길을 잃고 강정江亭으로 잘못 들어갔으므로 말에서 내려 불렀다. 쌍계동에 이르렀더니 뾰족뾰족한 돌들이 흩어져 있고 금방 온 비에 물이 넘쳐 어렵게 건넜다.

석주에 이르자 이원춘李元春과 유해柳海가 복병하여 지키다가 나와서 보고 적을 토벌할 일에 대한 여러 가지 이야기를 하였다. 저물 무렵에 구례현에 이르렀는데 읍내가 쓸쓸하였다. 성 북문 밖, 전날 머물렀던 집에서 잤는데 주인은 이미 산골로 피난했다고 했다. 손인필이 곧바로 보러 왔는데 곡식까지 지고 왔으며 손응남은 때이른 감을 가져왔다.

초4일✳ 　맑다. 아침을 먹은 뒤 곡성 땅 압록강원●에 이르러 점심밥을 짓고 말의 병도 치료하였다. 고산 현감이 군인을 넘겨주는 일 때문에 와서는 수군에 관하여 많이 이야기하였다.

오후에 곡성에 이르렀다. 그런데 관청과 민가가 온통 비어 있었다. 이 고을에서 잤다. 남해 현령 박대남은 곧바로 남원으로 갔다.

초5일✳ 　맑다. 아침을 먹고 길을 떠나 옥과현 경계에 이르니 피난민들로 길이 가득 찼고, 남자와 여자가 서로 부축하고 가는

행보역行步驛　하동현;
경남 하동군 횡천면 여
외리.

✳초4일의 일기는 6책
에서는 초5일의 일로 기
록되어 있다.

압록강원鴨綠江院　곡
성현; 전남 곡성군 죽곡
면 압록리.

모습을 차마 눈뜨고 볼 수가 없었다. 위로하며 달랬다. 옥과현으로 막 들어설 때 이기남 부자를 만났다.

옥과현에 이르니 정사준과 정사립이 먼저 와서 관아 문 앞에서 기다리고 있었다. 그들과 이야기를 나누었다. 옥과 현감은 병을 핑계 삼아 처음엔 나오지 않았다. 붙잡아다가 곤장을 치려고 하였다. 그런데 현감 홍요좌洪堯佐가 이내 내 뜻을 알고 서둘러 나왔다.

초6일　맑다. 옥과에서 머물렀다. 밤 8시쯤에 송대립 등이 적의 정세를 정탐할 일로 찾아왔다.

초7일　맑다. 일찍 길을 떠나 바로 순천으로 향하다가 고을을 10리쯤 남겨 두고, 길에서 선전관 원집元潗을 만났는데 임금의 분부를 가지고 오는 길이었다. 병사가 거느렸던 군사가 모두 패하여 도망가고 있었다. 그들로부터 말 세 필과 활, 화살 약간을 빼앗아 왔다. 곡성 강정에서 잤다.

초8일　새벽에 길을 떠나 아침은 부유창*에서 먹었다. 그런데 부유는 병사 이복남이 벌써 부하들을 시켜 불을 질렀기 때문에 재만 남아 있어서 보기가 참담하였다.

광양 현감 구덕령具德齡, 나주 판관 원종의元宗義, 옥구 현감 김희온金希溫 등이 창고 밑에 있다가 우리 일행이 왔다는 말을 듣고 배경남裵慶男과 함께 급히 달려 구치鳩峙에 이르렀다. 내가 말에서 내려 명령을 내렸더니 한꺼번에 나와 절을 하였다. 내가 왜 피해 다니기만 하느냐고 책망하였더니 모두 그 죄를 병사 이복남에게 돌렸다.

곧장 길을 떠나 저물 무렵에 순천부에 이르렀다. 관청과 창고는 이전처럼 무사하였으나, 병기 등을 제대로 처리하지 않은 채 병

＊초5일의 일기는 6책에서는 초5일의 일로 기록되어 있다.

부유창富有倉　순천부: 전남 순천시 주암면 창촌리.

사들이 달아나 버린 뒤였다. 다만 중 혜희惠熙가 와서 인사할 뿐
이었다. 그에게 승병의 직첩을 주었다. 병기 가운데 장편전은
군관들을 시켜 짊어지고 총통과 같이 운반하기 어려운 것들은
깊이 묻고 표를 세워 두라고 하였다. 그대로 순천부에서 잤다.

초9일 　일찍 길을 떠나 낙안에 이르렀더니 5리 근처까지 많은
사람들이 보러 나왔다. 흩어져 달아난 까닭을 물었더니, 모두들
말하기를 "병사가 적이 쳐들어온다고 떠들면서 창고에 불을 지
르고 달아난 까닭에 백성들도 흩어져 도망갔습니다." 하였다. 관
청에 들어갔더니 사람의 소리라고는 들리지 않았고 관청 건물과
창고와 병기가 모두 타 버린 뒤였다. 관리와 백성들도 눈물을 흘

리지 않고는 말을 할 수 없을 정도였다. 얼마 지나서 순천 부사 우치적, 김제 군수 고봉상高鳳翔이 산골로부터 내려와서 인사했다. 저녁에 보성 조양창*에 이르러 김안도金安道의 집에서 잤다.

초10일 맑다. 몸이 몹시 불편하여 그대로 김안도의 집에서 머물렀다. 배 동지도 같이 머물렀다.

11일 맑다. 아침에 양산원梁山沅의 집으로 옮겼다. 이 집 주인도 벌써 바다로 피난하였는데 곡식이 집에 가득 쌓여 있었다. 늦게 송희립과 최대성이 보러 왔다.

12일 맑다. 아침에 장계의 초고를 고쳤다. 늦게 거제 현령, 발포 만호가 들어와서 나의 명령을 들었다. 그들에게서 배설이 당황하고 두려워하는 모양을 전해 들었다. 괘씸하고 한탄스럽기 짝이 없다. 이런 자들이 권세 있는 사람들에게 아첨이나 해서 자신이 감당하지 못할 지위에 올라가 국가의 일을 크게 그르치고 있건만, 조정에서 살피지를 못하고 있으니 어떻게 할 것인가? 보성 군수가 왔다.

13일 맑다. 거제 현령 안위, 발포 만호 소계남蘇季男이 인사하고 돌아갔다. 수사와 여러 장수 그리고 피해 나온 사람들이 묵고 있는 곳을 알았다. 〔우후 이몽구가 전령을 받고 들어왔는데 본영의 군기와 군량을 하나도 옮겨 싣지 않았기 때문에 곤장 80대를 때려 보냈다.〕* 하동 현감 신진申蓁이 와서 "초3일 장군이 떠난 뒤에 진주의 정개산성과 벽견산성을 모두 포기하고 빠져나갔고 스스로 불을 지르기까지 하였습니다." 하고 전하였다. 매우 통탄스러웠다.

14일 맑다. 아침에 여러 내용을 담은 장계 일곱 통을 봉하여 윤선각을 시켜 보냈다. 저녁에 어사 임몽정任夢正*과 만나려고 보성

임몽정|1559~1602| 임진왜란 때 병조정랑이 되었으나 의주로 피난하는 선조를 따르다가 중도에 도망하여 한때 파직되었다. 1597년 부교리가 되어 선유어사로 한산도에 다녀왔다.

조양창兆陽倉 보성군: 전남 보성군 조성면 조성리.

＊5책에는 14일로 기록되었다.

군에 당도하였다. 밤에 비가 크게 왔다. 열선루列仙樓에서 잤다.

15일　비가 계속 내리다가 늦게 개었다. 밥을 먹은 뒤 열선루에 나가 앉았다. 선전관 박천봉朴天鳳이 임금의 유지를 가지고 왔는데 8월 초7일에 작성된 것이었다. 영의정|유성룡|은 경기 지방을 순찰하고 있다고 한다. 곧 삼가 유지를 받았다는 장계를 만들었다. 보성 군기를 점검하여 네 마리 말에 나누어 실었다. 저녁 때 밝은 달이 수루 위를 비치는 것을 보았으나 마음이 편안하지 못했다.

16일　맑다. 아침에 보성 군수와 군관들을 굴암*으로 보내어 도망간 관리들을 찾아내게 하였다. 선전관 박천봉이 돌아가는 편에 나주 목사와 어사 임몽정에게 답장을 부쳤다. 사령들을 박사명朴士明 집으로 보내었더니 사명의 집은 벌써 비어 있더라고 했다. 오후에 활장이 지이智伊와 태귀생太貴生, 선의先衣, 대남大男 등이 들어왔다. 김희방金希邦, 김붕만金鵬萬 등이 왔다.

17일　맑다. 이른 새벽에 길을 떠나 백사정에 이르러 말을 쉬게 하였다. 강진 땅 군영구미*에 이르니 경내에는 사람의 자취가 보이지 않았다. 수사 배설이 내가 타고 갈 배를 보내지 않았다. 장흥의 군량을 담당하는 감관과 색리가 군량을 모두 훔쳐서 다른 곳으로 숨겨 놓았기 때문에 붙들어다가 곤장을 쳤다. 날이 벌써 저물어서 그대로 머물러 잤다. 약속을 어긴 배설의 짓이 괘씸하였다.

18일　맑다. 늦은 아침에 바로 장흥 땅 회령포*에 갔으나 수사 배설이 배멀미를 핑계하고 나오지 않았다. 다른 장수들은 보았다. 회령포 관사에서 잤다.

19일　맑다. 여러 장수들에게 왕이 내린 교서와 유서 앞에 엎

굴암屈岩　전남 보성군 보성읍 부근으로 추정된다.

군영구미軍螢仇未　강진현: 전남 강진군 병영면.

회령포會寧浦　장흥부: 전남 장흥군 대덕면 회진리.

드려 절하게 하였다. 배설은 교서와 유서에도 예를 올리지 않으니 참으로 놀라운 일이다. 그래서 그 아래 딸린 이방과 영리들을 붙들어다가 곤장을 때렸다. 회령포 만호 민정붕閔廷鵬이 피난인 위덕의魏德毅* 등에게 술과 음식을 얻어 먹고 전선戰船을 함부로 내준 까닭에 곤장 20대를 때렸다.

20일   맑다. 포구가 좁아서 해남 땅 이진 아래 창사倉舍로 진을 옮겼는데, 몸이 몹시 불편하여 음식도 먹지 못하고 끙끙 앓았다.

21일   맑다. 새벽 2시쯤에 곽란이 일어났다. 차게 해서 그런가 생각하여 소주를 마셔 치료하려 했다가 그만 인사불성이 되어 거의 죽게 되었다. 토하기를 10여 차례나 하고 밤새도록 괴로워하였다.

22일   맑다. 곽란으로 인사불성이 되었다. 대변도 보지 못했다.

23일   병세가 몹시 위험해져서 배에서 머무르기가 불편하였다. 실제로 싸움터도 아니기에 배에서 내려 포구 밖에서 잤다.

24일   맑다. 아침에 괘도포*에 이르러 아침을 먹고 낮에 어란포* 앞바다에 이르렀다. 가는 곳마다 마을이 텅텅 비어 있었다. 바다 가운데서 잤다.

25일   맑다. 어란포에 그대로 머물렀다. 아침을 먹을 때 당포의 포작이 피난민의 소 두 마리를 훔쳐 와서 잡아먹으려고 거짓으로 왜적이 왔다고 하였다. 나는 이미 그 사실을 알고 배를 굳게 매고 움직이지 않고 그자들을 잡아 오게 했더니 과연 예상한 그대로였다. 이렇게 해서 군중의 인심은 안정시켰으나 배설은 벌써 도망쳐 버렸다. 거짓말을 한두 사람의 목을 잘라 매달아 널리 보이게 하였다.

26일   맑다. 그대로 어란포 바다에 머물렀다. 늦게 임준영任俊

위덕의|1540~1613| 임란이 일어나자 선조가 피난했던 의주로 가서 주부로 제수받고, 영남 운향관이 되었다가 형조좌랑으로 승진했다. 이순신이 피난인이라고 표현한 것은 그를 못마땅하게 생각한 것으로 보인다.

괘도포掛刀浦 전남 해남군 북평면 영전리 또는 남성리로 추정된다.

어란포於蘭浦 영암군; 전남 해남군 송지면 어란리.

꽃이 말을 타고 달려와서 "왜적의 배가 벌써 이진에 이르렀습니다." 하였다. 전라 우수사가 왔는데 배에서 필요한 격군과 장비를 갖추지 못했으니 그 꼴이 놀랄 만한 일이다.

27일 맑다. 그대로 머물렀다. 배설이 보러 왔는데 두려워서 떠는 빛이 역력하였다. 내가 불쑥 말하기를 "수사는 어디로 피해 갔던 것 아니냐?" 하고 캐물었다.

28일 맑다. 새벽 6시쯤 적선 여덟 척이 갑자기 덤벼들어 여러 배들이 겁을 먹고 후퇴하려고 하는 것 같았다. 경상 수사도 달아나려고 하였다. 나는 조금도 동요하지 않고 깃발을 휘두르며 추격을 명령하였다. 하는 수 없이 여러 배들이 회피하지 못하고 적선을 쫓아 단숨에 영암 땅 갈두*까지 나갔다. 그러나 적선이 멀리 도망쳤기에 더 쫓지 않았다. 뒤따르던 배가 50여 척이라고 하였다. 저녁에는 장도*에 진을 쳤다.

29일 맑다. 아침에 벽파진*으로 건너가 진을 쳤다.

30일 맑다. 그대로 벽파진에 머물면서 정탐병을 각지로 나누어 보냈다. 늦게 배설이 적이 많이 몰려올까 두려워 도망가려고 하기에 그 관하의 여러 장수들이 데려오려고 하였다. 나도 그 속마음을 잘 알지만 드러나지 않은 것을 먼저 발표하는 것은 장수로서 택할 방법이 아니어서 참고 있었다. 그랬더니 배설이 제종을 시켜 소지所志를 올렸는데, 병세가 몹시 위태로워 조리를 하겠다고 하였다. 나는 육지로 내려가 조리하라고 결재해 주었더니 배설은 우수영에서 육지로 내렸다.

갈두葛頭 영암군: 전남 해남군 송지면. 지금의 땅끝.

장도獐島 순천부: 전남 해남군 송지면 내장.

벽파진碧波津 진도군: 전남 진도군 고군면 벽파리.

380

초1일 맑다. 그대로 벽파진에 머물렀다. 〔내가 벽파정 위에 내려가 앉았는데, 포작 점세占世가 제주에서 소 다섯 마리를 싣고 와 바쳤다.〕*

초2일 맑다. 새벽에 배설이 도망갔다.*

초3일 아침에는 날씨가 맑더니 저녁이 되자 비가 뿌렸다. 뜸 아래 머리를 웅크리고 있으니 마음이 어떠하겠는가? 밤에는 북풍이 불었다.

초4일 날씨가 맑았으나 북풍이 크게 불어서 배들이 가만히 있지 않아 온전하게 지키느라고 애를 먹었다.

초5일 맑다. 북풍이 크게 불었다. 각 배를 서로 보호하기 어려웠다.

초6일 맑다. 바람이 조금 가라앉았으나, 추위가 스며들어서 사람을 괴롭히니, 사공들이 매우 걱정스러웠다.

초7일 맑다. 바람이 그치기 시작하였다. 망을 보는 일을 맡은 군관 임중형林仲亨이 와서 보고하기를 "적선 55척 중에 13척이 벌써 어란포 앞바다에 도착하였는데, 아마 그 목표가 우리 수군에 있을 것입니다." 하였다. 여러 장수들에게 군령을 내려 두 번 세 번 엄하게 타일렀다. 오후 4시께 적선 13척이 곧바로 우리가 진을 치고 있는 곳으로 다가왔다. 우리 배들도 닻을 거두고 바다로 나가서 적선을 추격하였더니, 적선은 뱃머리를 돌려 도망쳤다. 먼 바다까지 쫓아가다가 바람과 물살이 모두 우리 쪽으로 향하고, 또 숨어 있는 적의 배도 있을까 걱정되어 더 쫓아가지 않았다. 벽파진으로 돌아와서 여러 장수들을 불러 모아 약속하기를 "오늘 밤에는 반드시 적의 야습이 있을 것이니 모든 장수

*5책에는 이 내용이 2일로 기록되어 있다.

*배설은 칠천량 싸움에서 패한 죄 때문에 숨어 있다가 전쟁이 끝난 1599년 3월 6일 도원수 권율에게 잡혀 서울로 올라가 사형을 받았다.

들은 미리 알아서 준비할 것이며, 조금이라도 군령을 어기는 일이 있으면 군법대로 시행하리라." 하고 두 번 세 번 거듭 타이르고 끝마쳤다. 과연 밤 10시쯤 적이 쳐들어와서 어둠을 이용하여 탄환을 계속 쏘면서 공격해 왔다. 내가 탄 배가 곧바로 앞장을 서서 지자포를 쏘았더니 그 소리가 산천을 뒤흔들었다. 적들도 우리를 당할 수 없음을 알고 네 번쯤 들어왔다 물러갔다 하면서 화포만 쏘다가 자정이 지나자 완전히 물러갔다. 이들은 전에 한산도에서 승리를 얻은 자들이었다.

초8일 맑다. 적선이 오지 않았다. 여러 장수들을 불러서 대책을 토의하였다. 우수사 김억추는 겨우 일개 만호직에나 맞겠으며 수사의 자리를 받을 만한 인물이 못되는데, 좌의정 김응남이 서로 친분이 두텁다고 하여 마음대로 임명해 보냈다. 이래서야 조정에 사람이 있다고 할 수 있겠는가? 때를 못 만난 것만을 한탄할 따름이다.

초9일 맑다. 9일[중양절重陽節], 1년 가운데 손꼽히는 명절이다. 나는 비록 상복을 입은 몸이지만 여러 장수들과 군졸들이야 먹이지 않을 수 없었다. 그래서 제주에서 끌고 온 소 다섯 마리를 녹도, 안골포 두 만호에게 주었다. 잡아서 장수들과 군졸들에게 나누어 먹이도록 지시한 것이다. 늦게 적선 두 척이 어란포로부터 바로 감보도*로 와서 우리 수군의 수를 정탐하려고 해서 영등 만호 조계종이 끝까지 추격하였다. 적들은 당황해서 배에 실었던 물건을 모두 바다 가운데 던져 버리고 달아났다.

초10일 맑다. 적선이 멀리 도망갔다.

11일 날씨가 흐리고 비가 올 것 같았다. 혼자 배 위에 앉아서 어머니에 대한 그리움에 눈물을 흘렸다. 이 세상에 나와 같이

감보도甘甫島 진도군: 전남 진도군 고군면 감부도.

명량 해전 때 왜군을 맞아 지혜롭게 싸우는 조선 수군의 모습. 『회본태합기』. ⓒ 국립진주박물관.

외로운 사람이 또 어디 있으랴. 아들 회는 내 심정을 알고 무척
언짢아하였다.

12일　하루 내내 비가 뿌렸다. 배의 뜸 아래 앉아서 괴로운 마
음을 억제하지 못하였다.

13일　맑았으나 북풍이 크게 불어서 배가 흔들렸다. 꿈이 이상
스러웠다. 임진년 크게 승리할 때의 꿈과 대체로 같았다. 무슨
조짐인지 알 수 없었다.

14일　맑다. 북풍이 크게 불었다. 벽파정 맞은 편에서 연기가
올랐다. 배를 보내서 실어 왔는데 바로 임준영이었다. 그가 정
탐한 결과를 보고하기를 "전선 2백여 척 가운데 55척이 먼저 어
란포로 들어왔습니다." 하였다. 그리고 또 사로잡혀 갔다가 도
망해 돌아온 김중걸金仲傑*의 말을 전했다. "그가 이달 초 6일 해

*김중걸金仝乞로도 나
온다.

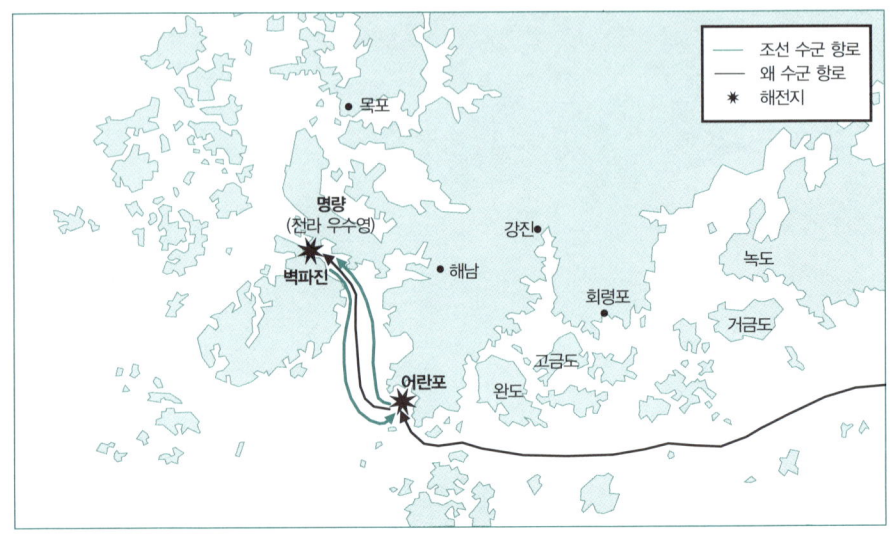

조선 수군 항로
왜 수군 항로
★ 해전지

목포

명량
(전라 우수영)
벽파진

강진

해남

녹도

회령포

거금도

어란포

고금도

완도

1597년 8월 27일~9월 16일에 있었던 명량 싸움.

남 땅 달마산°에서 왜적에게 붙잡혀 묶인 채로 왜선에 실렸는데
다행히 임진년에 포로가 된 김해 사람을 만났다고 합니다. 그와
함께 왜적 대장에게 빌어서 결박을 풀고 같은 배에서 지냈는데,
한밤중에 왜놈들이 깊이 잠들었을 때 김해 사람이 그의 귀에 대
고 몰래 이렇게 하더라는 것입니다.

"왜놈들이 모여 의논하기를 '조선 수군 10여 척이 우리 배를 추
격해서 많이 쏘아 죽이고 배를 불태웠으니 매우 분하다. 각처의
배를 불러 모아 힘을 합하여 조선 수군을 섬멸해야 한다. 그리
고 나서 곧장 서울로 올라가자.'고 하더라는 것입니다."

이 말을 다 믿을 수는 없으나 그럴 수 없는 것도 아니어서 곧 우
수영으로 전령선을 보내서 피난민들에게 곧 싸움이 벌어질 테
니 빨리 육지로 올라가도록 하였다.

15일   맑다. 조수를 타고 여러 장수들과 함께 진을 우수영 앞

달마산達磨山 영암군;
전남 해남군 송지면 달
마산.

384

바다로 옮겼다. 그것은 벽파정 뒤에 명량이 있는데, 수가 적은 우리 수군으로서는 명량을 등지고 진을 칠 수가 없기 때문이다. 여러 장수들을 불러 모아서 "병법에 이르기를 '죽으려 하면 살고 살려고 하면 죽는다.' 하였고 또 '한 사람이 길목을 지키면 천 명도 두렵게 할 수 있다.'는 말이 있다. 이는 모두 오늘의 우리를 두고 이른 말이다. 너희 여러 장수들이 조금이라도 명령을 어긴다면 군율대로 시행해서 작은 일이라도 결코 용서하지 않겠다." 하고 엄하게 약속하였다. 밤에 신인神人이 꿈에 나타나 가르쳐 주기를 "이렇게 하면 크게 이기고 이렇게 하면 진다." 하였다.

16일 맑다. 이른 아침에 망을 보던 자가 와서 보고하기를 "수도 없이 많은 적선이 명량으로부터 곧바로 우리가 진치고 있는 곳을 향해 달려옵니다." 하였다. 곧 모든 배에 명령하여 닻을 올리고 바다로 나갔더니 적선 1백 30여 척이 우리 배들을 둘러쌌다. 여러 장수들은 양쪽의 수를 헤아려 보고는 모두 도망하려는 꾀만 내고 있었다. 우수사 김억추가 탄 배는 벌써 2마장[*] 밖에 나가 있었다. 나는 노를 빨리 저어 앞으로 나아가며 지자, 현자 등 각종 총통을 마구 쏘았다. 탄환이 폭풍우같이 날아갔다. 군관들도 배 위에 총총히 들어서서 화살을 빗발처럼 쏘아 댔다. 그러자 적의 무리가 감히 대들지 못하고 쳐들어왔다 물러갔다 하였다. 그러나 여러 겹으로 둘러싸여 형세가 어찌 될지 헤아릴 수 없으니 온 배에 있는 사람들이 서로 돌아다보며 얼굴빛이 하얗게 질려 있었다.

나는 조용히 타이르기를 "적선이 비록 많다 해도 우리 배를 바로 침범하지 못할 것이니 조금도 마음 흔들리지 말고 다시 힘을

마장 리里를 가리킴. 리는 353m이며, 마장이란 가까운 거리를 이를 때에 리 대신으로 쓰인다.

다해서 적을 쏘아 맞혀라." 하였다. 여러 장수의 배를 돌아보니 이미 1마장 정도 물러났고, 우수사 김억추가 탄 배는 멀리 떨어져 가물가물하였다. 배를 돌려 바로 중군 김응함의 배로 가서 먼저 목을 베어다가 내걸고 싶지만, 내 배가 머리를 돌리면 여러 배가 점점 더 멀리 물러나고 적들이 더 덤벼들 것 같아서 나가지도 돌아서지도 못할 형편이 되었다.

호각을 불어 중군에게 기를 세워 군령을 내리도록 하고 또 초요기를 세웠더니, 중군장인 미조항 첨사 김응함의 배가 차츰 내 배 가까이 왔으며, 거제 현령 안위의 배가 그보다 먼저 왔다. 나는 배 위에 서서 직접 안위를 불러 "안위야, 군법에 죽고 싶으냐? 군법에 죽고 싶으냐? 도망간다고 어디 가서 살 것이냐?" 하였다. 그러자 안위도 황급히 적선 속으로 뛰어들었다. 또 김응함을 불러 "너는 중군으로서 멀리 피하고 대장을 구원하지 않으니 죄를 어찌 면할 것이냐? 처형하고 싶지만 전세가 급하므로 우선 공을 세우게 하겠다." 하였다.

그리하여 두 배가 적진을 향해 앞서 나가는데, 적장이 탄 배가 그 휘하의 배 두 척에 지시하자 일시에 안위의 배에 개미 붙듯하여 서로 먼저 올라가려 하였다. 안위의 격군 일고여덟 명이 물에 뛰어들어 헤엄을 치니 거의 구하지 못할 것 같았다. 안위와 그 배에 탄 사람들이 죽을힘을 다해서 몽둥이를 들거나 긴 창을 잡거나 또는 돌멩이를 가지고 마구 후려쳤다. 배 위의 사람들이 거의 기운이 빠지게 되자 나는 뱃머리를 돌려 바로 쫓아들어가서 빗발치듯 마구 쏘아 댔다. 적선 세 척이 거의 다 뒤집혔을 때 녹도 만호 송여종과 평산포 대장 정응두丁應斗의 배가 뒤쫓아와서 서로 힘을 합쳐서 적을 쏘아 죽여 적은 한 놈도 살아남지 못하였다. 왜인 준사俊沙는 이전에 안골포의 적진에서 항복해 온 자인데, 내 배 위에 있다가 바다에 빠져 있는 적을 굽어보더니 "그림 무늬 놓은 붉은 비단옷을 입은 자가 바로 안골진에 있던 적장 마다시馬多時입니다." 하고 말했다.

내가 물 긷는 군사 김돌손金乭孫을 시켜 갈구리로 낚아 올렸더니, 준사가 펄쩍 뛰면서 "정말 마다시입니다." 하고 말하였다. 곧바로 명령을 내려 토막토막 잘랐더니 적의 기세가 크게 꺾였다. 우리 배들이 적을 물리칠 수 있다는 것을 알고 일제히 북을 울리고 함성을 지르면서 쫓아 들어갔다. 지자, 현자 대포를 쏘니 그 소리가 산천을 뒤흔들었고, 화살을 빗발처럼 쏘았다. 적선 31척을 깨뜨리자 적선은 도망하고 다시는 우리 수군에 가까이 오지 못하였다. 싸움하던 바다에 그대로 정박할까 싶었다. 그러나 물결도 몹시 험하고 바람도 거꾸로 불어서 우리 편의 형세가 외롭고도 위태로운 듯하여 당사도•로 옮겨 가서 밤을 지냈다.

당사도唐笥島 영광군: 전남 무안군 암태면.

명량 해전 대첩비 1688년에 세운 비로, 비문에는 이순신이 진도 벽파정에 진을 설치하고 우수영과 진도 사이의 빠른 물살을 이용하여 12척의 배로 133척의 왜적을 무찔렀다고 쓰여 있다. 전남 해남군 문내면 학동리.

이번 일은 참으로 하늘이 도우셨다.

17일 맑다. 어외도*에 이르렀더니 피난선 무려 3백여 척이 먼저 와 있었다. 나주 진사 임선林愃, 임환林懽, 임업林業 등이 보러 왔다. 우리 수군이 크게 이긴 것을 알고 서로 다투어 축하를 드렸다. 임선은 많은 양식들을 가지고 와서 군사들에게 주었다. 임치 첨사는 배에 격군이 없어서 나오지 못한다고 했다.

18일 맑다. 그대로 어외도에서 머물렀다. 내 배에 탔던 순천 감목관 김탁과 병영의 노비 계생戒生이 적의 탄환에 맞아 죽었다. 박영남, 봉학 그리고 강진 현감 이극신李克新도 탄환에 맞았으나 중상에 이르지는 않았다. 임치 첨사가 왔다.

19일 맑다. 아침 일찍 배를 출발시켰다. 바람은 부드럽고 물결도 순하여 무사히 영광 땅 칠산도* 바다를 건넜다. 저녁에 영광 법성포에 이르렀더니 흉악한 적들이 육지로 들어와 마을의 집과 창고 곳곳에 불을 질렀다. 해 질 무렵 홍농* 앞 바다에 당도하여 배를 정박시키고 하룻밤을 묵었다.

20일 맑다. 새벽에 떠나 바로 위도*에 이르렀더니 피난선이 많이 정박하고 있었다. 황득중과 종 금이를 보내서 종 윤금允金을 찾게 하였더니 과연 위도에 있으므로 묶어다가 배에 실었다. 이광축李光軸, 광보光輔가 보러 왔고, 이지화李至和 부자도 왔다. 해가 저물어 그곳에 머물러 잤다.

21일 맑다. 일찍 떠나서 고군산도*에 이르렀다. 호남 순찰사 |박홍로|는 내가 왔다는 말을 듣고 배를 타고 급히 옥구로 갔다고 한다. 늦게 바람이 미친 듯이 불었다.

22일 맑았으나 북풍이 크게 불어서 그대로 머물렀다. 나주 목사 배응경裵應褧, 무장 현감 이람李覽이 보러 왔다.

어외도於外島 무안군; 전남 신안군 지도읍 지도.

칠산도七山島 영광군; 전남 영광군 낙월면.

홍농弘農 영광군; 전남 영광군 홍농읍.

*5책에는 고참도古參島라고 표기되어 있다.

고군산도古群山島 전북 옥구군 미성급.

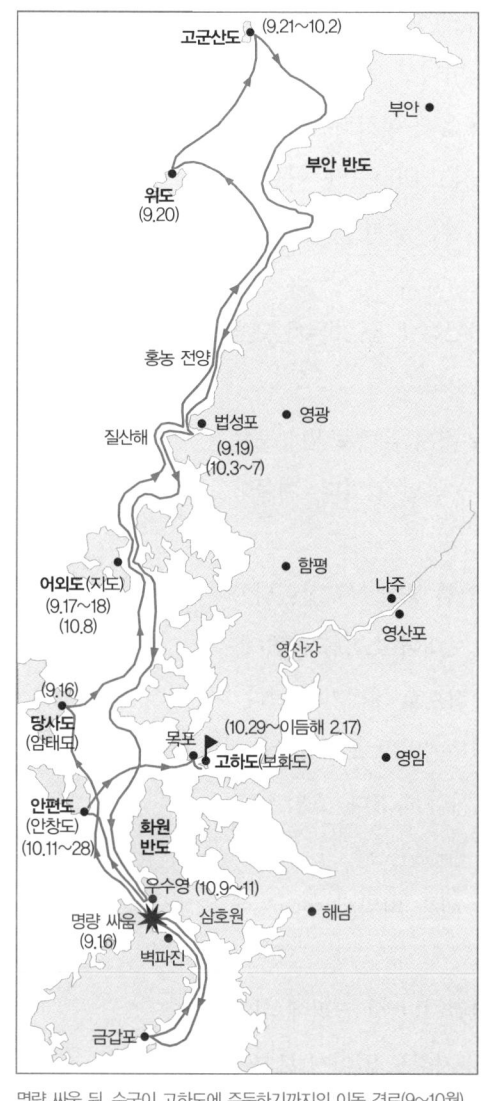

고군산도 (9.21~10.2)

부안

부안 반도

위도
(9.20)

홍농 전양

질산해

법성포
(9.19)
(10.3~7)

영광

함평

나주

영산포

영산강

어외도 (지도)
(9.17~18)
(10.8)

(9.16)

당사도
(암태도)

목포

고하도(보화도) (10.29~이듬해 2.17)

영암

안편도
(안창도)
(10.11~28)

화원
반도

우수영 (10.9~11)

삼호원

해남

명량 싸움
(9.16)

벽파진

금갑포

명량 싸움 뒤, 수군이 고하도에 주둔하기까지의 이동 경로(9~10월)

23일   맑다. 싸움을 이겼다는 장계 초본을 수정하였다. 정희열丁希悅이 보러 왔다.

24일   맑다. 몸이 좋지 못하여 끙끙 앓았다. 김홍원金弘遠이 보러 왔다.

25일   맑다. 밤에 몸이 몹시 좋지 않고 식은땀이 온몸을 적셨다.

26일   맑다. 몸이 좋지 않아 하루 내내 나가지 않았다.＊

27일   맑다. 송한, 김국, 배세춘裵世春 등이 싸움에 이긴 장계를 가지고 뱃길로 올라갔다. 정제도 같이 나갔는데, 그는 충청 수사 처소로 부찰사에게 보내는 공문을 가지고 가는 길이었다.

28일   맑다. 송한과 정제가 바람에 막혀 돌아왔다.

29일   맑다. 장계와 정 판관鄭判官이 도로 올라갔다.

＊5책에는 식은땀이 온몸을 적셨다고 기록하였다.

초1일 맑다. 아들 회를 보내서 저의 어머니도 보고 집안 여러 사람의 생사도 알아오게 하였다. 마음이 몹시 어지러워 편지를 쓸 수 없었다. 병조의 역졸이 공문을 가지고 내려왔다. 아산 집이 적에게 분탕질을 당해 잿더미가 되고 남은 것이 없다고 전하였다.

초2일 맑다. 아들 회가 배를 타고 올라갔는데 잘 갔는지 모르겠다. 이 마음을 어찌 다 말로 할 수 있으랴!

초3일 맑다. 새벽에 배를 띄워 변산을 거쳐 곧바로 법성포로 내려가는데 바람이 부드러워 따뜻하기가 봄날 같았다. 저물어서 법성포 선창 앞에 이르렀다.

초4일 맑다. 그대로 머물렀다. 임선, 임업 등이 사로잡혔다가 적에게 애걸하여 임치로 돌아와, 편지를 보내어 소식을 전했다.

초5일 맑다. 그대로 머물게 되어 마을 집으로 내려가서 잤다.

초6일 흐리고 가끔 비가 왔다. 간혹 진눈깨비가 흩뿌렸다.

초7일 바람이 고르지 않고 비가 오다 개다 하였다. 호남 안팎에 적의 자취가 완전히 없어졌다는 말을 들었다.

초8일 날씨가 맑고 바람이 순하였다. 배를 띄워서 어외도에 이르러 잤다.

초9일 맑다. 일찍 떠나 우수영에 이르렀더니 성 안팎에 사람 사는 집이라고는 하나도 없고, 또 사람의 자취도 없어서 보기에 참담하였다. 저녁에 들으니 흉악한 적들이 해남에 진을 쳤다고 한다. 날이 막 어두워질 무렵에 김종려金宗麗, 정조鄭詔, 백진남白振南 등이 보러 왔다.

초10일 새벽 2시쯤 비가 뿌리고 북풍이 크게 불어 배를 띄울 수 없어서 그대로 머물렀다. 밤 10시께 중군장 김응함이 와서 해남에 있는 적들이 도망치는 모습을 많이 보았다고 전하였다. 이희급李希伋의 아버지가 적에게 사로잡혔다가 애걸하여 풀려났다고 한다. 몸이 불편하여 앉았다 누웠다 하면서 밤을 새웠다. 우우후 이정충이 배에 왔으나 그를 만나 보지 않았다. 그는 도망하여 바깥 섬에 숨어 있었기 때문이다.

11일 맑다. 새벽 2시쯤 되어 바람이 그치는 것 같으므로 비로소 나팔을 불고 닻을 올리고는 바다 가운데로 나갔다. 정탐군 이순李順, 박담동朴淡同, 박수환朴守還, 태귀생太貴生 등을 해남으로 보냈다. 해남은 연기가 하늘을 덮었다고 한다. 분명히 적의 무리가 달아나면서 불을 지른 것이리라. 낮에 안편도에 이르렀다. 바람도 좋고 날씨도 따뜻하였다. 배를 내려서 제일 높은 산봉우리 위에 올라가서 배를 감추어 둘 만한 곳을 살펴보았다. 동쪽은 앞에 섬이 있어서 멀리 바라볼 수 없으나, 북쪽으로는 나주와 영암의 월출산까지 통하였고 서쪽으로는 비금도까지 통하여 눈앞이 시원하게 열렸다. 조금 있다가 중군장과 우치적이 올라오고 조효남趙孝男, 안위, 우수禹壽가 잇따라 왔다. 날이 저물어 산에서 내려와 언덕에 앉았는데, 조계종이 와서 왜적의 정세를 말하고, 또 왜적들이 우리 수군을 몹시 겁낸다고 말하였다. 이희급의 부친이 보러 와서 포로가 되었던 경위를 알려 주는데 마음이 아파서 견딜 수가 없었다.

저녁에는 날씨가 마치 봄과 같이 따뜻하여 아지랑이가 하늘에 아른거리고, 비가 내릴 조짐이 많았다. 초저녁에 달빛이 비단결 같아 혼자 뜸집에 앉았으니 생각이 만 갈래로 일어났다. 밤 10시께 식은땀이 흘러서 몸을 적셨다. 자정에 비가 내렸다. 우수사가 군량선에 탄 사람을 붙들어다가 무릎을 몹시 때렸다고 한다. 놀라운 일이다.

12일　비가 계속 내리다가 오후 2시쯤 날이 갰다. 아침에 우수사가 아랫사람의 무릎을 친 일은 잘못되었다고 사과하였다. 가리포 첨사, 장흥 부사 등 여러 장수가 와서 인사하고 하루 내내 이야기를 나누었다. 탐색선이 나흘이 지나도록 오지 않으니 걱정스러웠다. 아마 흉악한 왜적들이 멀리 도망가는 것을 보고 그 뒤를 쫓느라고 돌아오지 않는 것이라고 생각하였다. 그대로 발음도發音島에 머물렀다.

13일　맑다. 아침에 조방장 배흥립과 경상 우후가 보러 왔다. 조금 있다가 탐색선이 임준영을 싣고 왔는데 그 편에 적의 정세를 들었다. 곧 해남으로 들어와 웅크리고 있던 적들이 초10일에 우리 수군이 내려오는 것을 보고, 그 다음 날 모두 도망하였는

의병장 정공청이 착용했던 투구와 갑옷, 장갑, 혁대, 화살 등
정공청은 임진왜란이 일어나자 아들과 함께 전쟁에 참가하여 울산, 서생포, 기장 등지에서 백여 척의 왜군들과 싸워 큰 공을 세웠다. ⓒ 정상권.

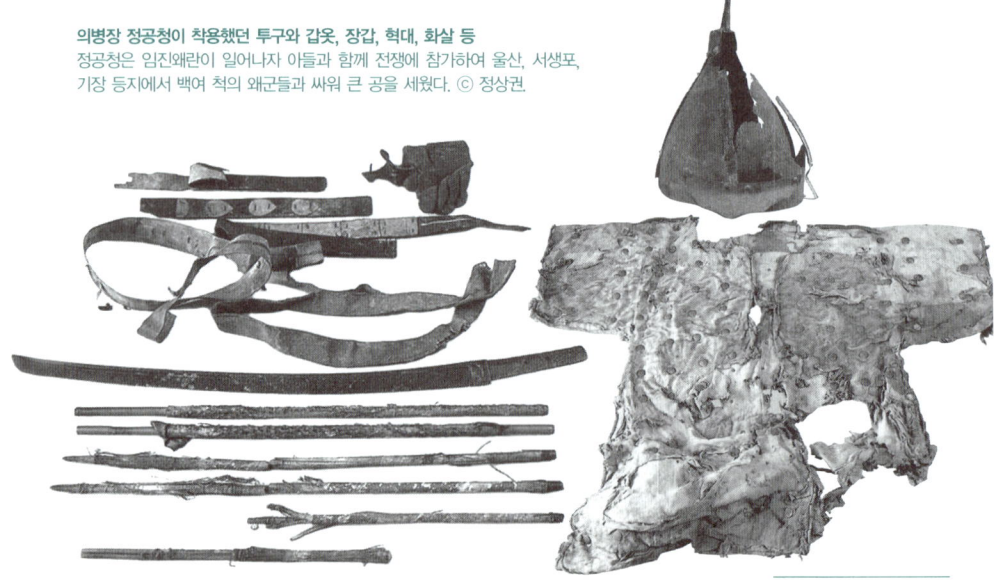

데, 해남 향리 송언봉宋彦逢*과 신용慎容 등이 적진 속으로 들어가서 왜놈을 꾀어 그 지방의 사족들을 많이 죽였다고 한다. 분하기가 짝이 없다. 그래서 곧 순천 부사 우치적, 금갑 만호 이정표, 제포 만호 주의수朱義壽, 당포 만호 안이명安以命, 조라포 만호 정공청鄭公淸, 군관 임계형, 정상명, 봉좌, 태귀생, 박수환 등을 해남으로 보냈다. 늦게 내려와서 언덕에 앉아 조방장 배흥립과 장흥 부사 전봉田鳳 등과 함께 이야기를 나누었다. 우수영 우후 이정충이 싸움에 빠진 죄를 처벌하였다. 우수사 군관 배영수가 와서 "수사의 부친이 바깥 바다로부터 살아 돌아오셨습니다." 하고 보고하였다. 새벽 꿈에 우의정을 만나 조용히 이야기를 나누었다. 낮에 선전관 네 사람이 법성포에 도착하였다고 들었다. 저녁 때 중군 김응함에게서 들으니, 섬 안에 누구인지 모르나 산골에 숨어서 소와 말을 잡아 죽인다고 하므로 황득중, 오수 등을 보내어 수색하게 하였다. 밤 달빛은 비단결 같고 바람 한 점 없는데, 혼자 뱃전에 앉으니 마음이 편안하지 못하였다. 뒤척거리며 앉았다 누웠다 하면서 밤새 잠을 이루지 못하였다. 하늘을 우러러 탄식할 따름이다.

14일 맑다. 새벽 2시쯤 꿈에 내가 말을 타고 언덕 위를 가다가 말이 발을 헛디뎌 냇물 가운데 떨어졌는데 말이 거꾸러지지는 않았다. 그 다음에 아들 면이 엎드려 나를 안는 듯하더니 깼다. 이것이 무슨 조짐인지 모르겠다. 늦게 조방장 배흥립과 우후 이의득이 보러 왔다. 배흥립의 종이 경상도로부터 와서 적의 정세를 전하였다. 황득중 등이 와서 보고하기를 "내수사內需司의 종 강막지姜莫只라는 자가 소를 많이 기르기 때문에 왜놈들이 소 열두 마리를 끌고 갔습니다." 하였다.

*이름 한자가 '彦鳳'으로도 쓰인다.

저녁에 천안에서 온 어떤 사람이 집에서 보낸 편지를 전하는데, 봉함을 뜯기도 전에 온몸이 먼저 떨리고 정신이 어지러웠다. 거칠게 겉봉을 뜯고 열이 쓴 글씨를 보니 겉면에 '통곡痛哭' 두 자가 쓰여 있었다. 면이 적과 싸우다 죽었음을 알고, 간담이 떨어져 목 놓아 통곡하였다. 하늘이 어찌 이다지도 어질지 못하는가? 간담이 타고 찢어지는 것 같다. 내가 죽고 네가 사는 것이 이치에 마땅한데, 네가 죽고 내가 살았으니 어쩌다 이처럼 이치에 어긋났는가? 천지가 깜깜하고 해조차도 빛이 변했구나. 슬프다, 내 아들아! 나를 버리고 어디로 갔느냐! 영리하기가 보통을 넘어섰기에 하늘이 이 세상에 머물게 하지 않는 것이냐! 내가 지은 죄 때문에 화가 네 몸에 미친 것이냐! 내 이제 세상에서 누구에게 의지할 것이냐! 너를 따라 죽어서 지하에서 같이 지내고 같이 울고 싶지만 네 형, 네 누이, 네 어머니가 의지할 곳이

이면의 묘와 묘비 이순신이 살던 옛집이 있는 곳 북서쪽에 이면의 묘소가 있다. 이면은 아산에 와서 분탕질하는 왜적들에 맞서 싸우다 죽음을 맞았다. 충남 아산시 염치면 백암리.

없으므로 아직은 참고 목숨을 이을 수밖에 없구나! 마음은 죽고 껍데기만 남은 채 울부짖을 따름이다. 하룻밤 지내기가 한 해를 지내는 것 같구나. 밤 10시쯤 비가 내렸다.

15일　하루 내내 바람이 불고 비가 내렸다. 누웠다 앉았다 하면서 하루 내내 뒤척거렸다. 여러 장수들이 위문하러 왔으나 어떻게 얼굴을 들고 대할 것인가. 임홍林紅, 임중형林仲亨, 박신朴信은 왜적의 정세를 살피려고 작은 배를 타고 흥양, 순천 앞바다로 나갔다.

16일　맑다. 우수사와 미조항 첨사 김응함을 해남으로 보냈다. 해남 현감유형|도 보냈다. 내일이 막내아들의 죽음을 들은 지 나흘째 되는 날인데도 나는 마음 놓고 울어 보지도 못하였다. 소금 굽는 강막지의 집으로 갔다. 밤 10시쯤 순천 부사, 우후 이정충, 금갑 만호, 제포 만호 등이 해남으로부터 돌아왔다. 왜적 13명의 머리를 베고, 또 적진에 항복해 들어갔던 송원봉宋元鳳 등을 데리고 왔다.

17일　맑았으나 하루 내내 큰 바람이 불었다. 새벽에 향을 피우고 곡하였으며 흰 띠를 매었다. 이 슬픔을 어찌 참을 수 있으랴! 우수사가 보러 왔다.

18일　맑고 바람도 그치는 것 같았다. 우수사는 배를 부릴 수가 없어 바깥 바다에서 잤다. 강막지가 인사하러 왔다. 임계형, 임준영도 보러 왔다. 자정에 꿈을 꾸었다.

19일　맑다. 새벽에 고향 집의 종 진辰이 내려오는 꿈을 꾸었다. 나는 죽은 아들을 생각하며 통곡을 하였다. 늦게 조방장과 경상 우후가 보러 왔다. 김신웅金信雄의 아내와 이인세李仁世, 정억부鄭億夫를 붙잡아 왔다. 거제 현령, 안골포 만호, 녹도 만호,

웅천 현감, 제포 만호, 조라포 만호, 당포 만호와 우우후가 찾아와서 적을 잡았다는 공문을 가져와 바쳤다. 윤건尹健 등 형제가 왜적에게 붙었던 자 둘을 붙잡아 왔다. 어두울 무렵에 코피가 터져 한 되 넘게 흘렸다. 밤에 앉아 아들을 생각하고 눈물을 흘렸다. 어찌 다 말로 할 수 있으랴! 이제 죽은 영혼이 되었으니 이렇게 불효를 저지를 줄을 어떻게 알 것인가! 슬픔 때문에 가슴이 찢어지는 듯하여 가눌 길이 없었다.

20일 맑고 바람도 잤다. 아침 일찍 미조항 첨사, 해남 현감, 강진 현감이 해남현에서 군량을 실어 오려고 돌아간다고 하였다. 안골포 만호 우수도 돌아간다고 아뢰었다. 늦게 김종려金宗麗, 정수鄭遂, 백진남白振男 등이 보러 와서 윤지눌尹志訥이 못된 짓을 하였다고 말하였다. 김종려를 소음도所音島 등 13개 섬의 염전을 관리하는 감자도감검監煮都監檢*을 맡겨서 보냈다. 본영에 딸린 사화士化의 어머니가 배 안에서 죽었다고 하기에 군관에게 일러 곧 파묻도록 하였다. 남도포, 여도 등 두 만호가 와서 인사하고 돌아갔다.

21일 새벽 2시쯤 비가 오다 눈이 오다 하였다. 바람이 몹시 차가워 배에 탄 사람들이 추워서 얼지 않을까 걱정되어 마음이 놓이지 않았다. 오전 8시부터는 바람과 눈이 크게 불어쳤다. 정상명이 와서 보고하기를, 무안 현감 남언상南彦祥이 들어왔다고 한다. 남언상은 본래 수군에 소속된 관원인데, 제 몸만 보존하려는 계책으로 수군에 오지 않고 몸을 산골에 숨긴 지 달포가 넘더니 이제 적이 물러간 뒤에야 무거운 벌을 받을까 겁내어 비로소 나타났다. 그 하는 짓이 매우 해괴하다. 늦게 가리포 첨사와 배 조방장, 우후 등이 와서 인사하였다. 하루 내내 바람과 눈

감자도감검 소금 굽는 일을 감독하는 직책.

이 내렸다. 장흥 부사가 와서 잤다.

22일 아침에 눈이 오고 늦게 개었다. 장흥 부사와 아침을 같이 먹었다. 오후에 군기시 직장直長* 선기룡宣起龍 등 세 사람이 왕의 분부와 의정부의 방문榜文*을 가지고 왔다. 해남 현감이 왜적에게 붙었던 윤해尹海, 김언경金彦京을 꽁꽁 묶어서 올려 보냈다. 이들을 나장들이 거처하는 곳에다가 단단히 가두라고 하였다. 무안 현감 남언상은 가리포 전함에 가두었다. 황원*에서 우수사가 와서 김득남을 처형하였다고 하였다. 진사 백진남이 보러 왔다가 돌아갔다.

23일 맑다. 늦게 김종려, 정수가 보러 왔다. 배 조방장과 우후, 우수영 우후 이정충도 왔다. 적량*, 영등 만호도 뒤따라 왔다가 저녁에 돌아갔다. 낮에 윤해, 김언경을 처형하였다. 대장장이 허막동許莫同을 나주로 보내려고 밤 9시쯤 종을 시켜 불렀더니 배가 아프다고 하였다. 전마戰馬의 편자가 떨어진 것을 고쳐 박았다.

24일 맑다. 해남에 있던 왜의 군량 3백 22섬을 실어 왔다. 8시쯤 선전관 하응서河應瑞가 왕의 분부를 가지고 들어왔는데, 우후 이몽구를 처형하라는 것이었다. 그 편에 들으니 명나라 수군이 강화도에 도착했다고 한다. 밤 10시께 땀이 나서 등을 적셨는데 자정이 되어서야 그쳤다. 새벽 3시쯤 선전관과 금부도사가 도착하였다고 한다. 날이 환하게 밝은 뒤에 들어왔는데, 선전관은 권길權吉이요, 의금부 도사는 훈련주부 홍지수洪之壽였다. 무안 현감과 목포 만호와 다경포 만호 등을 잡으러 온 것이다.

25일 맑다. 몸이 몹시 불편하였다. 윤연尹連이 부안에서 왔다. 종 순화가 배를 타고 아산에서 와서 집안 편지를 받아 볼 수 있

직장 관청에서 전곡·비품 등의 출납 실무를 주관하던 종7품 관직.
방문 여러 사람에게 알리려고 길거리에 써서 붙이는 글.
황원黃原 전남 해남 지역의 옛 지명으로 황산면 우정리와 내변면, 화원면 일대. 우수영의 동쪽으로 현재 황산면·화원반도의 중간을 차지하는 하나의 분지를 이루며 해남에서 이곳을 거쳐 목포·진도에 이르는 도로가 발달하였다. 이곳에 남리역이 있었다.
적량赤梁 진주목; 경남 남해군 창선면 진동리.

었다. 마음이 편하지 않아서 이리저리 뒤척거리며 혼자 앉아 있었다. 초저녁에 선전관 박희무朴希茂가 왕의 분부를 가지고 왔다. 명나라 수군의 배가 정박하기 적당한 곳을 생각해서 곧 장계를 올리라는 것이었다. 양희우梁希雨가 장계를 가지고 서울로 갔다가 돌아왔다. 충청 우후가 편지와 함께 홍시 한 접을 보내왔다.

26일 새벽에 비가 뿌렸다. 조방장들이 보러 왔다. 김종려, 백진남, 정수 등도 보러 왔다. 밤 10시쯤 식은땀이 흘러서 몸을 적셨다. 방 온돌이 너무 뜨거웠던 까닭이었다.

27일 맑다. 영광 군수의 아들 전득우田得雨가 군관이 되어 인사하러 왔다. 그를 곧 부친이 있는 곳으로 돌려보냈더니 홍시 1백 개를 가지고 왔다. 밤에 비가 뿌렸다.

28일 맑다. 아침에 여러 종류의 장계를 봉해서 피은세皮銀世에게 주어 보냈다. 늦게 강막지의 집에서 나와서 지휘선으로 옮겨 탔다. 저녁에 염전에서 일하는 도서원都書員|서원의 우두머리| 걸산乞山이 큰 사슴을 잡아 바치기에 군관들에게 내주어 나누어 먹도록 하였다. 밤에 바람 한 점 없었다.

29일 맑다. 새벽 2시 첫 나팔을 불어 배를 띄워 목포로 향하였다. 비와 우박이 섞여 내리고 동풍이 약간 불었다. 목포에 이르렀다가 보화도*에 옮겨 정박하였더니, 서북풍을 막을 만하고 배를 감추기에도 알맞았다. 그래서 육지로 내려 섬 안을 돌아보니 지형이 아주 좋기에 진을 치고 집 지을 계획을 세웠다.

30일 맑으나 동풍이 불고 비가 오려는 모양이었다. 아침에 집 지을 곳에 내려가 앉아 있었더니 여러 장수들이 보러 왔다. 해남 현감도 와서 적에게 붙었던 자들이 한 짓을 전하였다. 아침 일찍 황득중을 시켜 목수를 데리고 섬 북쪽 산 밑에 가서 집 지을 재

보화도寶花島 영암군: 전남 목포시 달동. 고하도라고도 한다.

목을 베어 오게 하였다. 늦게 적에게 붙었던 해남의 정은부鄭銀夫
와 김신웅金信雄의 처 등과 왜놈의 종들에게 지시하여 우리나라
사람을 죽인 두 명과 양반집 처녀를 욕보인 김애남金愛南을 모두
목 베어 효시하였다. 저녁에 양밀粱謐이 도양장의 벌레 먹은 곡
식을 제멋대로 나눠 준 일에 대한 벌로 곤장 60대를 때렸다.

11월, 고하도에 진영을 마련하다

초1일 비가 계속 내렸다. 아침에 사슴 털가죽 두 장이 물에
떠내려 왔기에 명나라 장수에게 보내기로 하였다. 이상한 일이
다. 오후 2시쯤 비는 개었으나 북풍이 크게 불어 배에 탄 사람들
은 추위를 견디기 어려웠다. 나도 웅크리고 배 밑창 방에 앉아
있었더니 마음이 편안하지 않아서 하루를 지내는 것이 한 해를
지내는 것 같았다. 이 슬픔을 어찌 말로 할 수 있을 것인가! 저
녁에 북풍이 크게 불어 밤새도록 배가 흔들려 사람이 안정할 수

고하도 이충무공 기념비와 비각 이순신은
1597년 10월~1598년 3월까지 이곳에서 군량과 군수 물자를 모아 전쟁에 대비했다. 1772년(경종2)에 세운 이충무공기념비가 있다.

없었다. 땀이 흘러서 온몸을 적셨다.

초2일 흐렸으나 비는 오지 않았다. 아침 일찍 들으니 우수사의 배가 바람에 떠내려가다가 바위에 걸려 부서졌다고 한다. 매우 분한 일이었다. 병선 군관 당언량唐彦良을 잡아다가 곤장 80대를 쳤다. 선창에 내려가 다리 놓는 것을 감독하였다. 그리고 새 집 짓는 곳에 올라갔다가 어두워서 배로 내려왔다.

초3일 맑다. 일찍 집 짓는 데로 올라가니 선전관 이길원李吉元이 배설을 처벌하려고 들어왔다. 배설은 벌써 성주 본집으로 도망갔는데도 선전관은 그곳으로 가지 않고 바로 이리로 왔으니 사사로운 정을 따르는 죄가 컸다. 선전관을 녹도의 배로 보냈다.

초4일 맑다. 일찍 새 집 짓는 곳으로 올라갔다. 이길원이 머물렀다. 진도 군수 선의문宣義問이 왔다.

초5일 맑고 따뜻하기가 봄날 같았다. 일찍 새 집 짓는 곳으로 올라갔다가 해가 질 무렵에 배로 내려왔다. 영암 군수 이종성李宗誠이 와서 밥 30말을 지어 일꾼들을 먹였다. 또 군량미 2백 섬과 벼 7백 섬을 준비했다고 말하였다. 보성 군수와 흥양 현감을 시켜 군량 곳간 짓는 것을 보살피게 하였다.

초6일 맑다. 일찍 새 집 짓는 데로 올라가서 하루 내내 거닐다가 해 지는 줄을 몰랐다. 새 집 지붕을 잇고 군량 곳간도 세웠다. 전라 우수사 우후는 나무를 베어 오기 위하여 황원장黃原場으로 갔다.

초7일 맑고 따뜻하였다. 아침에 해남 의병이 왜적의 머리 하나와 환도 한 자루를 가져와 바쳤다. 이종호와 당언국唐彦國도 잡아 왔기에 거제 소속의 배에 가두었다. 늦게 전 홍산 현감 윤영현尹英賢과 생원 최집崔潗이 보러 왔는데 군량으로 벼 40섬과 쌀

윤영현尹英賢12~?1 임란 전인 1591년 왕자사부 王子師傅를 거쳐 1596년 홍산 현감이 되었다. 이때 이몽학이 홍산에서 반란을 일으켜 그에게 체포되었다. 이로 인하여 역적에게 굴종하였다는 죄로 의금부에 투옥되고 파직되었다.

400

8섬을 바쳤다. 며칠간 양식으로 도움될 만하였다. 본영 박주생朴注生이 왜의 머리 두 개를 베어 왔다. 전 현령 김응인金應仁이 보러 왔다. 이대진李大振의 아들 순생順生이 윤영현을 따라왔다. 저녁에는 새 집의 마루를 다 놓았다. 여러 수사들이 보러 왔다. 밤 자정께 면이 죽는 꿈을 꾸고는 목 놓아 울었다. 진도 군수가 돌아갔다.

초8일 맑다. 새벽 2시쯤 꿈을 꾸었는데 물에 들어가 고기를 잡았다. 오늘은 따뜻하고 바람도 없었다. 새 방의 벽에 흙을 발랐다. 이지화 부자가 보러 왔다. 수루를 만들었다.

초9일 맑고 따뜻하기가 봄날 같았다. 우수사가 보러 왔고 강진 현감은 고을로 돌아갔다.

초10일 눈비가 섞여 내리고 서북풍이 크게 불어 간신히 배를 건넸다. 이정충이 와서 장흥에 있던 적들이 달아났다고 전했다.

11일 맑고 바람도 잦아들었다. 밥을 먹은 뒤 새 집에 올라갔다. 신임 평산 만호가 임지에 도착하였다는 도임장을 바쳤다. 그는 하동 현감의 형 신훤申萱이었다. 그가 전하기를 상上께서 이미 숭정崇政˚의 품계를 가자加資하였다고 한다. 장흥 부사와 배 조방장이 보러 왔다. 저녁에 우후 이정충이 도착하였다가 오후 8시께 돌아갔다.

12일 맑다. 늦게 영암, 나주 사람들이 타작을 못하게 했다고 해서 꽁꽁 묶어 왔다. 그 가운데 주모자를 가려 처형하고 남은 네 명은 각 배에 가두었다.

13일 맑다.

14일 맑다. 해남 현감 유형柳珩이 와서 윤단중尹端中이 이치에 닿지 않는 일을 많이 했다고 전하였다. 또 말하기를 "해남의 아

숭정 숭정대부. 종1품 하下의 품계로서 종1품 숭록대부崇祿大夫의 다음. 이순신에게 가자되었으나 실제로는 올려지지 않았다고 한다.

전이 법성포로 피난 갔다가 돌아올 때 바람을 만나 배가 뒤집어졌는데, 그 때 바다 가운데서 그와 서로 만났습니다. 그런데 그는 배를 구조하기는커녕 도리어 배 안의 물건을 빼앗아 갔습니다." 하는 것이었다. 그래서 그를 중군 배에 가두었다. 김인수金仁守*는 경상 수영 배에 가두었다. 내일이 아버님 제삿날이어서 나가지 않겠다.

15일　맑다. 날씨가 봄날처럼 따뜻하였다. 밥을 먹은 뒤 새 집에 올라갔다. 늦게 임환과 윤영현이 보러 왔다. 밤 송한宋漢이 서울에서 이곳으로 들어왔다.

16일　맑다. 아침에 조방장, 장흥 부사 그리고 진중에 있는 여러 장수가 모두 보러 왔다. 군공에 대한 기록을 살펴보았더니 거제 현령 안위가 통정대부通政大夫*가 되고 그 나머지도 차례차례 벼슬을 받았으며, 내게는 은자 20냥을 상금으로 보냈다. 명나라 장수 양 경리[양회]가 붉은 비단 한 필을 보내면서, 배에다 붉은 비단을 걸어 주고 싶으나* 멀어서 갈 수가 없었다고 전하였다. 영의정의 답장도 왔다.

17일　비가 계속 내렸다. 양 경리의 차관이 초유문招諭文*과 면사첩免死帖*을 가지고 왔다.

18일　맑다. 따뜻하기가 봄날 같았다. 윤영현이 보러 왔고 정한기鄭漢起도 왔다. 땀이 났다.

19일　흐리다. 배 조방장과 장흥 부사가 보러 왔다.

20일　비가 계속 내리고 바람도 계속 불었다. 임준영이 와서, 완도를 정탐하였으나 적의 배는 없었다고 전하였다.

21일　맑다. 송응기宋應璣 등이 산에서 일할 일꾼을 데리고 해남 소나무 있는 곳으로 갔다. 밤에 순생이 와서 잤다.

＊ 김인수金仁秀라고도 나온다.

통정대부 정3품 당상관의 품계.

＊싸움에 이겼을 때 배에다 붉은 비단을 걸어 그 공을 축하하는 예식을 했다고 한다.

초유문 적 또는 적에게 붙었던 자들을 너그러이 포용하는 포고문.

면사첩 사형을 면하게 한다는 증명서.

아산 현충사 조선 숙종이 이순신을 기리기 위한 사당을 세우고 직접 '현충사'라 이름 지었는데, 그 뒤 일제 시대를 거쳐 1960년대 성역 확대, 1970년대 조경 공사 이후 오늘의 모습을 갖추었다. 충남 아산시 염치면 백암리.

22일 흐리다 개다 하였다. 저녁에 김애金愛가 아산에서 돌아왔다. 왕의 분부를 가져온 사람이 이달 초10일 아산 집에 들러 편지를 가져왔다. 밤에 비와 눈이 내리고 바람도 크게 불었다. 장흥에 있던 적이 20일 달아났다는 보고가 왔다.

23일 바람이 크게 불고 눈이 많이 내렸다. 전쟁에 이겼다는 장계를 썼다. 저녁에 얼음이 얼었다고 한다 아산 집에 편지를 쓰려고 하니 눈물을 거둘 수가 없었다. 죽은 아들을 생각하는 정을 누르기 어려워서였다.

24일 비와 눈이 내렸다. 서북풍이 계속 불었다.

25일 눈이 오다.

26일 비와 눈이 내렸다. 추위가 배나 심해졌다.

27일 맑다. 장흥에서 전쟁에 이겼음을 보고하는 장계를 수정하였다.

28일 맑다. 장계를 봉하였다. 무안 사는 진사 김덕수金德秀가 군량으로 벼 15섬을 가져와 바쳤다.

29일　맑다. 마 유격麻遊擊|마귀麻貴|의 차관 왕재王才가 뱃길로 명나라 군대가 내려온다고 전하였다. 전희광田希光, 정황수鄭凰壽가 오고 무안 현감도 왔다.

12월, 권도를 쫓아 나라를 구하라!

초1일　맑고 따뜻하였다. 아침에 경상 수사 이입부李立夫*가 진영에 왔다. 나는 배가 아파서 늦게야 수사를 보고 함께 이야기를 나누며 하루 내내 대책을 의논하였다.

초2일　맑다. 날씨가 매우 따뜻하여 봄날 같았다. 영암 향병장鄕兵將 유장춘柳長春이 왜적을 토벌한 일을 보고하지 않았으므로 곤장 50대를 때렸다. 윤홍산尹鴻山|윤영현|, 김종려, 백진남, 정수 등이 보러 왔다. 오후 10시쯤 되자 땀이 배었다. 북풍이 크게 불었다.

초3일　맑았으나 바람이 크게 불었다. 몸이 편하지 않았다. 경상 수사가 보러 왔다.

초4일　맑았으나 몹시 추웠다. 늦게 김윤명金允明에게 곤장 40대를 쳤다. 장흥 교생 기업基業이 군량을 훔쳐 실은 죄를 저질러서 곤장 30대를 쳤다. 거제 현령과 금갑도 만호, 천성 만호가 타작을 하고 돌아왔다. 무안 현감과 전희광 등도 돌아갔다.

초5일　맑다. 아침에 군공을 세운 여러 장수들에게 상품과 직첩을 나누어 주었다. 김돌손이 봉학을 거느리고 함평 땅으로 가서 포작을 모았다. 정응남鄭應男이 점세를 데리고 진도로 갔는데 새로 만드는 배를 조사하려고 함께 나간 것이다. 해남의 독동禿同을 처형하였다. 전 익산 군수 고종후*가 왔으며 김억창金億昌,

입부　이순신李純信의 자字이다.

*고종후의 6촌 고성후高成厚가 1593~1594년에 익산 군수를 지냈다고 하는데, 그를 착각한 것으로 보인다.|『금마지金馬志』, 1756|

404

광주의 박자朴仔, 무안의 나덕명羅德明도 왔다. 도원수의 군관이 왕의 분부를 가지고 왔는데, 내용은 이러하다.

"이번 선전관 편에, 통제사 이순신이 아직도 권도權道를 좇지 않아서* 여러 장수들이 걱정스럽게 여긴다고 들었다. 사사로운 정이야 비록 간절하지만 나랏일이 한창 바쁘고, 옛사람의 말에도 '전쟁에 나가서 용맹이 없으면 효孝가 아니다.' 라고 하였다. 전쟁에 나가 용감하려면 소찬素饌이나 먹어서 기력이 떨어진 자로서는 능히 하지 못하는 일이다. 예에도 원칙을 지키는 경經이 있고 방편을 취하는 권權이 있는 것처럼 꼭 원칙만 지킬 수는 없는 것이다. 경은 내 뜻을 잘 깨달아서 소찬 먹는 것을 그만두고 권도를 좇도록 하라."

아울러 고기 반찬을 내려주셨다. 비통하고 비통하였다. 강간하거나 약탈한 해남의 죄인들을 함평 현감이 자세히 심문했다.

초6일 나덕준과 정대청의 아우 응청應淸이 보러 왔다.

초7일 맑다.

초8일 맑다.

초9일 맑다. 종 목년이 들어왔다.

초10일 맑다. 해, 열과 진원이 윤간, 이언량과 함께 들어왔다. 배 만드는 곳에 나가 앉아서 지켜보았다.

11일 맑다. 경상 수사|이순신李純信|와 조방장이 보러 왔으며 우수사|이시언李時言|*도 왔다.

12일 맑다.

13일 가끔 눈이 내렸다.

14일 맑다.

15일 맑다.

*상제라고 하여 고기를 안 먹고 나물 반찬만 먹는 것을 뜻한다.

이시언|?~1624| 1592년 임진왜란 중에 황해도 좌방어사에 이어 충청도 병마절도사로서 경주 탈환전 때 의병장 정기룡, 권응수와 합세, 명나라 원군과 연합하여 공을 세웠다. 1594년 전라도 병마절도사가 되었다.

16일   맑다가 늦게 눈이 내렸다.

17일   눈과 바람이 섞여서 매우 추웠다. 조카 해를 떠나보냈다.

18일   눈이 내렸다. 새벽에 해는 어제 술이 채 깨지도 않았지만 배를 띄워 떠났다. 마음이 평안하지 못하였다.

19일   눈이 하루 내내 내렸다.

20일   진원의 어머니와 윤간이 올라갔다. 우후가 교서에 절하였다.

21일   눈이 내렸다. 아침에 홍산 현감이 목포에서 보러 왔고, 늦게 배 조방장과 경상 수사가 보러 왔다가 크게 취해서 돌아갔다.

22일   비와 눈이 섞여 내렸다. 함평 현감이 들어왔다.

23일   눈이 세 치나 쌓였다. 순찰사*가 진에 도착한다는 기별이 왔다.

24일   눈이 오다 개다 하였다. 아침에 순찰사에게 이종호를 보내어 문안하였다. 밤에 나덕명이 와서 이야기를 나누었는데 내가 싫어하는 것을 모르고 머무르고 있으니 한심하다. 오후 10시께 집에 편지를 썼다.

25일   눈이 내렸다. 아침에 열이 돌아갔는데, 제 어머니의 병 때문이다. 늦게 경상 수사와 배 조방장이 보러 왔다. 오후 6시께 순찰사가 진중에 왔다. 함께 군사에 관한 일을 의논하였는데 바닷가에 있는 19개의 고을은 수군에만 속하도록 하였다. 저녁에 방으로 들어가 함께 조용히 이야기를 나누었다.

26일   눈 내리다. 방백方伯*과 방에 앉아 조용히 군사 대책을 이야기하였다. 늦게 경상 수사와 배 조방장이 보러 왔다.

27일   눈 내리다. 아침을 먹은 뒤 순찰사가 돌아갔다.

28일   맑다. 경상 수사와 배 조방장이 보러 왔다. 비로소 들으

*황신黃愼을 가리킨다. 그는 접반사로 활동하다가 이 해 7월 3일 순찰사로 임명되었다.

방백   감사, 또는 순찰사를 가리킨다.

니 경상 수사의 가지고 온 물건이*······.

29일　맑다. 김인수를 놓아 주었다. 윤尹□□*은 곤장 30대를 때려서 놓아주었다. 저녁에 두우지杜宇紙, 백지白紙, 상지常紙*가 모두 50*······ 왔다. 오후 8시께 다섯 사람이 뱃머리에 왔다고 하기에 종을 보냈는데*······ 그것이 무슨 뜻인지는 모르겠다. 거제 현령이 망령되었음을 알 수 있겠다.* 끓는 물에 팔을 데었다고 한다.

30일　입춘이다. 눈보라가 마구 몰아치고 몹시 추웠다. 배 조방장이 보러 왔다*······. 여러 장수들이 모두 와서 보는데 평산 만호와 영등 만호정응두는 오지 않았다. 부찰사의 군관이 편지를 가지고 왔다. 오늘 밤은 한 해를 끝마치는 그믐밤이어서 비통한 마음이 더욱 심하였다.

*이하 글자가 지워져서 안 보이므로 그 내용을 알 수 없다.

*뒤 이름은 알아볼 수 없다.

상지 품질이 좋지 못한 보통 종이.

*이 아래도 지워져 알아볼 수 없다.

*이하 탈락되어 있다.

*이하 탈락되어 있다.

*이하 탈락되어 있다.

1598년 마지막 싸움에 나서다

2월에 이순신은 다시 진영을 고금도로 옮기고 전열을 가다듬었다. 전쟁은 이제 막바지로 치달았다. 7월에 명나라의 수군 도독 진린이 내려와서 함께 연합 함대를 편성하였다. 그리고 11월 이순신은 노량 해전에서 달아나는 적을 쫓다가 유탄에 맞아 전사하였다.

초1일 　맑다. 늦게 잠깐 눈이 왔다. 경상 수사, 조방장 그리고 여러 장수들이 모두 와서 모였다.

초2일 　맑다. 나라의 제삿날*이어서 공무를 보지 않았다. 새 배에 흙덩이가 떨어졌다. 해남 현감이 보러 왔다가 돌아갔다. 송대립, 송득운, 김붕만이 각 고을로 나갔다. 진도 군수가 보러 왔다가 돌아갔다.

초3일 　맑다. 이언량, 송응기 등이 산으로 …….*

초4일 　맑다. 무안 현감에게 곤장을 때렸다. …… 수사에게로 …… 하였더니 곧 우수사가 와서…….*

(이후 8월까지의 일기는 빠져 있다.)

*명종 비 인순왕후 심 씨의 제삿날이다.

*원문에 이하 탈락되어 있다.

*원문에 글씨가 훼손되 어 있다.

진린 명나라 광동 사람 으로 부총병으로 보정. 산동 지방의 왜구 방어 의 책임을 맡고 있다가 1597년 구원군으로 전 선 500여 척을 거느리 고 당진에 들어왔다.

9월, 명나라와 연합하여 적을 공격하다

15일 　맑다. 도독都督 진린陳璘*과 함께 한꺼번에 군사를 움직

이순신, 고금도로 진을 옮기고 마지막 싸움을 준비하다

2월 17일 이순신은 강진 고금도로 진을 옮겼다.

7월 16일 명나라 수군 도독 진린陳璘이 5천의 병력을 끌고 왔다.

7월 18일 적선 1백여 척이 녹도를 침범했다.

8월 18일 풍신수길이 죽으면서 조선에서 철병할 것을 명령했다.

묘당도 충무사 1598년 이순신과 그의 군사 약 8천과 명나라 장수 진린과 그의 군사 약 5천이 고금도에 딸린 섬인 묘당도에 진을 치고 이후 약 7개월간 수군 본부로 삼았다. 이순신의 시신을 80여 일간 안치했던 곳으로 지금은 이곳에 이충무공의 사당 충무사가 있다. 전남 완도군 고금면 덕동리.

였다. 나로도*에 이르러 하룻밤을 머물렀다.

16일   맑다. 나로도에 머물면서 도독과 술을 마셨다.

17일   맑다. 나로도에 머물며 진린과 함께 술을 마셨다.

18일   맑다. 오후 2시쯤 군사를 움직여서 방답에 이르러 머물렀다.

19일   맑다. 아침에 좌수영 앞바다로 옮겨 배를 대었더니 눈앞에 보이는 것이 참담하였다. 자정에 달빛 속에서 하개도何介島에 배를 옮겨 대었다. 날이 새기 전에 군사를 움직였다.

20일   맑다. 오전 8시에 광양 땅 유도*에 다다랐더니 명나라 육군 유 제독劉提督이 벌써 병력을 이끌고 왔다. 수륙으로 협공하였더니 적의 기세가 크게 꺾여 두려워하는 모습이 보였다. 수군이 드나들며 대포를 쏘았다.

21일   맑다. 아침에 진군하여 활과 대포를 쏘았다. 하루 내내 싸웠으나 물이 매우 얕아서 가까이 다가가 싸울 수가 없었다. 남해의 왜적이 가벼운 배를 타고 들어와서 정탐하려 하기에 허사인許思仁 등이 추격했더니 적은 육지에 내려 산으로 올라갔다. 그래서 그 배와 여러 가지 물건을 빼앗아서 도독에게 바쳤다.

22일   맑다. 아침에 군사를 끌고 나갔다 들어왔다 하다가 명나라 유격遊擊이 왼편 어깨에 탄환을 맞았다. 깊은 상처를 입지는 않았다. 명나라 군사 11명이 탄환에 맞아 죽었다. 지세포 만호와 옥포 만호도 탄환에 맞아 죽었다.

23일   맑다. 도독이 화를 벌컥 내면서 서천 만호와 홍주 대장과 한산 대장에게 각각 곤장 일곱 대씩을 때리고, 금갑도 만호, 제포 만호, 회령포 만호에게도 함께 15대씩 때렸다.

24일   맑다. 진대강陳大綱이 돌아갔다. 원수의 군관이 공문을

나로도羅老島 흥양현:
전남 고흥군 봉래면.

유도柚島 광양현: 전남
광양시 골약면 송도.

가지고 왔다. 충청 병사의 군관 김정현金鼎鉉이 왔다. 남해 사람 김덕유金德酉 등 다섯 사람이 나와서 그곳에 있는 왜적의 정세를 전하였다.

25일　맑다. 진대강이 돌아와서 유 제독의 편지를 전하였다. 육군은 비록 공격하고자 하였지만 준비가 완전하지 못하였다. 김정현이 보러 왔다.

26일　맑다. 육군이 아직 준비를 갖추지 못하였다. 저녁에 정응룡鄭應龍이 와서 북도北道의 일을 말하였다.

27일　아침에 잠시 비가 뿌리고 서풍이 세게 불었다. 아침에 명나라 군문軍門 형개邢玠°가 글을 보내어 수군이 재빨리 진군하였다고 칭찬하였다. 밥을 먹은 뒤 진 도독을 만나서 조용히 의논하였다. 하루 내내 바람이 크게 불었다. 저녁에 신호의愼好義가 보러 왔다가 머물렀다.

28일　맑았으나 서풍이 세게 불어서 크고 작은 배들이 드나들 수 없었다.

29일　맑다.

30일　맑다. 저녁에 유격 왕원주王元周, 유격 복승福昇, 파총 이천상李天常이 1백여 척의 배를 거느리고 우리 진에 다다랐다. 밤 불빛이 찬란하여 적의 무리들의 간담이 떨어졌을 것이다.

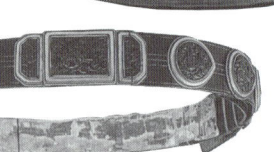

이순신이 소중하게 간직했던 술잔과 허리띠
1598년 10월 초 명나라 장수 왕원주와 진 파총으로부터 선물받은 것이라 전한다. ⓒ 아산 현충사.

형개⁉~⁈ 명나라 병부 시랑으로서 총독 군문의 직책을 맡고 파견되었다.

초1일　맑다. 도독이 새벽에 길을 떠나 유 제독에게 달려가서 잠깐 서로 이야기를 나누었다.

초2일　맑다. 오전 6시쯤 군사들을 진격시켰다. 우리 수군이 먼저 올라갔다. 정오까지 서로 싸워 적을 많이 죽였다. 사도 첨사가 탄환에 맞아 전사하고 이청일李淸一도 또한 전사하였다. 제포 만호 주의수와 사량 만호 김성옥金聲玉, 해남 현감 유형, 진도 군수 선의문, 강진 현감 송상보宋常甫는 탄환에 맞았으나 죽지는 않았다.

초3일　맑다. 도독이 유 제독이 보낸 밀서를 받고는 초저녁에 나가 싸웠다. 자정이 될 때까지 서로 부딪치고 싸웠는데 사선沙船│명나라 배 19척과 호선唬船│명나라 배 20여 척이 불탔다. 도독이 펄펄 뛰는 모양을 말로 하기가 어려웠다. 안골포 만호 우수가 탄환에 맞았다.

초4일　맑다. 아침 일찍 배를 진격시켜 적을 공격하였다. 하루 내내 서로 싸웠는데 적들은 허둥지둥 달아났다.

초5일　맑다. 서풍이 세게 불어 배들이 겨우 정박하고 하루를 보냈다.

초6일　맑았으나 서북풍이 세게 불었다. 도원수가 군관을 보내어 편지를 전하기를 "유 제독이 달아나려고 합니다." 하였다. 분하다, 분하다! 나랏일이 앞으로 어떻게 될 것인가!

초7일　맑다. 아침에 송한련이 군량 4섬, 조 1섬, 기름 5되, 꿀 3되를 바치고, 김태정金太丁이 쌀 2섬 1말을 바쳤다.

초8일　맑다.

초9일　육군이 이미 철수하였으므로 도독과 함께 배를 거느리고 바닷가 정자에 도착하였다.

초10일　좌수영에 도착하였다.

11일　맑다.

12일　나로도에 다다랐다.

11월, 마지막 싸움, 노량 해전!

초8일　도독부를 방문하여 위로연을 베풀었다. 하루 내내 술을 마시고 어두워서야 돌아왔다. 조금 있다가 도독이 보자고 청하였다. 바로 나갔더니 도독이 "순천 왜교*의 적들이 초 10일 사이에 철수하여 도망한다는 기별이 육지로부터 왔습니다. 급히 진군하여 돌아가는 길을 막읍시다." 하였다.

초9일　도독과 더불어 일제히 군대를 움직여서 순천 땅 백서량*에 다다라서 진을 쳤다.

초10일　좌수영 앞바다에 이르러 진을 쳤다.

11일　유도에 이르러 진을 쳤다.

(12일은 일기가 빠져 있다.)

13일　왜선 10여 척이 순천 땅 장도*에 나타났다. 곧 도독과 약속하고 수군을 거느리고 쫓아 나갔더니 왜선은 움츠러들어 하루 내내 나오지 않았다. 도독과 함께 장도로 돌아와 진을 쳤다.

14일　왜선 두 척이 강화講和하자고 바다 가운데까지 나왔다. 도독이 왜말 통역관을 시켜 조용히 왜선을 맞이하여 붉은 기와 환도 등 물건을 조용히 받았다. 오후 8시에 왜장이 작은 배를 타고 도독부로 들어와서 돼지 두 마리와 술 두 통을 도독에게 바치고 갔다.

왜교倭橋　순천부: 전남 순천시 해룡면 신성리.

백서량白嶼梁　순천부: 전남 여천군 남면 횡간도.

장도獐島　순천부: 전남 여천군 율촌면 장도.

15일　아침 일찍 도독을 만나보고 잠깐 이야기를 나누고 돌아왔다. 왜선 두 척이 강화하자고 두 번, 세 번 도독의 진중으로 드나들었다.

16일　도독이 진문동陳文同을 왜적의 진영에 들여보냈다. 조금 있다가 왜선 세 척이 말 한 필과 창, 칼 등을 도독에게 가져다 바쳤다.

17일　어제 복병장인 발포 만호 소계남과 당진포 만호 조효열趙孝悅 등이 왜의 중간배 한 척이 군량을 가득 싣고 남해에서 바다를 건너는 것을 한산도 앞바다까지 쫓아나갔던 일을 보고하였다. 왜적은 한산도에서 기슭을 타고 육지로 올라가 달아났고, 잡은 왜선과 군량은 명나라 군사에게 빼앗기고 빈손이었다.

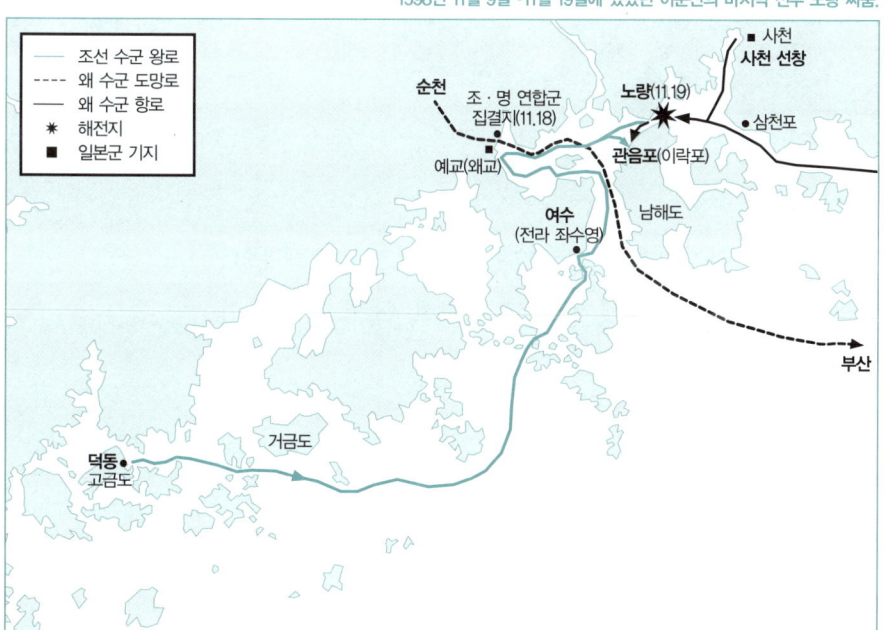

1598년 11월 9일~11월 19일에 있었던 이순신의 마지막 전투 노량 싸움.

이순신, 노량에 지다

관음포 이충무공 유허에 있는 수루 수루에서 내려다 보면 관음포 앞바다가 보인다. 관음포 앞바다는 이순신이 순국한 바다라는 뜻에서 '이락파李落波'라고도 부른다. 경남 남해군 고현면 차면리.

11월 18일 조·명 연합 함대가 노량으로 진격하였고, 19일 새벽부터 싸움이 시작되어 왜적을 크게 쳐부수고 선두에서 싸움을 지휘하던 이순신이 유탄에 맞아 전사하였다.

임진왜란 주요 사건 연표

1592

4 14▶ 일본군 제1군(고니시〔小西行長〕) 부산 상
륙. 부산진 함락(첨사 정발 전사). 다대포진 전
투 패배(첨사 윤흥신 전사)

15▶ 동래성 함락(송상현 전사). 일본군 제1군
울산 군수 이언성을 통해 화의 제기

17▶ 이일이 순변사로 임명되어 중로中路로
급파됨

18▶ 일본군 제2군(가토〔加藤淸正〕) 부산 상륙

19▶ 밀양성 함락. 일본군 제3군 부산 상륙.
김해성 전투. 일본군 제2군 언양으로 진격

21▶ 경주성 함락. 일본군 제1군 대구로 진격

22▶ 병조판서가 김응남으로 교체됨. 신립이
삼도순변사로 임명됨. 좌의정 유성룡이 도
체찰사로 임명됨. 일본군 제2군 경주에서
군위로 진격. 곽재우가 의령에서 기병

23▶ 일본군 제1군 선산으로 진격

25▶ 상주성 함락(순변사 이일 패전)

26▶ 일본군 제1군 조령 통과

28▶ 경상 우방어사 조경이 추풍역에서 패
전. 충주 전투 패배(신립 전사)

29▶ 광해군 세자에 책봉됨. 일본군 제1군과
제2군이 충주에서 합류

30▶ 선조, 도성을 떠나 서행西幸 길에 오름

5 1▶ 선조, 개성에 도착

2▶ 한성이 일본군에게 점령됨

4▶ 전라 좌수군(이순신)이 본영(여수)에서 출
전

5▶ 일본군이 제4군 부산 상륙

6▶ 선조, 평양 도착. 옥포 · 합포 해전 승리

8▶ 적진포 해전 승리

15▶ 야나가와〔柳川調信〕가 임진강에서 강화
요구

17▶ 임진강 전투 패배(유극량 전사)

18▶ 해유령 전투 승리. 도원수 김명원 임진
강 방어에 실패

27▶ 일본군, 개성 진입

29▶ 전라 좌수군, 제2차 출전. 사천 해전 승
리. 고경명이 담양에서 기병

6 2▶ 당포 해전 승리

5▶ 당항포 해전 승리

7▶ 율포 해전 승리

8▶ 고니시, 대동강 남안에 도착하여 조선에
강화를 제의

9▶ 대동강 회담 결렬

11▶ 선조, 평양을 출발하여 북행

15▶ 고니시, 평양에 무혈 입성

17▶ 명나라 유격장이 압록강 넘어 조선에
들어옴

22▶ 선조, 의주에 도착

7 7▶ 조선 수군, 제3차 출전

8▶ 웅치 전투 패배. 이치 전투 승리. 한산도
해전 승리

9▶ 안골포 해전 승리. 금산 전투(의병장 고경
명 전사)

17▶ 명나라 조승훈 부대 제1차 평양성 전투.
의병장 권응수 기병.

26▶ 고경명 군의 잔류 의병이 최경회를 대
장으로 추대하고 기병

27▶ 의병장 권응수, 영천성 전투 승리

8 1▶ 제2차 평양성 전투 패배

2▶ 청주성 전투

17▶ 유격 심유경이 압록강을 건너 입국

18▶ 조헌 · 영규 의병 부대 제2차 금산 전투
패배(조헌 등 사망).

25▶ 조선 수군, 제4차 출전

9 1▶ 이순신, 부산포 해전 승리(정운 전사). 심
유경과 고니시 회담

2▶ 이정암, 연안성 전투 승리

8▶ 경주성 전투 승리

10 6▶ 김시민, 제1차 진주성 전투 승리

18▶ 삭령 부근 전투

30▶ 의병장 정문부 길주 전투 승리

11 10▶ 함흥 부근 전투

12▶ 정문부 길주성 공격

14▶ 제2차 성주 전투

17▶ 심유경이 재입국하여 의주 도착

12 25▶ 제독 이여송 대군을 이끌고 압록강을
건너 조선에 들어옴

1593

1 2▶ 제독 이여송과 유성룡, 안주에서 작전 회
의를 함

6▶ 제3차 평양성 전투 승리

9▶ 제독 이여송이 평양 입성

18▶ 선조, 의주에서 남하. 이여송, 남하

19▶ 조 · 명 연합군이 개성을 무혈 탈환

27▶ 명군, 벽제관 전투 패배

2 10▶ 웅천 해전 승리

12▶ 권율, 행주산성 전투 승리

18▶ 이여송, 평양으로 후퇴

3 4▶ 이순신, 제2차 당항포 해전 승리

4 18▶ 일본군, 한성 철수 개시

20▶ 조·명 연합군, 한성 입성
5 10▶ 일본군, 밀양부 이남으로 전면 철수
   23▶ 나고야 회담
6 22▶ 제2차 진주성 전투(29일 진주성 함락, 김천일 등 전사)
7 15▶ 이순신, 한산도로 본영을 옮김
   22▶ 일본군, 부산에서 임해군과 순화군을

   석방
8 1▶ 전라 좌수사 이순신 삼도수군통제사에 임명
9 8▶ 곽재우, 경상우도 조방장에 임명
10 1▶ 선조, 한성에 도착
   27▶ 유성룡, 영의정에 임명
   30▶ 일본군이 철수 시작

1594

1 11▶ 송유진 역모 사건
   23▶ 일본으로 철수했던 후쿠시마[福島正則] 다시 조선으로 들어옴
3 4▶ 제2차 당항포 해전 승리
   9▶ 명나라 유정劉綎, 남원에 이동하여 주둔
   14▶ 구키[九鬼嘉隆] 조선에 들어옴
4 13▶ 가토와 승 유정의 제1차 서생포 회담
7 26▶ 이항복, 병조판서에 임명

8 2▶ 명나라 유정, 한성으로 출발
   27▶ 고니시 등, 우병사 김응서를 통해 수교 요청
9 29▶ 이순신 등, 장문포 해전 및 영등포 해전 승리
12 30▶ 명나라가 일본에 책봉사(정사 이종성, 부사 양방형) 파견키로 결정

1595

1 13▶ 명나라 진운홍陳雲鴻과 고니시의 웅천 회담
2 11▶ 명나라 누국안婁國安과 고니시의 웅천 회담
4 7▶ 책봉사 한성 도착

7 26▶ 도원수 권율 교체. 이원익, 도체찰사 겸 영원수부사에 임명
10 10▶ 책봉 부사 양방형, 부산 일본군 진영에 도착
   24▶ 책봉 정사 이종성, 밀양 도착

12 29▶ 야나가와〔柳川調信〕가 유정惟政에게 조 　　선 통신사의 일본 파견을 요청

1596

1 ▶ 모리〔毛利元康〕, 구로다〔黑田長政〕, 와키사
카〔脇坂次治〕, 나베시마〔鍋島勝茂〕 등 부산,
기장, 안골포, 김해성에서 철수
26 권율, 도원수에 다시 임명
2 ▶ 토다〔戶田勝隆〕, 후쿠시마가 거제도에서
철수
15▶ 곽재우, 경상우도 방어사에 임명
3 ▶ 고바야가와〔小早川秀包〕 등이 가덕도에서
철수
4 15▶ 일본군에서 탈출한 책봉 정사 이종성이

한성 도착
5 10▶ 가토, 서생포 철수
7 6▶ 이몽학, 충청도 홍산에서 반란
8 4▶ 선조, 김덕령을 직접 국문
8▶ 통신사 황신, 일본으로 가다
9 2▶ 책봉사와 도요토미〔豊信秀吉〕 오사카성
회담
10 10▶ 책봉사와 통신사, 나고야에서 고니시로
부터 재침을 통고받음

1597

1 14▶ 20여만의 일본군의 조선 재침(가토는 서
생포 주둔, 고니시는 웅천 주둔 등). 명나라 부총
병 오유충 남병 4천 이끌고 한성에 진입
27▶ 이순신이 구속되고, 원균이 삼도수군통
제사에 임명
3 8▶ 유정과 가토, 서생포 회담
5 1▶ 시마즈〔島津義弘〕, 재침하여 가덕도 주둔
8▶ 명나라 부총병 양원, 한성 도착
6 14▶ 명나라 부총병 오유충, 한성 도착

18▶ 명나라 부총병 양원, 남원 도착
7 3▶ 명나라 제독 마귀, 한성 도착
5▶ 심유경, 양원에게 체포되어 본국으로 압
송됨
11▶ 도원수 권율, 원균을 장벌함
15▶ 칠천량 해전 패배(원균 전사, 이억기 전사)
17▶ 재침군 총대장 고바야가와, 부산 상륙
22▶ 이순신, 삼도수군통제사에 임명
8 16▶ 남원성 함락. 황석산성 전투 패배

9 1▸ 여산, 은진 부근 전투

7▸ 명군, 직산 전투 승리

14▸ 금구 전투

16▸ 이순신, 명량 해전 승리

20▸ 정기룡, 보은 전투 승리

10 ▸ 가토는 서생포에, 모리는 양산에, 구로
다는 동래로 퇴각하여 주둔

11 4▸ 조 · 명 연합군, 3로로 진공 개시

12 18▸ 광양 전투

23▸ 울산 도산성 전투 패배

30▸ 이순신, 고하도 주둔

1598

1 27▸ 일본군 총대장 고바야가와, 일본으로
건너감

2 17▸ 이순신, 고하도에서 고금도로 이동

3 24▸ 삼가 전투

8 18▸ 도요토미 사망. 일본 4로군 남하 시작

28▸ 조선에 주둔 일본군에 철수 명령 하달

9 21▸ 서로군은 예교성 공격. 동로군은 도산
성 공격

28▸ 중로군은 사천성과 선진리 왜성 공격

10 1▸ 일본군 철군 명령과 훈령이 부산에 도착

11 17▸ 시마즈, 사천 왜성에서 해상으로 철수

18▸ 조 · 명 연합군, 사천 왜성을 접수

19▸ 노량 해전 승리(통제사 이순신 전사)

20▸ 고니시, 예교성 탈출

24▸ 일본군, 3진으로 나누어 부산에서 철수

12 21▸ 전라 감사 황신, 비변사에 대마도 정벌
건의

참고문헌

이순신, 1977, 『난중일기 친필초본』, 대학서림.

이순신, 1989, 『이충무공전서』, 성문각.

이은상, 1968, 『난중일기』, 현암사.

이은상, 1989, 『완역 이충무공전서』 上 · 下, 성문각.

국방부 전사편찬위원회, 1987, 『임진왜란사』, 국방부 전사편찬위원회.

박혜일 외, 1998, 『이순신과 그의 일기』, 서울대 출판부.

유성룡, 2003, 『징비록』, 서해문집.

육군사관학교 한국군사연구실, 1968, 『한국군제사 군세조선전기편』, 육군본부.

육군사관학교 한국군사연구실, 1976, 『한국군제사 군세조선후기편』, 육군본부.

이민웅, 2004, 『임진왜란 해전사』, 청어람미디어.

조성도, 1976, 『충무공 이순신』, 일지사.

조원래, 2001, 『임진왜란과 호남지방의 의병항쟁』, 아세아문화사.

해군사관학교 박물관, 1992, 『충무공 이순신 유적도감』, 해군사관학교 박물관.